刘小枫 主编

尼采全集
注疏版

扎拉图斯特拉如是说

尼 采（F. Nietzsche）◎著
娄 林◎译

华东师范大学出版社
·上海·

华东师范大学出版社六点分社　策划

出版说明

汉语学界过去几十年围绕尼采的翻译、研究和出版,已相当可观,累积的成果足以支持编辑出版"汉译尼采全集",为尼采思想学术研究开新。

"尼采全集"编辑说明如下:

1. "尼采全集"收录尼采已发表的全部著作,亦选编其未刊文稿。

2. "尼采全集"的翻译,以 KSA 版为底本(其原文页码作为编码随文用方括号注出,便于研读者查考),广泛采纳德、法、英文本的校勘性和解释性注释,如不同版本的注释有重复,则存德文版注释,去重复注释。

3. 除以上权威版本的注释性材料之外,亦辑译其他研究性注释,必要时增补中译者注或按语。

4. "尼采全集"基于"经典与解释·尼采注疏集"的既有成果和经验,收入"全集"时,对已出版的译本,要么经译者重新校订、增补注释;要么重新翻译,力求传达汉语学界对尼采研究理解的进阶。个别尚未出版的,推举新人新译。

尼采的书好看,却实在不容易读懂,而精准翻译和把握其思想要义则更难。新版"尼采全集"是汉语学界尼采研究学者和德语学者通力合作的结果,每位译者都有很好的翻译经验——这并不意味着译本无懈可击。编译者的心愿是:为尼采著作的汉译提供一种新的尝试。

刘小枫

2021 年 8 月

目　录

中译本说明（娄林）·················· 1

KSA 版编者说明 ···················· 1
Pütz 版编者说明 ···················· 1

第一卷

扎拉图斯特拉的前言·················· 3
扎拉图斯特拉的演讲
论三种变形······················ 36
论道德讲席······················ 41
论信仰彼岸世界的人·················· 47
论身体的轻蔑者···················· 54
论快乐和激情····················· 59
论苍白的罪犯····················· 63
论阅读和写作····················· 68

论山旁之树 …………………………… 73
论死亡的传道者 ……………………… 78
论战争和战士 ………………………… 82
论新偶像 ……………………………… 86
论市场的苍蝇 ………………………… 92
论贞洁 ………………………………… 98
论朋友 ………………………………… 101
论一千零一个目标 …………………… 105
论爱邻人 ……………………………… 112
论创造者的道路 ……………………… 116
论老妪和年轻女子 …………………… 122
论虺蛇的咬啮 ………………………… 127
论孩子和婚姻 ………………………… 131
论自由地死 …………………………… 136
论馈赠的道德 ………………………… 141

第二卷

持镜的孩子 …………………………… 153
幸福岛上 ……………………………… 159
论同情者 ……………………………… 166
论教士 ………………………………… 172
论道德家 ……………………………… 178
论痞徒 ………………………………… 184
论毒蜘蛛 ……………………………… 189

论著名的智慧者 …………………………… 196

夜歌 ……………………………………………… 201

舞蹈之歌 ………………………………………… 206

坟墓之歌 ………………………………………… 212

论自我-超越 ……………………………………… 218

论高尚者 ………………………………………… 226

论教育之地 ……………………………………… 231

论没有瑕疵的知识 ……………………………… 237

论学者 …………………………………………… 243

论诗人 …………………………………………… 248

论伟大的事件 …………………………………… 256

卜卦者 …………………………………………… 264

论拯救 …………………………………………… 271

论人类的聪明 …………………………………… 281

最寂静的时刻 …………………………………… 287

第三卷

漫游者 …………………………………………… 295

论幻相和谜 ……………………………………… 302

论违背意志的幸福 ……………………………… 312

论日出之前 ……………………………………… 320

论变小的道德 …………………………………… 326

橄榄山上 ………………………………………… 337

论离开 …………………………………………… 343

论背叛者 ·············· 350

返乡 ·············· 358

论三种恶 ·············· 366

论沉重的精神 ·············· 376

论旧和新的标牌 ·············· 384

病愈者 ·············· 423

论伟大的渴望 ·············· 436

另一首舞蹈之歌 ·············· 442

七个印章 ·············· 449

第四卷

蜂蜜祭品 ·············· 462

困境中的呼喊 ·············· 469

与国王们的谈话 ·············· 475

水蛭 ·············· 483

魔法师 ·············· 490

逊位 ·············· 502

最丑陋的人 ·············· 510

自愿的乞丐 ·············· 520

影子 ·············· 528

止午 ·············· 534

欢迎 ·············· 540

晚餐 ·············· 550

论更高的人们 ·············· 554

忧郁之歌……………………………… 571
论科学………………………………… 580
在荒漠的女儿们中间………………… 586
觉醒…………………………………… 597
驴节…………………………………… 603
夜游者之歌…………………………… 610
征兆…………………………………… 622

尼采年表(佩特尔·普茨)…………………… 628

中译本说明

娄 林

尼采时而狂肆,时而忧郁,正如他笔下的扎拉图斯特拉:"我如太阳"——这兴许是人放纵的极限;"但当扎拉图斯特拉说完这番言辞,激烈的痛苦向他突然袭来,与他的朋友们的离别又已迫近,于是出涕沱若;谁也不知如何安慰。"(卷二,"最寂静的时刻")这或是孤独的极限。关于这种放肆和忧郁,尼采还有一个更具个体情绪特征的表达:

> 我的那些作品的确不容易读懂,比如我的《扎拉图斯特拉如是说》,我想没有人可以声称他读懂了,除非书中的每一句话都曾深深地刺伤过他,同时又深深地激动过他。(《论道德的谱系》,前言,第8节)

狂肆即最深的激动,忧郁即最深的刺伤。但这些只能称之为情绪,更关键的问题是,究竟是什么导致了刺伤和激动这些情绪。尼采的自传《瞧,这个人》"为什么我是命运"开篇是尼采 amor fati[命运之爱]般的最深沉自白:"重估一切价值:这就是我对人类最高的自我反省行为的表达,这种行为已经成为我的肉体和天赋。"尼采自认为自己是西方哲学最深刻的洞察者,一切情绪皆由此而来。但尼采不爱直言,而是将自己的发现最大程度地诉诸一个叫作"扎拉图斯特拉"的人口中:

> 没有人问过我,在我口里、在第一个反道德者的口里所说的扎拉图斯特拉这个名字,到底是什么意思……扎拉图斯特拉是第一个在善恶斗争中看见万物运行的常规的人。他的工作是把道德变为形而上学,如势力、第一因、目的……扎拉图斯特拉创造了这个最不幸的错误——道德。因此,他也应该是第一个承认道德为错误的人。仅因为他对这个题目比任何其他思想家会有较长和较多的经验——整个历史实际上都是对所谓道德秩序这个理论的一种试验性反驳——更重要的是,扎拉图斯特拉比任何其他思想家都更为诚实……所有其他思想家合在一起,也没有扎拉图斯特拉勇敢……道德本身的缺陷,透过真实性去看道德的缺陷,在其反对者眼中——在我眼中——去看道德家的缺陷——这就是我口里所说的扎拉图斯特拉这个名字的意义。("为什么我是命运",第3节)

这段自我解释之言依旧费解,语调中固然含有尼采惯常特有的放肆和忧郁,但已然平静许多。思想史论述习惯上会接受西塞罗的判断,认为苏格拉底中断了前苏格拉底的自然哲学,转向了政治哲学,转向善与恶的道德秩序。但在尼采的口中,扎拉图斯特拉更加原初,或者说,如果我们不将扎拉图斯特拉视为拜火教先知这个实然的历史或宗教人物,而将其视为一个象征,他象征的是"第一个在善恶斗争中看见万物运行的常规的人。他的工作是把道德变为形而上学,如势力、第一因、目的"。从这个描述中,当然可以窥见西方哲学最初的形态,比如赫拉克利特,比如阿那克西曼德。① 至于第一因、目的等词就有太明显的自泰勒斯②开始的前苏格拉底乃至于柏拉图和亚里士多德的哲学特征,所以,扎拉图斯特拉很可能意味着西方哲学最初的开端意象。正是由于这个缘故,尼采才让这个开端处的象征自己发言:"他也应该是第一个承认道德为错误的人。"这个"应该",就是尼采笔下创造的扎拉图斯特拉的形象,而这个形象的任务是必须扭转西方哲学的道路,或者开启一条新的道路,新的"千年的扎拉图斯特拉王国"(卷四,"蜂蜜祭品")。但这条道路如何开始呢?

---

① 比如阿那克西曼德著名的残篇:"各种存在物由它产生,毁灭后又复归于它,都是按照必然性而产生的,它们按照时间的程序,为其不正义受到惩罚并相互补偿。"

② 参尼采,《希腊悲剧时代的哲学》,引自赵雷莲译,《尼采遗稿》,哈尔滨:黑龙江教育出版社,2012年,页226:"我们在所有的哲学里,连同那些一再被更新的、更好地表达这种起源的尝试中,都会遇到这个信条:'万有为一'。"

……开始了

在《扎拉图斯特拉如是说》之前,尼采已经预告了这部著作:《快乐的科学》第四卷①最后一节以 Incipit tragoedia[悲剧开始了]为题,整节文字与《扎拉图斯特拉如是说》前言第一节文字只在"乌米尔湖"这个细节上有细微差别。但是,我们不能就此断言,尼采以"悲剧"界定扎拉图斯特拉的下山,甚至以"悲剧"界定自己最重要的哲学著作,因为只有从超越扎拉图斯特拉的视野出发,他才能得出"悲剧开始了"的判断。尤其是,在《偶像的黄昏》"'真实的世界'如何最终成了寓言"一章,尼采又有一个看似相近但又大不同的描述:"扎拉图斯特拉开始了"(INCIPIT ZARATHUSTRA)。毕竟,"悲剧开始了"不能等同于"扎拉图斯特拉开始了"。②

我们首先从"扎拉图斯特拉开始了"开始。

"'真实的世界'如何最终成了寓言"篇幅简短,只有六个提纲一样的精粹段落,不过,两百多个德语单词概述了尼采理解的西方哲学的六个关键阶段。所以,这一章

---

① 前四卷为一整体,第五卷出版于《扎拉图斯特拉如是说》之后。
② 参 Robert Gooding-Williams, ZARATHUSTRA'S DESCENT: INCIPIT TRAGOEDIA, INCIPIT PARODIA, in *Journal of Nietzsche Studies*, Spring/Autumn 1995, No. 9/10, pp. 50—76。

在尼采晚期的写作计划中占有非常特殊的地位。根据考订版尼采全集的主编蒙蒂纳里（Mazzino Montinari）所言，按照尼采发病前的计划，在他原本以"权力意志"为主题的整体规划里，这一篇是其第一章，所以手稿这段文字有"第一章"的标题（*KSA*, Band. 14, S. 415）。如果我们要给这段文字一个解读性的标题，恰当的说法或许是"重估西方哲学的尝试"。对于"重估一切价值的尝试"的《权力意志》来说，重估西方哲学的历程是首要之事。

实际上，这是尼采作品中常见的现象：《人性的，太人性的》上卷第一章名为"论开端之事和终点之事"，首三节从物自体、哲人和真理起论；《人性的，太人性的》下卷"杂乱无章的观点和箴言"，也以哲学和哲人的原罪开篇；《快乐的科学》第一卷第一节讨论存在问题。但与此处关系更紧密的则是《善恶的彼岸》。

《善恶的彼岸》副标题为"未来哲学序曲"，即重估"尝试"的另一种表达。但《善恶的彼岸》并不因此而制造出一种未来的哲学，而是期待未来可能的哲人摆脱现在和过去的"哲人的偏见"，从而为未来的新哲人、新哲学做好准备。"'真实的世界'如何最终成了寓言"可以称作《善恶的彼岸》第一章"哲人的偏见"的最精简版本。质言之，所谓"真实的世界"，就是以柏拉图为首的希腊哲人的"真理意志"构造出的理念世界，这是西方哲学历程的第一阶段。在第六个阶段，"上帝死了"之后，杀死上帝的自由精神们却陷于一片喧杂之中的精神世界：

6. 我们已经废除了真正的世界：剩下的是什么世界？也许是那个虚假的世界？……但是不！连同那真正的世界，我们也把那虚假的世界废除了！

（正午，阴影最短的时刻，最长久的谬误的终结，人类的顶峰，扎拉图斯特拉开始了。）

《扎拉图斯特拉如是说》中令人难解的"正午"，这里给出了一种最清晰的理解。所谓正午，正是柏拉图一直以来造就的"真实世界"的溃散，如乌云散尽，尼采将这个时刻称为"阴影最短的时刻"，一扫"最长久的谬误"。这似乎类似于柏拉图所谓走出洞穴之后直见阳光的时刻，但对于柏拉图来说，这是一种哲人探求哲学的普遍寓言，而尼采则以之比喻西方精神的总体发展。但最可怕的是，扫尽哲学构造的"真实世界"的同时，也废除了原先被定义为虚假的真实生活世界。与我们习惯所以为的尼采严苛批判西方现代启蒙的理解不同，尼采甚至将启蒙以来的西方精神发展称为"人类的顶峰"，但是这个顶峰同时也是深渊的缘故就在于，如今一切都在废墟之中。

这个顶峰最大的意义是以其运动预示着下一次正午的开始，正是在这个意义上，"扎拉图斯特拉开始了"。扎拉图斯特拉既开始于顶峰，也开始于深渊。他之所以开始于顶峰，开始于"人类的顶峰"，是因为西方哲学向来以"彼岸世界"的信仰宰治着人类的精神世界，而随着"上帝之死"，人——一个独立而不依附于上帝的"我"开始出现："我的'我'教授我一种新的骄傲，我又以之教授人类：

不要再把头深埋于天空事物的沙堆,而要引其自由,这颗大地之头,它创造大地的意义!"(卷一,"论信仰彼岸世界的人")。他之所以开始于深渊,是因为推翻上帝之后的现代世界构造了一个废墟般的市场世界,人类的精神从未如此喧嚣而贫乏。上帝死后,本应该是人的伟大时代,但实质上却陷于蝇营狗苟,"市场充满庄重的小丑——民众却称他们为伟大的人物!以为他们是时代的主人"(卷一,"论市场的苍蝇")。一切都在滑向没有任何未来的末人时代。所以扎拉图斯特拉作为尼采的面具,他召唤超人以求拯救和克服。

尼采赋予扎拉图斯特拉的使命便是,为西方精神的下一个顶峰制造"未来哲人",转换成《扎拉图斯特拉如是说》中的意象就是"扎拉图斯特拉寻求共同创造的人,扎拉图斯特拉寻求共同收割和共同欢庆的人"(前言,第九节)。《扎拉图斯特拉如是说》就是未来哲人的代表扎拉图斯特拉最初的言行录,一部新哲学的"福音书"。遍观全书,扎拉图斯特拉只是寻到一些皈依于他但他根本不需要的门徒,一个鹦鹉学舌的"扎拉图斯特拉之猴"(卷三,"论离开"),甚至发现寻求扎拉图斯特安慰的同时代的"更高的人"(卷四),但是,他始终没有发现任何一个他下山之初意图寻找的"共同创造的人"。这自然是一场悲剧,所以他的下山预示着他的悲剧开始了。"扎拉图斯特拉开始了",意味着尼采期待的精神和哲学运动的开始,但"悲剧开始了"则预示着作为哲学戏剧人物的扎拉图斯特拉的失败——尤其在"当代"的失败。但是,《扎拉图斯特拉如是说》作为"福音书",则可以让"扎拉图斯特拉"无数次重新开始,并最终有可能拯救"悲剧开始了"。

尼采私下里曾经就"悲剧开始了"给出一个解释,给出一个拯救的方式。1883年4月6日,在写给科塞利兹(Heinrich Köselitz)的信中,尼采先是提到《快乐的科学》第四卷的题词,这几行诗引自献给雌雄同体的殉教者雅努阿利乌斯(Sanctus Januarius)的献歌:"你用烈焰之矛,戳穿我的灵魂之冰,我的灵魂在怒吼,向着它的最大希望。"①尼采随后说,这就是标题Incipit tragoedia[悲剧开始了]的含义。这是一场灵魂的挣扎,扎拉图斯特拉并不是晃朗明日,而是灵魂中含着冰,心中也含着冰(卷三,"论幻相和谜"),但这冰必然在向着最高希望的途中破碎,借着他所窥见的"烈焰之矛"。《扎拉图斯特拉如是说》中,扎拉图斯特拉的心和灵魂在阳光和冰之间不停转换,不停结冰,不停破碎融化。尼采继续对科塞利兹说:

> 亲爱的朋友,你不会相信,从幼年开始,生活在任何时候都给我带来了巨大的痛苦。但我是一个士兵;而这个士兵,最后成为了扎拉图斯特拉的父亲。这种父亲身份(Vaterschaft)是他的希望;我想,你现在感觉到了《雅努阿利乌斯圣歌》的诗句。

---

① 参萨弗兰斯基,《尼采思想传记》,卫茂平译,上海:华东师范大学出版社,2007年,页285以下。

尼采是扎拉图斯特拉之父,也是扎拉图斯特拉之母,所以他以兼具男性和女性特征为一体的殉教者雅努阿利乌斯的献歌,并以扎拉图斯特拉制造者的身份给予他希望。这种父亲身份之所以是一种希望,就是因为他不需要女人就可以生育后代。扎拉图斯特拉通过《扎拉图斯特拉如是说》向人类——上帝死了之后的人类——留下了自己的教诲,"我向它甩出我的黄金钓竿",所以他就在等待生育过程的开始:

> 根本上,我生来就是**这样的人**,拉引、拉近、上拉、拉升,是一位拉引者、栽培者和栽培的大师,我当时对自己所言并非徒劳:"成为你之所是!"(卷四,"蜂蜜祭品")

尼采将"这样的人"标以着重号:这样的人就是父亲,不需要母亲就可以生育的父亲。"扎拉图斯特拉开始了",就是开始作为一个"千年扎拉图斯特拉王国"的父亲而培养出未来哲学的子嗣。1887年,在《快乐的科学》第五卷①结束,尼采以"伟大的健康"为名标示这种哲学子嗣:

---

① 尼采这几本最重要著作的时间线索大致是:1882年写作《快乐的科学》前四卷,1883—1884年开始写作出版《扎拉图斯特拉如是说》前三卷,1885年第四卷《扎拉图斯特拉如是说》个人出版;1886年写作《善恶的彼岸》,同时开始勾勒《权力意志——一种价值重估的尝试》;1887年开始写作《快乐的科学》第五卷。

> 我们是新人、无名之辈、难于被理解的人,属于那尚未被证实的未来的早产儿……必须具备伟大的健康(die grosse Gesundheit)。因为这类人不可避免地会一再牺牲健康,所以还必须一再重新获得健康!……我们为此得到的报偿是:发现了广袤无垠的至今无人看出其疆界的新大陆、至今所有理想国度的彼岸,一个充满华美、奇异、可疑、恐惧和非凡的世界。(《快乐的科学》,卷五,第382节)

这是尼采的理想,也是扎拉图斯特拉的理想。这些人自身的形成似乎就是一个永恒复返的过程,健康会因为不停患病而呈现出一种无法稳定的"一再重新获得"的状态。他们获得的健康,就是参与人类最伟大的未来可能:"一个充满华美、奇异、可疑、恐惧和非凡的世界";而他们获得健康的方式,则是与一切超越性的"理念"嬉戏,这既不是抛弃也不是承认,而是视之为人类存在本身的产物,这种追求既是人性的,又是超人性的(menschlich-übermenschlichen),甚至是非人性的(unmenschlich),也就是说,人作为一种自然,必须与其他自然成为一个完整的整体,也就是所谓"互补"(《善恶的彼岸》,第207节)。只有这样,

> 世间才出现伟大的严肃(der grosse Ernst),人们才打出问号,灵魂的命运才现转机,时针才移动,悲剧开始了……(同上)

此处以德文"悲剧开始了"(die Tragödie beginnt…)转译了尼采对扎拉图斯特拉命运的标识 Incipit tragoedia[悲剧开始了]。拉丁语是欧洲的统一语言,而德语是德意志民族的语言,与英格兰和法兰西这些欧洲民族相比,德意志的未来更有可能形成尼采期待的欧洲的统一(《善恶的彼岸》,第251—256节),让欧洲重新成为一个以"民族"这种古老的根源性为基础的文明存在(卷一,"论一千零一个目标"),而不是以现代国家为基础的伪文明存在:

> 那里,国家停止的地方,才开始有不复多余的人:那里开始有必需之人的歌,唯一而不可替代的曲子。(卷一,"论新偶像")

但是,未来哲人何以为哲人?他们的哲学是什么?

两种"一"

将纷杂的"多"还原为或者抽象为"一",是哲学最根本的特征,尼采本人就清楚地界定过:"我们在所有的哲学里,连同那些一再被更新的、更好地表达这种起源的尝试中,都会遇到这个信条:'万有为一'。"① 海德格尔在讨论赫拉克利特时回应了这种判断:"这个'一'贯穿整个形

---

① 《希腊悲剧时代的哲学》,引自赵蕾莲译,《尼采遗稿》,哈尔滨:黑龙江教育出版社,2012年,页226。

而上学,如果没有这个'一',辩证法就不可思议。"①

但是,尼采——尤其是晚年的尼采——对柏拉图和西方哲学这种"一"的传统批判日益严苛,这在《偶像的黄昏》的"苏格拉底问题"一章似乎达到了顶点:"在一切时代,最智慧的人对生活都作了同样的判断:它毫无用处……"(第一节)取代生活的,或者对生活施以僭政的就是理性或者哲学,哲学被称为"僭主"(Tyrann)(第十节),在尼采看来,哲学/理性这位僭主最重要的统治方式就是"一"(Einheit,或译为"统一性"),即以理念化的方式、以抽象的"一"化的方式思考现象、灵魂、生活等所有哲学思考的对象。

在这个意义上,康德纯粹是柏拉图的余波,"本质上是那个旧的太阳,但透过迷雾和怀疑;观念变得精深,灰白,北方式,哥尼斯堡式"(《偶像的黄昏》,"真实的世界如何最终变成寓言")。在《纯粹理性批判》里,感性直观对应数学,知性范畴对应自然科学,理性理念对应形而上学。理念针对的是整体,是"一"(Einheit),是所有一般无条件的统一,这在现象界无从找到对应的现象。② 这是纯粹

---

① 海德格尔,《讨论班》,王志宏译,北京:商务印书馆,2019年,页46。对比柏拉图《智术师》242d,尤其是《帕默尼德》关于"一"和"多"的长篇讨论。

② 关于统一的类型:"一切一般纯粹概念都与诸表象的综合统一有关,而纯粹理性的概念(先验的理念)则与一切一般条件的无条件综合统一有关。因此,一切先验理念都列为三类:其中第一类包含思维主体的绝对的统一;第二类包含显象的诸条件序列的绝对统一;第三类包含着一切一般思维的对象的绝对统一。"康德,《纯粹理性批判》,李秋零译,北京:中国人民大学出版社,2011年,页265。

理性的工作。纯粹理性为先验的灵魂学说、先验的世界学，并最后为先验的上帝知识提供了理念，进一步说，"在先验理念本身中显现出某种关联和统一性，纯粹理性凭借它们使自己的知识形成一个体系，从自身（灵魂）的知识推进到世界的知识，并凭借世界的知识推进到原始的存在者，这是一个如此自然的进展"（页266）。这就是对"生活的僭政"，一种哲学对生活的舍弃。

回到《偶像的黄昏》。尼采将这种柏拉图和康德构造的理念世界直接斥为虚假，视为编造，用各种理念概念构造出一个谎言世界：

> 比如统一的谎言，物性、实体、持存的谎言（zum Beispiel die Lüge der *Einheit*, die Lüge der Dinglichkeit, der Substanz, der Dauer）……"理性"是我们篡改感觉明证的根源。只要感觉展示生成、灭亡、变换，它们就没说谎……不过，赫拉克利特在这点上将永远是对的，即存在是个空洞的虚构。"虚假的"世界是唯一的世界；"真实的世界"仅仅是胡编的……（"哲学中的'理性'"，第二节）

生活的个体和生活的世界为我们的感觉所知：生成、消亡和变换并没有因为理性谎言所构造的"一"的世界而消失，相反，"一"的世界遮蔽了生活世界。统一、物性、实体之类的僭政形态实质上是一种偏见，一种理性勾勒的偏见：

> 恰恰是理性和偏见迫使我们,设定统一性(Einheit)、同一性、持续、实体、起因、物性和存在,在某种程度上,让我们自己卷入谬误,强制我们陷于谬误。(第五节)

如此,哲学的理性构造让我们陷于谬误,甚至在生活世界和理念世界之间无从判断哪一个才是真正的真实世界。康德似乎认识到了这一点,但在尼采看来,他的二律背反反而证明,柏拉图构造的所谓真实世界已经"不可达到,无法证明,不可许诺,但已经被想好,是一个安慰,一项义务,一个命令"(《偶像的黄昏》,"真实的世界如何最终变成寓言")。理念世界退化为安慰、义务和命令。所谓安慰、义务和命令,当然发端于人的道德生活,或者说人的生活世界之中。如此说来,尼采似乎在生成之流的道路上成为一个后现代式的感觉主义者,割弃"一"、实体、起因、物性和存在之类的哲学谎言,安居于片段和偶然。

但是,尼采竟然仍旧和柏拉图一样强调整体,不仅仅是所谓自然的整体,人本身也属于整体,尼采尤其不愿意以感觉取代哲学:"世界既非知觉(Sensorium),也非作为精神的统一体(Einheit),这才是伟大的解放——生成的无辜这样才能重建……"(《偶像的黄昏》,"四种大谬误",第八节)世界不是精神的统一,但同样也不是感觉。如何理解这种含混呢?

《扎拉图斯特拉如是说》甚至加剧了这种含混,尼采不但没有舍弃"一",反而不停呼吁"一",拟人化的"生活"

直接开口言说：

> 诚然，你们称之为生育的意志，或向着目的的推动，向着更高者、更远者、更多样者的推动：但是，这一切都是一（Eins），是一个秘密。
>
> 我情愿沉落，也不会放弃这个"一"；真的，凡有沉落与木叶飘零之处，看，生活便在那里以自己为祭品——为了权力！（卷二，"论自我-超越"）

第二卷"论自我-超越"的言说对象是"你们这些最智慧的人"，也就是西方哲学所造就的各种哲人，是书中最富有哲学性的篇章之一。尼采认为这些最智慧的人的本质并不在于各自的哲学言说，而在于其"真理意志"。这里借"生活"之口说，所谓真理意志就是"生育意志"，哲人要生育的不是具体的人，而是他们的哲学。可是，什么是这里的"一切都是一"？又如何是"秘密"？至少这里让我们明白，"一"不再是哲学的"僭政"，而是与生活本身有关。于是在延续"论自我-超越"一章主题的"论拯救"里，尼采再次提到"一"：

> 我的全部诗作（Dichten）和追求，是把碎片、谜和可怕的偶然，诗化为、编织为"一"。（《论拯救》）

扎拉图斯特拉本章遇见了驼背和残废者，这当然也是比喻，他们是一些与整体相对的人，更夸张的是，他们竟然将自己的碎片视为整体,扎拉图斯特拉面对门徒时,对此类人尤其恼怒,直言"我在人类之中漫游,如同在人的碎片与肢体之中行走"。与他们不同,扎拉图斯特拉本人虽然经历许多碎片的时刻,甚至常常会成为碎片,可是他总是要"碎片、谜和可怕的偶然,诗化为、编织为'一'",也就是以"一"这种整体拯救破碎和不完整。我们可以将这种"一"回溯至生活的意志,但是这与传统的"一"真的有本质差异吗?是不是如海德格尔所言,不过是尼采对西方形而上学的颠转,但终究是颠转的形而上学呢?

海德格尔的解释很便利,但是他忽略了尼采的关键词"我"。扎拉图斯特拉没有说自己存在"真理意志"——很显然通过《扎拉图斯特拉如是说》全书,"生活"要将真理意志编织进更完整的"一"之中。而就这里来说,扎拉图斯特拉向门徒显示的是:不存在一种理念世界的"一"以及基于这种"一"而形成的"真实世界",只有我——作为一个未来哲人象征的扎拉图斯特拉——如何在自己的创造中以"一"拯救自己生活(当然包括对智慧的追求)中的一切碎片、谜和偶然。《扎拉图斯特拉如是说》前言已经非常明确地宣示了反启蒙的哲学立场:扎拉图斯特拉没有哲学普及的雄心,更没有启蒙大众的雄心,只有塑造未来可能存在的哲人的渴望。他以自己"悲剧开始了"的生活经历为喻,展现这种生活的可能性、悲剧和喜剧。

很可能由于这里关于"一"的说法在扎拉图斯特拉看来具有无比的重要性,所以第三卷总结性质的"论旧和新的标牌"一章,扎拉图斯特拉重复了这一句:"我向他们教授我的全部诗作和追求:把人类身上的碎片、谜和可怕的偶然,诗化为、编织为'一'。"(卷三,"论旧和新的标牌",第四节)"我的"一词,尼采故意以着重号表达,教授的内容不是抽象哲学,而是我如何成为我,我如何制造我的"一"。尼采借扎拉图斯特拉之后要传达的,就是对这种哲学同类的期待:

> 但是,谁与我同类,就不能远避这样的时刻,这时刻对他说:"现在你走上了你的伟大之途! 山峰和深渊——现在被包含于'一'之中。"(卷三,"漫游者")

这种时刻的出现就是一颗未来哲学灵魂震颤的瞬间。这样的人必然是理解权力意志和永恒复返的人,因为所有人——即便是哲人——也必然是碎片,是可怕的偶然,甚至于一切人类历史,一切哲学,乃至于存在本身都是碎片和偶然,当然也是谜,而一旦这种时刻出现,一种不同的人就出现了,他会基于自己的自然和自然本身的自然原因,基于对"一"和完整的渴求而拯救所有的不完整,也就是以自己的权力意志而令世界上的一切复返于其自身。这不可能是一种普遍判断,更不可能是一种普遍哲学。扎拉图斯特拉曾经以非常诗意的寓言描述过这种返回"一"、返回家乡的状态:

> 在这里,所有事物都亲热地听从你的话语,并奉

承你:因为它们意欲骑在你的身上。在这里,你也骑上每则比喻,朝向每个真理。(卷三,"返乡")

通过《扎拉图斯特拉如是说》,尼采似乎已经将一切和盘托出了。可是,他私下里常常以为,他并不为人所理解,他的钓饵并不能钓到美妙的鱼儿。《善恶的彼岸》常常被认为是尼采更具有"哲学特征的著作",也常常被用来和《扎拉图斯特拉如是说》做对比,让人分辨到底哪一部才是尼采的代表作。他本人似乎预见了这个难题,所以留下一个供后人参考的提示:

尽管这个"未来哲学序曲"不是《扎拉图斯特拉如是说》的评注(Commentar),但或许可以作为一种暂时性的词汇表(ein Art vorläufiges Glossarium),这个词汇表中出现并提及那本书——所有文献中没有范本、没有先例、无可比拟的事件(Ereignis)——中最重要的概念更新和价值更新。(*KSA*, Band. 14, S. 345)

尼采称《扎拉图斯特拉如是说》是"所有文献中没有范本、没有先例、无可比拟的事件","所有文献"是一个略有含混的词语,我们似乎很难判断,这是指尼采本人的所有写作文献还是指西方迄今为止的所有文献呢?想到"扎拉图斯特拉"这个人物的选择,尤其是书中动辄出现的"千年的意志"、"千年的王国"之类表达,会让我们倾向于认为这是尼采的狂肆而真诚之言,他认为自己更新了西方的哲学和思想，更新了其中起基础作用的概念和价值，故而这本书是西方精神的全新大事件(Ereignis)①——海德格尔后期神鬼莫测的 Ereignis 必然出自于此。所以尼采说自己的真理是可怕的，"我即炸药"(《瞧，这个人》，"为什么我是命运"，第一节)。但如此重大的事件并不好理解，所以，《善恶的彼岸》这另外一部极其重要的作品可以提供理解《扎拉图斯特拉如是说》的关键词汇索引，比如"一"。

《善恶的彼岸》大约有四处提到"一"或者"统一"(Einheit)，有一处尤其可以作为词汇表(Glossarium)：第 36 节。② 尼采在这一节直接回答了关于真实世界和虚假世界的问题，用似乎退步性的说法给出一个肯定判断：如果我们所在的世界是意志和激情的世界，是唯一真实的既定存在(real "gegeben")，那么这个存在世界就具有一种"更原初的情感世界形式"。真实和虚假是源于希腊形而上学的判断而作的区分，如果不再依循这种判断，世界就会以新的面貌呈现。而所谓"更原初的情感世界形式"，则以一种"有权力的统一性"(mächtiger *Einheit*)而包含一切。这就是权力意志的自然和表象。正是在这一节，尼采给"权力意志"下了一个颇为完整的定义：

> 最后，假设我们能将自己的全部冲动生命解释为某

---

① 对比《敌基督者》第 53 节："只有一个人，而且唯独只有一个人，道出了几千年来人原本需要的一切——扎拉图斯特拉。"

② 另参第 19、200 和 210 节，尤其是 210 节："方法上的统一性"(einer *Einheit* von Methode)。

种一致——即我所说的权力意志——的基本形式的向外扩张和分叉衍生;假设将一切有机体功能都回溯归因于这种权力意志,并在这种权力意志中找到解决生育和营养问题——这是一个问题——的答案,人们便有理由将一切起作用的力量明确地界定为权力意志。

假设就是未来哲人基本的权力意志行为,"必须敢于假设",这是"从内部观察世界,从其'智性特征'来定义和指称这个世界",这就是未来哲人的权力意志:从属于世界整体的人的权力意志,发现权力意志的世界本身——这就是尼采的"统一性"。

自2008年开始,尼采与《扎拉图斯特拉如是说》一直是译者读书、教学与写作的重心之一。此次重新翻译,有赖于在中国人民大学古典班数次开设的尼采课程中与学生们之间的交流,有赖于倪为国先生的信赖与敦促,更有赖于刘小枫先生多年前《尼采的微言大义》一文所教给我的目光。

此次重新翻译,汉语表达上颇作了一番努力,我不想过于辜负尼采对于本书语言的自我期待。此外,译者增加了施特劳斯几次课程讲稿中关于《扎拉图斯特拉如是说》的一些关键性指引,[1]有助于从整体上理解该书的结

---

[1] 《哲人的自然与道德》,曹聪译,上海:华东师范大学出版社,2017年;《尼采如何克服历史主义》,马勇译,上海:华东师范大学出版社,2019年;《尼采的沉重之思》,马勇译,上海:华东师范大学出版社,2020年。

构和一些关键性的哲学思考。译者也不揣浅陋,增加了一些自己在教学、阅读和翻译过程中的所得。这些私心所见,恐常常有放肆而不逮之处,但总体而言,它们大多基于前文尼采所说的"词汇表"(Glossarium)原则,当然这种词汇不仅仅是单纯的关键词重复,还包括意象和表达方式的重复与歧义。很大程度上,这也是尼采所要求的"细致阅读"所必需的一种路径。

2021 年 10 月 1 日于北京

KSA 版编者说明

扎拉图斯特拉首次公开出现在《快乐的科学》初版(1882)最后一则警句里。这则警句与《扎拉图斯特拉如是说》"前言"的开头部分是一致的。然而,在《快乐的科学》问世前一年,扎拉图斯特拉已经出现在尼采的笔记里了。1881 年 8 月初,尼采写出"永恒轮回"的草案;3 个星期后——具体标出的日期是"1881 年 8 月 26 日于西尔斯·马里亚"——扎拉图斯特拉这个名字在一本名为《正午和永恒》的新作里(参阅 KSA 版《尼采全集》第九卷,11[195、196、197])——这个标题从此屡见于尼采遗留的残稿。他用这个名字的具体出处尚不得而知。我们在此摘引爱默生(Emerson)《尝试集》中的一个文段,姑且将它当成是首选的出处吧。(尼采当年读《尝试集》特别用心,他写道,"我读书从未有过读此书一样的感受,即'宾至如归'之感……对此我也不应夸赞,它于我实在过于亲近了"。尼采在这些文字的下方划了许多横线,并作了旁批:所道极是!)

我们要求一个人具有顶天立地之形象，当他起立欲赶赴异地之时，值得人们口口相告。在我们看来，那些可信的形象都是伟人形象，他们一露面便占得先机，并向四周散播其思想意识。那位被派遣去确证扎拉图斯特拉，又名琐罗亚斯德之功绩的东方智者亦如是。波斯人都说，当这位来自古希腊的智者抵达巴尔克时，古斯塔普确定了一个日子，让每个地区的要人一起参加聚会，还为古希腊智者准备了一把金椅呢。不久，颇孚人望的圣贤，亦即先知扎拉图斯特拉出现在聚会的人们中间。古希腊智者一见这位高人就说："这种形象，这种步态，这种风采不可能诓骗，只会产生真理。"

于是，扎拉图斯特拉成了尼采写于1881年秋季的两则警句和名人轶事（类似于古代智者生平）的主角。这是《快乐的科学》第68、106、125、191和332等文段的最先草稿，以及《尼采全集》第九卷中的那些残稿片断，即残稿12（79、112、128、131、136、157、225）和残稿15（50、52）。残稿12（225），又冠上重要标题：扎拉图斯特拉的萧散，想必是尼采在1888年9月构想出来的。然而，扎拉图斯特拉这个名字首先只存于《快乐的科学》最后那则警句里，其余各篇无载。上述各篇箴言警句的草稿并未给人以启示，告之扎拉图斯特拉那极富文学特征的形象将要出现，而《快乐的科学》第342则警句里那些使人感到有《圣经》意味的诗句在手稿中是突然出现的：它们堪称突兀,第68、106、125、291和331各则箴言警句对它们根本没有草稿和铺垫,只是残稿12(225)中有一短语——"扎拉图斯特拉如是说"——似乎在预先推定本书的标题。

《尼采全集》第十卷和第十一卷中的遗稿片断是《扎拉图斯特拉如是说》第四卷的补充,是其不可回避的背景。著作和遗稿中的平行文本由于这次评注而变得易读起来了,这次评注与考订版的其他评注不同,它除了对狭义上流传下来的文本,还对遗稿中那些对于《扎拉图斯特拉如是说》十分重要的文本(第十卷、第十一卷)再作评注。从这样的综合评注中可以得出某些结论,并表明尼采写作《扎拉图斯特拉如是说》时期的创作情况。尼采在谈及该作的四卷时曾说过"在10天内写完"的话,但这显然不是指主题思想的产生及铺陈,也不是指各种寓言、比喻、格言、诗意的灵感、陈述的框架以及各个人物,而是指每卷的草稿和誊清稿。尼采总是不断地——几乎每天(常在散步时)——把他的腹稿登入笔记簿,然后誊写在开本较大的簿子里,起先并没有遵循某个既定的计划,也没有刻意寻求素材的安排或对业已呈现粗略轮廓的布局进行变更。他写作该书的每一卷无不快速竣稿,原因就在于他对写作已做好了准备,而无需事先谋划篇章的文学结局。这最后的写作阶段也就是该书每卷原本的草稿和誊清稿。先于最后阶段并与最后阶段在形式和内容上有多方联系的全部笔记就作为遗稿片断发表了,并部分地在评注里得到描述。从遗稿片断中可以看出,尼采写完该书每一卷时,都曾设计过各种不同的续篇,但全部都被他弃用了。从《扎拉图斯特拉如是说》全部竣稿（1885年初）到1888年秋，情况概莫能外。

《扎拉图斯特拉如是说》第一卷成书于1883年1月。2月14日，尼采将完成的打印手稿从热内亚寄到克姆尼茨。这事是可信的，他在《瞧，这个人》中写道：

> 最后部分是在那个神圣时刻写完的，彼时，理夏德·瓦格纳在威尼斯死了。（瓦格纳逝世于1883年2月13日）。

流传下来的手稿是不完整的，缺少大多数草稿。只有一部分"前言"誊清稿尚存。这些手稿的遗失可从尼采与鲍尔·雷、莎乐美及尼采门徒决然断交中得到解释。现存那个时期的笔记包括大量致上述人物的书简草稿。那些含有更多更尖锐反对其门徒的言论笔记，遗失了就毫不足怪了。根据佩特尔·嘉斯特的说法，此卷打印手稿连同第二、第三两卷的打印手稿后来都被尼采本人付之一炬。此卷的印刷从3月31日持续到4月26日。尼采和佩特尔·嘉斯特都审阅了修改稿。4月末出版了《扎拉图斯特拉如是说——一本为所有人又不为任何人所写之书》，克姆尼茨，1883，恩斯特·施迈茨纳出版社。此即该书第一卷。

当第二卷问世时，该书第一卷才真正成了"第一卷"（上述书名中无"第一卷"字样）。第二卷形成于1883年春夏之间。7月初，尼采在西尔斯—马里亚完成打印手稿,7月中旬送印刷厂。流传下来的第二卷各章的誊清稿几乎完整无缺。7月末至8月末,(总是由尼采和嘉斯特)审阅修改稿,并且付梓。出版书名为:《扎拉图斯特拉如是说——一本为所有人又不为任何人所写之书,第二卷》,克姆尼茨,1883,恩斯特·施迈茨纳出版社。

尼采于1883年夏末至1884年初写作该书第三卷。此卷流传下来的手稿也是完整的(草稿和各章誊清稿均十分完备)。从1884年2月起,又是由尼采和嘉斯特审阅修改稿,是年3月末出版。书名为:《扎拉图斯特拉如是说——一本为所有人又不为任何人所写之书,第三卷》,克姆尼茨,1884,恩斯特·施迈茨纳出版社。

起先,尼采感觉第三卷即是该书的结尾。1884年年初至秋天,尼采一直忙于理论工作(参阅第十一卷,9—296页),其间也写一点扎拉图斯特拉笔记。在1884年和1885年之交的冬季,尼采首先计划撰写题为《正午与永恒》的扎拉图斯特拉作品(又是三卷本),但苦于找不到出版商,最后不得不决定自费出版《扎拉图斯特拉》第四卷。流传下来的这部分手稿是完整的(草稿、誊清稿、打印稿),尼采与嘉斯特从1885年3月中旬起审阅修正稿,4月中旬出版《扎拉图斯特拉如是说——一本为所有人又不为任何人所写之书》,第四卷,1885年,莱比锡,康士坦丁格奥尔格·瑙曼出版社。(此即《扎拉图斯特拉如是说》第四卷。)仅印刷了40册,尼采将其中的数册分赠给了朋友和熟人。前三卷的集结出版是在1886年:《扎拉图斯特拉如是说——一本为所有人又不为任何人所写之书》,三卷本,莱比锡,E. W. 弗里茨出版社。

此书第二卷和第三卷的修正稿尚存,第四卷的手稿连同尼采的记录也同样得以保存下来。

Pütz 版编者说明

影 响

在尼采的所有著作中,《扎拉图斯特拉如是说》是最具有轰动效应的扛鼎之作。首先是"超人"的幻象自上世纪①90年代起便使同代侪辈走火入魔,并促致他们盲目研究扎拉图斯特拉"教诲"的多义性,以及成心制造的矛盾性。于是,读者首先察觉出来的不是怀疑、讥诮和自我疑虑,而是臆想中的极具爆炸力的东西,视本书为一种彻底打消疑虑的诉求,以至于列奥·贝格在1897年业已写道:

> 有人负债累累,诱骗少女,酗酒解愁,而这一切都是借着扎拉图斯特拉的荣名。

---

① 指19世纪。

这个年代里的文学和音乐都为超人额手欢庆，认为超人所体现的是权力和胜利意志。属此类作品的有卡尔·布莱普特劳歌颂拿破仑的剧本《超人》（1897年），理夏德·施特劳斯的交响诗《扎拉图斯特拉如是说》（1896年），嘉布里勒·阿伦齐奥的《胜利之死》（1894年），后者大力讴歌超人，说他不仅是生的楷模，而且也是死的表率。于是，一个新的神话随之进入第一次世界大战，走进前线士兵的战壕。人们在给阵亡者的家里寄送可怜的遗物时，除手表和护身符外，常常还发现《扎拉图斯特拉如是说》这本书。

我们从托马斯·曼身上发现了另一种截然不同的影响。此君在1934年5月29日首次踏上美国国土，完成了一次"与'唐·吉诃德'同行的十天海上航程"。此乃一次多义的航行：它引领这位旅行者逃脱自然伟力掌控的范围，安抵先进文明的海岸，从旧世界进入新世界，从法西斯的魔圈进入民主之邦，从故乡进入可以预见的未来几年的流亡生涯。那本西班牙恶作剧小说伴随着他漂洋过海，并促使他对欧洲的思想文化背景（犹太教、基督教），对德国的政治形势（煽动反犹的、身为野蛮的唐·吉诃德的希特勒），尤其是对自身的艺术活动进行反思。托马斯·曼横渡大西洋，到达一个即将成为第二故乡并在此开始新的人生历程的大陆，这不啻为一个标志，即表明他进入一个既是地理和政治意义上的，也是他本人文学创作史上的过渡和变化阶段。他初来乍到，望见自由女神塑像和曼哈顿的摩天楼宇慢慢从晨雾中露脸，这时，他忽然忆及昨夜的幽梦,这是他从旧世界带过来的梦境,产生于他携带的那本小说。原来他梦见了唐·吉诃德并与之交谈。唐·吉诃德有什么面部特征呢?他"髭须浓密,隆额,浓眉下面是一双几乎失明的灰色眼睛。他不说自己是狮子骑士,而是扎拉图斯特拉"。正当对于托马斯·曼具有决定意义的过渡之时,在他即将进入一个新的世界和时代之时,他认为唐·吉诃德是旧的甚至是太古的、自傲的和绝望的化身,是受苦斗士的化身。此人明显带有尼采的相貌特征。还没有哪一个艺术形象比这个幽梦形象蕴涵更多的意义。尼采(扎拉图斯特拉)与这位西班牙贵族充满神秘色彩的偶合,体现在一个唐·吉诃德式的思想家形象上,他具有自我牺牲精神,勇于向敌手的真理发起攻击——敌人的真理以好斗的狮子、风车和坚固无比的堡垒为代表。这位拉曼却的骑士遭受无数次失败后,内心依旧怀着傲然的社会等级情愫,屡屡离乡出游,和他一样,尼采也从未被他那极度危险的思想冒险吓退,尽管他不得不把这思想贬称为破产,怀疑自己是意志的奴隶。怀着社会等级名誉那无私的妄想,怀着思想激进那折磨自我的激情,所以,这些注定失败的斗士并未放下武器。他们的行为颇成疑问,甚至可笑,然而他们的活动亦不乏崇高;他们的结果令人极度沮丧,然而他们的意志——只有人才有的意志——支撑着他们挺立于世,并使他们在对敌实施攻击的一切欲望中,都怀有对同代侪辈的柔情和善意。对此,托马斯·曼从尼采的书信和同代人的言论中已确信无疑。那位骑士对死神和魔鬼无所畏惧,并非为了自己和财产,而是为了优秀人士的身份,他离乡出游,是为了那些被伪价值逼迫的人和亟须保护的人,可骑士自己却历经苦难,所以,他能唤起人们的"痛苦、爱、怜悯和无限的尊敬"。在托马斯·曼看来,尼采——扎拉图斯特拉并非代表一种彻底打消疑虑的鲁莽,而是一个具有悲剧形象的骑士,不屈不挠的意志是他唯一的财富,也是他的合法性所在。托马斯·曼对"扎拉图斯特拉"这个形象的领悟与九十年代的前辈迥异,这就首次指明,多义性不仅是不同的解释所致,而且也是文本的应有之义。

成书和结构

《扎拉图斯特拉如是说》在相对较短的时间里写就。其中几卷迅速竣稿,宛如长期积聚起来的创造力猛然释放。1882年11月23日至1883年2月23日,尼采在拉帕罗从事第一卷的写作,此卷第一稿在十天之内写完。第二卷的写作也似火山爆发(1883年6月末至7月初,在西尔斯马利亚),第三卷亦如是(1884年1月/2月,在尼察)。第四卷写作所用的时间是1884年秋至1885年2月,此卷是本书最困难的部分,有些评论家从此卷已看出尼采精神崩溃的先兆。第四卷写完后,尼采找不到出版商,于是私自印刷40册分赠朋友,并非面向公众读者。1891年才出版了四卷完整的《扎拉图斯特拉如是说》。

人们既然对《尼采全集》的解释千差万别,那么对《扎拉图斯特拉如是说》一书的阐释当然也就仁者见仁,智者见智了。一部分评论家认为此书只是松散的格言集,外表被一种充满诗意的雄辩框架包围。另外一部分评论家则认为,此书有富于高度艺术性的结构,并指出作品的音乐特质,比如古典交响乐的四个乐章,思想观念的变奏,以及对诸如"超人"、"永恒轮回"等中心主题的主导旋律的探讨。书中既有叙述性部分、训导性部分,又有插入的诗歌和戏剧元素,所以,有人把它同瓦格纳的总体艺术原则联系起来,但又指出,由于尼采缺乏组织能力,所以,这样的写作计划没有成功,结果只留下几卷零散的、彼此没有关联的混杂文章。

四卷几乎一样长,都分成若干章,每一章的标题提炼出本章"训导"的主题(比如"论爱邻人"、"论……"等),抑或预告将要出场的人物和事件(比如"魔法师"、"驴节"等)。有些章再分成用数字编号的更细小文段,大多以"扎拉图斯特拉如是说"这句话作为结语。此话乃是对梵文习用语 Iti vutta kam[圣者如是说]的模仿。每一章的各个段落大多由三至四行或少于此数的文字组成。每段一般包括一句话至三句话,平均不超过十二个词。这是严格遵守贺拉斯的名言 Quidguid praecipies, esto brevis[不管教授什么,你都要说得简洁]。

每一段都是独立的,与前后段落几乎没有认知和论证的逻辑联系。各文段只是统一在同一个主题中,这主题即是标题所指,并在各章节中得到论述。在每一章中,各段可以相互调换,它们无不具有果断的评判特点,评价各种命令、禁令和修辞雄辩术问题,从不同的视象论述同一个事情。各种新的但听起来又很相似的表述和比喻不仅是论证定理的,而且便于记忆。所有的形式和修辞,其作用都是为了让人觉得,"真理"值得渴求,如此,某种真理虽然人人皆知其来源未被论证,故有些可疑,但并未失却其吸引力。像拉·罗什富科、里希滕堡和弗·施雷格尔一样,尼采也是格言家;然而,在《扎拉图斯特拉如是说》一书中,他捆绑他的箭矢,方法是用各章节制造外表松散但主题集中的紧密关联。

耶稣 30 岁开始传教,扎拉图斯特拉也在这个岁数离开家乡,在山中孤独地度过 10 年光阴,嗣后才下山到人群中教授。开始时,他亲眼看到一个索上舞者的坠落,并且认出他是寻找超人者的兄弟。从此,扎拉图斯特拉——除了名字之外,他与波斯那位宗教创立者毫不相干——的生活场所总是不断变化,一会儿在隐居之所,一会儿在公众活动场所。由于广大群众不理解他的"教诲",所以他只收留几个门徒在身边。

前两卷是扎拉图斯特拉与听众的谈话,第三卷则常常是自言自语,却也依然保持雄辩的文风,因为在独白中,他亦是必须说服自己影像的雄辩家。他在"论旧和新的标牌"一章中总结自己的理论。在第四卷中,扎拉图斯特拉已白发苍苍。从此,教导和自言自语越来越退居次要位置,而让位于高位的代表人物和各种思想。这些人中有预言家、两个皇帝、最后的罗马教皇、严肃思想家、自愿行乞者等。扎拉图斯特拉把这些人送进他的山洞,并同他们一道准备庆祝晚宴,最终被这些人弄得十分失望,但依旧怀着新的希望,期待着那个"伟大的正午"。第四卷各章标题就已清晰地表明,这卷在本书整个写作方案中占有特殊地位。前三卷是"论……"这样的标题占主要地位,第四卷中则几乎看不到这类教导式的关键词,取而代之的是传统的代表人物和现象(帝王、科学)。本书的头两卷中占主导地位的,是具有教导意义的元素,而后两卷则越来越富于表现力和艺术特征,其中包括插入的抒情附件,比如"永恒的沉醉之歌"、"渐失光明的空间";俯拾皆是的比喻、讽喻、滑稽的模仿、讥刺的嘲弄,它们强调了戏耍的特征。尤其是第四卷,宛如四面镶嵌着镜子的房间,活脱脱照出各色人物狞笑的丑脸。

正如尼采的整体思想由极端的矛盾决定,他的创作也为极端的题材掌控,特别表现在对扎拉图斯特拉活动领域的描写。他从低处攀至顶峰,复又下到山谷。他辗转奔波于高原冰雪和南方的阳光灼热、海洋和山岭、沙漠和城镇之间,因为他漫游的地域必须宽广而多姿多彩。以两种地域风貌为主:东方的和古典的。东方地域风貌中有沙漠、树荫和井泉;古典地域风貌为地中海那幸福的岛屿,充满对天堂图景的忆念。

这两种地域风貌与本书的两个伟大的风格榜样十分相宜:《圣经》介绍《旧约》和《新约》的世界,荷尔德林用其著作《恩培多克勒》介绍古典文化。风景里的主导题材是太阳和海洋,太阳宣示启程,而海滨的船只在期待着漫游者,要把漫游者渡到新的土地。在尼采的诗中也出现"小舟",与摆渡死者之人和死亡有关。太阳和海洋都表示期望和启程的时刻,扎拉图斯特拉的所有思想几乎都集中在过渡意志上。他经常用桥、彩虹等具体形象表明这种过渡的意志。

超人和永恒复返

超人是过渡的象征,是本书的中心主题和本书的"教义"内涵。尽管超人在本书和尼采晚期其他著作中有着十分重要的意义,但是,要勾勒超人的特征或至少描摹超人的轮廓,纵非毫无希望,却也相当困难。不妨开门见山地说:否定超人不容易,把他从各种错误论断中解放出来也不难:超人不服务于某种理想,不崇尚上帝,不反对内心任何欲望和喜好,也不听凭贪权和独裁者那肆无忌惮的权欲和纵欲无度者的性欲摆布。他既不禁欲,也不淫荡,而是认为性欲无辜的那一类。他不崇尚基督教对邻人之爱,而对那些由他本人拣选出来的人们怀着友情,他只为别人祝福,不谴责别人。他被称为一个"自滚的轮子"或"孩童"。他不懂禁令和喜好二者之间的矛盾和差异,所以他类似于古典作家,所以他类似于古典作家心目中那种"美好的灵魂",即歌德巨著《浮士德》中同名的"超人",他自身的巨人情怀和对尘世的怜悯心二者极为矛盾,故而被告诫要有所收敛。尼采意识中的超人不是那种孜孜以求的人,不是被行为意志和绝望的后悔折腾得心碎欲裂的人,扎拉图斯特拉这个乌托邦式的设想,是个不排斥任何事物的人,不会囿于任何现行的哲学、道德和政治教条而迷失自我，能把握住自身的所有机遇，既不禁欲，亦不纵欲，总是致力于超越占统治地位和受人追逐的各种理想和价值，不应最终达到什么目的或固步自封。尼采这个超人的设想，与其说具有拉丁文 supra[超]的特征，还不如说具有拉丁文 trans[过渡]的特征。正如扎拉图斯特拉超越各种价值和真理一样，在超人这个概念中，他也要克服其自身观点，到达获救彼岸这一过于人性化的渴望。这个实为"过渡"的"超"的表达，即是业已提及的各种题材和比喻，如渡海航行、海洋、小舟和轮船，它们抵达彼岸即意味着新的启程。英语用 superman 来翻译"超人"是所有翻译中最荒谬的一种。希特勒和希姆勒之流以扎拉图斯特拉的乌托邦超人自况，乃是荒谬至极的误解，原因很简单：这些先生何时认为自己是应被超越的呢？

超人不仅仅在自身内部的界定上多义，甚至矛盾，而且他还要面对一个外部概念，这概念不是他的伙伴，而是反派角色。在第三卷末尾有了第二个中心思想，尼采称之为"永恒复返"，这思想在随后的部分中分量越来越重。作者对这个思想或灵感颇多阐发，这使某些评论家觉得如坠五里雾中，不明所以，甚至觉得这思想毫无意义。洛维特针对尼采作品中的这个中心思想写了一本专著，力图分析阐释权力意志和永恒复返这两个概念的矛盾关系。这个基本矛盾似乎可在超人和复返之间予以描绘：一方面，统治扎拉图斯特拉内心的，是超越自我和提升现时人的热情亦即求变的意志；另一方面，一切变化——伴随力量守恒定律的变化——只知无可更改的永恒复返。倘若不断复返总是带来相同的东西,那最后的人怎能超越自我变为超人呢?倘若永恒复返只能让古人永恒持续下去,那么,怎样理解尼采希冀的新人呢?如此看来,永恒复返与至此所宣布的启程的高昂情绪相互矛盾,这种启程的乐观情绪恰恰让人期待别的东西,而非同一个东西。倘若永恒复返也意味着无足称道的渺小之辈的复返,那么,这种新思想颇令人质疑。然而,扎拉图斯特拉还接受了一种新的观点,他认为,他从这新的观点中看出了永恒,并找到了一种原则——与人受历史局限的追求相违背的原则,或者说作为纠正措施退居次要地位的原则。他至此只考虑超人的过渡,考虑到达目标的笔直方向。试用图表来说明:超人方向的直线仿佛找到了一个女性伙伴:循环、复返、永恒。扎拉图斯特拉很喜欢超人的这个女伴,希望替超人找到一枚婚戒,作为复返和完美的象征。

矛盾与变化

综上所述,得出的结论是:并非所有的概念和评价都有系统的逻辑关联,而是让人看出它们的分歧差异,乃至激烈的矛盾。比如超人与永恒复返的紧张关系,又如教导性的格言彼此并列又彼此相悖,或游戏式的撤销。尼采矛盾的言论不仅在本书,而且在尼采全部著作里都有所表露,比如在美学领域,对艺术和知识不断变化的评价，对道德、宗教和心理学的质疑，对艺术和哲学的重要代表人物所发表的言论等。自1872年《肃剧的诞生》一书问世以来，他对这些领域的权威人物一会儿抵制，一会儿赞扬，一会儿又拒斥，对苏格拉底、伊壁鸠鲁、叔本华、瓦格纳等人莫不如此。这些人均多次受到尼采的评价，这评价有的是一气完成，有的则是延续了较长时间。这些伟人几乎没有一个能经得起这位反复无常、矛盾百出的评价者的臧否。有幸获得肯定的权威人物很少，其中有歌德和耶稣，耶稣除了教诲和影响外，其人格也受尼采的褒扬。他在致佩特·加斯特和格奥尔格·布兰德斯的信中自己署名为 Der Gekreuzigte［被钉于十字架的人］，在他精神崩溃时，他还自视为知识的殉难者，把自己与耶稣的受难等同。尼采对哲学、艺术和科学以及对许多艺术家和思想家的评价都模棱两可，甚至矛盾，简直混乱不堪，以致阐释者寻找各条线索之间横向和反向的联系而不可得。人们试图将《尼采全集》体系化，使之植根于一个基本思想或一个统一的思想原则，但这一切努力迄今都失败了。权威的评注家们看清了尼采著作中的内在矛盾，但并未做出使之协调一致的努力，他们是贝特拉姆、洛维特、雅斯贝斯、霍克海默、阿多诺和海德格尔。另外一些评注家则通过片面强调某些方面试图消除这些矛盾：阿尔弗雷德·鲍姆勒强调权力意志是占主导地位的原则；格奥尔格·卢卡契否定尼采那些启蒙的部分，认为那些是对作品"理性的破坏"。

除了上述的解释和错误解释外，人们还会考虑另外一些解释的可能性，以便消除尼采著作中的矛盾，至少得以解释。传记性的调研（比如波达赫的调研）指出尼采的病态特征在晚期著作中表现愈益明显，预示着病者的精神崩溃，或预先使他产生逻辑混乱，以至于他在1889年之前——至少在本书的最后一卷里——不会有统一的哲学构想。这样的论证对于作品及其影响力的发掘无甚益处，同时也是一开始就误解了尼采著作里的矛盾性，认为它是哲学思维的混乱，对其思维运作轨道中出现的偏差，第一反应就是要用医疗措施解决。尼采试图打破僵化的平常状况，方法是破坏它的机制。他这个意图失败了，因为正是这平常状态被人们定为准则了，而准则就是要判定什么是真的（健康的），什么是假的（病态的）。不过，人们还是可以从尼采身上看出，疾病对人的认识有何增强和深化的作用。

对尼采全部作品的看法也适用于《扎拉图斯特拉如是说》一书。扎拉图斯特拉的格言从整体上看，并非是一种单义的或目标明确的禁令和诉求体系。倘若不将本书各个部分割裂开来"钻牛角尖"，而是将文本当作一个整体认真加以对待，那么本书里有的只是常常充满尖锐矛盾的、争奇斗艳、种种零散的评判，而不是一座符合逻辑的学术大厦。扎拉图斯特拉从未宣布过内容完全可以确定的教诲，而是对那些占统治地位的，他认为是错误的教诲实施攻击，指出其荒谬处及灾难性后果。在构思自己的目标和目的时，他一贯拒绝这些目标和目的的单义性。他不愿别人从字面上理解他的语句。他反对那些唯唯诺诺的聪明人窜改他的语句，这种反对态度比他反对任何事物都要坚决。他最讨厌那些未经研究就下结论的门徒围在身边，所以，他要求学生不要对老师忠诚，要扯掉老师头上的花冠，以便释放自己和创造自己。倘若他们相信老师的"教诲"，他们就变成了信徒，就与那些信奉古代诸神的人无异了。《扎拉图斯特拉如是说》一书中，许多东西都涉及训导者和学习者、演讲和正确聆听、意向和接受二者之间那颇成疑问的关系，所以，书中有些地方认为近期对本书的一些阐释（例如安克·本霍尔特-托姆森的阐释）是好的，它们视本书为一种语言和交流方面评判性的争论，这难题决定了他同别人和同自己对话的特色。与此相适应的是，此书较少以阐述某种脱离文本、隐蔽的意义范畴为目标，比如某种新的宗教或思想体系，而更多的是旨在谈论他本人不断失败的告知意图，那颇成疑问的"什么"和"怎样"。他试图以此使聆听者也使他本人弄清他的思想。如果此说成立，那么这本书预先就把由他造成的种种误解提交给大家讨论了。

为了避免门徒误解他的"教诲"，扎拉图斯特拉总是被迫将语句颠倒，反驳这些语句，反驳自己和改变自己。他的游移不定和自我变动也与他言论的故意矛盾类似。他自始至终都在改变自己的思想和观点，总是不断拨转方向盘。初始他进入山间，然后又调头走向人群，目的是向他们传道。可是失望又将他驱离乌合之众。他在埋葬索上舞者之后，又再次改变观念和计划，并决定收徒授业。

我们不仅看到扎拉图斯特拉如何游移不定如何改变自己，而且也听见他说起这类变化的解放律则。他演讲初始时说：

> 我给你们说出三种变形：精神怎样变为骆驼、骆驼怎样变为狮子、狮子怎样变为孩子。

在这个比喻中，骆驼是有忍耐力的承载传统和保存传统的动物，它承认传统的价值并悉心加以维护，就是说要把传统承传下去。它驮载这个最沉重之物进入沙漠，如同扎拉图斯特拉隐居起来，以便对已有之事做个清算一样。他在隐居处就像骆驼一样变成了狮子，把"你应该"、把每一个价值予以摧毁。按扎拉图斯特拉的说法，狮子这时尚无能力创造新的价值，然而它能够为新创造创造出一种值得追求的自由。斗争和破坏初始只是中间阶段唯一的能力，但是这种能力通过否定已有之事已为新的前景——即在第三阶段捉住孩子——奠定了基础。在孩子身上滋生一种更高的、有益的、赋予这新生命一种清白无辜的、游戏式人生的纯真。扎拉图斯特拉本人一直置身在第二阶段，亦即狮子阶段，这头狮子用反命题将每一个命题、用反真理将每个真理撕咬得粉碎，所以，在扎拉图斯特拉演说中堆砌着各种自相矛盾的东西。他在真理中揭示谎言，在理性中窥见荒谬，在道德中看到动物的欲望，在朋友里发现仇敌。但他也并不株守否定原则，一味把它当作思考的灵丹妙药；而是在否定原则的对面树立一个祝福的肯定原则,这样,互相矛盾的基本原则最终可以得以反驳。

扎拉图斯特拉以颠倒和对抗为武器,不断同形形色色的理想主义作斗争,对其加以揭露和嘲讽,认为它们是否认现实的、欺骗的、敌视生活的神祇。教士、高贵者和智慧者等均属这类理想主义的中心人物。与他们相反,尼采的扎拉图斯特拉享有最高的赞誉,但不仅仅是作为预言家,而且也是作为把预言家和自己变为愚人的人,他没有摆出圣者的姿态,这位智慧者"总是以否定姿态出现"。尼采根本不把他看作是赐福者,某种新教诲的创立者,而总是表现他如何劝导门徒离开自己。正如扎拉图斯特拉彻底否定一切理想一样,他也坚决拒绝把自己的人格理想化,拒绝认为他的"教诲"行之有效。相反,他要求那些只愿意相信他的人对他怀疑、反驳和背离,因为他本人也总是背离自己,总是离开业已抵达的站点,目的是不让这些站点变成某种立场。我们总是见他一个劲儿在超越,而不是达到,更不是停滞。同超人的乌托邦形象一样,此书在内容和形式上也都打上了"过渡"原则的烙印。

与扎拉图斯特拉的门徒类似,当今的读者也想知道在所有变化和矛盾的彼岸,其结果到底是什么。也许仅仅是这些变化和矛盾,所以仅仅是一座否定的迷宫而已?扎拉图斯特拉是否真的是狮子,抑或他也知道表现第三种变化,知道孩子和新的纯洁如何诞生?他对此未作表示,而是期待,更确切地说,是意欲"意欲本身"。几乎没有赐予他看见那片受称赞的土地的机会。他只能催逼自己启程,给人们指出一种超越现今人生状态的人生状态。他的讲话只有在涉及摆脱什么而获得自由时才是确定的、可以理解的;反之,当涉及自由要达到什么时,他的讲话就是不确定的、空洞的。但通篇说的就是亟需为拥有血肉之躯和生存意志的人寻找自由,而且不是在彼岸寻找,而是在大地寻找。通篇也都在为自我决定而呼吁。但自我决定如何创造或达到,则只以同错误的形态和外部决定(理想和教士的统治)划清界线来表达。有一个东西在否定的漩流中似乎可以触摸到,而且这东西是持久不变的:这就是从未沉寂的创造要求。由于上帝已死,所以由他创造的东西也死了,或者说需要致命的一击。新的大地,新的人要由人来创造,然而在这个严格的同时又很抽象的求创造的求变化的意志里所表现出来的最终又只是不愿忍受既定之物和剥夺自由之事。所以,只在这一点上,否定才保持了它那本来就是积极的、具有创造性的作用,因为这意味着,本来是创造性的同时也是破坏性的,下面这句话说得更加明白:"人的内心必须混乱,以便诞生一颗舞蹈之星。"首先要有摆脱羁绊的自由,然后才有创造的自由。创造的自由需要一种新的神话。

扎拉图斯特拉和尼采完全明白这一事实:一种神话与现代意识,与知识分子的激进要求是不可能协调一致的,但又与更新神话紧密相连。在尼采的著作《肃剧的诞生》中就有这样的话:

> 如若没有神话,每一种文化那健康和创造的自

然力都将受到损害：用神话包围的天空才会使整体文化运动实现完美统一。

现代神话越遥远、怪异，现代需要它也就越急迫，然而企图把神话和现代统一起来的努力也就更加白费气力。尼采思想中那令人痛苦的基本矛盾、现代本身的思想矛盾即在于此。尼采受这种伤痛的折磨甚于任何人，他不仅深受其苦，而且还以尖刻敏锐的认识把这种伤痛弄得更加深切难忍，以便使同代和后世的人们因痛而呐喊，至少使他们从思想的麻木、从科学工作程序那僵化的自我安全感中惊醒过来，纵然不免受折磨。

风　格

《扎拉图斯特拉如是说》这本书在结构和文风方面既找不到某个它所崇尚的范本，也未发现有值得一提的模仿它的作品。尽管它由许多来源不同的元素组成，但在整体上，它的色调是不容混淆的，是优秀绝伦的，与扎拉图斯特拉言论既动听又矛盾的内容一样，写作风格的手段亦如是。比如反定理跟随着定理，激情和崇高被怀疑、讽刺和嘲笑弄得具有局限性，与此相类，表述的手段也不仅为明晰的"教诲"服务，而且也为撤回这"教诲"、为游戏式的拆卸服务。

让我们先说说这"教诲"的手段吧：路德翻译的《圣经》是伟大的典范，在许多层面上被人模拟。此书中，扎拉图斯特拉宣告的新真理进入上帝启示的传统,它需要与这个传统同样的甚至更高的重要地位,它意欲超过《圣经》的有效性,这表现在不仅利用了《圣经》的语言手段,而且还讽刺滑稽地对这种语言手段加以模仿。《圣经》的风格在此书中掌控着题材、短语、语法形式和各种合成结构,直至各种细小的提法。在内容上就与《新约》全书有许多共同点:扎拉图斯特拉也是在 30 岁开始了一种全新的生活,他也在山中布道,在湖畔讲学,收授门徒,其中有一位最受他的青睐。病者找他看病并被治愈。扎拉图斯特拉需要抵御一次诱惑,还举办了一次庆祝晚宴。他的讲话满口《圣经》词汇和短语:"你们看呀","真的",用远古时期的 also 代替 so,①aber② 后置,与否定相联系,使用"弟兄们"或"兄弟"这个称谓等。此外,第二格的使用也是《圣经》式的(er genoβ seines Geistes[他享受自己的智慧]),经常用 voll von+抽象名词这一短语形式(seine Seele wurde voll von Ungeduld[他内心已是不可复耐]),第二格前置(eines Volkes Not[一个民族的苦难]),常常把表语名词放在主语前面(Katzen sind immer noch die Weiber[女人一直还是猫]),陈述部分的开头仿照《新约》全书的句型,(um jene Zeit nun, als Zarathustra... geschah es, daβ[正当彼时,扎拉图斯特拉遭受……]),扎拉图斯特拉除了使用《圣经》的词汇和句法形式外还使

---

① also、so,德语"如此"。
② aber,德语"但是"。

用《圣经》的引文和比喻（wer Ohren hat，der höre[凡有耳朵的人都会听到]），借用《圣经》的格言和比喻而不加改动的实属鲜见，倒是常常意含讥讽地加以模仿，以此为武器，对陈词滥调的理论反戈一击。（"正如我们不会像母牛那样回头一样，我们也不会进入天国。"）

与《圣经》的影响比较，荷尔德林的影响虽小，却也值得注意。尼采在中学时对荷氏著作《恩培多克勒》无限赞佩，后来拟创一部同一题材的悲剧，但这计划未能实施。接近人群与疏离人群的交替出现，对未来的幻想，语言的雄辩特色，这些东西把《扎拉图斯特拉如是说》同荷尔德林著作《许佩里翁》紧密联系起来了。

此书的雄辩风格并不以借用和变化已有的具有文学色彩的材料为满足，它还充分利用演讲技巧这一资源。通过使用许多第一和第二人称的代词为个人与听者的关系做好了铺垫，扎拉图斯特拉用惊叹和指令引起听者的关注，用各种雄辩说服听众——借听众之口说出答案。听众如果想做个一同思考的对话者，他们就乐意倾听还不熟悉的真理，听众倘若自己能给出答案，他们倒是相信这个评判是外人的评判，并且最终认为是他们自己的思想，故不会再对此加以怀疑。

演说者顾及听者的局限性和听觉的误导，所以扎拉图斯特拉使用一切可能的重复形式，以便使他的论点尽可能深入人心。这些重复形式不仅具有教学法功能，而且还具有艺术功能，用类似物把天马行空的思想活动领域整饬得井然有序，从突发的无序的灵感中产生一种关联。重复的不仅仅是个别字眼，句子成分（句首、问题和答案等），而且还有整个句子——常常只删掉一个字。这样，读者就有了一种复归的心醉神迷心态。重复的雅兴摧垮了风格学的所有规则，与其说它是为明白晓畅服务的，还不如说是为读者制造强烈的心灵感应服务的。重复常常与变化结合，在变化中，总可以看到同一个东西。动词在后置句或副句中被名词化，然后被当成名词使用。一种喜欢采用的重复形式是词的解释形态（eine Liebe lieben[爱一种爱]），种种观念和句子结构都以各种平行的类似的模样相重复。相似性胜过逻辑联系："尽管"、"所以"被"和"排挤掉了。此外，重复还存在于有意的倒转和对比之中（"爱情中总有些许癫狂，癫狂中总有些许理性"）。

与句子和观念的重复形式相宜的是音乐性重复，诸如头韵、尾韵和中间韵。重复决定韵律——尼采散文里最重要的音乐要素。此书没有固定的韵律模式，因为音调总是为观念服务的。然而，词和声响的重复是对动作的强调。重复繁多会产生单调，单调复又造成强烈的心灵感应。某些节奏划分总是一再重复：于是第二次急剧升调便戛然而止，后置句为中等强度并慢慢减弱。

演说者的话语如要取悦听者，就须避免直来直去，而选取直观生动或委婉掩饰的比喻，所以，扎拉图斯特拉演说的比喻形式可谓数不胜数。它采撷万类说天上人间、动植物世界、风景和生命之事。动物，特别是猛兽（狮、虎、豹、鹰乃生命力和渴望自由的象征）在这方面作用尤著，一如在寓言故事里。常常出现带有明显寓言特质的生物，有意地对人世予以讥讽：以猴子讥诮逢场作戏，以骆驼比喻忍耐和麻木，用孔雀嘲讽虚荣等等。一直陪伴扎拉图斯特拉的是鹰和蛇，鹰代表独立，蛇代表智慧。植物的形象多为南方植物（无花果、意大利五针松、意大利柏）。形形色色的风景同时也是在表现人的种种状态：漫游者登临山巅，浑身颤栗地俯眺深谷，以此比喻那些正在向超人迈进的途程中随时都有坠落危险的人们及其超越自我的阶段。海的深度是不可测的，它让人预感死亡和永恒，舟楫已准备停当，以渡载处于紧张境况中的漫游者超越深不可测的大海。山和沙漠这样简朴的题材像道具一样被使用，它唤起人们对一个意味深长的场地的联想：人们在此可从各个方向大步向前走。根据寓言传统，沙漠是猛狮的生活领域，同时也是寂寞的去处，然而又是异常明晰和浓缩的所在。就像此书的内容一样，其比喻也是笼统的、多义的，是与超人这一乌托邦概念相关的。

人们若想从本书语言的舞蹈中读懂神秘的神话形象，这就大大损害了此书的影响力。此书比人们猜想的要明亮得多，诙谐和理智赶走了浓雾和黑暗。"教诲"虽然由于内部充满矛盾而缺少单义性，但它们又绝非不可理解。扎拉图斯特拉给许多理论加上自己的解释，比如在"三种变化的演讲"里。长久以来，比喻因缺乏深意而受蔑视，但在尼采那里却获得新的光辉。扎拉图斯特拉对易懂的东西——我们早有概念（比如鸟的形象）——也不遗余力加以润饰。倘若要形象地阐述一种（暂时还）不可理解的观念,而非概念,那么就用象征取代比喻。这首先适宜于对超人构思的描述。

比喻形象是以理性占主导地位的,它们从一般到具体、以知性到感性或反向的大胆跳跃实在令人惊诧。作者尤其喜欢将抽象的概念具体化,使形象丰满,大有不食人间烟火之意韵("他的宁静尚未躺下来安享负暄之福")。《圣经》在比喻中功莫大焉,解释已无必要。人们通过对尼采的研究指出了另一种相似性,此事也许更有兴味:尼采书中不自然的庄重、弧线、细微差别的艺术、索上舞者、鹰和狮、林间和草地上的舞女、扎拉图斯特拉头顶的鸽群——这一切均与波克林、路特维希·霍夫曼、奥托·格莱因纳、马克斯·克林格尔等人的青年派风格不谋而合。

以上所说的风格特点,诸如预言的激情、路德《圣经》的语言、重复的形式、比喻,它们或多或少是为理论和教诲服务的。此外尚有别的特点,它们虽然不抵制这些教诲和理论,但其游戏特点比上述特点更为鲜明。扎拉图斯特拉甚至同自己的"教诲"游戏:这位超人预言家并非茕茕孑立,而复归女人身边;他的话被讽刺模仿,从幽灵口中说出,使他既悚惧又快慰。扎拉图斯特拉的舞蹈甚至在其新庙宇的内院飞旋。当语言独立做着轻盈和无辜的游戏之际,似与宣讲的激情相悖。然而尼采认为,这二者实为不可分割,因为"教诲"的内容恰恰是针对那带有解放性质之否定游戏。于是,预言同艺术形式和内容便紧密地连在一起了。

新的构词法不但服务于教诲,而且对服务于一种新的真理而言也不可或缺。但它们常常产生于一种纯粹的兴趣,即同一些精心打磨过的提法和观念进行刺激游戏的兴趣。扎拉图斯特拉喜欢追溯词汇的本源意义,或者说最先的意义,进而强化或颠倒其意义(Die Wende aller Not—du meine Notwendigkeit[一切痛苦的转折点——此乃我之必需])。他不仅同词汇,而且也同成语和格言游戏。常见的词组 Zu—kreuze—kriechen[屈服],扎拉图斯特拉在这个词组上只添加一个字母变成 Zum—kreuzc—kriechen[向那个十字架屈服],即辛辣地将基督教凌辱了一番。模仿和讽刺的改写手段也被用于反对那些神圣的"财富":"论贞洁的知识"是影射天主教有关圣母玛丽亚教诲教条的,而《圣经》的一些箴言一再被他变形走样,《浮士德》下部里的"神秘合唱"被他讽刺模仿,《哈姆雷特》中的话语被窜改地加以引用。也许,涉及康德之事并非偶然:康德著作《道德形而上学的奠基》,其开场白是:"人们毫无保留认为,世上美好之物无非良好的意志而已。"尼采不以为然:"噢,扎拉图斯特拉,世上没有什么能比高尚而强大的意志产生更令人愉快的事情了。"在此书第三卷里出现一个傻子,他甚至讽刺地模仿扎拉图斯特拉本人的预言和风格:"受劲风刺激……,我的灵魂打起喷嚏来了——'阿嚏',自我呼天抢地:长命百岁!"驴子的"咿—啊"叫声讥讽扎拉图斯特拉酒神似地对生活全盘肯定。

正如扎拉图斯特拉毫无顾虑地同语言游戏一样,他同思想观念亦如是。价值的重估要求对条件和原因予以颠倒。那些中心概念变更其立场,过去支配别人,现在则要学会听从。那些逻辑法则被拽入舞蹈的旋转中。佯谬怪论适宜于用来反对教条并赢得受惊的听众,它保护这位艺术家不受严肃的哲理单义性的侵害,给他保留了同许多观念甚至同相反观念游戏的自由("从根本上说,我只热爱生命——而当我憎恶生命时,我却最热爱生命,真的")。在以下的情况中,这种游戏就显得复杂一些了:"人是必须被超越的,所以,你当热爱你的美德,因为你将因美德而毁灭。"这一箴言的基础似乎是一种辩证的模式:为了改变现今的状况,必须促进它们的病态(疾病),如此,可恶的现今才会尽早被征服。

扎拉图斯特拉使用不同的语言手段进行训导和诱导。正如超人的乌托邦草图含有矛盾一样,语言也利用了各种极端的可能性:渐慢和渐进,问题和命令,锤击的旋律和悦耳的音调,平行和对比,摘引和讽刺地模仿——对于这"伟大风格"而言,凡此种种绝非怪异。这位预言家在演讲中,既表现出对神话革新的愿望,又表现出质疑式的现代意识,同样,此书的风格手段一方面服务于"教诲",另一方面也服务于创造自由的否定游戏。

佩特尔·普茨

第一卷

扎拉图斯特拉的前言

1

[8]扎拉图斯特拉三十岁时,①他辞别家乡和家乡的湖泊,行至山间。② 他于此享用他的精神与他的孤独,十

---

① [KSA版注]三十岁:这与耶稣一样,参阅《路加福音》3:23。

② [Pütz版注]扎拉图斯特拉:古代波斯预言家,拜火教创立者,德语Zarathuschtra,希腊语Zoroaster,意大利语Sarastro。扎拉图斯特拉的生活年代大约为公元前630年至前550年之间,生活在伊朗东北部名叫科拉桑的高原沙漠地区。他的颂诗和教诲都汇集在拜火教典集《阿维斯塔》中而流传下来。尼采为何选取波斯这个宗教创始人的名字作他的书名,现在尚不得而知。但其他宗教里也有几个次要主题(比如风景、动物的作用和火的作用等)与《阿维斯塔》的教诲具有亲和性的相似处。估计尼采将自己置于一个著名的宗教创始人的传统,其目的是陈述他本人"教诲"的高级诉求。他利用这个远古时代的名字,这名字声音悦耳,充满异国情调,欧洲读者除了知道它是称谓一个远古神话之父外,就再也不会产生别的联想了。也许这个人物与《圣经》世界对立,因为拜火教的几个原则(比如二元论取代独神论)自古就威胁基督(转下页注)

年不倦。最终，他的心变形了，①——一日清晨，朝霞初绽，他亦起身，步向太阳，对它如是说：

"你这伟大的星球！② 你所照耀（leuchtest）的，③倘若并不为你所有，又如何是一种幸福！

"十年之间，你在此上升，至于我的洞穴：假如没有我、我的鹰和我的蛇，④你或会厌倦你的光和这条路。

（接上页注）教的一统天下，并且在历史进程中一再造成异教的危害（诺斯替教派、摩尼教派、清教徒等）。

［施注］在《论道德的谱系》的第二章结尾，尼采暗示他不是扎拉图斯特拉。扎拉图斯特拉要比尼采更为年轻和更为有力。在《瞧，这个人》中，尼采将扎拉图斯特拉描述为一种类型、一个理想——尼采的一个理想。

① ［译注］此处内心的变形与第一卷中"论三种变形"有关。书中涉及这种类型的变化时大多硬译为"变形"，以强调这种关联。

② ［译注］原文为Gestirn，仅此节和全书最后一节出现（共三次），它与Stern的区别在于，前者更书面，更具有探究的科学性，而后者则是日常语言。中译本将Stern译为星辰，以示区别。这意味着扎拉图斯特拉的太阳是非神学的，更具有光明与生活的含义。

③ ［译注］照耀来自柏拉图的希腊文表达 $\kappa\alpha\tau\alpha\lambda\acute{\alpha}\mu\pi\omega$。参《王制》508d："当一个人把眼睛转向太阳照耀的东西时，它们就被看得清晰，而视力本身也在同样的眼睛中展现了自己……我们也以这样的方式描述灵魂。当它让自己凝视真理与存在（$\tau\grave{o}\ \H{o}\nu$）所照耀的事物时，灵魂就在思悟（$\nu\epsilon\acute{o}\eta\sigma\epsilon\nu$），并且有了认识（$\H{\epsilon}\gamma\nu\omega$），似乎具备了理智（$\nuο\tilde{\nu}\nu$）。"但此时的扎拉图斯特拉似乎认为真理必须同时是实践的，并且为所有人所共有。这是一种现代启蒙观。下文的洞穴则更清楚地暗示了与柏拉图之间的思想亲缘。这里扭转了柏拉图太阳喻与洞穴喻的方向，"上升"以及随后的"下降"的意象虽未改变，但已暗示了永恒复返。

④ ［Pütz版注］我的鹰和蛇：是书中反复出现的动物比喻，鹰代表傲慢，蛇代表智慧；与扎拉图斯特拉的智慧和向往自由的意志密切相关。

［译注］粗略地说，鹰预示了权力意志，而蛇预示了永恒复返。

"但是,我们在每个清晨等待你,获取你的丰盈,并因此向你祝福。

"看,我已倦于我的智慧,一如蜜蜂,已采撷太多蜂蜜,我需要伸开的手。

"我愿馈赠、给予,直到人类之中的智慧者再次因其愚蠢而快乐,贫者再次因其富有而快乐。①

"为此,我必须下至深渊:②正如你在日暮的举动,沉入大海的背后,将光带给下界(Unterwelt),你这过于丰富的星球!

"我必须同你一般沉落,③正如我意欲前往其中的人们所言。

"那么,祝福我吧,你这宁静之眼,你得见一种过于强烈的幸福却不生嫉妒!

"祝福这意欲流溢的觥杯,水似黄金从杯中流溢,将纵乐的扬光倾洒各处!

"看!这尊觥杯意欲再度罄空,而扎拉图斯特拉意欲

---

① [译注]所谓贫富,尼采最为直接的表述参见《狄俄尼索斯颂歌》的最后一首歌《论最富有者的贫穷》,扎拉图斯特拉为智慧者,为最富有者,他的贫穷在于无人领受他的智慧。这首诗以"十年"开头,暗示了扎拉图斯特拉在山间的十年;另参卷二"夜歌"一章。

② [法文版注]太阳的高度与大海的深度构成了一种互为矛盾的逆喻,围绕着这种逆喻,权力意志得以动态地展开。参见《快乐的科学》,第 371 节。同时,参见《权力意志》I,470。

③ [Pütz 版注]此处德文是 untergehen,为词汇多义性的典型例子。空间意义上表示下山;同时也暗示日落,以及扎拉图斯特拉或一个老人生命的结束和转变。所以"下去"常常表示一种过渡,书中反复出现桥、舟和虹的形象很好演绎了这种过渡。

再度为人。"

——如是,开始了扎拉图斯特拉的沉落。①

2

[9]扎拉图斯特拉独自下山,一无所遇。可是,当他步入林中,一位老者突然站在面前,他离开自己神圣的茅舍,于林间寻觅树根。老者对扎拉图斯特拉如是说:

"我对这位漫游者并不陌生:多年以前他途经此地。他名为扎拉图斯特拉;但是,他已变形。

"当时,你携你的灰烬入山:现在,你意欲携火进入山谷吗?你不害怕纵火者的惩罚吗?②

---

① [法文版注]参《快乐的科学》,342节。

[译注]与《快乐的科学》处文本相比,我们需要注意两个细节,一是彼处有一个标题:Incipit tragoedia[肃剧开始了];一是提到了湖的名称乌米尔湖。前者意味着《扎拉图斯特拉如是说》是一部肃剧之书;后者则削弱了扎拉图斯特拉的地方性特征。

[施注]扎拉图斯特拉的下降就像柏拉图《王制》中苏格拉底的下降,但与《王制》中的苏格拉底不同,扎拉图斯特拉的下降没有受到任何强迫。他的下降完全出于自愿。扎拉图斯特拉受到激发并不是基于任何需要,而是受到馈赠的激发,即受一种由于自身的丰盈和他对人类的爱的激发。他的责任是无限的,并不是他自己的命运要求他下降,而是人类的命运要求他下降。

② [译注]卷一"论信仰彼岸世界的人"中,扎拉图斯特拉说自己也曾经制造神明,但"这个幽灵,它来自我自身的灰烬和炙热,真的!他并不来自我的彼岸!"灰烬即扎拉图斯特拉制造并相信的彼岸世界和神明;但扎拉图斯特拉最终"克服了自己,这个痛苦者,我携自己的灰烬入山,我为自己发明了更光明的火焰。看呀!这幽灵从我这里退却了!"这些文本透露出扎拉图斯特拉个人的精神成长史。

"是的,我认识扎拉图斯特拉。他眼睛纯净,口中毫无厌恶。他岂不是如舞蹈者一般行走么?①

"扎拉图斯特拉变形了,扎拉图斯特拉成了孩子,现在,扎拉图斯特拉是位觉醒者:②你在沉睡者之中意欲什么呢?

"你曾在孤独中生活,如浮于海,而大海负载着你。唉,现在你意欲上岸?③ 唉,你意欲再度拖拽你的身体?"

扎拉图斯特拉答道:"我爱人类。"④

"为什么,"圣人说,"我为何行至林中、荒野? 不正因

---

① [KSA版注]参阅《尼采全集》第十卷,5[1]:228:你们仔细瞧他,看他的眼睛是否纯净,看他的嘴唇是否带有不屑表情,他的步态是否像个舞蹈者。
[译注]"舞蹈"在尼采笔下是哲学的代名词,《快乐的科学》第381节说得极为明确:"一个优秀的舞蹈家向营养索要的不是脂肪,而是最大的柔韧性和力量。我不知道,哲学家的思想所渴求的东西与优秀舞蹈家有何不同。舞蹈既是哲人思想的典范、技艺,也是它唯一的虔诚、'对上帝的礼拜'……"尤参本书"舞蹈之歌"和"另一首舞蹈之歌"两章。

② [KSA版注]犹如佛陀,参阅 H・奥尔登贝格(H. Oldenberg):《释迦牟尼:他的生平、教义和教徒》,柏林,1881年,页113,尼采藏书。
[译注]觉醒者(Erwachter)通常用于形容佛陀;此处可能与叔本华有关,参《快乐的科学》第54节,"虚假的意识"。

③ [译注]第一节的"下至深渊",本节的"下山"和这里的"上岸",尼采所用德语是同一个单词 steigen,这暗示了这些行为背后循环的类似。

④ [英译本注]Ich liebe die Menschen,字面意思是"我爱人类";早期译者们忽略了尼采在《扎拉图斯特拉如是说》中勾勒的某种生态性的框架,"人类"就处于这个框架之中。前言中构建的主要语义结构里,人类、动物、自然和地球处于互动之中,或者说应该是前所未有的互动之中。

为我曾经太爱人类了么?

"现在我爱上帝:人类非我所爱。① 我以为,人类是一种太不完美的东西。对人类的爱会将我杀死(umbringen)。"②

扎拉图斯特拉答道:"我对爱说了什么! 我为人类带来(bringe)一份馈赠!"

不要给他们任何东西,圣人说道。不如从他们那儿有所掠取,并与他们一起承负——这对他们方为最好的举动,如果你只为行善!

倘若你意欲给予,便只给一种施舍,并让他们乞而求之!

"不,"扎拉图斯特拉答道,"我不给予施舍。对此我还不够贫穷。"

圣人嘲笑扎拉图斯特拉,并如是说:你且看他们如何接受你那些珍宝! 他们怀疑隐士,不相信我们因馈赠而来。

在他们听来,我们穿过巷道的步履过于孤独。正如夜间,太阳远未升起,他们卧床听见一人行走,他们或会自问:那个窃贼意欲何往?

不要行至人类之中,长留林间吧! 不如行至兽群![10]你为何不意欲如我一般,——在熊中为熊,在鸟中为鸟?③

"圣人在林中做什么呢?"扎拉图斯特拉问道。

---

① [施注]尼采所暗示的是:爱上帝会贬低爱人类。
② [KSA版注]参阅第十卷,1[66];3[1]:9;一位圣者道:"我爱上帝——因为人类是一种太不完美的东西,对人类的爱将会毁了我。"5[1]:245:人身上有许多东西是可爱的,但是人不可爱。人是一个太不完美的东西:爱人类会将我杀死。
③ [KSA版注]参阅尼采草稿:到人群中去,还不如到动物中去,教导动物说:"自然比人更残酷。"

圣人答道：我制作歌曲并且歌唱。当我制作歌曲时，我笑，我哭，我清吟：我如是赞颂上帝。

我用歌唱、哭、笑和清吟赞颂上帝，我的上帝。你却给我们带来什么馈赠？

扎拉图斯特拉听到这番言语，向圣人致意，并且说："我能给你们什么！但让我迅速离开，以免我从你们这里取走什么！"——他们如此分开，老者与这男子笑着，如同两位少年在笑。

但当扎拉图斯特拉独自一人时，他向自己的内心如是说："这如何可能！这位老圣人栖居自己的林中，竟然还未听说此事，上帝已死！①"——②

---

① ［Pütz版注］上帝已死：这个习用语有多种略作变化的形式。最著名的说法"上帝死了"出现在93页上。它成了流行语，也成了哲学家进行观察的动因（海德格尔）。此语指的不仅仅是基督教上帝耶稣已死，还指玄学、一切价值和真理的死亡。第一卷末尾有"一切神明皆死"之语。

［法文版注］"上帝已死"并不是本书的多个主题之一，而是一个核心的主题，整个关于超人的反思都围绕这一主题。这一主题在《快乐的科学》（125节）中得到了发展。参见本书第四卷，"逊位"。

［施注］"上帝已死"的命题传达了《扎拉图斯特拉如是说》的"前言"的前提和这整部作品的前提。"上帝已死"的另一个表述是："关于独立自主的生成的学说，所有概念、类型、种类的流变性的学说，在人和野兽之间缺乏根本差异的学说，都是真实的，但却是致命的。"（《论历史学对于生活的利与弊》，见《不合时宜的沉思》，李秋零译，上海：华东师范大学出版社，2007，页223）。

［译注］黑格尔的《精神现象学》在讲到启蒙运动的斗争时说，启蒙宣传如同瘟疫摧毁了基督教的上帝，并引用狄德罗的《拉摩的侄儿》："一个美好的清晨，它用臂肘推了一下"，哗啦一声，基督教上帝垮掉了。参黑格尔，《精神现象学》，先刚译，北京：人民出版社，2015，页336—337。至于尼采，除了在《快乐的科学》第125节的著名讨论，还有一处文本必须提及，即《善恶的彼岸》第54节："整个近代哲学其实都做了一些什么？从笛卡尔开始，所有哲人都打着批评主谓概念的幌子，谋杀古老的灵魂概念，即谋杀基督教学说的基本前提。"

② ［KSA版注］参阅《尼采全集》第十卷，4［167］：（转下页注）

3

当扎拉图斯特拉来到距离森林最近的城市,他发现许多民众围聚于市场:①因为已有预告,人们可以观看一位索上舞者。② 扎拉图斯特拉对民众如是说:

(接上页注)对于这个人,我是再也没有什么好说教的了。

[KSA版注]参阅《尼采全集》第十卷,4[167]中的下列模式:同隐士的最后一次谈话/——你没有成为我的门徒,对此我表示赞赏/隐士:对人类,我过于蔑视又过于眷爱——对他们我忍无可忍——我不得不伪装成两副面孔。/我带给他们一种新的爱和新的蔑视——超人和最后的人/我不明白你的意思——你带给他们的东西,他们并不接受,你让他们先乞讨施舍!/扎拉图斯特拉……/可是他们需要的只是施舍。想利用你的财富,他们还不够富有呢。/我创作并演唱歌曲,创作时我又哭又笑。

在《扎拉图斯特拉如是说》中,其实并不真正存在什么同隐士的"最后一次"谈话,而只有此次谈话;关于隐士之死,参阅《扎拉图斯特拉如是说》卷四,"逊位"。

① [译注]市场既是尼采对现代生活的基本描述,也借此规定了现代社会的基本品质:市场上充满了廉价而无思想的产品:"市场上塞壬对未来的歌唱,她唱着平等权利、自由社会、不再有主仆之别等等。"(《快乐的科学》第337节)另参第331节。比较《朝霞》174节。

② [译注]索上舞者(Seiltänzer),原文拆开即Seil-tänzer,意即在绳索上舞蹈的人,通常译为走钢丝(或走绳索)的演员。考虑到舞蹈一词在全书中的重要,译为"索上舞者",以提示他和舞蹈以及绳索之间的亲缘关系,尤其是与哲学灵魂之间的关系。尼采最早提到索上舞者,是在1876年的笔记中:"我们不妨思考一下索上舞者,杂耍者。——人总是有着激情:所以也有非常热情的民族,例如希腊人和意大利人,他们出于自身的情感或激情的艺术而得到快慰。"(1876,23[142])

我向你们教授超人。① 人类是某种应该被超越的东西。为了超越人类，你们做了什么？②

迄今为止的一切存在之物（Wesen），都创造了某些超越自身的东西：难道你们意欲成为这伟大潮流中的退潮，宁愿向动物退行而非超越人类吗？

对人而言，猿猴是什么？一个嘲笑的对象或一种痛苦的羞耻。人之于超人亦复如是：一个嘲笑的对象或一种痛苦的羞耻。③

---

① ［Pütz版注］超人：参阅本书Pütz版编者说明，"超人和永恒复返"一节。

［法文版注］在《瞧，这个人》中，尼采论及"超人"一词："超人"用来表示一个卓越的成功，是与"现代人"、"好人"、基督徒、虚无主义者相对立的——这个词在首先的毁灭者扎拉图斯特拉口中，成了一个引人深思的词——"超人"被理解为扎拉图斯特拉的形象所代表的各种价值的同义词，也就是说作为人的卓越类型的理想形象，一半是"圣徒"，一半是"天才"……那些满腹经纶的家畜，把这当作了达尔文主义；同样，还有人在其中发现了曾经被我所否弃过的"英雄崇拜"，这种由卡莱尔所颂扬的崇拜，虽然卡莱尔是一位伟大的伪币制造者。因此，人们很容易明白"超人"一词所衍生出来的种种解释全都是些单纯而简单化的意识形态替代品。

［译注］参《敌基督者》第4节，超人作为人的一种"更高类型"，不是一种时间性概念，过去和将来都有可能存在，作为"整个种族、部落和民族的机遇"。在这个意义上，超人的政治哲学意义在于，他是哲人和立法者在最高意义上的混合和可能性。

② ［KSA版注］参阅《尼采全集》第十卷，4［165］：M（人）是一种应该被超越的东西：对此，你们都做了些什么呢？你们的那些善或恶的人们与我何干？

③ ［KSA版注］参阅《尼采全集》第十卷，4［181］：对我们而言，猿猴是什么？是一种痛苦的羞耻；对超人而言，我们也是痛苦的羞耻。

你们已经完成由蠕虫至人的道路,但在你们内中仍有许多方面尚是蠕虫。① 你们曾是猿猴,而如今人却更是猿猴,甚于任何一种猿猴。②

但是,你们当中最智慧的人,也不过是一种植物和幽灵的矛盾和同体混合。但是,我叫你们变成幽灵或植物吗?③

看,我向你们教授超人!

超人是大地的意义。让你们的意志说:超人应是大地的意义!

我向你们起誓,我的弟兄们,要长存对大地的忠诚,④[11]不要相信那些向你们谈论超越大地的希望之人! 无论他们是否明白,他们都是施毒者。⑤

---

① [KSA版注]参阅《尼采全集》第十卷4[139]:你们如何走过由蠕虫变为猿猴的道路! 可是你们内中仍有许多方面仍是蠕虫,他们仅是你们这条道路的记忆而已。

② [施注]倘若如此,羞耻必定是最强有力的。我们对自己过往的意识,也就是说,对我们自己的意识——因此,倘若权力意志是最基本的现象,那么严肃的超越会令任何人成为他自己,如果他有任何价值的话。这种超越意味着,被超越的东西仍旧在他自身之中:羞耻。

③ [KSA版注]参阅《尼采全集》第十卷4[116]:人应是介于植物和魔鬼之间的中间体。

④ [施注]表象世界是必须通过人的创造来解释的毫无价值的自然,这一表象世界的才是真实的世界。"对大地的忠诚",完全将大地,这个可以感觉到的世界作为自己的家园。除了人类这个世界之外,没有别的世界。这个我们所爱恋的世界、我们所栖居的世界会通向纯粹的虚无。人在追求自身的完满中经历到万物,而不是通过认知或理解认识万物。万物就是创造性之人所经历到的东西。

⑤ [译注]1868年5月,尼采致Paul Deussen信中,称叔本华为"友好的施毒者"。

他们皆是生活的轻蔑者,是濒死者和自我施毒者,大地已厌倦他们:任他们逝去吧!

从前,亵渎上帝是最大的亵渎,但上帝已逝,因此渎神者便也亡逝。现在,亵渎大地是最可怕的事情,对不可探测之物的内脏的尊崇,甚于尊崇大地的意义!

从前,灵魂轻蔑地注视身体:当时这轻蔑是最为高贵的事情——灵魂意欲身体孱弱、可憎、化为饿殍。它意图如此逃脱肉体和大地。

哦,这灵魂自身才是孱弱、可憎、饿殍:这灵魂的肉欲便是残酷!①

但是,我的弟兄们,请你们告诉我:你们的身体如何宣说你们的灵魂?你们的灵魂岂不是贫穷、污秽,一种可怜的舒适?

真的,人类是一条肮脏的河流。为了能够容纳一条肮脏的河流,人们必须是海洋,才会不受污染。

看,我向你们教授超人:超人即海洋,你们巨大的轻蔑会在海中沉落。②

---

① [KSA版注]参阅《尼采全集》第十卷5[30]:你们掩饰自己的灵魂:对你们的灵魂而言,赤裸裸便是耻辱。噢,你们曾经学习过,上帝为何赤裸身体!他并不因此而羞愧。他是非常之赤裸!/肉体是丑恶的东西,美女也是妖魔;肉体看上去应是孱弱、丑陋、衰迈、黑乎乎、肮脏/我认为亵渎肉体就是亵渎尘世及其意义。让那些认为肉体是丑恶、美女是妖魔的倒霉鬼吃苦头吧!

"赤裸的上帝"参阅《尼采全集》十一卷[94,95]塞内卡名言:Deus nudus est[神是赤裸的];另参阅《扎拉图斯特拉如是说》卷一,"论身体的轻蔑者"。

② [KSA版注]参阅《尼采全集》第十卷4[208]:我向你们教授超人:巨大的轻蔑,这事你们必须自己教会自己。

你们可能经历的最伟大之事是什么？那便是巨大的轻蔑的时刻。① 在这个时刻，你们厌恶你们的幸福，也厌恶你们的理性和你们的道德。②

这个时刻，你们说："我的幸福竟是什么！它是贫穷、污秽、一种可怜的舒适。但我的幸福应为此在（Dasein）本身辩护！"③

这个时刻，你们说："我的理性竟是什么！它对知识的渴求，如狮子渴求食物吗？它是贫穷、污秽、一种可怜的舒适！"

---

① ［法文版注］"巨大的轻蔑"这一主题贯穿了《扎拉图斯特拉如是说》全书。这根本不是一种"道德意义上的姿态"，而是一种反思的、生存论意义上的行动，尼采在《快乐的科学》，第四卷第379节对此加以描述。

［KSA版注］参阅《尼采全集》第十卷4[154]：他们从未经历过这样的时刻，这时刻对他们说："我们真可怜。"你们的幸福、理智和美德全都变得讨厌了。

② ［KSA版注］参阅《尼采全集》第十卷4[154]：他们从未经历过这样的时刻，这时刻对他们说："我们真可怜。"你们的幸福、理智和美德全都变得讨厌了。

③ ［译注］由于海德格尔的缘故，"此在（Dasein）"成为存在论的重要概念，尤其是后文第七节中的"人类的此在是可怕的（unheimlich），又向无意义"，这在海德格尔的思想中应有启发作用。德国古典哲学里，Dasein一般指物的存在，在某个特定时空里的存在物，但是，海德格尔以其特指人的存在，而尼采是其先行者，比如在卷三"病愈者"第二节："最伟大的却太渺小！——这是我对人类的厌恶！最渺小的也要永恒复返！——这是我对一切此在（Dasein）的厌恶！"永恒复返最大的难题在于人的此在问题。即便如此，尼采的"此在"并无本质论倾向，他的此在有类型的区分，比如通常的人的此在和哲人的此在的区别，参《论道德的谱系》第三章，第十节："最早的哲人善于给自己的此在和表现加上一种意义、一个支撑点和一种背景……"

这个时刻,你们说:"我的道德竟是什么! 它尚未令我愤怒。我何其厌倦我的善与我的恶! 这一切皆是贫穷、污秽、一种可怜的舒适!"

这个时刻,你们说:"我的正义竟是什么! 我看不出我会成为炭火、燃煤。但正义者才是炭火和燃煤!"

这个时刻,你们说:"我的同情竟是什么! 同情岂不是那个爱人类者被钉在其上的十字架? 我的同情却不是被钉上十字架。"①

[12]你们已经如此言说了吗? 你们已经如此呼喊了吗? 唉,但愿我已听见你们如此呼喊!

不是你们的罪——而是你们的满足②向天呼喊,是你们罪中的悭吝本身向天呼喊!③

用舌头舔舐你们的闪电何在? 必须向你们注射的疯狂何在?④

看,我向你们教授超人:他就是这道闪电,就是这份疯狂!——

当扎拉图斯特拉如此演说时,民众中有一个人呼喊:"关于索上舞者我们现在已听得够多,现在也让我们看看

---

① [KSA版注]参阅《尼采全集》第十卷5[1]:168:同情是一种地狱之感。同情本身就是十字架,那个爱人者被钉在上面。

② [KSA版注]满足:指平凡、无聊。参阅《尼采全集》第十卷5[1]125。

③ [法文版注]《创世记》4:10:"耶和华[对该隐]说,你作了什么事呢,你兄弟的血,有声音从地里向我哀告。"

④ [KSA版注]参阅《尼采全集》第十卷4[78]:我给你们注射疯狂。

他吧!"所有民众都嘲笑扎拉图斯特拉。但索上舞者以为,这是向他说话,于是开始了他的工作。

4

扎拉图斯特拉却凝望民众,觉得惊奇。他便如是说:

人类是一根绳索,系于动物和超人之间——一根悬于深渊之上的绳索。①

一种危险的横越,一次危险的途中行走,一次危险的顾眄,一种危险的战栗与停驻。

人类身上的伟大所在,是其为桥梁,而非目的;人类身上的可爱所在,是其为一种过渡,一种沉落(Untergang)。②

---

① [译注]对比亚里士多德《政治学》1253a3—5 的说法:"人天生是一种政治动物,在本性上而非偶然在城邦之外的人,要么是一个更强大的人($\kappa\varrho\varepsilon\acute{\iota}\sigma\sigma\omega\nu$),要么是一个凡夫。"

② [译注]此处直接反对康德的著名主张"人是目的";这一定言式命令(Kategorischer Imperativ)集中出现于《道德形而上学的奠基》,共有六处表达,兹举一例:"任何一个理性存在者作为目的自身,无论它所服从的是什么样的法则,都必须能够同时把自己视为普遍立法者,因为正是它的准则对普遍立法的这种适宜性,把它凸显为目的自身;——此外,这个存在者自己的超乎一切单纯自然物的尊严[特权],使它必须在任何时候都从它自己的观点,但同时也从其他任何有理性的、作为立法者的存在者(他们因此而叫做人格)的观点出发来采用自己的准则。现在,一个理性存在者的世界(mundus intelligibilis),作为一个目的王国,就以这种方式而成为可能,而且是通过作为成员的所有人格的自己立法。据此,每一个理性存在者都必须如此行动,就好像它通过它自己的准则在任何时候都是普遍的目的王国的一个立法成员。"(《道德形而上学的奠基》,李秋零译,北京:中国人民大学出版社,页 60—61)

我所爱的人，必作为沉落者才能知道生活，因为他们是过渡之人。①

我爱伟大的轻蔑者，因为他们是伟大的崇敬者，是向往对岸的箭矢。

我所爱的人，首先不在星辰（Stern）彼岸寻找根基，以便沉落，以成祭品：而是为大地献祭，使大地终为超人的大地。

我所爱的人，为求知而生活，他意欲求知从而令超人终可生活。于是，他意欲自己的沉落。②

我所爱的人，他之劳作、发明，是为超人建造房屋，并为超人准备大地、动物和植物：于是，他意欲自己的沉落。

我所爱的人，爱自己的道德：因为道德是沉落的意志，是一支向往的箭矢。

我所爱的人，不为自己保留丝毫的精神，[13]而意欲完全成为自己道德的精神：于是，他作为精神而临桥。

我所爱的人，从其道德中修立他的倾向、他的灾难：于是，他因自己的道德而意欲生活，并不再意欲生活。③

---

① ［KSA版注］参阅《尼采全集》第十卷5［1］：66：世间存在这样的人：他们找不到别的办法来承受人生，便只好寻求毁灭。

② ［KSA版注］参阅《尼采全集》第十卷4［224］：我生存是为了自己认清：我认清，就是为了超人生存。

③ ［KSA版注］参阅《尼采全集》第十卷4［229］：同情者应该从同情中制定自己的义务并招致灾祸，忠诚者应使忠诚变成自己的义务和灾祸——你可能拥有无尽的智慧来完善你自己的道德。5［17］：我所爱的人：他对自己道德所期待的，不是报偿，而是惩罚和毁灭。

我所爱的人，不会意欲拥有太多道德。一种道德甚于两种道德，因为它更是灾难悬挂其上的绳结。①

我所爱的人，他的灵魂纵肆，却不意欲感谢，亦不报答：因为他总是馈赠，而不意欲保留自己。②

我所爱的人，他掷骰而得幸福时，内生羞愧，他会问道：我是一个作弊的赌徒么？——因为他意欲毁灭（zugrunde gehen）。③

我所爱的人，先咏金言，其行而后从之，总是恪守甚于许诺：因为他意欲沉落。④

我所爱的人，为未来者辩护并救赎过去之人：因为他

---

① ［KSA版注］参阅《尼采全集》第十卷5［18］：你们别企望拥有太多的道德。一种道德就甚于许多道德：为拥有这一种道德，人必须足够丰富才行。他借这一种道德为生，又导致毁灭。

［译注］关于什么是"一种道德"，对比卷一"论快乐和激情"："我的兄弟，如果你有一种道德，它是你的道德，你便不要与他人共有。"另参《朝霞》卷五，第456节，真诚（Redlichkeit）作为这种唯一的道德，即上一节所言的"要长存对大地的忠诚"。

② ［英译注］参《路加福音》17：33。这可能是全书第一次暗指《圣经》的地方（共计135次），尼采在这些地方用耶稣的话指向扎拉图斯特拉的使命，或者颠倒耶稣之言，以达到肯定生活和大地的效果。

［译注］《路加福音》17：33："凡想保全生命的，必丧掉生命；凡丧掉生命的，必救活生命。"尼采暗指甚至暗讽《圣经》之处，德、法、英文编译者和徐梵澄先生做出了许多说明，但究竟有多少处，仍难以统计。后文根据前代学者的考证和译者自己的理解，尽量标识。

③ ［KSA版注］参阅《尼采全集》第十卷3［1］：309："在每次行动前，折磨我的是：我仅为掷骰者罢了——我再也不知什么是意志的自由。而每次行动后，折磨我的是：我掷骰赢了，我掷错了吗？"——求知者的疑虑。

④ ［KSA版注］参阅《尼采全集》第十卷3［1］：15：在你行动前，请扔出你的话语：自己对食言的羞愧负责。也请参阅卷十，1［52］。

意欲为今人而毁灭。

我所爱的人，由于爱其上帝而惩罚他的上帝：因为他必因上帝之怒而毁灭。①

我所爱的人，纵然受伤，其灵魂依然深沉，却可能因一个小小的冒险而毁灭：如此，他乐于过桥。②

我所爱的人，其灵魂过于丰富，竟至忘却自我，万物皆备于内：如此，万物皆为他沉落。③

我所爱的人，精神自由、内心自由：他的头只是他的心的内脏，而他的心促其沉落。④

我爱所有这样的人，他们如沉重的雨滴，从高悬于人类之上的乌云里滴滴骤落，他们预报闪电将至，并作为预报者而毁灭。⑤

---

① ［KSA版注］参阅《尼采全集》第十卷 2[28]：谁爱上帝就惩罚上帝。3[1]189。《新约·希伯来书》12：6："因为主所爱的，他必管教，又鞭打凡所收纳的儿子。"

② ［KSA版注］参阅《尼采全集》第十卷 5[1]：253：我以为你们过于鲁莽，你们不能因为一次小小的经历而毁灭。

③ ［KSA版注］参阅《尼采全集》第十卷 5[1]：238：我过于充盈，以至于我忘却自己，万物皆备于我，没有什么比万物更重要的了。我向何方？

④ ［KSA版注］参阅《尼采全集》第十卷 3[1]：130："心属内脏之一"——拿破仑如是说。头的内脏位于心中。5[1]：166：我爱自由的精神，即便他们是自由的心。在我看来，头就如同心脏和胃一样——但人应该有个健康的胃。心所接受的东西，头必须消化。比较《扎拉图斯特拉如是说》第三卷，"论旧和新的标牌"，第16节：精神就是一个胃。

⑤ ［译注］这里戏仿了基督教天使报喜的说法："那天使对他们说，不要惧怕，我报给你们大喜的信息，是关乎万民的"（《路加福音》2：10），"报"的路德译文即verkündige，这是《圣经》中常见的词语。

看,我便是闪电的预报者,云中落下的一颗沉重雨滴:这闪电名为超人——

5

[14]当扎拉图斯特拉说完这番话,又凝望民众,沉默。"他们站在那里,"他向自己的心说,"他们在那里笑:他们不理解我,我的口不是为了这些耳朵而备。①

"难道必先打碎他们的耳朵,让他们学会用眼睛听吗?难道必须喧躁不休,如击鼓或劝人忏悔的传道者?②或者,他们只相信口吃者吗?③

"他们有其据以为傲的东西。他们如何命名这据以为傲之物?他们名之为教育,④这使他们异于牧羊人。

"所以,他们不愿听到'轻蔑'一词施于己身。如此,我意欲说及他们的骄傲。

"如此我意欲对他们说起最可轻蔑的东西:但这就是

---

① [法文版注]《马太福音》13:13:"所以我用比喻对他们讲,是因他们看也看不见,听也听不见,也不明白。"
② [译注]传道者(Prediger)集中出现在《传道书》(Der Prediger Salomo),这位传道者即"在耶路撒冷为王,大卫的儿子"所罗门。
③ [KSA版注]我生就应做劝人忏悔的传道者吗?我生就应做摇鼓手吗,就像传道者和定音鼓手一样?参阅《尼采全集》第十卷4[207]:136。他学会了表达——可从此人们不再相信他了。人们只相信口吃者。
④ [法文版注]此处教育(culture)译自德文 Bildung。尼采一般将这个词理解为形式上的混杂,而且基本上是"非肉体化"的,充满了道貌岸然的知识。参见《朝霞》卷三,第195节。

最后的人(der letzte Mensch)。"①

扎拉图斯特拉对众人如是说：

人类是时候确立其目标了。人类是时候播种其最高希望的种子了。

对此他的土壤尚且肥沃。可这土壤终归贫瘠、驯化，再也不能从中长出高树。

唉！这时代来临了，人类不再射出超越人类的向往之箭，它的弓弦早已遗忘[如何]作飕飕之响。

我告诉你们：人的内中必有混沌，方能诞生一颗舞蹈的星辰。我告诉你们：你们内中尚有混沌。②

唉！这时代来临了，人类不再诞生星辰。唉！最可

---

① ［KSA版注］（最后的人：中国人类型，）参阅《尼采全集》第十卷4[204]：最后的人——连声轻咳，安享快乐；4[162]：人作为过渡性猿猴决定固步自封，此为最后的人的形象，最后的人即永远不变之人；4[163]：超人的对立面是最后的人：我同时创造了超人和最后的人。

② ［KSA版注］参阅《尼采全集》第十卷5[1]128：你们应保存你们身上的混乱：所有的来者须有塑造自我的物质。

[法文版注]在这个词的最广泛意义上，混沌(chaos)先于表象的一切形式的以及理智的沉积，也因此要先于一切文化上的成果，借助这些文化成果，我们将我们的状态和世界理解为"自然的"。因此，"你们内中尚有混沌"意味着：(1)精简用来解释自然的图形，并使自然归于自然；(2)排除那些导致人们的实践并歪曲人生意义的错误的规划。参见《快乐的科学》卷三，第109。《善恶的彼岸》，第225节。

[译注]我们也应该注意《快乐的科学》第四卷322节"比喻"："假如所有的星辰均在思想家内心的循环轨道上运行，那么他们就不是最深刻的思想家；洞察自己就像洞察无限的宇宙，并将银河体系纳入内心，这样的人才知道，银河体系也是无规律的，它导致存在的混沌和迷宫一般的情状。"混沌意味着存在的本质、自然的本质。

轻蔑的人的时代来临了,他再也不能轻蔑自己。

看!我向你们指明这最后的人。①

"什么是爱?什么是创造?什么是向往?什么是星辰?"——最后的人如是发问,并眨动眼睛。

大地于是变小了,最后的人令一切变小,却在大地上蹦跳。他的族类②不会灭绝,犹如跳蚤;③最后的人生活得最为长久。

"我们发明了幸福。"——最后的人说,并眨动眼睛。——

他们已经离开生活艰难之地:因为人们需要温暖。人们还爱邻人,并与邻人相互抚摩:因为人们需要温暖。④

---

① [施注]上帝之死使得人最大程度上的退化变得可能,即退化成最后的人,这是迄今为止最大的危险。现代人站在一个岔路口,要么选择走向最后的人,要么选择走向超人。
[施注]"最后的人是最低级的人,堕落最深的人,是缺乏任何理想和渴望的畜群之人,但是他们饮食精美、衣着光鲜、居住舒适,并且由医生与精神医师细心呵护,从反马克思的观点来看,他们简直就是马克思的未来之人。"《现代性的三次浪潮》,收于刘小枫主编,《苏格拉底问题与现代性》(增订本),北京:华夏出版社,2016年,页329。

② [译注]族类(Geschlecht),这是路德所译《圣经》中极其频繁出现的一个词语,尤其注意《彼得前书》2:9,"惟有你们是被拣选的族类,是有君尊的祭司,是圣洁的国度,是属神的子民,要叫你们宣扬那召你们出黑暗入奇妙光明者的美德。"

③ [译注]参《历史学对于生活的利与弊》第9节,现代人自身完成为自己的目标,一种个体人格与世界的同一进程。

④ [译注]参《敌基督者》开篇前言提到的寒冷的极北人:"让我们直面自身。我们是极北人(Hyperboreer)——我们非常清楚地看到,我们的生活离他们是多么遥远。'你既不能通过陆地,也不能通过水面,发现通往许极北人的道路。'品达早已知晓了我们的处境:在极北,冰雪之外,死亡彼岸——我们的生命、我们的幸福……我们发现了幸福;我们认识了道路;我们找到了逃离几千年迷宫般岁月的出口。"关于寒冷与温暖的对比,参本书第一卷"论市场的苍蝇"一章。

[15]他们视疾病和怀疑为罪恶:人们小心翼翼地行走。为石头或人所绊而踉跄之人,真是傻瓜!

间或食一点毒药,可令梦境愉悦。最终毒药过多又致愉悦地死亡。

人们依旧劳作,因为劳作是一种消遣。但人们忧心的是,这消遣不致伤人。

人们再无贫富:二者皆过于艰难。谁还意欲统治?谁还意欲服从?二者皆过于艰难。

没有牧人,却是一个牧群!① 人人意欲平等,人人尽皆平等:谁若有另外的感觉,便是自愿行至疯人之屋。②

"从前,举世疯狂。"——最优雅者如是说,并眨动眼睛。

人皆聪敏,知道发生的一切:如此,他们嘲笑无休。人们争吵依旧,但转瞬和解——否则这便损坏了胃。

人们在白日有其微小的快乐,在黑夜亦有微小的快乐;但人们崇尚健康。

---

① [施注]对《圣经》上帝的信仰挫败了这种严苛的良知,最终转向了对这种良知的基础的反对,变成了理智的良知或理智的诚实,从而导致了对基督教教义的反叛,但基督教的道德依然受到偏爱。经典的表达形式就是"没有牧人,却是一个牧群"。牧羊人被抛弃了,但保留了牧羊人的世界。

② [法文版注]《约翰福音》10:16—17:"我另外有羊,不是这个圈里的。我必须领他们来,他们也要听我的声音。并且要合成一群,归一个牧人了。我父爱我,因我将命舍去,好再取回来。"

"我们已发明幸福①"——最后的人说,并眨动眼睛——②

于是,扎拉图斯特拉的第一次演讲在此结束,人们称其为"前言":③因为群众的喧哗和兴致打断了他。"哦,扎拉图斯特拉,把最后的人给我们罢"——他们如此呼喊——"把我们变成最后的人! 我们就向你馈赠超人!"万众欢腾,并咂舌作响。扎拉图斯特拉悲从中来,对自己的心说:

"他们不理解我:我的口不是为了这些耳朵而备。

"我在山中生活太久,聆听溪涧潺潺和木叶纷纷已经太多:现在,我像对一群牧羊人一般与他们言说。

"我的灵魂静止,晃朗,如午前的群山。他们却以为我冷酷,以为我是一个讽刺者,说可怕的玩笑。

"于是,他们望着我,并且发笑:他们笑我,复又憎我。

---

① [法文版注]"幸福"是一个古典的道德范畴,曾与"智慧"、"节制"相联系。扎拉图斯特拉的道路是对于这一范畴的逐渐否定——哪怕"价值重估"之后这些术语仍然较接近其古典渊源。参见第四卷,"蜂蜜祭品"。

② [译注]眨眼的动作细节表明了最后的人的轻慢,但尤其体现了对更高品质的怀疑,对比《快乐的科学》卷一,第 3 节"高尚与卑贱"。

③ [施注]扎拉图斯特拉的"前言"与尼采的"前言"不一样。扎拉图斯特拉的前言只是他对民众的讲话。这部分讲话由两部分构成,处理了两个不同的主题,第一个主题是超人,第二个主题是最后的人。这暗示的是,要么选择成为超人,要么选择成为最后的人。

他们笑中含冰。"

6

但这时发生了一件事,令每个人哑口凝目。因为索上舞者其间开始了他的工作:他步出一扇小门,在索上行走,系于两塔之间并如此高悬于市场和人群之上的绳索。当他行至中途,[16]小门再次打开,跳出一个身着彩衣、状若小丑的少年,① 快步跟随于索上舞者身后。"向前,瘸腿,"他以可怖的声音叫喊,"向前,懒汉、黑市商人、脸色苍白的家伙!不然我的脚后跟就会挠到你!你在两塔之间忙些什么?② 你当在塔内,人们应把你拘禁其中,你

---

① [译注]"彩色"是柏拉图《王制》中对民主政制的最重要词汇之一,本书中彩色的小丑以及后文"彩色的奶牛"镇,都呼应了柏拉图的描绘:"[民主政制]可能是各种政制中最美妙的一种,有如色彩缤纷的披风,饰以各种颜色,这种政制呢,饰以各种性情,看起来也是最为美妙,而且,许多人可能……像男孩子们和女人们那样,见到色彩缤纷的东西,就认定它是最美妙的一种政制。"(《王制》557c)对比本书第二卷"论教育之地":"五十种彩绘涂抹于面相(Gesicht)和肢体:你们便这么端坐于此,着实令我惊诧,你们这些当代人!"

② [译注]关于塔楼所具有的精神含义,参《快乐的科学》第五卷356节:"阶级、职业、世袭的行业特权借助这一信念得以建立以中世纪为特点的社会高塔,这塔的坚固耐久性确也值得赞颂(持久性在世上具有头等价值!)。但是,也有与此完全不同的时代,即真正的民主时代。"高塔暗示了社会的精神高度和尺度,而民主时代的代言人小丑则窃取了这种高度,并试图阻止朝向这种高度的可能性。

阻断了一个比你好的人的自由之途！"——每出一言,他便向索上舞者愈近：当他距索上舞者身后只有一步时,发生了令每个人哑口凝目的惊怖之事——他如一个魔鬼发出喧嚷,越过前面挡道的人。这人眼见竞争者获胜,失去心神并踏空绳索；他撒开手中的横竿,手脚旋转,急速坠入深渊,甚至快于他的横竿。市场,还有犹如置身风暴中的大海的民众：全都四散逃逸,尤其是索上舞者的身体定然跌落的地方。

但是,扎拉图斯特拉一直站立,那身体恰好跌落他的身旁,已经跌伤摔坏,但尚未死去。顷刻之后,摔坏的人恢复了意识,他看见扎拉图斯特拉屈膝在侧。他最终说道："你在此做什么呢？我早已知道,魔鬼会向我伸腿。现在,魔鬼要将我拖入地狱：你意欲阻止他吗？"

"以我的荣誉起誓,朋友,"扎拉图斯特拉回答,"你说的一切都不存在：没有魔鬼,没有地狱,你的灵魂将比你的身体更快死去：现在什么也不要害怕！"

这人怀疑地仰视。"如果你说出了真理,"他又说道,"那么,我丧失生命便什么也没有丧失。我不过是一头动物,人们以鞭子、以少量食物教它舞蹈。"①

"绝不,"扎拉图斯特拉说,"你在危险中从事你的志

---

① [KSA 版注] 源自尼采誊清稿,16—19 行："我不值得同情,他值得同情,他从危险中择定他的志业,我从某个人身上学到了这一点。"

业，这不可轻蔑。现在，你因你的志业而毁灭；因此我意欲亲手将你安葬。"①

当扎拉图斯特拉说这话时，濒死者不再回答；他摇动只手，似乎在寻找扎拉图斯特拉的手，以示感谢。——

7

[17]其时夜幕已至，市场没于幽暗；民众散去，即便好奇和惊恐也自会厌倦。但是，扎拉图斯特拉坐在死者身侧的地上，沉入思想：如此，他忘记了时间。终于夜深了，一阵冷风吹拂这位孤独者。扎拉图斯特拉随即起身，对自己的心说：

"真的，扎拉图斯特拉今天渔获颇丰！但捕获的不是人，而是一具尸体。②

---

① [译注]志业（Beruf），既有职业也有天命之意，尼采这里语带双关。相关说明可参《快乐的科学》卷五第356节，尼采在该节文字中强调思考西方文明未来的担当，此之谓志业："谁会斗胆去做几千年才能实现的工作呢？一个人要预计和规划未来，并为此而牺牲，只有作为宏伟建筑物上的一块砖才有价值，才有意义——这样的基本信念已经灭绝了！"两处文本还有两个关键的相通之处，一是高塔的意象，《快乐的科学》中所谓"社会高塔"；而少年小丑所着的彩衣无疑象征着民主社会的特征，《快乐的科学》中所说，真正的民主时代来临了——而表演的小丑是尼采笔下民主时代的代言人。

② [KSA版注]参阅尼采誊清稿："我要背负这具尸体离开这座城。"漆黑一片，扎拉图斯特拉在漆黑的路上夜行：他缓缓而行，因为他背负一具尸体，（血从他身上滴落，）这是一具冰冷的、血迹未干的僵尸。扎拉图斯特拉行走几个小时，（……）猛兽（……），他终于靠在一棵大树上睡着了。

"人类的此在(Dasein)是可怕的(unheimlich),又向无意义:一个小丑便能成为它的灾难。

"我意欲向人类教授存在(Sein)的意义:①这就是超人,人类这一乌云里的闪电。

"但我距离他们尚远,我的意义与他们的意义不可沟通。在人类看来,我仍是愚人和尸体之间的居中者。

"黑夜幽暗,扎拉图斯特拉的诸条道路亦正幽暗。②来吧,你这冰冷僵滞的同伴!我要背着你,到我亲手安葬你的地方。"

8

扎拉图斯特拉向自己的内心说罢,将尸体负在背上,开始上路。他还未走出百步,便有人悄悄溜到他的近侧,在他耳边低语——看,这个说话的人是塔楼中的小丑!"哦,扎拉图斯特拉,离开这个城市!"他说,"此间恨你的人太多。好人和正义之人恨你,他们称你为敌人和轻蔑者;正统的宗教信徒恨你,他们称你为大众的危险。人们嘲笑你,这正是你的幸运:真的,你说话就像一个小丑。

---

① [法文版注]此处必须避免将对人的生存意义的诠释理解为一种说教,或者一种对于世界秩序以及人在世界之中应该占据的位置的关心。不要忘记尼采在《瞧,这个人》的前言中写道:"提高人性,这就是我将允诺的最后一件事情。"与之相反,"意义"、"超人",都应该与"混沌"(chaos)以及"自我控制"(Selbstüberwindung)联系起来。

② [法文版注]《旧约·箴言》4:19:"恶人的道好像幽暗。"

你与这条死狗为伴,正是你的幸运;当你如此自辱,你今天便拯救了自己。离开这座城市——否则,我明天会跃过你,生者跃过死者。"当这人说完这些,就走开了;扎拉图斯特拉却继续穿行于幽暗的狭巷。

在城门边,他遇见一些掘墓人:①他们以火把光照他的面孔,认出了扎拉图斯特拉,便对他甚加嘲讽。"扎拉图斯特拉身负死狗:[18]妙,扎拉图斯特拉变成了掘墓人!对于这块烤肉,我们的手过于纯洁。扎拉图斯特拉意欲从魔鬼手中窃走他的食物?好!愿有好胃口!但愿魔鬼不是比扎拉图斯特拉更好的窃贼!——他会窃走他们俩,并吱食他们两个!"他们彼此相笑,并把脑袋挨挤一处。

扎拉图斯特拉对此未置一词,走着自己的路。当他行走了两个小时,其间经过森林和沼泽,听到太多饿狼的嗥叫,他自己也觉饥饿。于是他在一间室内燃灯的孤舍前驻足。

饥饿向我袭来,扎拉图斯特拉说道,如同一个强盗。在森林和沼泽,在深沉的夜,我的饥饿向我袭来。

我的饥饿有着奇特的情绪,它常在饭后向我而来,可今日整个白天未曾出现:它在何处逗留呢?

扎拉图斯特拉随即敲叩屋门。一位老人出现了;他

---

① [译注]关于掘墓人,参后文第二卷"论教育之地":"你们是半开之门,门旁有掘墓人相候。这便是你们的真实:'一切皆值得毁灭。'"另对比第三卷"返乡"一章。

擎灯问道:"谁来了我这里,来到我不安的睡眠里?"

"一位生者和一个死者,"扎拉图斯特拉说,"请给我一点吃喝,我白天忘记了。赐食物与饥饿的,也会提振他自己的灵魂:智慧如此说。"①

老人走回去,旋即出门,给扎拉图斯特拉以面包和葡萄酒。"对于饥饿者,这里是个糟糕的地方,"他说,"这正是我居住于此的原因。动物和人类都来到我这隐士之地。让你的同伴也吃喝一点,他比你更为疲倦。"扎拉图斯特拉答道:"我的同伴已死,我很难劝他从命。""这与我无涉,"老人不悦地说,"谁敲我的屋门,就必须接受我的给予。吃吧,祝你们顺利!"——②

随后,扎拉图斯特拉又行走了两个小时,他信赖这条道路和星光:因为他是惯于夜行之人,爱看沉睡万物的面孔。而当朝霞微启,扎拉图斯特拉发现自己置身于一座深沉的森林,再无前路指引。于是,他把死者放在与头顶齐高的一棵空心树内——他意欲保护尸体,以避群狼——自己则躺在土地和苔藓之上。他瞬间入睡,身体

---

① [法文版注]《诗篇》132:15—16:"我要使其中的粮食丰满,使其中的穷人饱足。我要使祭司披上救恩,圣民大声欢呼。"

② [译注]扎拉图斯特拉的饥饿显然不是身体的饥饿,而是精神的饥饿,即《朝霞》第195节"论古典教育"中所谈的精神的饥饿与教育的关系:"只有饥饿者,方可与食物!"而此处的基督教隐士和尼采抨击的古典教育一样,没有求知者心灵上的饥渴,无论是基督教的教诲还是古典教育都会导致对自身的漠视与轻慢。

疲惫,却有一个静止的灵魂。①

9

[19]扎拉图斯特拉沉睡许久,不仅朝霞,还有上午都拂过他的脸孔。他终于睁开眼睛:扎拉图斯特拉惊奇地凝望森林和寂静,惊奇地返视自身。他迅即起身,仿佛一位航海者,因突然看见陆地而欢呼:因为他看见一个新的真理。他向自己的内心如是说:

"我突然明白:②我需要同伴、活的同伴(lebendige Gefährten)③——而非死去的同伴,不是我可背至任何我意欲之处的尸体。

"我需要活的同伴,他们跟随我,只因他们意欲跟随

---

① [KSA版注]参阅尼采誊清稿有关此文段的变体:扎拉图斯特拉又走了两个钟头,他信赖这条道路和星光,宛如一个惯于夜行的人,亦似睡眠者之友。东方破晓之际,他已置身于一片幽深的森林中,再也无路可走了,于是他卧在一棵树下睡觉,死者躺在他身边。

② [译注]"我突然明白"(Ein Licht ging mir auf),或译为恍然大悟,直译为"一道光明启示我"(徐梵澄译文)。这个德文成语出处是《马太福音》4:16:"那坐在黑暗里的百姓,看见了大光,坐在死荫地里的人,发现有光照着他们。"尼采此语,或许与此处《新约》有关,但是这里的光是另一种不同的光。

③ [译注]尼采对同伴的渴求,意味着一种哲学和政治的双重渴望,这在《肃剧的诞生》里就已流露无遗,参第23节:"我知道,现在我必须将关注并跟随我们的朋友,带到一块没有多少同伴、必须进行独立思考的偏僻之地,我在那里向他们发出鼓励的呼唤:一定要紧紧追随为我们照亮道路的先驱——希腊人。"

自己——到我意欲前往之地。

"我突然明白:扎拉图斯特拉不应对民众,而应对同伴言说!扎拉图斯特拉不应成为牧群的牧人和牧犬!

"从牧群中诱出一些——我就为此而来。民众和牧群将愤怒向我:扎拉图斯特拉意欲被牧人称作强盗。

"我所谓牧人,他们却自称好人和正义之人。我所谓牧人:他们却自称正统信仰的信徒。

"看这些好人和正义之人!他们最恨的人是谁?破碎他们价值标牌的人,破坏者、罪犯——但他却是创造者。①

"看这一切信仰的信徒!他们最仇恨的人是谁?破碎他们价值标牌的人,②破坏者、罪犯——但他却是创造者。

"创造者寻求同伴,而非尸体,也非牧群与信徒。创造者寻求共同创造的人,他们在新标牌上书写新的价值。

"创造者寻求同伴,还有共同收割的人:因为一切于他皆已成熟,只待收割。但他缺少一百把镰刀:③所以他只得拔穗,并且愤怒。④

"创造者寻求同伴,还有懂得磨砺镰刀的人。人们称

---

① [法文版注]此处可参照摩西。另参《快乐的知识》卷一,第4节;《朝霞》卷一,第20节;《人性的,太人性的》下卷,第90节。
② [KSA版注]犹如摩西,参阅《旧约·出埃及记》32:19。
③ [法文版注]《马太福音》9:37:"[耶稣]于是对门徒说,要收的庄稼多,作工的人少。"
[译注]镰刀除了收割的作用,同时还有清除杂草的意义,或者可以说,清除杂草也是收割的含义之一,参尼采笔记1875,11[28]。
④ [KSA版注]参阅《尼采全集》第十卷,3[1]:156;在他那里,万物均已成熟,可惜他没有镰刀,只能徒手收割,故而恼怒。

他们为毁灭者、善与恶的轻蔑者。可他们是收割者、欢庆者。

"扎拉图斯特拉寻求共同创造的人,扎拉图斯特拉寻求共同收割和共同欢庆的人:他与牧群、牧人和尸体一起能够创造什么!

"你,我的第一个同伴,祝你顺利!我已将你在空心树中安葬妥当,我将你藏匿妥当,以避群狼。

"[20]但是,我要离你而去,是时候了。在朝霞和朝霞之间,一种新真理向我而来。①

"我不应为牧人,不应为掘墓人,我不再意欲向民众言说;这也是最后一次与一位死者言说。

"我意欲同创造者、收获者和欢庆者为伴:我意欲向他们指出彩虹和到达超人的一切阶梯。

"我要对隐士,也向双潜的隐士唱我的歌;②凡有耳

---

① [译注]参《朝霞》献词:"还有无数的朝霞尚未被点燃。"
② [译注]双潜的隐士(Zweisiedler)是尼采生造的词语,对隐士(Einsiedler)词头的戏谑改造,将"一"变成"二"。但尼采显然不止于词语游戏,卷四"欢迎"一章也提到"双潜的隐士";不过最能够体现其含义的,应该是《狄俄尼索斯颂歌》中的《猛禽之间》这首诗。尼采在诗中称扎拉图斯特拉虽然曾经捕杀上帝,但现在"自己捕杀自己,成为自己的猎物,在自己身上楔入自己……"而诗中扎拉图斯特拉是"自知者"(Selbstkenner)、"自戕者"(Selbsthenker),是一位与自我精神搏斗的人,"你寻找最沉重的负担,你找到了你自己",而正是在这个意义上,尼采说扎拉图斯特拉此前是"无需上帝的隐士",现在却成为"与魔鬼同在的双潜隐士"。这或许是希腊哲学一直以来艰难的"认识你自己"——在对自己的认识中认识自己。至于"双潜"译文,借自陆机"缅然若双潜",虽然意不尽同。

听未曾听闻之事的人,我意欲以我的幸福令他的心沉重。

"我意欲我的目标,我行走(gehe)于我的前进之途(Gang);我要跃过迟疑者和拖沓者,如是,让我的前进之徒成为他们的沉落!"

10

扎拉图斯特拉向自己的心说完这番话,太阳已立于正午:他疑惑地望向高处——因为他听见上空一声尖锐的鸟鸣。看!一只鹰在空中长作盘旋,并有蛇悬身,它不像一份猎物,而像一位女友:因为它紧紧缠绕鹰的脖子。①

"这是我的动物!"扎拉图斯特拉说道,心内欢喜。

"太阳底下最骄傲的动物,太阳底下最智慧的动物——它们正外出探察。

"它们意欲知晓扎拉图斯特拉是否活着。真的,我还活着吗?

---

① [朗注]鹰是希腊人的朕兆,在他头顶盘旋,而蛇,传统上当是鹰的敌人,却蜿蜒成展开的圆环,缠绕于鹰颈。这些动物与扎拉图斯特拉共享了十年的孤独,他们也曾是宙斯(鹰)和阿波罗(蛇)的动物,象征着骄傲和聪慧,替代了基督教的立场。它们也象征着超越扎拉图斯特拉/琐罗亚斯德的时代的新时代:鹰曾是善神(Ormuzd)的动物,象征着光明,蛇则是恶神(Ahriman,拜火教中的恶灵)的动物,象征黑暗。它们的交缠象征了对古老二元论的超越:光明与黑暗,天堂与大地,善与恶;它们的交缠超越了善恶,是大地与天空的和谐。

"我发觉在人类之中比在动物之间更加危险,扎拉图斯特拉行走于危险之途。但愿我的动物引领着我!"①

"当扎拉图斯特拉说完,他便想起林中圣人的话。他咨嗟叹息,又向他的内心如是说:

"但愿我更加聪明!但愿我如我的蛇一般彻底聪明!

"但是,我这在祈愿不可能的事情:愿我的骄傲总与我的聪明同行!

"如果我的聪明一日离开了我——唉,它喜欢飞逸而去!——则愿我的骄傲与我的愚蠢同飞!"②——

——如是,扎拉图斯特拉开始了他的沉落。③

---

① [译注]歌德《浮士德》的结尾诗行是:"永恒的女性/引领我们上升。"

② [KSA版注]参阅尼采草稿 27 页 25 行至 28 页第 2 行:扎拉图斯特拉说道,蛇啊,你是太阳下最聪慧的动物——你必须告诉我,什么样的心脏强化我智慧的心脏,我不知此事。你,鹰啊,太阳下最骄傲动物;取走这颗骄傲之心吧,背负着它飞向它所要求去的地方吧。也请参阅《尼采全集》第十卷,4[234]:有时候我希求于你的便是:愿你彻底聪明,也愿你彻底骄傲:这样,你的骄傲就会永远支援你的聪明。你将行走一条愚蠢的小路,可是我恳求你的愚蠢,让它永远与骄傲同行。你要做一个愚人……

③ [译注]根据柏拉图《法义》722a 处的说法,序言($προοίμια$)的意义在于:"接受由立法者颁布的法律的人,就可能接受命令——即法律,他怀着更认同的心情接受,从而易于学习。"(林志猛译文)序言意味着一种政治教育。

扎拉图斯特拉的演讲

论三种变形①

[21]我向你们命名精神的三种变形：精神如何变为骆驼，骆驼如何变为狮子，狮子最终如何变为孩子。②

精神，强壮而善于承负、内含敬畏的精神，秉有许多沉重之物：它的强壮要求承负沉重之物与最沉重之物。

何物沉重？善于承负的精神如此问道，它如骆驼屈膝低伏，意欲驮载其重。

你们这些英雄，何物最为沉重？善于承负的精神如此问道，我可将其主动承担，而我的强壮亦为之愉悦。

---

① [KSA版注]关于本章，参阅《尼采全集》第十卷，4[237，242，246]。

② [施注]尼采区分了三个阶段：第一个阶段是上帝活着时的阶段，第二个阶段是上帝死后的阶段，第三个阶段是超人的阶段。这一规划与另外一种三阶段学说惊人地相似，即与孔德（Comte）的三阶段学说相似。

[译注]罗森认为，精神指人类的最高抱负，参罗森，《启蒙的面具》，吴松江、陈卫斌译，沈阳：辽宁教育出版社，2003年，页88。

这岂不是:自我贬抑以损伤它的高傲?岂不是敞露它的愚蠢以嘲讽其智慧?

或是这样:当我们的事业欢庆胜利时与之诀别?登上高山以试探试探者?①

或是这样:以知识的橡子和草为食,为了真理而意欲灵魂受饥饿之苦?

或是这样:患病而拒绝安慰者,与永远不会听到你意愿的聋人建立友谊?

或是这样:沉入脏水,倘若这是真理之水,便不拒斥冰冷的青蛙和发热的蟾蜍?

或是这样:爱轻蔑我们的人,向意欲令我们恐惧的幽灵伸出双手?②

善于承负的精神,要承负这一切最沉重之物:犹如负重而急向荒漠的骆驼,它如是而急向它的荒漠。③

但是,在最孤独的荒漠中发生了第二次变形:精神在

---

① [法文版注]《马太福音》4:7:"耶稣对他说,经上又记着说,不可试探主你的神。"

② [KSA版注]参阅《尼采全集》第十卷,5[1]:162。对人而言,最难做的是什么:去爱那些蔑视我们的人;当他们欢庆胜利时,我们却放弃自己的事业;为所谓的真理而反叛敬畏之心;患病而拒却安慰者;跳进冰冷而肮脏的水里;与鸽子缔结友谊,与恫吓我们的魔鬼握手——扎拉图斯特拉说,这一切我都做了,我都承受了。可如今,为了一件小事——孩子的微笑,我又把这一切抛弃了。

③ [施注]《圣经》宗教是第一个阶段,这个阶段最完美的存在、所有的完美都来自于神。尼采称第一个阶段是骆驼,意味着最顺从,它承载和接受任何负重,而最高的负重也最为严苛:你应该。《圣经》的上帝要求人用整个心灵、全部力量和整个灵魂来爱他。

此成为狮子,它意欲攫取它的自由,为其自己荒漠的主人。

它于此寻找它的最后一位主人:它意欲与之、与它的最后一位上帝为敌,为了胜利,它意欲同巨兽搏斗。①

精神不再称其为主人和上帝的巨兽,是什么呢? 这巨兽唤作"你应该"。狮子精神却说"我意欲"。②

"你应该"横于中途,金光流溢,一只披鳞之兽,每只鳞片闪耀金彩的"你应该"!

[22]千年的诸种价值都在这些鳞片上闪耀,一切巨兽中最有力者如是说:"事物的一切价值——皆在我身上闪耀。"

"一切价值均已创立,而一切已创立的价值——便是我。真的,不应再有'我意欲'!"巨兽如是说。

我的弟兄们,为何需要精神中的狮子? 能够承载的、决绝的、内含敬畏的动物为何并不足够?③

创造新的价值——便是狮子也无力为之:可是,为了新的创造,必须为自己创造自由——狮子的权力可以为之。④

---

① [译注]Drache 即英文的 dragon,不应译为"龙",它与汉语中的"龙"无法对应。《约伯记》7:12:"我岂是海洋,岂是大鱼?"(Bin ich denn das Meer oder der Drache?)《启示录》中的 Drache 就更明确为怪物。

② [法文版注]狮子与龙的对立,意愿与信念的对立,在《快乐的科学》第 347 节中得到了部分解释。

③ [朗注]这是扎拉图斯特拉第一次使用了弟兄们一词。对内含崇敬的精神而言,要成为扎拉图斯特拉的弟兄,它就必须展开智识良心的破坏行为。

④ [译注]这是名词权力(Macht)在书中第一次出现,而此处"我意欲"(Ich will)的屡次出现也暗示了权力意志——而在前言第一节中,扎拉图斯特拉便已明言,自己"意欲"前往人类之中。

为自己创造自由,并有一种神圣的说"不"(Nein)的义务:我的弟兄们,这便需要狮子。①

为自己获得创造新价值的权利——对一个善于承负、内含敬畏的精神而言,这是最可敬畏的获取。真的,这对它而言是一种掠夺,是掠夺的动物的事业。

它曾爱"你应该",并以之为其最神圣之物:现在,它必须在最神圣之物中觅得妄想和恣肆,以便从它的爱中掠夺自由:为掠夺之故而需要狮子。

可是,我的弟兄们,请告诉我,狮子无能为力之事,孩子又如何为之?掠夺的狮子为何还必须变为孩子?②

孩子是无辜与遗忘,是一个新开端、一种游戏、一个自转之轮、一种最初的运动、一种神圣的肯定(Ja-sagen)。③

---

① [施注]对圣经上帝的反叛最终导致了虚无或死亡。尼采对虚无主义的表述是"没有什么是真实的,一切都被允许"。狮子在此处用来描述承受那种反叛上帝所导致的虚幻和反叛上帝时的肆意独断。

② [译注]为什么是孩子?对比柏拉图的《蒂迈欧》,埃及祭司对梭伦说:"你们希腊人总是小孩。在希腊,没有人会成为老人。"梭伦不明其故,于是老祭司说:"你们的心灵都是年轻的,其中没有包含任何基于长远传统的古老观念,没有上了年代的知识。"(22b)孩子意味着,尼采期待的上帝已死之后西方文明有一个新的开端。

③ [KSA版注]参阅《尼采全集》第十卷,5[1];178,这就是人:一种新的力量,一种最初的运动,一个自转之轮;一旦人强大到一定程度,就足以使星星围绕自身旋转。参阅 A·西利修斯(Angelus Silesius)《彻鲁比尼的漫游者》(Der cherubinischer Wandersmann)1,37:"没有什么能使你运动,你便是围绕自己而行的轮子,且永不止歇。"

[法文版注]在尼采著作中,曾多次重复地提到赫拉克利特笔下的孩子与游戏。《希腊悲剧时代的哲学》,第7节。

是的，为创造的游戏之故，我的弟兄们，需要一种神圣的肯定：现在，精神意欲他的意志，遗失世界者自身重获他的世界。

我已向你们命名了精神的三种变形：精神如何变为骆驼，骆驼如何变为狮子，最终狮子如何变为孩子。——

扎拉图斯特拉如是说。其时，他滞留于一座城市，名曰：彩色的奶牛。①

---

① ［Pütz版注］彩色的奶牛：指称人的一种社会形态，包括那些衣着花哨、随机相聚、麻木得如同牛反刍一般，唠叨自己如何闲适快乐的人们。除牛之外，驴和骆驼也属这种存在形式，而作为自由象征的猛兽（如狮、鹰等）则专施破坏。

［译注］die bunte Kuh 本意并不复杂，是有花斑的母牛，通常中译为迁就城市名称的顺口，译为"彩牛城"或者"斑牛城"等等，但尼采这里既然强调了 die Kuh 的意味，比如第四卷"自愿的乞丐"一章中，那么奶牛就是不可或缺的戏剧角色，它们具有某种现代性情的特征。而最重要的则是"彩色"一词，这是柏拉图《王制》中形容民主政制的关键形容词之一。

论道德讲席①

人们向扎拉图斯特拉夸赞一位智慧者，他善于讲说睡眠和道德；②因此，他备受尊敬和供奉，所有青年都坐在他的讲席前。③［23］扎拉图斯特拉向他走去，与所有

---

① ［KSA版注］参阅"正派人的睡眠"：《旧约·诗篇》4：9；《箴言》3：24；《传道书》5：11。尼采为写作《快乐的科学》、《梅西纳抒情诗》(Idyllen aus Messina)以及后期诗歌所写的即兴笔记、书简及诗歌草稿几乎都与此章节有关：当年我将其称为"基督教"——可如今，我用"安眠药"称之。你在家若拥有一切美德，那么还有一桩最恶劣的美德向你走来：即安稳的睡眠。

② ［法文版注］《权力意志》VP1 434，VP2 328。
［译注］对这一章内容更为哲学理论化的论述，参《论道德的谱系》第三章第17节，极有条理地揭示了传统宗教（包括基督教和佛教乃至希腊式的精神）的最高追求"拯救"，是一种脱离痛苦的状态，其本质是催眠状态带来的虚无感，是沉睡带来的安宁。而在佛教意义上，这种拯救或可译为解脱。

③ ［施注］"讲席"不是道德教授或道德教师，而是他们所占据的"讲席"——一种无生命的、木质的东西，道德教师们无法与他们占据的"讲席"分开。

青年同坐于他的讲席之前。智慧者如是说：①

尊敬睡眠，且对睡眠怀有羞愧！这是首要之事！② 要远离所有睡眠糟糕者和夜间清醒者！

窃贼在睡眠之前尚知羞耻：他总在夜间悄然偷窃。守夜者却是无耻，他无耻地身背号角。

睡眠并非微小的艺术：为此整个白昼务必清醒。

你必须在白天克制（überwinden）十次：于是形成一种美好的倦意，一种灵魂的罂粟。

你必须与自己和解十次；因为克制即苦楚，不和解者睡眠难安。

你必须在白天找到十种真理；否则你在夜间还要寻求真理，而你的灵魂依旧饥饿。

你必须在白天笑十次，并保持愉悦；否则，胃便会在夜间扰你，这哀愁之父。

少数人知道：人们为了好的睡眠，必须具备一切道德。我会做假见证吗？我会通奸吗？

我会贪念邻人的婢女吗？③ 这一切皆与好的睡眠难以协调。

---

① ［施注］"论道德讲席"显然在谈论哲人而非神学家。他们有个大目标，即给人们一场舒适的睡眠——即让激情安宁下来。这正是哲人的特征。尼采所指首先是古代晚期的哲学流派，不过，我认为在某种程度上，还有苏格拉底。

② ［法文版］这实际上也是《圣经》的教诲之一。见《圣经·诗篇》4:9，"我必安然躺下睡觉，因为独有你耶和华使我安然居住。"《圣经·箴言》3:24，"你躺下，必不惧怕。你躺卧，睡得香甜。"

③ ［KSA版注］参阅《旧约·出埃及记》20:16、14、17。

即使人们具备一切道德，也必须理解一事：在恰当的时刻，也要令道德自身入睡。①

这样，她们这些乖巧的小女人便不会相互争吵！亦是为了你，你这不幸之人！

与上帝和邻人保持和平：好的睡眠意欲如此。还要与邻人的魔鬼保持和平！否则，它夜间就会在你四周游走。

尊敬政府，并且服从，即便是邪僻的政府！好的睡眠意欲如此。倘若权力以曲足而行，我又能如何？

引他的羊至最为碧绿的草场，②这样的人我应称其为最优秀的牧羊人：这与好的睡眠协调。

我并不意欲盛誉，或是巨富：脾脏会因之发炎。可是，若无良好的声名和些微的财宝，睡眠便会糟糕。

我更欢迎小社会，而不是恶的社会：他们还必须在恰当的时间来去。如此便与好的睡眠协调。③

[24]我亦颇为喜欢精神贫弱者：他们推进了睡眠。他们有福了（selig），尤其在人们认为他们总是正确的时候。④

---

① [KSA版注]参阅《快乐的科学》卷一，第5节；另参《尼采全集》第十卷，3[1]：33。人们偶尔也要让其道德睡觉。
② [KSA版注]参阅《诗篇》23：1—2；《约翰福音》10：11；尼采草稿：我喜爱优秀的牧人：河谷低地碧草如茵，在此他们享受安眠。
③ [KSA版注]参阅尼采草稿：我不要名誉，也不要财富，我宁愿同小人物社交也不与恶人交往。
④ [KSA版注]参阅尼采草稿：在社交时，当精神贫弱者乐不可支并认为我有理的时候，我会特别喜欢他们。"精神贫弱"：参阅《马太福音》5：3。

有道德者如是度过白昼。现在夜幕来临,我或要谨防不去呼唤睡眠!睡眠并不意欲被人呼唤,它是道德的主人!

但我思考白天的行为与思考,我反刍自问,如奶牛一般耐心:你的十次克制是什么?

十次和解,十种真理,令我心内愉悦的十次笑,都是什么?

如此斟酌,并为四十种思想所摇荡,睡眠瞬间向我袭来,这未被呼召者,道德的主人。

睡眠敲击我的眼睛:它于是沉重起来。睡眠触摸我的口:它于是一直张开。①

真的,它步履轻盈向我而来,这最可爱的窃贼,窃走我的思想:我呆滞而立,如同这个讲席。

但我难以站立更久:我已然躺下。——

当扎拉图斯特拉听了智慧者如是讲演,自己在心内发笑:因为他突然明白了。② 他对自己的心说:

我以为,这位具备四十种思想的智慧者是个愚人;但我相信,他大概理解睡眠。

谁若与这位智慧者为邻,已是幸福了!这般睡眠足以传染,即使间隔一堵厚墙仍传染不止。

---

① [译注]与睡眠对应的另一个表述就是"禁欲主义"。禁欲主义能够遏制人的激情,从而形成道德。参《论道德的谱系》第三章"禁欲主义理念意味着什么?"尤参第13节。

② [译注]与前言第9节句式相同,扎拉图斯特拉这里发现的是:现代世界依旧存在基督教道德的形式残余。

他的讲席之下存有一种魔法。在道德的传道者面前,青年人并非徒劳而坐。①

他的智慧唤作:醒是为了好的睡眠。真的,倘若生活没有意义,倘若我必须选择荒谬(Unsinn),那么对我来说,这也是最值得选择的荒谬。②

现在,我已清楚地理解,人们从前寻找道德教师时,首先在寻找什么。人们寻找好的睡眠,此外还有罂粟花的道德!

对所有这些讲席前受人赞许的智慧者而言,智慧是无梦的睡眠:他们不懂得生活的更好意义。

即便今日,还有少数人如同这位道德的传道者,却并不总是如此诚实:但他们的时代已经结束。而且他们难以站立更久:他们已然躺下。

这些嗜睡的人有福了,因为他们即将昏盹。③

---

① [法文版注]《快乐的科学》卷四,第351节。

② [KSA版注]参阅尼采草稿:倘若生活无意义,那么,良好的睡眠便是最佳的荒谬了。我喜欢将道德当作罂粟花大加赞颂。

[译注]参本卷结尾"论馈赠的道德"第2节:"我们依旧亦步亦趋同'偶然'这个巨人搏斗,时迄今日,仍然是荒谬(Unsinn)和无意义(Ohne-Sinn)统治整个人类。"扎拉图斯特拉以荒谬和无意义作为对传统道德教诲的本质描述。

③ [KSA版注]参阅尼采草稿:你们说说,这些可爱的智者,他们要去哪里? 他们不闭上眼睛? 此处彼处,你身边还有这样的人:他们以柔美的嗓音做有关善与恶的说教。/这些嗜睡的人有福了。

[译注]这里很可能暗示了苏格拉底,参柏拉图《申辩》40d:"如果死亡就是没有任何感觉,却[40d]像睡眠,而且一旦睡着了,甚至还根本就不做梦,那么,死亡可真就有着绝妙无比的好(转下页注)

扎拉图斯特拉如是说。

(接上页注)处。因为,我是这样想的,如果有人不得不挑选出这么一个睡得如此沉酣甚至没有做梦的夜晚,再拿他自己一生中[d5]其他日日夜夜来跟那个夜晚仔细比一比,然后好好掂量掂量,说说自己一生度过的日日夜夜里,有多少能够比那个夜晚更美好更快乐。"(程志敏译文)

论信仰彼岸世界的人①

[25]扎拉图斯特拉也曾将他的妄想投掷于人类的彼岸,如同所有信仰彼岸世界的人。② 那时,对我而言世界似乎是一位痛苦而又备受折磨的神的作品。③

---

① [KSA版注]这一章的大多数草稿也包括在尼采为写作《快乐的科学》、《梅西纳抒情诗》以及后期诗歌所写的即兴笔记、书信及诗歌的草稿里:你们要打消错误的星象学观念! 存在之腹永远不会对你们讲话! 参阅上述草稿4[226,227];参阅《人性的,太人性的》,下卷,第17节:在"信仰彼岸世界的人"这个词首次出现的地方。[译按]《人性的,太人性的》本节标题为"历史学家的命运",更准确的说法是"挑剔的形而上学者或信仰彼岸世界的人"。

② [法文版注]彼岸这一主题在尼采的著作中反复出现。例如《瞧,这个人》的前言。

③ [译注]关于彼岸世界(otherworldliness),又即超验(transcendence),参施特劳斯,《自然权利与历史》:"彼岸即超越……在某种非常重要的意义上来说,超验就包含在政治哲学作为对于自然的或者最好的政治秩序的寻求这一原初含义中。根据柏拉图和亚里士多德的理解,最好的政制大抵是不同于此时此地的政制,或者超越了一切现有秩序。"(彭刚译,北京:生活·读书·新知三联书店,2003年,页16)

那时,世界对我而言似乎是梦,①是某尊神的诗作;是一位神一般的不满足者眼前的彩色烟雾。②

善与恶、快乐与痛苦、我与你——在我看来,皆是创造者眼前的彩色烟雾。创造者意欲将目光从自身转开——于是他创造了世界。

对于痛苦者,将目光从自己的痛苦转开,并失去自身(sich),是陶醉的乐趣。过去,在我看来,世界就是陶醉的乐趣和失去—一身。

这个世界,这永不完美者,一个永恒的矛盾的映像(Abbild),不完美的映像——对于其不完美的创造者而言,是一种陶醉的乐趣——我曾以为世界是如此这般。③

如是,我曾把我的妄想投掷于人类的彼岸,如同所有信仰彼岸世界的人。真是人类的彼岸?

唉,你们这些弟兄们,我创造的这尊神,是人类的一制作,人类的一疯狂,如同所有的神!

---

① [法文版注]参见本书第三卷"论三种恶"。
② [译注]这里的彩色的(farbig)和书中作为民主制度象征的彩色(bunt)并不相同,全书中 farbig 仅此处出现,其意味并不相同,bunt 更具有混杂的含义。
③ [施注]作为创造者的上帝,这个最完美的存在者,是人的作品、人的暴怒或人的疯狂,就如同所有的神都是人的作品。人由于这种不完美而遭受的苦难,才构想出位于天堂中的绝对完美的存在者。天堂不过是人的尘世生活的映像。……但是,神并不言说,只有人在言说。言说、理解和阐释可能仅仅是人的理解。因此,上帝作为理解万物的钥匙的位置被我(ego)取代了,自我成了万物的尺度和价值。

他曾是人类，只是人类和"我"(Ich)①的一个贫乏碎片：这个幽灵，它从我自身的灰烬和炙热中向我而来，真的！他并不来自我的彼岸！

我的弟兄们，怎样了呢？我克服了自己，这个痛苦者，我携自己的灰烬入山，我为自己发明了更光明的火焰。看！这幽灵从我这里退却了！②

如今，于我这病愈者（dem Genesenen），相信这些幽灵便是痛苦和折磨；如今，于我便是病痛与屈辱。我对信仰彼岸世界的人如是说。③

正是痛苦与无能——创造了一切的彼岸世界；幸福的那种短暂疯狂，唯有最痛苦的人方能体验。

厌倦，意欲以一跃、以致命的一跃而至终点，一种贫弱的、无知的疲倦，不再愿意意欲：这便创造了一切的神和彼岸世界。④

我的弟兄们，相信我！这是对身体绝望的身体——它以受到诱惑的精神的手指，摸索最后的墙垣。

我的弟兄们，相信我！这是对大地绝望的身体——它

---

① ［译注］尼采原文并无引号，此处添加，只为阅读便利之故，下同。

② ［译注］关于携带灰烬入山，参前言第二节。

③ ［译注］扎拉图斯特拉这里已经被认为是"病愈者"，但是一直到第三卷接近结束的时候，扎拉图斯特拉才成为真正的"病愈者"，因此这一方面意味着他的痊愈是一个逐渐的过程，同时表明他这里描述的病愈只是痊愈的开始。或者说，扎拉图斯特拉本人在《扎拉图斯特拉如是说》中是一个不断病愈的过程，而其疾病也并非一种。

④ ［法文版注］参见卷三"论沉重的精神"。

听到存在之腹(den Bauch des Seins)对自己言说。①

［26］它意欲以头穿过最后的墙壁，不仅仅以头——到达"那个世界"。

但是，"那个世界"完全对人类深藏不露，那个非人的无人(entmenschte unmenschliche)世界，是一种天空的虚无；②除非作为人类，否则存在之腹完全不与人类言说。

真的，一切存在均难以证明，亦难以成为言辞。你们这些弟兄们，告诉我，一切事物之中最令人惊奇的，岂不是已经得到最好的证明？

是的，这个"我"以及"我"的矛盾和紊乱，仍旧最诚实地言说它的存在，这个创造着的、有意志的、作评价的"我"，是事物的尺度和价值。

这个最诚实的存在，"我"——它言说身体，它仍旧意欲身体，即使它在作诗、幻想、以折翼飘飞之时。

这个"我"，它总是愈加诚实地学习言说：它所学愈多，则为身体和大地找到的言辞和荣誉愈多。

我的"我"教授我一种新的骄傲，我又以之教授人类：不要再把头深埋于天空事物的沙堆，③而要引其自由，这

---

① ［译注］关于存在之腹，朗佩特认为，"扎拉图斯特拉抛弃了传统的哲学术语，甚至根本不使用哲学和哲人这两个词语。"舍弃通常代表理性的头或者心灵，而代之以身体的腹部，这表明了哲学与生活的根本关联。

② ［译注］参《人性的，太人性的》上卷第1节"概念和感觉的化学"，这里很可能暗示了一种"物自体"式的形而上学。

③ ［KSA版注］参阅《尼采全集》第十卷，4［274］：有些驼鸟把头埋进细微的沙尘里。

颗大地之一头,它创造大地的意义!

我向人类教授一种新的意志:意欲这条人类曾盲然而行的道路,并称其为通途,不再从此途悄声离开,不再如病人和濒死者!

正是病人和濒死者轻蔑身体和大地,他们发明了天堂和拯救的血滴:①但是,即便这些甜蜜而阴郁的毒药,他们仍旧取自身体和大地!

他们意欲逃避他们的愁苦,而星辰距离他们过于遥远。他们故而叹息:"哦,倘若有向天的道路,得以潜入另一种存在和幸福?"——于是,他们为自己发明了他们的诡计和血的微小饮料!②

现在,他们幻想自己脱离了他们的身体和大地,这些不知感激的人。然而,他们因脱离所致的痉挛和狂欢,要感激谁呢?他们的身体和这个大地。

扎拉图斯特拉待病人温和(Milde)。③ 真的,他们的安慰和不知感激的方式,他并不愠怒。但愿他们变为病愈者、超越者,为自己创造一个更高级的身体!

扎拉图斯特拉对病愈者亦不恼怒,当他们温情地凝视自己的妄想、午夜潜行于他的神的坟墓四周:[27]但

---

① [法文版注]《彼得前书》1:19:"乃是凭着基督的宝血,如同无瑕疵无玷污的羔羊之血。"
② [法文版注]《马太福音》26:27:"[耶稣]又拿起杯来,祝谢了,递给他们,说,你们都喝这个。"
③ [法文版注]温和(或译为宽容)既非怜悯,也不是同情。这可以由《论道德的谱系》中的几个片断来加以解释。

是，在我看来，他的眼泪仍是疾病和患病的身体。

那些作诗和渴望神的人中，总有许多患病的民众：他们怒对求知者和最年轻的道德：诚实。①

他们总是回顾幽暗的时代：那时妄想和信仰当然是另一种事物。理性的狂怒即与神类似（Gottähnlichkeit），怀疑即罪恶。

我对这些与神类似的人过于了解：他们意欲他人的相信，而怀疑即罪恶。他们自身最相信什么，我也过于明白。

真的，他们不相信彼岸世界和拯救的血滴：他们反而最相信身体，在他们，他们自己的身体即为他们的物自体（Ding an sich）。②

但是，在他们而言，它是病态之物：他们极愿脱离这层皮囊。所以，他们聆听死亡的传道者传道，自己也传彼岸世界之道。

我的弟兄们，更应随我聆听健康身体的声音：这是一

---

① ［法文版注］《朝霞》卷五，第456节。

② ［译注］这就是康德著名的物自体，或译自在之物。尼采暗指康德，但又不限于他。在《希腊悲剧时代的哲学》里，尼采说阿那克西曼德的不定者（aperion, Unbestimmten）："人只能用否定的方式称呼它，从现有的生成世界里不可能给它找到一个称谓，因此，可以认为它和康德的物自体具有同等效力。"参《人性的，太人性的》"杂乱无章的观点和箴言"第46条格言，标题为"人类的'物自体'"。另参《瞧，这个人》中尼采对《人性的，太人性的》书名的回顾。《善恶的彼岸》第二节明确讽刺了这种"物自体"思想类型："这种判断方式是一种典型的先入之见，每个时代的形而上学家们都在此一再露马脚。"

种更诚实、更纯洁的声音。

健康的身体更诚实更纯洁地言说,这完美而端正①的身体:它述说大地的意义。

扎拉图斯特拉如是说。

---

① [KSA版注]参亚里士多德《修辞学》1411b26—27。

[译注]亚里士多德《修辞学》:"因为'好人'和'正方形'都是完美的……",参《罗念生全集》第一卷,上海:上海人民出版社,2004年,页347。

论身体的轻蔑者

[28]我意欲向身体的轻蔑者说及我的看法。① 在我看来,他们不应另有所学或另有所教,只是向他们自己的身体告别——如是而变得沉默。

"我是身体,也是灵魂。"——孩子如此说。人们为何不愿如孩子一般言说?

但是,觉醒者、知者说:②我全然是身体,再非其他;灵魂只是身体上某个东西的名称。

---

① [译注]参《偶像的黄昏》中"哲学中的'理性'"第1节"哲人的教诲",哲人的教诲就是:"摆脱感官的欺骗,摆脱生成,摆脱历史,摆脱谎言——历史无非就是对感官的迷信,对谎言的迷信。教诲就是:对迷信感官的全体说不,对人类全部的剩余说不:这个全部就是'民众'。当哲人,当木乃伊,带着一种掘墓人的表情,去表现单调的一神论! ——尤其要摆脱身体,这个感官的可怜巴巴的愚蠢的成见(idée fixe)!它负载着世上存有的全部逻辑错误,甚至还不像话地反驳,尽管摆出真实的架势,这已足够狂妄!"

② [译注]扎拉图斯特拉下山时,隐居的老圣人说他"成了孩子……是位觉醒者"(前言,第3节)。扎拉图斯特拉似乎暗示了与自己的精神成长的关系。

身体是一种伟大的理性,是只有一种意义的一个多(Vielheit),①是一场战争与一次和平,是一个牧群和一位牧羊人。②

我的兄弟,③你的小理性,你所谓的"精神",也是身体的工具,你的伟大理性的小工具和小玩具。

你言及"我"(Ich),并以此词自豪。④ 但是,更伟大的[28]是——你的身体和它的伟大理性,虽然你不愿意相信:它不说"我",但做"我"。

感官所感觉的,精神所认识的,就其自身而言永无终

---

① [译注]参《论道德的谱系》第三章第 12 节,禁欲主义和这里身体的轻蔑者的关系,就呈现在这个"多"上。但这里是对禁欲主义的反转。至于"多"这个概念本身则来自叔本华,叔本华《作为意志和表象的世界》,第 2 部,第 4 卷;第 2 部,第 2 卷,第 28 页;第 2 部,第 3 卷,第 38 页,参《快乐的科学》卷一,第 99 节,"叔本华的信徒"。关于"一"和"多"的问题,对比柏拉图《斐勒布》14e 以下,《帕默尼德》129b 以下,《泰阿泰德》157a 以下,《王制》476a、524e—525a。

② [KSA 版注]参阅《约翰福音》10:16。

[法文版注]参见前文"前言"第 5 节。及后文"论苍白的罪犯"。

③ [译注]此处是单数 mein Bruder,译文中凡以"我的兄弟"出现的,均是单数,而"我的兄弟们"则是复数 meine Brüder,后文如"我的朋友"等人称均依原文硬译,无"们"均表示单数,有"们"则是复数。

④ [施注]到目前为止,尼采的论证已经从上帝转向了自我,模仿了从前现代思想到笛卡尔、康德或费希特的转变。……上帝作为理解万物的钥匙,其位置被我取代,我成了万物的尺度和价值。这个我创造尺度并做出价值评判。尼采此处浓缩了现代思想中的根本转折,这一转折尤其发生在 19 世纪早期的德国,德国思想家们创造了我来取代创造之神的位置。

点。但是，感官和精神都想说服你，它们是一切事物的终点：它们如此虚荣。

感官和精神是工具和玩具：它们身后还有自我（Selbst）。① 自我也用感官的眼睛寻求，也用精神的耳朵聆听。

自我总是倾听、寻求：它比较、压制、征服、摧毁。它统治，亦是"我"的统治者。②

我的兄弟，在你的思想和感觉之后，站立一位强力的统治者，一位陌生的智慧者——他名为自我。他居住于你的身体之内，他就是你的身体。③

你身体内的理性，甚于你最佳智慧中的理性。谁又知道，你的身体为何恰恰需要你的最佳智慧呢？

你的自我嘲笑你的"我"和你骄傲的跳跃。"对我来说，这些思想的跳跃和飞翔是什么呢？"④它对自己说。"一条朝向我的目的的弯路。我是'我'的学步襻带，是我

---

① ［施注］当尼采谈论自我时，心中所想的现象是传统所谓的"灵魂"。

② ［施注］神的位置先是被我取代，然后自我又取代了我的位置。自我而非我才是人的核心。只有自我才渴望创造超越自身的东西，而不是我，因为我不具备创造力。也就是说，自我处于通往超人的中途，恰是在超人这里，人的创造性达到了巅峰。

③ ［KSA版注］参阅《尼采全集》第十卷，5[31]：处于你思想和情感后面的，是你的身体和身体中你的自我：terra incognita［没有思考到的领域］。你为什么要这些思想和情感呢？身体中的你的自我要用这些东西做点事。

④ ［译注］参《人性的，太人性的》下卷"漫游者和他的影子"第198条"自然从不跳跃"。

的概念的鼓动者。"

自我对"我"说:"这里感觉疼痛!"于是,它便痛苦,并思索它如何不再痛苦——为此它正应该思考。

自我对"我"说:"这里感觉快乐!"于是,它便快乐,并思索它如何快乐常在——为此它正应该思考。

我意欲向身体的轻蔑者说一句话。他们的轻蔑,却制造了他们的尊敬。是什么创造了尊敬、轻蔑、价值和意志?

创造的自我为自己创造尊敬和轻蔑,为自己创造快乐和伤痛。创造的身体作为其意志之手为自己创造精神。

你们这些肉体的轻蔑者,纵然在你们的愚蠢和轻蔑里,你们也是为你们的自我服务。我告诉你们:你们的自我本身意欲死亡,并抛弃生活。

它再不能做它最意欲为之的事情:超越自己而创造。这是它最意欲为之的事情,这是它全部的热情。

但是,对它而言,现在对此已经太迟:如此,你们的自我意欲沉落,你们这些身体的轻蔑者。

你们的自我意欲沉落,所以你们成了身体的轻蔑者!因为你们不再能够超越你们自己而创造。

[29]所以,你们现在愤恨生活和大地。你们轻蔑的斜视①目光之中有一种不自觉的嫉妒。

---

① [译注]scheel,斜视的,德文还有转义"轻蔑的"、"嫉妒的"等,此处只译本义。

我不会踏上你们的路,你们这些身体的轻蔑者!对我来说,你们不是到达超人的桥梁!——①

扎拉图斯特拉如是说。

---

① [译注]按照《论道德的谱系》第三章"禁欲主义意味着什么?"里的说法,身体的轻蔑者也是一种禁欲主义,第28节说:"如果去除禁欲主义理想,那么人,人这种动物,迄今为止尚未拥有任何意义。"本章开始译注中所引《偶像的黄昏》一节,是从禁欲主义理想对大地意义的抛弃层面而言,但这种抛弃是人类目前最高的意义形态。尼采的超人和超人的桥梁正是为了克服这种境况。

论快乐和激情

我的兄弟,如果你有一种道德,它是你的道德,你便不要与他人共有。①

当然,你意欲称呼其名,与它亲抚;你意欲拉拽它的耳朵,与它消遣。

且看!现在你与民众共同拥有它的名称,由于你的道德,你成为民众和牧群中的一员了!

你更好的做法是说道:"令我的灵魂痛苦或甜蜜的,令我的内脏饥饿的,皆不可言说,亦复无名。"

让你的道德远高于名称的亲昵:如果你必须说起它,你也无需因口吃之言而羞愧。

便如此口吃而言:"这是我的善,我爱它,我彻底地喜欢它,只有我意欲这个善。

---

① [施注]前四篇演讲构成了一个整体。这之后四篇演讲也构成了一个整体,处理超越善与恶的主题。这篇演讲的论点是,正如人彻底是身体性的,人的道德彻底是激情。对比柏拉图,《斐德若》253c 以下。

"我并不意欲将其作为一种神律,亦不意欲将其作为人类—规则与必需:它不是我超越—大地、到达天堂的路标。

"它是一种我爱的尘世道德:它内中较少聪明,更少所有人的理性。

"但是,这只鸟在我身边筑巢:因此我爱它,拥抱它,——现在它在我身边,孵着它的金蛋。"

你应如此口吃而言,赞美你的道德。

你曾经拥有激情,并称之为恶。但是,现在你只拥有你的道德:它们生自你的激情。

你曾在内心为激情树立最高的目标:它们便成为你的道德和快乐(Freudenschaft)。①

无论你是出自暴怒的族类,或是放荡的族类,或迷狂信仰的族类,或渴望复仇的族类:②

[30]最终,你的一切激情皆成道德,你的一切魔鬼皆成天使。

从前,你的地下室里有许多野性之犬:但是,最终它们变形为飞鸟和可爱的歌女。③

---

① [施注]你的最高的目标不是普遍的最高目标,因为最高的目标必须是个体性的。道德是已经得到升华的激情。

② [KSA版注]参阅《尼采全集》第十卷,5[1]:116:扎拉图斯特拉说,谁会相信我属于暴怒的、放荡的、迷狂信仰的、渴望复仇的族类?然而,战争将我神圣化了。

③ [KSA版注]参阅《尼采全集》第十卷,5[1]:141:我身边还有这些恶狗,就在我的地下室里。我根本不想听见它们吠叫的声音。

从你的毒汁中,你酿造你的香膏;①你从你的奶牛——哀伤——那里挤奶,——现在你啜饮其乳房的甜蜜奶水。②

今后,你的身上不再滋生恶,除非你的道德战争之中产生了恶。

我的兄弟,你若是幸运,便只有一种道德,再无其他:如此,你过桥时就更为轻松。

具有许多道德固然出众,但却是一种沉重的命运;有人走进荒漠自杀,因为他们倦于成为道德的战斗和战场。③

我的兄弟,战争和战斗是恶吗?但是,这种恶是必需的,你的诸种道德之中的嫉妒、怀疑和诽谤是必需的。

看,你的每种道德如何渴求最高之物:它意欲你的全部精神,作它的使者,它意欲你在愤怒、恨和爱中的全部力量。

每种道德都会嫉妒另一种道德,嫉妒是一种可怖之物。道德也可能因嫉妒而毁灭。

---

① [译注]参《论道德的谱系》第三章15节,禁欲主义的僧侣"带来了油膏和香膏[按:宗教之用],为了成为医生,他必须首先制造伤口,之后,当他为伤口止痛时,也把毒汁洒在伤口。"这暗示了本章和上一章一样,关键的对勘文本都是《论道德的谱系》第三章。
② [法文版注]《人性的,太人性的》第292节。
③ [KSA版注]参阅《尼采全集》第十卷,4[207]:有许多精灵——犹如海里的动物——栖息在人的身上,它们为得到"我"这个精灵而彼此争斗:它们喜欢它,意欲它须臾不离开它们,因为这种喜爱,它们便相互仇视。

倘若为嫉妒的烈焰环绕,他便如同蝎子,最终转身,以毒刺螫向自己。①

啊,我的兄弟,你尚未见过一种道德诽谤自己、刺死自己吧?

人类是某种必须被超越的东西:所以,你应爱你的道德——因为它们将令你毁灭。——

扎拉图斯特拉如是说。

---

① [KSA版注]参阅《尼采全集》第十卷,3[1]:345:嫉妒是一种最富于思想的激情,纵然如此,它仍是愚不可及的愚行。346:在嫉妒的烈焰中,人们就如蝎子一样,让毒尾刺向自己——但没有取得蝎子的成效。

论苍白的罪犯①

你们这些法官和祭司,如果动物事先没有点头,你们是不是并不意欲将它杀戮? 看,苍白的罪犯点头了:他的眼睛之中说出巨大的轻蔑。

"我的'我'是某种应该超越的东西:我以为,我的'我'是对人类的巨大轻蔑。"②这眼神如是说。

[31]他如此自我审判是他最高的时刻:别让崇高者(den Erhabenen)③复归其低微之处!

---

① [KSA版注]参阅《尼采全集》第十卷,4[29]:罪中之错。3[1]:"光处罚罪犯是不够的,我们还应该同他和解,向他祝福;抑或,当我们让他吃苦头时,我们没有爱他吗? 当我们不得不利用他作威慑工具时,我们不感到痛苦吗?"4[75]:苍白的罪犯被囚,而普罗米修斯恰好相反!/蜕变!

② [法文版注]因为"我"并不是被给予的,而是被发明的,被事后产生的。"我"其实是一个结果,而不是原因。此处涉及对一个"真正的"罪人的"虚假"有假性的批判。这一批判同样也可以在《善恶的彼岸》中找到。"我"这个词,是我们的认识的条件,但却并非真理的条件。

③ [译注]第二卷有一章名为"论崇高者"。这是(转下页注)

对于因其自身而痛苦的人，唯有速死，再无其他的拯救。

你们这些法官，你们的杀戮应是一种同情，而非复仇。当你们杀戮时，且留意你们自身对生活的辩护！

你们同你们杀戮的对象和解，这还不够。让你们的悲伤变为对超人的爱：如此，你们便为自己"仍旧—生活"而辩护！

你们应说"敌人"，而非"恶汉"；你们应说"病人"，而非"无赖"；你们应说"愚人"，而非"罪人"。①

你这红色的法官，倘若你意欲扬声说出你在思想中做过的一切；那么每个人都会呼喊："移去这个垃圾和有毒的蠕虫！"②

但是，思想是一回事，行为是另一回事，行为的图像（Bild）是又一回事。原因之轮不在它们之间旋转。

一种图像令这个苍白之人[脸色]苍白。当他行动时，他与他的行为一致；当行动完成之后，他却不能承负

（接上页注）本书第一次提到崇高者。书中也就这两处提及所谓"崇高者"，在其他文本中言及崇高之处甚多，但很少说崇高者。犯罪者之为崇高者就在于他对自己的超越，但根据"崇高者"里的说法，他试图超越自己，但还没有超越"自己的行为"。

① [KSA 版注]参阅《尼采全集》第十卷，3[1]：330：我要说"敌人"，而不说"病人"，而不说"妖怪"；我要说"愚人"，而不说"罪人"。

② [KSA 版注]参阅《尼采全集》第十卷，3[1]：381：倘若你大声说出你思考过的这些家伙，那么人人都会喊叫："杀掉这些讨厌的蛆虫吧！它们危害尘世。"——而且人人都会忘却：他们脑子里也曾思考过同一个东西。——坦诚使我们如此富于德行。

它的图像。①

他向来视自己为一项行动的施行者。我称此为疯狂；例外倒反转为他的本质。

一道线条就可令母鸡迷惑；他引出的一击令他贫弱的理性迷惑——我称此为行为之后的疯狂。②

听，你们这些法官！还有另一种疯狂，即行为之前的疯狂。啊，我以为，你们尚未爬入这个灵魂的足够深沉之处！

红色的法官如此说道："这个罪犯为何谋杀？他意欲抢劫。"但是，我对你们说：他的灵魂意欲鲜血，而非抢劫：他渴望刀的幸福！

但是，他的贫弱的理性不明白这疯狂，便劝说他。"鲜血竟是什么！"它说，"你难道不意欲至少抢劫一次吗？复仇一次吗？"

他听从了自己贫弱的理性：它的话语铅一般压在他的身上——于是，他在谋杀时也抢劫。他并不意欲因自己的疯狂而羞愧。③

---

① ［KSA 版注］参阅《尼采全集》第十卷，3［1］：111：人们对于自己的行为虽则能够胜任，却不能面对行为之后的情景。

② ［KSA 版注］参阅《尼采全集》第十卷，3［1］：96。罪犯被有道德者当作一种独特行为的附属物而加以对待，而罪犯则是以一次行为的性质越是独特越是以此自诩：犹如围着母鸡转悠的鸡群。——在道德的人世存在着许多催眠术。

③ ［KSA 版注］参阅《尼采全集》第十卷，3［1］：96：人们以目的为借口使自己不可理喻的欲望合理化：比如凶犯使其杀人的本意合理化，说他杀人时只是决意谋财或报仇而已，面对理性而如此辩解。

现在，罪欠又铅一般压在他的身上，他贫弱的理性又再度如此僵硬，如此瘫痪，如此沉重。①

即便他只是摇头，他的重负也会滚落而下：但是，谁来摇动这颗头颅？

这种人是什么？一堆疾病，[32]通过精神在世界上向外攫取：它们意欲在此捕获猎物。②

这种人是什么？一丛野性之蛇，它们之间罕有宁静——它们为自己而离开，并在世界搜寻猎物。

看这贫弱的身体！它为之痛苦并渴求的，这贫弱的灵魂都为之做了解释——它将其解释为谋杀的乐趣和对刀的幸福的贪婪。

现在谁生病了，谁就被当下视为恶的恶所袭：他意欲以令他痛苦的东西令他人痛苦。但是，从前有过另一个时代，另一种善与恶。

---

① [译注]参《人性的，太人性的》下卷"漫游者和他的影子"，第23节"自由意志的信徒有权惩罚吗"："理性并非原因，因为它总不可能作出拒绝好理由的决定？于是，人们求助于'自由意志'：应该彻底随心所欲地决定一切；应该出现一个时刻，在这个时刻里，没有任何动机在起作用，行动就像奇迹一样从子虚乌有中产生。人们惩罚这所谓的随心所欲，因为它出现在不该随心所欲的地方。人们认为，熟知法律、禁令、诫命的理智不允许给人以选择的机会，而是应该作为强制和更高的权力发挥作用。因此，罪犯受罚是因为他运用了'自由意志'，也就是说，他在本该按照理由行事的时候没有按照任何理由行事。"

② [KSA版注]参阅《尼采全集》第十卷，5[1]：185：这种人是什么呢？是一堆激情，是借助意识和精神向世间蔓延的激情；是一丛野性之蛇，它们对于战斗鲜有厌倦之时，它们窥探着世间，以便攫取猎物。

从前，怀疑和求自我的意志皆是恶。那时，病人便成为异教徒和女巫：①作为异教徒和女巫，他承受痛苦并意欲令他人痛苦。

但是，这并不意欲入你们之耳：你们对我说，这损坏了你们这些好人。但是，你们这些好人对我又算什么！

你们这些好人有太多令我嫌恶的地方，②但也确非你们的恶。我确实意欲他们拥有一种疯狂，并因此而毁灭，如这苍白的罪犯。

真的，我意欲他们的疯狂名曰真理，或忠诚，或正义：但他们有他们的道德，为了长久地生活，一种可怜的舒适。

我是河流旁的一柱栏杆：抓住我吧，那能够抓住我的人！但是，我并非你们的拐杖。——

扎拉图斯特拉如是说。

---

① ［译注］参《快乐的科学》第一卷 35 节，标题即"异教和巫术"，这两类人虽然为基督教所反对，但是"宗教改革却促使这两类人大量涌现"。

② ［KSA 版注］参阅《尼采全集》第十卷，3［1］：182：世间有许多的恶，但好人身上也有许多令我嫌恶之处，而且不是他们的"恶"！

论阅读和写作

凡一切写下的,我只爱以其鲜血所书。以鲜血所书:你会体验到,鲜血即精神。①

不可能轻易理解他人的鲜血:我憎恶阅读的懒人。②

谁懂得读者,就不会再为读者而有所作为。读者若

---

① [法文版注]阅读或写作都是一种生存方式。在《瞧,这个人》中,尼采写道:"必须体验《扎拉图斯特拉如是说》中的句子。那些无法通过生命体验来进入的,也将无法理解它们。"扎拉图斯特拉的这种生存之厚度,在1887年夏天的某个片断中被加以重复:"最后,我们还能够将阅读与写作的观念与一种活生生的孤独者的哲学相联系起来。"

[施注]这篇演讲的论点是:最高的严肃和最高的轻松必然紧密连在一起。鲜血指严肃,任何最严肃之物都能被人热爱和接受。存在某些非常美好、充满吸引力的事物,但如果它不严肃,最终会被我们蔑视。

② 「译汪]用鲜血写作关系到写作者的类型与写作的关系,参《快乐的科学》第五卷第372节"为什么我们不是观念论者",观念论的哲人不但不是以"鲜血"写作,甚至还是吸血鬼:"研究哲学成了吸血鬼的吸血行为了"。在尼采看来,以鲜血写作的当代或者未来哲人,即以感觉和生活的温暖消融观念论的寒冷。

仍存一个世纪——则精神自身也会发臭。①

人人皆可学会阅读,久之,则不仅败坏写作,思想亦然。②

精神曾为上帝,然后变化为人类,现在甚至变成群氓。

[33]谁以鲜血和箴言写作,谁就不仅意欲为人所阅读,还要人们传诵。

群山之间,最近的道路是从山峰到山峰:但是,你必须有双长腿。格言应是山峰:③与之言说的对象,应是伟大高岸之人。

空气稀薄、纯洁,危险迫近,精神却充满一种快乐的恶:这一切彼此甚为相宜。

我意欲许多魍魉(Kobolde)在我周围,因为我颇为勇敢。④ 勇气吓走幽灵,并为自己创造魍魉——勇气意欲大笑。

---

① [KSA版注]参阅《尼采全集》第十卷,3[1]:162:了解"读者"的人就的确不会再为读者写作了——而是为"写者"自己而写。另参《人性的,太人性的》,下卷,第167节;卷十,3[1]:168:再过一个世纪,报纸和一切话语都将发臭。

② [KSA版注]参阅《尼采全集》第十卷,4[70]:人人可以学会识字并且阅读,长此以往,这不仅败坏作家,也败坏普遍的精神。

③ [KSA版注]参阅《尼采全集》第十卷,3[1]163。

④ [译注]勇敢(mutig),丹豪瑟理解为血气:"伟大的写作和智慧的阅读就需要一种气魄或胆量的结合,这种血气被尼采称之为勇气。"参《〈扎拉图斯特拉如是说〉里的血气》,卢白羽译,载于刘小枫、陈少明主编,《血气与政治》,北京:华夏出版社,2007年。这里的魍魉在《善恶的彼岸》第六节中与天才(Genien)和精灵(Dämone)并言,都是在进行哲学活动,最早的出处参《朝霞》第76节。

我不再与你们有相同的感觉：我俯瞰在我之下的云，我取笑其乌黑与沉重——这正是你们的雷雨之云。

当你们渴望崇高，便向上仰视。我向下俯瞰，因我已在高处。

在你们之中，谁能大笑时便已在高处？

谁登上最高的山峰，便可取笑一切悲剧（Trauer-Spiele）和悲伤的严肃。①

勇敢、无忧、嘲弄、粗暴——智慧意欲我们如此：她是一个女人，向来只爱一个战士。

你们对我说："生活的负担沉重。"②但是，你们为何午前拥有你们的骄傲，傍晚拥有你们的退却？③

生活的负担沉重：但是不要在我面前显得如此温柔！我们皆是可以负重的漂亮公驴和母驴。④

我们与玫瑰花蕾有何共同之处，以身体承负一滴露

---

① [KSA版注]参阅《尼采全集》第十卷，3[1]：78：一旦人凌驾于善与恶之上，就会将悲剧视为一种不情愿的喜剧。171：攀登高峰的人取笑一切悲剧性的做派。

② [法文版注]参卷三，"论沉重的精神"。

③ [KSA版注]参阅《尼采全集》第十卷，4[72]：生活难以承担，所以有必要上午骄傲下午退却。

④ [KSA版注]参阅《尼采全集》第十卷，4[73]：他时而耸耸项背，好像世间一切重量全压在我们身上——他时而像一朵玫瑰花蕾被一滴露珠压得歪歪扭扭。我的兄弟姐妹们，你们别对我装得如许柔弱！我们全都是负重的漂亮的公驴和母驴，压根儿就不是那颤抖的玫瑰花蕾。

[法文版注]《马太福音》，21：5："要对锡安的居民说，看哪，你的王来到你这里，是温柔的，又骑着驴，就是骑着驴驹子。"

珠而颤抖的玫瑰花蕾?

诚然:我们热爱生活,不是因为我们习惯生活,而是因为我们习惯去爱。

爱中总有些许疯狂。但是,疯狂中也总有些许理性。①

对善待生活的我而言,蝴蝶、肥皂泡以及人类之中同类的东西,似乎最懂幸福。

看见这些轻盈、愚笨、纤柔、灵巧的小灵魂(Seelchen)翩跹飞舞——这诱使扎拉图斯特拉落泪歌唱。

我只相信一位懂得舞蹈的神。

当我看着我的魔鬼,见它严肃、彻底、深沉、庄重;它便是沉重的精神——万物因其垂落。②

不应以愤怒,而应以笑杀戮。起来,让我们杀戮这沉重的精神!③

[34]我已学会行走:从此我令自己奔跑。我已学会飞翔:从此我意欲不再被人推动,便可即地而行。④

---

① [KSA版注]参阅莎士比亚《哈姆雷特》II,2。
② [KSA版注]参阅《尼采全集》第十卷,3[1]:43:"你看见你的魔鬼了吗?"——"看见了。他站立在那里,沉重,严肃,深沉,彻底而庄重,完全是天才之引力(genius gravitationis),世间的万物因其垂落。"
③ [KSA版注]沉重的精神:参阅本书第三卷同名的一章。
[施注]尼采在此处谈论的是最严肃之物,但最严肃之物必然与最轻松之物紧密相连,否则这种严肃之物就有问题。这与最高之物和最低之物存在本质联系。
④ [KSA版注]参阅《尼采全集》第十卷,3[1]:297:步伐和步态。我学会了行走,从此我让自己奔跑。298:自由精神。能飞的人知道自己能继续飞而不必先让人推送,正如你们这些坐在某处一动不动的精神亟需"继续前行"。

现在我正轻盈,现在我正飞翔,现在我看见我在自身之下,现在有位神穿过我而舞蹈。

扎拉图斯特拉如是说。

论山旁之树①

扎拉图斯特拉亲眼看见一位青年躲避着他。一日向晚,他独自在山间穿行,群山环绕这座名为"彩色奶牛"的城市:看,他在途中发现这个青年倚树而坐,目光疲倦,凝望山谷。扎拉图斯特拉紧握青年倚立之树,并如是说:

"假如我意欲以我的双手摇动这棵树,这大概超出我的能力。

"但是,我们看不见的风,它可凭它的意愿将其任意摧摇、弯曲。② 最糟糕的是,我们也被看不见的手摧摇、弯曲。"

青年颇为震惊,起身说道:"我听见了扎拉图斯特拉,

---

① [KSA版注]本章涉及的《圣经》主题请参阅《约翰福音》1:48,更重要的是参阅"耶稣同'富有的门徒'的谈话",《马太福音》19:16。

② [法文版注]《约翰福音》,3:8:"风随着意思吹,你听见风的响声,却不晓得从哪里来,往哪里去。"

适才我正想着他。"扎拉图斯特拉答道:

"你为什么对此惊慌呢?——但是,对于人,对于树,是相同的情形。

"它越发意欲升向高处和光明,它的根愈加奋力向下深入大地,向下,入于幽暗、深渊——入于恶。"

"是的,入于恶!"青年呼喊,"你何以能够发现我的灵魂呢?"

扎拉图斯特拉笑了,并且说道:"有的灵魂谁也不能发现,除非有人首先将其发明。"

"是的,入于恶!"青年人再次呼喊。

"你说出了真理,扎拉图斯特拉。自从我意欲升往高处,我就不再相信自己,而且再没有人相信我,——这是怎么了呢?

"我的变形过于匆促:我之今日驳斥了我的昨天。攀登之际,我时常越过许多阶梯,——便没有阶梯原谅我。①

"我到上方,又发觉自己总是孤独。无人与我言说,[35]孤寂的冰霜令我颤抖。我在高处究竟意欲何为?

"我的轻蔑和我的向往共同生长;我攀登愈高,便愈发轻蔑攀登者。他在高处究竟意欲何为?

"我何其羞愧于我的攀登和我的跟跄!我何其嘲讽我的喘息!我何其憎恶飞翔者!我在高处是何其疲倦!"

---

① [KSA版注] 参阅《快乐的科学》卷一,第 26 节;《尼采全集》第九卷,12[130]。

青年于此沉默。扎拉图斯特拉注视那棵靠近他们的树,并如是说:

"此树在这山间孤独而生;它成长为高树,超越人类和动物。

"当它意欲言说,却没有理解它的人:它成长得如此高遥。

"现在,它等待复等待——它究竟在等待什么?它的居所过于接近乌云之地:它或是等待第一道闪电?"①

当扎拉图斯特拉说罢,青年举止激烈,并且呼喊:"是的,扎拉图斯特拉,你说出了真理。当我意欲高处,我便渴望我的沉落,你正是我等待的闪电!看,自从你在我们之间出现,我还是什么呢?正是对你的嫉妒,它毁坏了我!"——青年如此说道,并痛苦落泪。② 但是,扎拉图斯特拉伸手挽着他,引他与自己并行。

当他们同行片刻,扎拉图斯特拉复又如是说:

"这令我的内心破裂。比起你的言辞所言,你的目光更向我说出了你的一切危险。

"你尚未自由,你尚在寻求自由。你的寻求使你彻夜难眠,却过于清醒。

"你意欲进入自由的高处,你的灵魂渴求星辰。但

---

① [KSA 版注]参阅《尼采全集》第十卷3[2]诗:松与闪电/我高大耸立,凌驾于人与兽,于是我说话——无人与我对话/我生长过于高大,过于落寞:我期待,然我期待何者?/我过于接近彩云之乡——/我期待,期待着第一道闪电。

② [KSA 版注]参阅《马太福音》26:25。

是,你的坏本能亦渴求自由。①

"你的野性之犬意欲进入自由;倘若你的精神极力打开所有监狱,它们会在地窖里欢欣吠叫。②

"我以为,你依旧是个囚犯,为自己编造自由:唉,这类囚犯的灵魂变得聪明,却又邪佞而恶劣。

"精神已得自由者仍须纯洁自我。他的内中尚且留存许多禁锢和腐朽:他的眼睛仍然必须变得纯洁。

[36]"是的,我知道你的危险。但是,我以我的爱和希望向你恳求:不要抛弃你的爱和希望!

"你依然觉得自己高贵,即便旁人怨恨你,向你投以恶意的目光,他们也依然觉得你高贵。记住:所有人的道路中都站立一位高贵者。

"好人的道路中也站立一位高贵者:即使好人们也称其为好人,他们仍旧意欲将他送至一旁。③

"高贵者④意欲创造新事物和一种新道德。好人意欲古老的事物,意欲古老的事物长存。

---

① [译注]关于本能(Trieb),对比第二卷《论自我超越》,明确提及了本能与意志的关联。另参《快乐的科学》卷一,第1节和第53节。

② [KSA版注]参阅《马太福音》43:11—12。

③ [KSA版注]参阅《尼采全集》第十卷3[1]:93:好人总被一个高尚的人挡着路。好人除掉高尚者,常常正是因为他们说高尚者善良。

④ [法文版注]高贵者,法译为 l'homme noble,意为高贵的人、贵族。非常明显的是,到底是血统上的贵族,还是军功贵族,并不成为问题。问题在于这种"新的贵族特征",此后这一主题将进一步深化。参见卷三,"论旧和新的标牌"。

"但是,高贵者的危险不在于变为一个好人,而是变为无耻之徒、放肆者和毁灭者。①

"唉,我了解高贵者,他们遗失了他们最高的希望。现在,他们诽谤一切崇高的希望。

"现在,他们在短暂的快乐之中放肆生活,几乎不会将其目标投掷到一日之外。

"'精神即肉欲。'——他们如此说道。于是,他们的精神折碎了翅膀:现在,它在周遭爬行,在咬噬中污秽不堪。

"他们曾经想成为英雄;现在却是肉欲之徒。对他们而言,英雄是一种悲伤,一种恐惧。

"但是,我以我的爱和希望向你恳求:不要抛弃你灵魂中的英雄! 神圣地保持你的最高希望!——"

扎拉图斯特拉如是说。

---

① [施注]好人接受基于已创立之物而建立起来的事物。高贵者是创造者、革新者,是更优秀之人。柏拉图那里有类似的比较:遵守礼法之人和那些看到礼法局限并试图超越礼法之人。但在柏拉图那里,超越礼法和创造性之间没有任何联系。相反,那些超越礼法之人,感知到了礼法之上的事物。

论死亡的传道者①

有死亡的传道者：大地上充满这样的人，必须有人对他们传抛弃生活之道。②

大地上充满多余的人，由于这些多余者，③生活已然腐烂。但愿有人以"永恒的生活"将他们从这种生活诱开！

"黄色"：人们如此称呼死亡的传道者，或者"黑色"。但是，我意欲以其他颜色向你们标记他们。

---

① [KSA版注]参阅《尼采全集》第十卷，4[272]：国家、教会和一切建立在谎言基础上的东西，都是为死亡的传道者服务。

② [施注]第九篇演讲至第十二篇演讲是一个整体，主要谈论尼采那个时代恶的最重要的形式。而这篇演讲的主要主题在于，那种陈旧的庸俗道德在现代世界依然有很强的力量，其出发点指向神学家，但言辞略有夸张。

③ [译注]"多余的人"原文是 Überflüssigen，"多余者"则是 Viel-zu-Vielen，前者更强调因过多而有所溢出的"多"，后者则更强调数量之"多"，中译文无法完全贴切，故加注说明。下文出现这两个词语的地方译法同此处。但是，无论哪一种多，都与尼采强调的贵族之"少"相对，意味着一种现代的民主精神。

有可怕者,他们自身之内携有猛兽,除却情欲和自我撕裂,再无其他选择。他们的情欲也正是自我撕裂。

他们尚未变化为人类,这些可怕者:但愿他们传抛弃生命之道,自己也逝去!

[37]有灵魂的肺结核病者:他们甫一出生,便已开始死亡,渴望聆听厌倦、弃绝的教诲。①

他们意欲乐于死亡,我们应该嘉赞他们的意志!我们应当留意,不要唤醒这些死者,不要损坏这些活生生的棺材!

他们遇见一位病人、一位老者,或者一具尸体;他们立刻说道:"生活已被驳倒!"

但是,被驳倒的只是他们,只是他们仅仅看见此在(Dasein)某一面的眼睛。

身陷浓郁的忧伤,渴望致死的小偶然:他们就如此等待,紧咬着牙。②

或者:他们想抓取糖果,并以此嘲笑他们的幼稚:他

---

① [译注]参《快乐的科学》第349节"再论学者的出身",尼采称斯宾诺莎为肺结核病患者:"决意自我保存是陷入窘境的表示,也是对生命的基本本能进行限制的表示,生命的本能旨在权力扩张(Machterweiterung),而这种意志常常怀疑自我保存的本能并将其牺牲。比如,患肺结核病的斯宾诺莎和其他哲学家就把所谓的自我保存本能(Selbsterhaltungs-Trieb)看成是具有决定意义的东西,有人认为这是很有象征意味的,表明这些人恰恰是身陷困境的人。"这就是说,死亡的说教者,其说教本身恰恰是其权力意志的形式。

② [KSA版注]参阅《尼采全集》第十卷,5[1]:170:"深陷浓郁的忧伤:我的生活眷恋着小偶然。"隐士如是说。

们把生活悬系于他们的秸秆,并且嘲笑,他们依旧悬系于一根秸秆。

他们的智慧说的是:"仍旧生活着的,是愚人,但我们也是如此愚人! 这恰是生活中最愚蠢的事情!"——

"生活只是痛苦!"——其他人如此说道,亦非说谎:如此,努力了断你们吧! 如此,努力了断只是痛苦的生活!①

如是,你们道德的教诲说道:"你应该杀死自己! 你应该悄悄离开自己!"——

"肉欲即罪,"——一些死亡的传道者如此说道——"让我们避开,不再生育孩子!"

"生育辛苦,"②——另一些如此说道——"为何仍要生育? 人们生出的只是不幸者!"他们也是死亡的传道者。

"同情是必需的,"——第三部分人如此说道。"拿走我的所有! 拿走我所是的这个人! 如此,生活对我的束缚更加稀松!"

倘若他们是彻底的同情者,如此,他们便会令他们的邻居失去生活的兴致。作恶——这或是他们真正的善。

---

① [KSA版注]参阅《尼采全集》第十卷,4[52]:世间有这样一些传道者:他们向人们进行人生痛苦之传道。他虽然憎恨你们,却也是为你们服务的。

② [法文版注]《创世记》3:16:"[神]又对女人说,我必多多加增你怀胎的苦楚,你生产儿女必多受苦楚。你必恋慕你丈夫,你丈夫必管辖你。"

但是，他们意欲离开生活：他们岂会顾及以锁链和馈赠更牢固地束缚他人！——

你们亦然，对你们而言，生活只是酷烈的劳作和不安：你们是否极其厌倦生活？你们是否已极其成熟，足以领会死亡的传道？

你们所有人皆爱酷烈的劳作、迅速之物、新事物和陌生的东西——你们难以忍受自己，你们的勤勉只是逃避，只是遗忘自我的意志。

[38]倘若你们越发相信生活，你们就越发不会投身当下的时刻。但是，你们内中缺乏足够的内容用以等待——甚至懒惰竟也不能！

四处响彻死亡的传道者的声音：大地上也充满这样的人，必须有人对其布死亡之道。

或者"永恒的生活"：于我皆是相同——倘若他们迅速逝去（dahinfahren）！①

扎拉图斯特拉如是说。

---

① [KSA版注]dahinfahren［到那里去，意谓逝世］，此词是从《圣经》意义上讲的，参阅《旧约·诗篇》90:10。

[法文版注]尼采对于"永恒的生活"另有一种实证主义的看法。它意味着某些人及其作品的连续生命。参见《人性的，太人性的》。

论战争和战士

我们并不意欲被我们最好的敌人爱护,也不意欲被我们彻底爱着的人爱护。那么,让我向你们言说真理!

我在战争中的弟兄们!① 我彻底爱着你们,我现在、也曾经与你们相同。但是,我亦是你们最好的敌人。那么,让我向你们言说真理!

我知道你们内心的憎恨和嫉妒。你们尚未足够伟大,故而不懂得憎恨和嫉妒。那么,你们至少要足够伟大到不因其而羞愧!

倘若你们不能成为知识的圣人,那么,我以为,你们至少要成为知识的战士(Kriegsmänner)。② 知识的战士

---

① [法文版注]《偶像的黄昏》,"不合时宜的漫游",第38节。
② [译注]尼采着意使用战士这个词语,而不使用更一般的士兵(Soldat),意图突出战争的层面。全书只此节使用过一次"士兵",对比的意味很强烈。最值得对照的地方是,在《快乐的科学》第四卷快结束的时候,尼采认为被众人视为"士兵"的苏格拉底,其实是一个悲观主义者(340节,另参335节)。"论阅读与写作"中提到智慧"是一个女人,她向来只爱一个战士。"——《论(转下页注)

是这种神圣的同伴和先驱。①

我看见许多士兵（Soldat）：但愿我看见许多战士！人们将他们的穿着称为"军装"（Einform）：但愿其下掩盖的不是单一-形式（Ein-form）！②

我以为，你们应该成为这样的人，你们的眼睛总在寻找一个敌人——寻找你们的敌人。你们当中的少数人，第一眼便生憎恨。③

你们应寻找你们的敌人，为了你们的思想，你们应该进入战争！倘若你们的思想失败了，你们的诚实也应就此呼喊胜利！

你们应该爱和平，以其为新战争的手段。短暂而非

（接上页注）道德的谱系》第三章恰恰引了这句话作为献词。关于战士，尼采在《论道德的谱系》第一章"善与恶，好与坏"的第五节中谈到战士，认为"善"（bonus）的本初含义就应该是战士。但是，本章标题中的战士写法略有不同：Kriegsvolk，直译应该是"战争民族"，尼采似乎要创造一个具有战争品性的族类。Paul S. Loeb 译为"论战争和战士民族"（On War and Warrior People），参《尼采的扎拉图斯特拉之死》（*The Death of Nietzsche's Zarathustra*），Cambridge：Cambridge University Press，2010 年，页 130。

① ［施注］战士要比死亡的布道者优秀很多，但却低于知识圣人。这里暗示了，人之最高的可能性就是成为知识圣人。只有生活就是求知时，这才能讲得通。在《善恶的彼岸》中，超人被呈现为未来哲人，这就是为何知识在尼采的思想中至关重要的原因。

② ［KSA 版注］参阅《尼采全集》第十卷，3[1]：438：士兵多而男子汉少！军装多，而更多的是单调划一。5[1]：94：他们把自己穿的军服称为"一种式样"，意谓同一种形式。

③ ［KSA 版注］参阅《尼采全集》第十卷，3[1]：424：在有些人的内心，存在着一种寻找敌人的深切需要：他们第一眼就产生对敌的仇恨。

长久的和平。

我不劝言你们劳作,而是战争。我不劝言你们和平,而是胜利。你们的劳作应是一场战斗,你们的和平应是一种胜利!

人只有手持弓箭,才能沉默、静坐:否则便是喋喋不休与争吵。你们的和平应是一种胜利!

[39]你们说,竟然把战争奉为神圣,这可是好事?我对你们说,好的战争便是令每一事物神圣。

战争和勇气(Muth)比爱邻人更能成就伟大之事。不是你们的同情,而是你们的勇敢(Tapferkeit)至今已拯救许多不幸者。

什么是好的?你们问道。变得无畏便是好的。让小少女去说:"成为好的,就是漂亮而又动人。"①

人们称你们冷酷无心:但是,你们的心却真诚,我爱你们诚挚的羞愧。你们以你们的涨潮为羞,其他人则以他们的落潮为羞。②

你们丑陋吗?那又如何,我的弟兄们!如此,便披上崇高这件丑陋者的外衣!③

当你们的灵魂变得伟大,它也就变得如此纵肆

---

① [KSA版注]参阅《尼采全集》第十卷,3[1]:436:什么是好?——"凡是漂亮动人的东西就是好"——一个小女孩如是回答。

② [KSA版注]参阅《尼采全集》第十卷,3[1]:259:这是一些截然不同的人……这些人在情感(友谊或爱情)落潮时感到羞耻,那些人在情感涨潮时感到羞耻。

③ [译注]参"论老妪和年轻女子"中包裹的外衣。

(übermütig)，你们的崇高之中是恶。① 我了解你们。

在恶中，纵肆之人遇见懦弱者。但是，他们彼此误解。我了解你们。

你们只可以拥有应去憎恨的敌人，而非用以轻蔑的敌人。你们必须以你们的敌人为骄傲：于是你们敌人的成就亦即你们的成就。

反抗——此即奴隶的高贵。你们的高贵应是服从！你们的命令本身不正是一种服从！②

对一个好战士来说，"你应该"比"我意欲"听来更为入耳。你们所爱的一切，应该首先对你们进行命令。

你们对生活的爱，应是对你们最高希望的爱：你们最高的希望，就是生活的最高思想！

你们的最高思想应当由我命令——而它说的是：人类是某种应该被超越的东西。

如此，你们生活于服从与战斗之中！长-生又算什么！哪有战士意欲被人顾惜！

我不爱护你们，我彻底爱着你们，我在战斗中的弟兄们！——

扎拉图斯特拉如是说。③

---

① [法文版注]恶是战士的残酷无情的反题，哺育了信仰、迷信、道德。有两个文本解释了这一主题。其一见于《快乐的科学》，第 23 节。另一见于《善恶的彼岸》。

② [KSA 版注]参阅《尼采全集》第十卷，3[1]：364：依附是奴隶的高贵姿态。

③ [法文版注]对比本章与《快乐的科学》卷四第 324 节。

论新偶像①

[40]某地依然有民族和牧群,我们这里却没有,我的弟兄们:此处只有国家。②

国家?这是什么?好吧!现在,为我张开耳朵,现在,我要以我言辞向你们说说各个民族的消亡。

---

① [KSA版注]尼采为写作《快乐的科学》、《梅西纳抒情诗》以及为后期诗歌而写的即兴笔记、书简及诗歌草稿里的大部分草稿都与此章有关:他们自称是守法者、爱民者、好人、正义之人或独立者[?]——然而他们聚在一起发出臭味;他们当权则善意诓骗;失权则以坏良心撒谎,或更有甚者;朋友们,我憎恨国家,国家说:"我即意义之所在",它亵渎人们对人生的信仰。

② [译注]国家(Staat)是现代哲学中最重要的政治哲学论题之一,尼采在书中的使用极其慎重,只在此节和卷二"论伟大的事件"中提到,这也意味着,在这本书中,这两节是关于"国家"问题的关键文本。另参《快乐的科学》第五卷358节。而对作为思想史问题的"国家"极具参考价值的,则是施米特1963年为《政治的概念》撰写的重版序言,施米特清晰地呈现了"国家"这一概念的兴起及其历史,并且如何成为一个必将终结的概念。参《政治的概念》,刘宗坤等译,上海人民出版社,2004年,页90—91。另参施米特《政治的神学》。

所有冷酷怪物中最冷酷者,便唤作国家。① 它也冷酷地说谎;这是从它口中爬出的谎言:"我,国家,即是民族。"

这是谎言!是创造者创造了各个民族,并在其上悬挂一种信仰和一种爱:他们如是服务于生活。②

这些是毁灭者,他们为多数人设下陷阱,并称其为国家:并在其上悬挂一柄剑和百种贪欲。

哪里仍有民族,哪里就不理解国家,并憎之如凶恶的目光。如对习俗和律法所犯之罪。③

我要显标记在你们中间:④每个民族说着它的善与恶的语言:邻族皆不理解。它在习俗和律法中发明它的语言。

但是,国家以一切善与恶的语言说谎,凡它所言说,皆是说谎——凡它所拥有,皆是偷窃而来。

---

① [法文版注]这里论及"国家作为有组织的暴力"这一主题。参《论道德的谱系》,第二章,第17节。

② [施注]国家和民族是两种根本不同的现象,民族是根本性的现象,国家是派生性的。国家的特征是普遍性。原则上,赋予现代国家特征的东西——其特征是人的权利和宪政——是普遍适用的,且意图实现这些特征。而一个民族和其文化则由其独特性所表征。民族和国家的关系就如同我与自我的关系,国家是表面的现象,纯粹是一种理性现象,而民族是更深层的现象。

③ [法文版注]在1887年夏天的残篇中发现了一种对于机械论导致伦理"相对主义"的解释。见CM(即Colli 和 Montinari) XII 8,323—324。

④ [KSA版注]《以赛亚书》66:19:"我要显神迹(或作'记号')在他们中间。"

关于它的一切皆是虚假;它以窃来的牙齿咬啮,这个咬啮者。甚至它的内脏也是虚假。

善与恶的语言的混乱:我要显标记在你们中间,此即国家的标记。① 真的,这标记明示了求死的意志! 真的,这标记指向死亡的传道者!

出生的人太多太多:国家是为多余者而发明!

我且让你们看看,它如何引诱这些多余者! 它如何吞噬、咀嚼、反复咀嚼他们!

"大地之上惟我最大:我是上帝安排秩序的手指"——②这个怪物如是咆哮。不仅是长耳者和短视者膝盖跪沉!

唉,你们这些伟大的灵魂,即使在你们之中,它也窃窃低语其黑沉的谎言! 唉,它猜透了那些乐于自我纵肆的富足之心!

是的,它也猜透了你们这些老上帝的战胜者! 你们在战斗中变得厌倦,如今,你们的厌倦仍旧服务于新的偶像!

这新偶像,它要在自己周围树立英雄和荣耀者! [41]它乐于在良知的日光中沐浴日光③——这冷酷的

---

① [法文版注]《旧约·以赛亚书》,66:18:"[耶和华说:]我知道他们的行为和他们的意念。时候将到,我必将万民万族聚来,看见我的荣耀。"

② [法文版注]此处不可忘记,在霍布斯的《利维坦》扉页上,题有"大地之人,无人为王"(Non est potestas super Terram que comparator ei)。

③ [译注]"沐浴日光"也有"沾沾自喜"之意,此处语带双关。

怪兽!

倘若你们礼拜它,这新偶像,它意欲给你们一切:如是,它为自己购买了你们的道德光辉和你们的骄傲目光。①

他意欲以你们引诱多余者!是的,那里发明了一种地狱的艺术品,一匹死神之马,以神的荣耀为饰,叮玲作响!

是的,为许多人发明了一种死亡,这死亡却将自己称颂为生活:真的,对于一切死亡的传道者而言,这是一种发自内心的服务!②

我称其为国家,那里不论善恶,所有人皆是饮毒者:国家,那里不论善恶,所有人皆迷失自我:国家,那里人人慢性自戕——这便唤作"生活"。

我且让你们看看这些多余的人!他们窃走发明者的作品和智慧者的珍宝:他们称其偷窃为教育——在他们而言,一切皆成为疾病和不幸!

我且让你们看看这些多余的人!他们总是生病,他们呕出胆汁,并称之为报纸。他们相互吞食却不能消化。

我且让你们看看这些多余的人!他们获取了财富,却因此更加贫穷。他们意欲权力,首先是权力的撬棒,大

---

① [法文版注]《马太福音》,4:8—9:魔鬼又带他[耶稣]上了一座最高的山,将世上的万国与万国的荣华都指给他看,对他说:"你若俯伏拜我,我就把这一切都赐给你。"

② [KSA版注]参阅《尼采全集》第十卷,4[272]。

量金钱——这些贫穷之人！①

且看他们攀援，这些敏捷的猿猴！他们层叠攀援竞越，在泥沼和深渊之中如是拉拽。

他们全部意欲王座：这是他们的疯狂——似乎幸福就是坐上王座！王座上也常坐着泥沼——泥沼上也常有王座。②

我以为，他们全是疯狂者、攀援之猴、狂热者。他们的偶像，这冷酷的怪兽，我闻出异味：这些偶像崇拜者，我在他们身上全都闻出异味。

我的弟兄们，难道你们意欲在他们的嘴和贪欲的烟雾中窒息？不如打碎窗户，跃入室外！

远离这恶劣的气味！离开多余的人的偶像崇拜！

远离这恶劣的气味！离开这些人类的祭品形成的熏雾！

现在，大地仍旧向伟大的灵魂开放。许多座位依旧虚空，以待孤独者和双潜者，周围飘浮着宁静之海的芳香。

现在，一种自由的生活仍旧向伟大的灵魂开放。[42]真的，占有越少的人，就越少被人占有：小的贫穷

---

① ［译注］这些多余的人，即《善恶的彼岸》中所说的"庸俗气息和民众气质"。现代国家的本质是使所有人都成为这种多余者，数量巨大而品质低下，这里的根本倒未必是对民主政制的抨击，而首先突出体现了现代国家的根本实质：要让现代国家里的所有人都成为更具多数人精神特征的存在。

② ［译注］但是，在平等的庸众中间，统治问题并不会消失，谁应该统治这个古老的政治哲学问题不会有丝毫改变。

应受礼赞!①

那里,国家停止的地方,才开始有不复多余的人:②那里开始有必需之人的歌,唯一而不可替代的曲子。

那里,国家停止的地方,——我让你们看看那里,我的弟兄们!你们没有看见彩虹和超人的桥梁吗?——

扎拉图斯特拉如是说。

---

① [法文版注]这一段令人以为尼采在为贫穷、谦逊、卑微大唱赞歌。其实,尼采只是要去掉一切道德化的悲情主义。参见《人性的,太人性的》下卷,"漫游者和他的影子",第209节。
② [KSA版注]参阅瓦格纳的格言,《艺术与革命》(1849):"时下,在国家智士和哲人消亡之地,又开始有艺术家出现了。"

论市场的苍蝇①

我的朋友,逃进你的孤独吧! 我看见伟大人物的喧哗震聋了你,宵小之徒的刺又螫伤了你。②

森林和岩石深知如何与你共同沉默。再次如同你爱的那棵葱茏之树:它悬于大海之上,寂静倾听。

孤独停止之处,那里便始有市场;始有市场之处,那里亦始有伟大表演者的喧哗和毒蝇的嗡嗡之声。

纵然是世界上最好的东西,倘若无人将其先行引献,也不得其用:民众称这引献者为伟人。③

---

① [KSA版注]参阅《尼采全集》第十卷,4[234]:(驱蝇掸子)对付日常琐屑的愠怒。4[250]:小人物。你们继续逃向寂寞中吧,你们连细小的水滴都忍受不了。5[1];260:你们如若软弱至极,厌恶之极,以至连苍蝇和蚊子都打不死,那么,你们就逃向没有苍蝇和蚊子的孤寂之境和新鲜空气里。倘若如此,你们本身也就是孤寂和新鲜空气!

② [施注]这篇演讲的主题可以非常简单地表述为:这是一个社会。但尼采的批判,有别于对国家的一般批判:他的批判导向了对社会的反对。

③ [KSA版注]参阅《尼采全集》第十卷,4[78]:如若不表演出来,你们最好的东西也一无用处。

民众罕能领会何谓伟大,此即:创造者。但是,对伟大事业的引献者和表演者,①他们却颇有兴味。②

世界围绕着新价值的发明者旋转——其旋转却不可见。但是,民众和荣誉围绕演员们而旋转:这便是世界的运转。

表演者也有精神,却罕有精神的良知。他向来相信的,是最强烈地令他相信的东西——令他相信他自己!

明天,他会有一种新信仰,后天则更新。如同民众,他有着敏锐的感官和善变的嗅觉。

颠倒——在他便是:证明。令人疯乱——在他便是:说服。他以为,在一切理由中,血是最佳的理由。

只入优雅之耳的真理,他名之为谎言和虚无。真的,他只相信在世间制造巨大喧哗的诸神!

[43]市场充满庄重的③小丑——民众却称他们为伟大的人物!以为他们是时代的主人。

但是,时代逼迫他们:他们又如此逼迫你:他们意欲你的"是"或"否"。唉,你岂意欲将你的座椅置于"支持"与"反对"之间?

你这真理的倾慕者,别嫉妒这些绝对者(Unbed-

---

① [译注]引献者原文为 Aufführer,而表演者是 Schauspieler,前者来自动词 aufführen,是戏剧上演之意,此处名词意思意为使戏剧上演之人,如译为表演者,则与 Schauspieler 无异,尼采事实上是对这两种人做了区分,这一译名采自徐梵澄先生译笔。

② [法文版注]参见"前言",第9节。

③ [KSA 版注]"庄重的",在尼采的修改稿里,在 1894 年出版的尼采 19 卷文集里写作"喧哗的"。

ingten)和逼迫者!① 真理从未悬挂于绝对者之手。②

由于这些突然者,退回你的安全之中吧:只有市场之间,人们才为"是"与"否"所侵袭。

对一切深沉的井而言,体验总是缓慢:它们必须长久等待,直到它们发觉何物落入其深渊之中。

一切伟大都在市场和荣誉之外:新价值的发现者,总是居住于市场和荣誉之外。

我的朋友,逃进你的孤独吧:我看见你被毒蝇螫伤。逃进粗粝烈风吹卷之地!

逃到你的孤独吧! 你的生活距离宵小之徒和悲惨者太近。逃开他们不可见的报复! 他们唯以报复待你。

不必再张手对抗他们! 他们数不胜数,而成为蝇拍并非你的命运。

宵小之人和悲惨者数不胜数;许多骄傲的建筑因雨滴和野草而致倾颓。

你不是石头,但是,你已因许多雨滴而空陷。我以

---

① [译注]所谓绝对者,在黑格尔的术语里,一般译为"无条件者",《逻辑学》第二部分"本质论"第三卷。而谢林在《论自我作为哲学原则》中则将"无条件者"视为哲学的最高原则,无条件者只可能存在于绝对的自我那里(2—3 节)。另参 Paul Natorp,《柏拉图的理念论》(*Platos Ideenlehre. Eine Einführung in den Idealismus*),Leipzig,1921,参第六章《王制》第四部分 Der Erkenntnisweg zum Unbedingten,页 179 以下。至于尼采本人,参《快乐的科学》卷一第 5 节"绝对的责任",《朝霞》卷三 167 节"绝对崇拜"。尼采此处将揭示了现代自由主义并不自由的绝对性本质。

② [施注]市场的首要特征是各种杂要,第二种特征是绝对者的党派偏见。

为,尚有许多雨滴令你破碎、爆裂。

我见毒蝇令你倦怠,我见你伤口流血,淋漓不止;你的骄傲却不意欲丝毫动怒。

他们需要你的鲜血,却全然无辜(in aller Unschuld),他们无血的灵魂渴求鲜血——所以他们全然无辜地螫咬。

但是,你这深沉者,纵然伤口微小,也令你有深沉的痛苦;在你痊愈之前,同样的有毒蠕虫在你的手上爬行。

我以为你过于骄傲,未尝杀死这些馋涎者。但是,你要留心,不要令承负它们有毒的不公成为你的厄运!

他们亦以其赞颂环绕着你嗡嗡不已:他们的赞颂实为侵扰。他们意欲接近你的皮肤、你的血。

他们向你献媚,如向一尊神明或魔鬼;他们向你哀求,[44]如向一尊神明或魔鬼。夫复何益! 皆是献媚者和哀泣者,如此而已。①

他们时常以可爱者的形象示你。但是,这向来是懦弱者的聪明。是的,懦弱者是聪明的!②

他们总以逼仄的灵魂思考你——他们始终觉得你可疑! 凡令人深思的,总是可疑的。

他们因你的一切道德而惩罚你。他们根本上宽恕你

---

① [KSA版注]参阅《尼采全集》第十卷3[1]:84:不管你们向神明或妖魔献媚,也不管你们向神明或妖魔哀求,夫复何益? 你们仅仅是献媚者和哀泣者!

② [KSA版注]参阅《尼采全集》第十卷,3[1]:85:彻底的胆小鬼一般总有足够的智慧去学会人们常说的可爱。

的，只是——你的错误。①

因为你温和，且有公正的意识，于是你说道："他们因其渺小的此在（Dasein）而无辜（unschuldig）。"但是，他们逼仄的灵魂思考说："一切伟大的此在都有罪（schuld）。"

即使你待他们温和，他们仍旧感觉到来自你的轻蔑；他们以隐藏的伤害回报你的善举。

你沉默的骄傲总悖于他们的品味；②倘若你偶尔谦虚，甚至于空无的程度，他们便会快乐。

我们从一个人身上认识了什么，也正是我们令他激烈之处。如是，你要留意宵小之徒！

在你面前，他们自觉渺小，在不可见的复仇之中，他们的卑微向你闪烁、燃烧。

当你走向他们，他们常常变得沉默，而他们的力量也离开他们，犹如徐徐熄灭之火的浮烟，这些你是否察觉？

是的，我的朋友，对于你的邻人你就是坏良心：因为他们与你不能相衬。如是，他们恨你，乐于吮吸你的鲜血。

---

① ［KSA版注］参阅《尼采全集》第十卷5[17]：我爱那样的人：他不仅宽恕敌手的失误，也宽恕敌手的胜利。

② ［译注］品味（Geschmack），参赫尔德，《各民族一度繁荣的趣味最终衰败的缘由》（冯庆译文，未刊稿）。尼采虽然对赫尔德评价不高，"但是，他有最敏锐的嗅觉，能比所有人都更早地发现并摘取一个季节最早成熟的果实"（《人性的，太人性的》卷二，"漫游者和他的影子"，节118），赫尔德敏锐地感觉到的，而尼采充分呈现的，即品味与少数人灵魂的关系、品味的政治意义以及和生活本身的关系，这些皆可以视为尼采的先声。另参后文第三卷"论沉重的精神"第二节。

你的邻人将总是毒蝇；你的伟大——必定令他们更毒,总是更成为苍蝇。

我的朋友,逃进你的孤独吧,逃进粗粝烈风吹卷之地。成为蝇拍,并非你的命运。——

扎拉图斯特拉如是说。

论贞洁

[45]我爱森林。① 城中不适合生活：这里有太多性欲强烈的人。

比起在性欲强烈的女人梦中，在谋杀者②手中是否更好？

且看这些男人：这是他们的眼睛所说——他们不知大地之上有什么比与一位女子同卧更好。③

他们灵魂的根基只是污泥；倘若他们的污泥竟有精神，却也可哀！

---

① ［施注］这一部分的第一个词是"我爱"。第一卷此后的十篇演讲全部谈论爱，尽管不是很明显。例如，论贞洁、论孩子和婚姻讨论的是性爱；论朋友、论爱邻人、论馈赠的道德处理都是爱人或仁慈。

② ［译注］谋杀者（Mörder），在《快乐的科学》125节，关于杀死上帝那一节著名文字里，尼采口中的疯子说两次提到谋杀者。谋杀者与禁欲者的关系，参《论道德的谱系》，第三章。

③ ［KSA版注］参阅《尼采全集》第十卷5[1]；267；补充道："对于幸福，他们能知道什么呢！"

你们至少要做完美的动物！但是，动物却是无辜。①

我劝诫你们泯灭感官吗？我劝诫你们有无辜的感官。②

我劝诫你们贞洁吗？贞洁对少数人是一种道德，但是，对多数人近乎为一种恶习。

这些人颇能自持：但是，在他们的一切行为中，情欲（Sinnlichkeit）这只母犬皆怀着嫉妒向外观看。③

即使在他们的道德高处，直至其冷酷的思想之中，这只小兽及其不安亦追随而至。

倘若情欲这只母犬被拒绝了一片肉，它便懂得乖巧地乞讨一片精神。④

你们爱悲剧和一切令人心碎之物吗？但是，我并不信任你们的母犬。

我觉得你们的眼睛过于残酷，贪婪地观看受苦者。

---

① [KSA版注]作为动物，人也必须完美；作为人，人意欲变得完美——参阅《尼采全集》第十卷4[94]，5[1]164；作为动物，人也应该是完美无缺的——扎拉图斯特拉如是说。

② [法文版注]感官（Sinne, les Sens），就其本性而言，无所谓有罪无罪。而且，感官无所谓本性，而就是我们根据感官的要求所做的事情。在此，尼采捍卫的并非某种享乐主义的自然主义，而只是这一观念：我们的需求体系直接达到我们的变化的目标，朝向超人之路通过共识通向感性所是的东西。

③ [施注]我毫不怀疑，这篇演讲包含非常明智的评论，但其所运用的语言某种程度上颇不得体。在《道德的谱系》第三部分，尼采就这个主题所谈论的更健康，也更得体。

④ [KSA版注]参阅《尼采全集》第十卷2[22]：母犬想从情欲中拿下一块肉，就会彬彬有礼地乞讨一片精神。

你们的性欲是否非但为伪饰,甚至称自己为同情呢?

我向你们示一则比喻:不少人意欲驱除他们的魔鬼,却把自己引入猪群。①

觉得贞洁难以持守的人,不妨予以劝阻:否则这将成为通向地狱之路——朝向灵魂的污泥和情欲。②

我在言说肮脏之事吗? 在我,这却不是最坏的事。

不是因为真理肮脏,而是因为其水清浅,求知者才不乐于涉足真理之水。

真的,尚有彻底贞洁的人:他们内心更为温和,比你们笑得更加宜人,更加丰富。

他们亦笑对贞洁,并问道:"什么是贞洁!

[46]"贞洁岂非愚蠢?③ 但是,这愚蠢向我们而来,而非我们向他而去。

"我们予这位客人以寄宿之处和内心;现在,他与我们同住——他意欲居留多久,便可多久!"

扎拉图斯特拉如是说。

---

① [KSA版注]参阅《马太福音》8:28—32:"我给你们打个比方"也是《圣经》里用的一个短语。

[法文版注]《马太福音》8:31—32:"鬼就央求耶稣说,若把我们赶出去,就打发我们进入猪群去吧。耶稣说,去吧。鬼就出来,进入猪群。"

② [KSA版注]参看《哥林多前书》7:2、7。

[法文版注]《哥林多前书》7:9:"倘若自己禁止不住,就可以嫁娶。与其欲火攻心,倒不如嫁娶为妙。"

③ [KSA版注]参阅尼采草稿:这种愚蠢难道不正是所有人的愚蠢吗?

论朋友①

"在我周围，单一者（Einer）总是太多。"——隐士如是思考。"先前总是一——久之，则成两人（Zwei）！"②

我总是同自己（Mich）交谈热切：③倘若没有一位朋友，该如何忍耐？④

对隐士而言，朋友向来是第三者（Dritte）：第三者是软木，阻止两人的对话沉入深渊。⑤

---

① [KSA版注]参阅《尼采全集》第十卷，4[211]：朋友乃是最好的轻蔑者和敌人。/配做朋友的人何其少啊！/朋友的良知能发觉任何的卑下行为。良知不仅是道德层面的，而且是审美情趣层面的，且良知的范围是恒定的。/朋友既是妖魔又是天使，他们都拥有锁住对方的锁链。当他们相互接近之时，链条便脱落，他们便彼此提升，作为两者之间的"我"便与超人靠近，而且为拥有朋友而欢呼雀跃，因为朋友为两人增添了第二个羽翼，如无此羽翼，另一羽翼便无用处。

② [译注]对比前言第九节中"双潜的隐士"。

③ [法文版注]《善恶的彼岸》，第19节。

④ [译注]尼采论朋友，参《快乐的科学》第61、279节，《人性的，太人性的》上卷，第180、376节；尤参《朝霞》第503节。

⑤ [KSA版注]参阅《尼采全集》第十卷 3[1]：14：第三者总是块软木，它阻止两人的对话深入，这在某些情形下不失为一件好事。

唉,对一切隐士而言,总有太多深渊。因此,他们渴望一位朋友及其高处。

我们对他人的相信,泄露出我们乐于在何处相信自己。① 我们对一位朋友的渴望,便是我们的泄露者。

人们常常意欲只凭爱越过嫉妒。人们屡屡攻击,为自己制造敌人,以掩盖自己亦会遭受的攻击。

"至少应为我的敌人!"——真正的敬畏如此说,它不敢求取友谊。

倘若有人意欲拥有一位朋友,他也必须意欲为了朋友而进入战斗:为了进入战斗,他就必须能够成为敌人。

人们应该在其朋友身上仍旧尊重敌人。你岂能紧紧靠近你的朋友却对他无所超越?

在其朋友身上,人们应该拥有他最好的敌人。倘若你对抗他,你便可以最接近他的内心。

你意欲在朋友面前不着衣裳吗? 在你的朋友面前袒露你自己,这便是对他的尊敬? 但是,他却因此祝愿你去见魔鬼!②

谁对自己毫无遮掩,就必招愤怒:如此,你们便极有

---

① [KSA 版注]参阅《尼采全集》第十卷 3[1]:129;草稿:请算一算你曾一度相信过的人的总数吧! 这总数就披露出你对自己的相信。

② [KSA 版注]参阅《尼采全集》第十卷 3[1]:110:"袒露你的本色":这可能是我们给朋友保留的一种褒奖,其结果是,他会因此而祝愿你见魔鬼去。

理由避免赤裸!① 是的,假若你们是神,你们会因你们的衣裳而羞愧!

你能够为了你的朋友而自我修饰,惟恐不美:[47]因为对他而言,你应是朝向超人的箭矢和向往。

你曾见过你的朋友入睡吗——你为了认识他的形貌? 你的朋友惯常的面貌究竟如何? 它是你本人的面貌,映于一面粗糙且不完美的镜子。②

你曾见过你的朋友入睡吗? 你的朋友如此形貌是否令你惊奇? 哦,我的朋友,人类是某种必须超越的东西。③

朋友应是猜测和沉默的大师:你必定不欲看见一切。你的梦将向你泄露,你朋友醒时的所为。④

你的同情应是一种猜测:首先你需要知道,你的朋友

---

① [法文版注]这一观点比表面看来更为精妙,因为它所隐藏的并非一个非此即彼的选择。"赤裸"在"有道德的"人那里是耻辱;但是,只需从一切杂乱的伦理中解脱出来,就可以恢复"赤裸"和本真的人的透明性,不必相信这一点。毋宁是,冒险给出一种孱弱的人的场景。有关这一点,在《快乐的科学》(卷四,第352节)中得到了进一步的发展。

② [KSA版注]参阅"漫游者和他的影子",第8节。

③ [译注]此前扎拉图斯特拉说"人类是某种应该超越的东西",这里则提升为更加强烈的"必须"。

④ [施注]柏拉图提到过,当我们沉睡时,是我们最低劣的时候。

[译按]参柏拉图《王制》卷九 571c1—d5,苏格拉底关于睡梦状态的说法:"你知道,这样的状态下,它什么都敢做,就好像它摆脱并祛除了所有羞耻和睿智。它根本不会畏缩于像它设想的那般尝试跟一位母亲或任何其他——人啊,神啊,兽啊——交媾;或者畏缩于尝试任何邪恶的谋杀,也没有它不吃的东西。一句话,没有它不做的荒唐事或无耻事。"

是否意欲同情。也许,他只是爱你不屈不挠的眼睛和永恒的目光。

对朋友的同情隐匿于一具坚壳之下,这具坚壳会让你咬断一颗牙齿。如此,你的同情才会拥有其雅致和甜美。

你是你朋友的纯洁空气、孤独、面包和药吗?有些人不能挣脱自己的枷锁,却是朋友的解救者。

你是一个奴隶吗?如此你便不能成为朋友。你是一位僭主吗?如此你便不可能拥有朋友。

奴隶和僭主在女人内中已潜藏太久。所以女人没有友谊的能力:她只懂得爱。

在女人的爱中,对于她不爱的一切,总有不公和盲目。即使在女人明智的爱中,光明之外,也总有突袭、闪电和夜晚。

女人仍然没有友谊的能力:所以女人向来是猫和鸟。或者,最好的情形是母牛。

女人仍然没有友谊的能力。但是,请告诉我,你们这些男人,你们当中谁有友谊的能力?

哦,你们这些男人,你们灵魂中的贫乏与贪婪!你们给予朋友多少,我便意欲给予我的敌人多少,并未因此而更加贫穷。

有伙伴之情(Kameradschaft):但愿也有友谊!①

扎拉图斯特拉如是说。

---

① [KSA版注]参阅《尼采全集》第十卷 3[1]:91:世间存在着伙伴之情,于是也存在友谊,此乃信、爱、望中之事。参《哥林多前书》13:13。

论一千零一个目标

[48]扎拉图斯特拉①曾见过许多土地,许多民族;②如此,他发现了许多民族的善与恶。③ 在大地之上,扎拉图斯特拉没有发现比善与恶更强大的权力。

一个民族倘若没有能力先行评价价值,就不可能生活;④它意欲自我保存,它对价值的评价就不能和邻族对

---

① [施注]尼采开始谈论友谊这种更高类型的爱,这篇演讲可能是第一卷中最重要的一章。

② [译注]对比《奥德赛》开篇第一卷第三行:"见识过不少种族的城邦和他们的思想。"

③ [法文版注]关于这种"道德相对主义"的错误,参见"论新偶像"。

[施注]不同民族的善与恶相互冲突,它们不是仅仅不同,而是不存在相互理解的可能性。

④ [译注]一个更加现实的政治性说法,可参施米特《政治的概念》第5节:"如果允许其他民族来替自己做出区分敌友的决断。一个民族就不再是政治上自由的民族,而是附属于另一个政治体系。"最可以参看的内容来自《敌基督者》第16节。

价值的评价相同。①

许多东西这一民族称之为善,另一民族却称之为讽刺与耻辱:我如是发现。我发现,许多东西此处名之为恶,彼处却饰以紫色的尊崇。

一个邻族决不能理解另一个邻族:它的灵魂始终惊讶于邻族的妄想和恶毒。②

每个民族都高悬一块善的标牌。看,这是它的超越标牌;看,这是它的权力意志③的声音。

---

① [译注]卢梭在《关于波兰政体的思考》中提到,民族之间的根本原则是对抗,参卢梭,《政治制度论》,刘小枫编,崇明、胡兴建等译,北京:华夏出版社,2013,页39—43。

② [译注]妄想与对彼岸世界的信仰有关,参此前"论信仰彼岸世界的人"一章,这里至少暗示了一个民族的宗教特征。

③ [Pütz版注]自《扎拉图斯特拉如是说》始,"权力意志"便成了尼采文章里的核心概念。1901年首次出版尼采文集,包括他19世纪80年代遗稿中的约500篇格言,共15卷,即所谓的格洛斯奥克塔夫版本,书名为《权力意志:研究与残稿》,而1906年出版的克洛纳尔袖珍版,其篇幅已增至1000篇残稿,出版者为佩特尔·加斯特和尼采之妹伊丽莎白·福尔斯特·尼采。尼采的妹妹是帝国主义和反犹主义理念的坚定维护者,曾受到尼采的激烈批评。阿尔弗雷德·鲍姆勒在其著作(出版于1931年)中宣称"权力意志"是尼采著作一贯的基本思想,这样就为法西斯接受尼采思想打下了理论基础。卡尔·施雷希塔的功绩在于:他指出将尼采遗稿有意编排成这个核心概念无异于一种篡改,因为遗稿中只有少量残稿是尼采偶尔打算用来创作一部《权力意志》的。其余大量的残稿具有别样的关联,吉奥尔吉奥·科利和马齐诺·蒙梯纳里将它们出版,称为考订全集版。自那时起,我们知道了尼采曾着手撰写一部标题为《权力意志——对一切价值重估的尝试》之书,也知道了尼采1888年2月26日致函佩特尔·加斯特坚称不出版这样的书,并于当年9月完全放弃了这个计划。

它视为艰难的,便值得礼赞;必要而又艰难的,便称之为善;从最高的困境中得到解放,这罕见者,这最艰难之事——便被赞颂为神圣。

凡使它统治、胜利和闪耀的,凡令其邻族恐惧并嫉妒的:它便视之为崇高、卓越、尺度、一切事物的意义。

真的,我的兄弟,你首先知道一个民族的困境、①土地、天空和邻族:如此,你兴许猜测出其超越的律法(Gesetz),它为何登上朝向其希望的阶梯。②

"你应总是第一,出类拔萃:你嫉妒的灵魂,除了朋友不应再爱他人"——这使一个希腊人的灵魂颤抖:于是他踏上了令其伟大的蹊径(Pfad)。③

"言说真理,精于弓箭的射击"——如此,产生我这一姓名的民族以为,这话可爱同时又颇艰难——这姓名于

---

① [施注]我们在此处也获得一些尼采如何理解权力意志的线索,他理解的权力意志就是超越。尼采在写作《扎拉图斯特拉如是说》的数年前,就写下了《历史学对于生活的利与弊》。这部作品最基础的概念就是,将历史理解为不同民族之间的交往和争斗,每个民族都以其自身的民族精神为特征,这是对普世主义的否定。根本不存在作为标准的自然法。

② [译注]参考《快乐的科学》卷一 43 则"律法吐露了什么?":"实际上,律法吐露的恰是这个民族感到陌生、古怪、罕见、充满异域情调的东西。律法只同道德习俗的例外情形相关。峻法严刑打击的对象是顺应异国民族之习俗的东西。"对比《敌基督者》,第 57 节。

③ [译注]这里指的是希腊人,而这句雷同的诗行在荷马笔下屡次出现:《伊利亚特》,卷一,行 15;卷十一,行 784;卷六,行 208。《荷马的竞赛》最能体现这句话的精神,比如尼采在文中说:"一个希腊人越是伟大和崇高,野心的火焰就会愈发明亮地从他那儿迸发,损耗着每一个与他同一条道路上行走的人。"另参《朝霞》,第 29、175 和 306 节。

我，可爱同时又颇艰难。①

"尊敬父亲和母亲，顺从他们的意志，直至灵魂的根基"：这一超越的标牌悬挂于另一民族之上，它因此强大而恒久。②

"践行忠诚，并因忠诚之名，将名誉和鲜血置于恶事和危险的事情之上"：另一如是教育自己的民族也征服了自己，如是征服自己的民族，便孕育并重负伟大的希望。③

---

① ［译注］指波斯人。参希罗多德，《原史》卷一，136、138；另参色诺芬，《居鲁士的教育》。尼采在《瞧，这个人》"为什么我是命运"第3节中说："扎拉图斯特拉比任何一个思想家都要真实。他的教诲，唯有他的教诲，将真实视为最高道德——这就与逃避现实的'观念论者'的胆怯对立。扎拉图斯特拉的勇气甚过所有思想家的勇气总和。言说真理，精于弓箭的射击，这是波斯人的美德。"尼采不但解释了这句话描述了波斯人，而且自己给出了选择扎拉图斯特拉为其代言人的直接理由："由于真诚（Wahrhaftigkeit）的缘故，道德进行自我克制（Selbstüberwindung），道德家出于其对立面的自我克制——即我口中扎拉图斯特拉之名的含义。"

② ［译注］指犹太人，参《出埃及记》20:12;《利未记》19:3;《申命记》5:16。

③ ［法文版注］根据让·格拉尼耶（Jean Granier）的《尼采哲学中的真理问题》（*Le problème de la vérité dans la philosophie de Nietzsche*, éd. du Seuil, 1966）一书，以上四段提及的四个民族分别是：希腊人、波斯人、犹太人、日耳曼人。

［译注］施特劳斯认为第四个民族是德意志。"尼采所想的是各种各样的民族和伦理共同体，例如希腊人、波斯人、犹太人、德国人，而不是所谓的文化。"不过朗佩特认为，第四个民族应该是罗马人，因为"四者看起来似乎都应是前基督教时代的民族，那么，第四个当是罗马人，其奠基者是虔诚的埃涅阿斯（Aeneas），他忠诚于祖先和神圣的家乡，他的虔敬而勇敢的忠诚孕育了一个种族（race），正如朱庇特（Jupiter）对朱诺（Juno）的允诺，这个种族的忠诚，'人与神皆不可及'。"根据他的指引，我们可以参看维吉尔《埃涅阿斯纪》，卷十二，行838；参卷七，行202—204；卷六，行851—853。另参马基雅维利《君主论》第六章，关于"那些依靠本人的（转下页注）

真的，人类为自己给出了一切善与恶。[49]真的，这[一切善与恶]不是他们取来的，也不是他们发现的，不是自天而降的声音。

人类为了自我保存，首先赋万物以价值——他首先创造这些事物的意义，一种人类的意义！所以他自称为"人类"，此即：评价价值的人。

评价价值即创造：听，你们这些创造者！评价价值本身就是一切被评价事物的财富与珍宝。

首先通过评价方有价值：没有评价，此在（Dasein）的果实就是空心的。① 听，你们这些创造者！

价值的变迁——此即创造者的变迁。一定要成为创造者之人，就总在消灭。

创造者首先是各个民族，然后是个人；真的，个人本身不过是最新的创造。

曾经，各个民族都在其上高悬一块善的标牌。意欲统治的爱和意欲服从的爱，共同创造了此类标牌。

对牧群的兴趣比对"我"的兴趣古老：只要好的良心意味着群体，坏良心便只会说"我"。

真的，狡猾的"我"，无爱的"我"，意欲在多数人的利

（接上页注）德性而不是依靠命运崛起为君主的人"，最出类拔萃的范例是摩西、居鲁士、罗慕路斯和忒修斯，恰好分别是犹太人、波斯人、罗马人和希腊人。

① ［法文版注］人在世间的厚度，他的唯一意义和内容，完全有赖于价值的创造。《权力意志》中一个晦涩的文本写道："价值的观点，就是联系到生活变化中的相对的持续的复杂变化，面对保存和提高的条件。"

益中求自己的利益：这不是牧群的起源，而是其沉落。①

始终是爱者和创造者创造善与恶。爱的火焰和愤怒的火焰以所有道德的名称燃烧。

扎拉图斯特拉曾见过许多土地，许多民族：在大地之上，扎拉图斯特拉没有发现比爱者的工作更强大的权力："善"与"恶"便是它的名称。②

真的，这褒贬的权力是一头怪兽。说吧，你们这些弟兄们，谁为我驯服它呢？说吧，谁投掷一条锁链于这头动物的千条脖颈之上？

迄今已有一千个目标，因为已有一千个民族。千条脖颈只缺少一条锁链，它缺少这一个目标。人类仍旧没目标。③

---

① ［KSA版注］参阅尼采草稿："我"意欲爱并在爱中听从他人，"我"意欲统治并满怀爱心统治，这就意味着，"我"在群体中只为群体而存在／可是另一个"我"，这个狡猾的、病态的、冷酷的"我"，它之对多数人有益，是为了获取自己最大利益——此即痞徒和最后的堕落。

［译注］所谓狡猾的"我"，参《善恶的彼岸》第一章，第10节。

② ［KSA版注］参阅《尼采全集》第十卷，4［18］：爱本是对主人和对仆人之爱，那么，爱作为善和神圣之举便创造出了利益。如果仅是对儿童和宗族之爱，这爱便是对博爱的亵渎。他们由于爱而创造出善与恶，而不是由于聪明，因为爱比聪明更古老。／博爱所提供的东西曾经有益，而谁之爱最强大呢？把仆人变为主人之爱便是。／对亲近者的爱是渺小的，它蔑视"我"：群体高于一切。

③ ［施注］一个普遍的目标，一个全人类的目标——在作为一个整体、一个统一体的人类的意义上，这个目标将使人性变得可能。在这里，尼采与任何关于民族的浪漫主义思想完全分道扬镳。当然，这是一种巨大的洞察力，即人类的目标必须被创造。尼采这部作品的意图就是为整个人类设立理想、设立目标。

但是，且对我说，我的兄弟们：倘若人类的本性中（Menschheit）仍旧缺乏这个目标，那是否还缺乏——它自己呢？——①

扎拉图斯特拉如是说。

---

① ［法文版注］超人的思想要求人们把超人视为人类的到来、人类的实现和目标，但是，同时亦禁止一切目的论，一切启示论（providentialisme），并且说到底要没收一切超人这样那样的好处。只是对于每个人来说超人得以人格化了，超人才有意义，而不是"实体化"，也就是说"集体化"。超人的思想不是一种"实体主义"的思想。

论爱邻人

[50]你们聚于邻人周围,对此还有美好的名称。但是,我对你们说:你们之爱邻人便是极不爱你们自己。①

你们从你们自己逃向邻人,你们渴望由此制造一种道德:但是,我洞察了你们的"无私"。②

"你"比"我"古老;"你"被称为神圣,但是,"我"却不是:于是,人类就聚于邻人周围。

我劝诫你们朝向邻人之爱吗?我更愿意劝诫你们逃

---

① [译注]关于爱邻人,参《马太福音》5:43—44:"你们听见有话说:'当爱你的邻舍,恨你的仇敌。'只是我告诉你们,要爱你们的仇敌。为那逼迫你们的祷告。"另参《路加福音》10:27,《以弗所书》4:25以及《罗马书》15:2。但尼采这里不仅仅是为了嘲讽基督教的教诲,更关注作为道德现象的"爱邻人"(Nächstenliebe),即一般所译的"博爱"。参《善恶的彼岸》201,细致梳理了作为道德现象的"爱邻人";另参《论道德的谱系》,第三章,第18、19节,爱邻人是禁欲主义僧侣的权力意志的体现。比较《善恶的彼岸》,第60节。

② [KSA版注]参阅《尼采全集》第十卷,4[234]:你们逃避自我:避开自我轻蔑之雨的冲淋,却愈遭爱邻人之檐水的泼浇。

避邻人,并爱最远的人!①

爱最远的人和未来的人,高于爱邻人;对事实和对幽灵的爱,甚至高于对人类的爱。②

我的兄弟,这个向你奔跑的幽灵比你美好;你为何不给他以你的肉和你的骨骼呢?但是,你恐惧了,并向你的邻人奔跑。

你们对自己不可复耐,爱自己又不足够:于是你们意欲诱惑邻人去爱,以他们的错误美化自己。

我意欲你们对一切邻人及其邻人皆不再忍耐;如此,你们必须从你们自己创造你们的朋友和他的洋溢(überwallendes)之心。

当你们意欲说出自己的好,你们便邀请一位证人;当你们诱惑他,让他思考你们的好,你们便自以为好了。③

违背其见识而言说的人,是在说谎,违背其知而言说的人,也在说谎。你们在交往中如此言说自己,并以自己欺诈邻人。④

---

① [法文版注] 遥远……即爱邻人的反题——爱远人。爱远人,又被尼采称为"有距离的??"(Pathos der Disdanz)。这意味着一种"距离感",这种距离感?? 不同位置的存在者之间的生存论差异的不可比拟性,也是 ?? 异性"的情感,还是哲学范畴的价值判断行为。《道德的谱系》?? 三章第14节谈到了这种"高贵"。

② [法文版注] 参下文,?? 三卷"漫游者"。

③ [KSA版注] 参阅《尼采全集》第十卷,3[1]:207:人如果想谈自己,就请来一位证人:称其为"与人交往"。

④ [KSA版注] 参阅《尼采全集》第十卷,3[1]:187:违背自己见识的讲话者是说谎,不知而强言者也是说谎——这第二种说谎是如此司空见惯,以至人们把谎话说得非常顺溜,人际交往时随时准备撒谎。

愚人如是说:"与人类的交往败坏个性,尤其是在人全无个性之时。"

这个人走向邻人,因为他要寻求自我,而那个人呢,却是因为他渴望失去自我。你们不会爱你们自己,遂使孤独成为你们的监狱。

正是较远的人,因你们对邻人的爱而付出代价;倘若你们现在有五个人共在,那么第六个人总是必然死去。①

我也不爱你们的节日:②我发现那里表演者太多,便是观众也常常与表演者举止相似。③

我不向你们教授邻人,而是朋友。④[51]朋友是你们大地的节日,是一种超人的预感。

我向你们教授朋友和他的丰溢(übervollen)之心。但是,倘若一个人意欲为一颗丰溢之心所爱,他就必须懂得如何成为一块海绵。

我向你们教授朋友,在他内中站立一个成熟的世界,一个善的外壳——这创造着的朋友,他向来有一个可供

---

① [KSA版注]参阅《尼采全集》第十卷,3[1]:6:倘若五个人一起说话,那么第六个人就必死无疑。亦请参阅第十卷,1[90]:325:人们爱亲近的人总是以牺牲疏远者为代价。

② [译注]《以赛亚书》1:13—14:"你们不要再献虚浮的供物。香品是我所憎恶的。月朔,和安息日,并宣召的大会,也是我所憎恶的。作罪孽,又守严肃会,我也不能容忍。你们的月朔,和节期,我心里恨恶,我都以为麻烦。我担当,便不耐烦。"

③ [KSA版注]参阅《尼采全集》第十卷,3[1]:434:每逢爱国节日,还有那些观众亦属演员之列。亦请参阅《旧约·阿摩司书》5:21:"我厌恶你们的节期,也不喜悦你们的严肃会。"

④ [法文版注]对比《朝霞》第503节。

馈赠的成熟世界。

正如世界曾为他而旋转四散,世界又如此在圆环中为他聚拢合转,仿佛通过恶而成为善的变化,仿佛由偶然中生出目的的变化。①

未来者和最遥远者应是你今天的缘由:在你的朋友身上,你应该将超人作为你的缘由去爱。

我的弟兄们,我不劝你们爱邻人:我劝你们爱最远的人。②

扎拉图斯特拉如是说。

---

① [KSA版注]参阅《尼采全集》第十卷5[1]:266:世界已成这副模样——一只善的金碗。然而,创造性的思想还要对现成的世界再创造:于是它发明了时间——现在世界旋转四散,又以大圆环自身聚拢合转,正如由恶变善,由偶然孕生目的一样。

② [施注]普遍性是否要求普遍的爱?尼采说,是的,普遍性要求普遍的爱,但这种普遍的爱不同于一般所理解的爱,因为一般所理解的那种爱会导向末人。……真正的对邻人的爱,首先要求一个人爱他自身最高的可能性。

论创造者的道路①

我的兄弟,你意欲走进孤寂吗?你意欲寻找朝向你自己的道路吗?稍驻片刻,听我说吧。

"寻找之人容易遗失自己。一切孤寂皆是罪欠。"——牧群如是说。长久以来你却属于牧群。②

牧群的声音仍将在你的内中鸣响。倘若你想说:"我不再与你们拥有一种良心",如此,这将成为一种诉怨,一种痛苦。

看,这种痛苦本身仍旧来自这一种良心:这良心最后的微光依然在你的悲伤之中燃烧。

但是,你意欲踏上自己的悲伤之路——这条朝向你自己的道路吗?如此,便向我显示你的公正和力量!

---

① [KSA版注]参阅参阅《尼采全集》第十卷,4[38]:倘若你想活得轻松,那你就永远留在羊群中。你忘掉自己是高于羊群的吧!你爱善牧者并尊重其犬的牙齿吧!

② [KSA版注]参阅《尼采全集》第十卷,3[1]:426:所有社会的道德均是:孤独即罪过。

你是一种新的力量，一种新的公正吗？一种初始运动吗？一种自转之轮吗？你能迫使星辰围绕着你而旋转吗？

啊，太多向上的贪欲！太多虚荣之徒的痉挛！向我显示，你不是此种贪婪者和虚荣之徒！①

啊，太多伟大的思想，它们的运作不过如一只风箱：它们鼓吹喧嚣，却更致空虚。

[52]你称自己为自由吗？我意欲听清统治你的思想，而不是听你如何挣脱一副桎梏。

你是一个可以挣脱桎梏的人吗？有的人在抛弃他的服从时，也就抛弃了其人最后的价值。

从哪里获得自由？这与扎拉图斯特拉何干？但是，你的眼睛应向我明示：为何自由？②

你能够给予自己你的善与你的恶，把你的意志高悬

---

① [KSA版注]参阅《尼采全集》第十卷3[1]：97：你们将此称为"崇高的感情"和"崇高的思想"：我看不到比渴望向上、比在道德上倾力获取名誉更重要的事了。

[英译注]桎梏(Joche)这个单词德文与英文(yoke)雷同。尼采使用这个词语，是因为这里的演说主题是深陷桎梏的人得到自由的可能性。在"论一千零一个目标"中，尼采使用了"锁链"(Fessel)来形容锁住巨兽的东西。

[译注]关于"锁链"，卷二"论著名的智慧者"一章，称自由精神为锁链的敌人。

② [施注]并不是所有人都有权或有能力成为他自己。只有那些真正的创造者才有权获得自由。这篇演讲首次提出了消极自由与积极自由这一著名的区分。某种意义上，尼采回到了柏拉图和亚里士多德的经典看法：必然存在追寻美德的自由，但怎么会有追寻恶的自由？

其上，如同一种律法吗？你能够作为自己的法官，作为你的律法的复仇者吗？

与自己律法的法官和复仇者独处，这很可怕。如是，一颗星辰被抛入荒凉的宇宙，被抛入来自孤独的冰冷呼吸。

今日，你仍旧是为多数人而受苦的单一者（Einer）：今日，你仍旧拥有你的全部勇气和你的希望。①

但是，终有一日，孤独会令你厌倦，终有一日，你的骄傲将会折腰，而你的勇气将会勃然切齿。终有一日，你会呼喊，"我孤单啊！"

终有一日，你不会再看到你的高处，而你的卑微却太近；你的崇高本身像一个幽灵令你恐惧。终有一日，你会呼喊，"一切皆错！"②

有些感情意欲杀死孤独者；它们倘若未能成功，它们自己必然死去！但是，你能够成为谋杀者么？③

我的兄弟，你识得"轻蔑"④一词吗？识得你的正义的痛苦吗——即便对那些轻蔑你的人，你也可行正

---

① ［施注］存在一种自我立法的良心：一个人为自己立法。康德和卢梭已经思考过自我立法的问题，但二者所谓的自我立法之法是普遍的法。尼采取消了这一普遍性。意识和理性是次要的。拥有自己的法才是最大的使命，伴随这一使命的则是无止境地自我尝试的可能性。

② ［KSA 版注］参阅本书第四卷"影子"。

③ ［KSA 版注］参阅《尼采全集》第十卷，3[1]：175：存在着许多欲置我们于死地的情感；它们如若没有得逞，自己就不得不死。

④ ［法文版注］参见"前言"，第 3 节。

义吗？

你迫使多数人重新认识你；这使他们冷酷地看待你。你走近他们，又离开他们：这令他们对你绝不宽恕。

你越过他们而行：但是，你攀登愈高，嫉妒之眼看你则愈小；飞翔者却最遭人憎恨。

"你们如何会公正待我！"——你必定说——"我为自己选择你们的不义，作为我应得的部分。"

他们把不义和污秽抛向孤独者：但是，我的兄弟，倘若你意欲作一颗星辰，那么，你对他们的照耀必不能因此而减少！

你要提防好人和正义之人！他们乐于把[53]那些为自己创造道德的人钉上十字架——他们仇恨孤独者。

你还要提防神圣的单纯者（Einfalt）！他们以为，一切不单纯者皆不神圣；他们亦乐于玩火——焚刑的柴垛。①

你还要提防你的爱的侵袭！孤独者过于迅速地伸开手，朝向他遇到的人。

有些人你不应向其伸手，而应伸出前爪：我意欲你的前爪还有挠钩。

可是，你能够遇到的最凶恶的敌人，将始终是你自己；你在洞穴和森林间窥伺你自己。

孤独者，你踏上朝向你自己的道路！② 你的道路在

---

① ［KSA 版注］参阅《人性的，太人性的》，上卷，第 67 节。
［译注］指基督徒用来焚烧异教徒、巫婆、禁书异端等的柴堆。
② ［法文版注］参见卷四。

你自己和你的七个魔鬼①旁边经过!

你将成为你自己的异教徒、女巫、卜卦者、愚人、怀疑者、不神圣者和恶徒。②

你必须意欲在你自身的火焰中焚毁自己:倘若你先不化为灰烬,你如何意欲重生!③

孤独者,你踏上创造者的道路:你意欲从你的七个魔鬼中为自己创造一尊神明!

孤独者,你踏上你的爱者之路:你爱你自己,故而你轻蔑自己,犹如唯有爱者才会轻蔑。

爱者意欲创造,因为他轻蔑!若他定然轻蔑的,不正是其所爱,他又如何懂得爱!

以你的爱和你的创造,走进你的孤寂,④我的兄弟;

---

① 〔法文版注〕尼采此处可能是与"七个天使"相比较。"神的大怒"与人类的命运,皆借助七位天使得以完成。参照《启示录》,15∶1∶"我又看见在天上有异象,大而且奇,就是七位天使掌管末了的七灾。因为神的大怒在这七灾中发尽了。"
〔译注〕七个魔鬼应该是七种孤独的形象化的表达,七种孤独是尼采对于最深沉的孤独的描绘,参《快乐的科学》第285节,尤参《敌基督者》的前言:"对于今天没有人正视的问题,保持一种强烈的偏好,正视禁令的勇气:注定成为迷宫的命运;七种孤独的体验。"尼采在笔记里经常将最深的孤独称为第七重孤独。

② 〔KSA版注〕参阅《尼采全集》第十卷,3〔1〕:222:在认知领域具有英雄气度之人便会对其恶魔加以神化:在神化的道路上他会经历异教徒、巫女、预言家、怀疑者、智者、激励者和溃败者的种种际遇,并最终溺死在自己的海里。

③ 〔KSA版注〕参阅本书"前言",第2节。

④ 〔法文版注〕孤独的主题,可谓贯穿全书的一个主题,参见第三卷,"返乡"。

以后正义将在你身后跛行。①

以我的泪水走进你的孤寂,我的兄弟。我所爱的人,意欲超越自己而创造,并因此而进入毁灭。② ——

扎拉图斯特拉如是说。

---

① [KSA版注]参阅《尼采全集》第十卷,4[239]:你相信正义将会随你跛行吗?
② [法文版注]超越自己的主题,可参见第二卷,"论自我超越"。

论老妪和年轻女子

"你为何如此畏怯,悄行于昏暗暮色,扎拉图斯特拉?你在外衣里谨慎地藏匿何物?①

"那是馈赠于你的珍宝?或你生育的小孩?或者,你现在踏上了窃贼之路,你这恶人之友?"

[54]真的,我的兄弟!扎拉图斯特拉说,这是馈赠于我的珍宝:我所携带的,是一个小真理。

但是,它像一个小孩子难以管束;倘若我不封住它的嘴,它便会纵声呼喊。

今天,太阳沉落的时刻,当我独行于我的道路,遇见一位老妪,她对我的灵魂如是说:②

"关于我们女人,扎拉图斯特拉说过许多,可是,他从未对我们说过女人。"

---

① [法文版注]可对照柏拉图的《斐德若》,228d。
② [施注]"论老妪和妇女"的形式是对话中套着对话。这篇演讲中的对话并非扎拉图斯特拉主动发起。与柏拉图的对话类似,这是一种双重强迫。……本章应与柏拉图的《会饮》对比阅读。

我回答她:"人们只能对男人谈论女人。"①

"对我谈谈女人吧,"她说,"我已经够老了,过耳即忘。"

我顺从这位老妪的意愿,对她如是说:

女人的一切皆是一个谜,女人的一切只有一个谜底:这便是怀孕。②

男人只是女人的一种手段:目的向来只是孩子。但是,对男人来说,女人是什么呢?

真正的男人只意欲两件事:危险和游戏。因此,他意欲女人,作为最危险的玩具。

培养男人应该是为了战争,女人则为了战士的恢复:其余一切皆是愚行。③

---

① [译注]女人以及男人和女人的关系,一直为尼采所关注,尤其是从《朝霞》开始,比如第379节"可能的和不可能的";《快乐的科学》第22节"男人和女人"、第68节"意志和服从"、第71节"论女人的贞洁"等,但是这当然不是纯然男女关系的探讨,《快乐的科学》第339节"Vita femina[生活是一个女人]"透露出这里的比喻性指向:"但这也许正是生活的最大魅力所在了:一块用黄金编织的、充满美好机遇的面纱屏蔽着生活,蕴含着希望、抗拒、羞涩、嘲讽、同情、诱惑……是啊,生活就像女人!"这透露出《扎拉图斯特拉如是说》后文将智慧和哲学都比喻为女人的缘由。另参《善恶的彼岸》第232节至239节关于女人问题的集中讨论。

② [KSA版注]参阅《尼采全集》第十卷,3[1]:128:"女人"这个谜的谜底不是爱情,而是怀孕。

[法文版注]参《朝霞》,卷五,第552节。

③ [KSA版注]参阅《尼采全集》第十卷,4[67]:世上只要有男人,男人都要练就打仗和狩猎的本领,所以他现在热爱知识,把知识当作打仗和狩猎的种种契机。而女人喜爱知识领域的东西必然是别的什么……

过甜的水果——非战士所喜爱。所以他喜爱女人；最甜的女人也依旧苦涩。

女人比一个男人更懂得孩子，但是，男人比女人更像孩子。

真正的男人内中藏匿一个孩子：意欲游戏的孩子。① 起来，你们这些女人，为我发现男人内中的孩子！②

女人当是一个玩具，纯洁优雅，宛如嘉玉，一个尚未存在的世界的道德，令其灼灼生辉。③

让一颗星辰的光芒在你们的爱中生辉！让你们的希望名为："愿我生下超人！"④

你们的爱中当有勇敢！你们应以你们的爱袭击令你们恐惧的人。⑤

你们的爱中当有你们的荣誉！女人惯常不大懂得荣誉。但是，你们的荣誉便是，永远去爱而非被别人爱，绝不甘为次席。⑥

---

① ［法文版注］参第一卷，"论三种变形"。

② ［KSA版注］参阅《尼采全集》第十卷，3［1］：441：女人的任务是发现并得到男人内心的小孩。

③ ［KSA版注］参阅《尼采全集》第十卷，5［1］：146：我要如此生活：闪耀着一个并不存在的世界的道德光辉。

④ ［KSA版注］参阅《尼采全集》第十卷，4［100］：弟兄们，我知道对女人的安慰不是别的，而是她们说："你们也可以生出超人。"

⑤ ［KSA版注］参阅《尼采全集》第十卷，3［1］：107：女人用爱去袭击那恐吓他们的人：此即她们的勇敢类型。

⑥ ［KSA版注］参阅《尼采全集》第十卷，4［58］：女人只有一个光荣之处：即坚信她们的爱多于被爱。超过了这一点，就有了卖淫的勾当。

在女人爱时,男人当会畏惧:因为她可以以一切为牺牲,在她,其余一切均不值分毫。

在女人恨时,男人当会畏惧:[55]因为男人的灵魂根基只有恶(böse),但是女人那里则是坏(schlecht)。①

女人最恨谁呢?——铁对磁石如是说:"我最恨你,因为你在吸引,却又不够浓烈,令人无法吸附于你。"②

男人的幸福名为:我意欲。女人的幸福名为:他意欲。

"看,世界如今变得完美!"——每个女人皆如是思考,当她因完全的爱而服从时。

女人必须服从,为她的表面寻找一个深度。女人的性情(Gemüth)只在表面,是一弯浅水之上灵活激烈的表层。

男人的性情却是深沉,他的河流在地下洞穴中轰隆作响:女人感受到他的力量,但是,她无力理解。③——

老妪于是回答我:"扎拉图斯特拉说了许多隽语,尤其适用于尚且年轻的女子。

"奇怪啊,扎拉图斯特拉对女人知之甚少,对她们的

---

① [KSA 版注]参阅《尼采全集》第十卷,5[1]:118:即便最好的男人,心灵底蕴也是恶;即便最好的女人,心灵底蕴也是不健全。

② [KSA 版注]阅《尼采全集》第十卷,3[1]:199:当磁石不能完全将铁吸引到自己身边时,铁恨磁石——但的确在吸引。

③ [法文版注]关于"男人与女人"的基本问题,尼采的著作之中充满了无稽之谈和空话;例如《善恶的彼岸》,第 238 和 239 节。

看法却颇为公正！所以如此，难道是因为在女人那儿没有什么是不带能力的吗？①

"现在，为表谢意，请收下一个小真理！就它而言，我倒是足够老了！②

"把它包好，封住它的嘴：否则，这小真理便会纵声呼喊。"

"女人啊，把你的小真理给予我吧！"我说。而老妪如是说：

"你去往女人那儿吗？不要忘记鞭子！"③——

扎拉图斯特拉如是说。

---

① ［译注］这一句充满了对基督教的讽刺。直译为"在女人那里没有什么事是不可能的"。此句原文是 weil beim Weibe kein Ding unmöglich ist？参《路加福音》1：37，路德译为 Denn bei Gott ist kein Ding unmöglich，"因为出于神的话，没有一句不带能力的"。

② ［KSA 版注］参阅《尼采全集》第十卷，4［161］：评价一个女人，要说出她的不是处很难，因为在女人那里，没有什么东西是不可能的。——扎拉图斯特拉如是回答。

③ ［KSA 版注］参阅《尼采全集》第十卷，3［1］：367：作为单独的格言。

［Pütz 版注］"你去往女人那儿吗？不要忘记鞭子！"这是被引用得最多的尼采语录，常见于一些平庸的、断章取义的文章里，被篡改成"你去女人那里别忘记带鞭子！"一般都忽略这句话在《扎拉图斯特拉如果说》中是谁说的：是一个女人说的，而且是一个老妪。

［译注］对比卷三"另一首舞蹈之歌"第一节结尾。

论虺蛇的咬啮

一天,扎拉图斯特拉在一棵无花果树下入睡,天气炎热,他遂以手臂遮脸。这时,一条虺蛇(Natter)游来,咬了他的脖子,扎拉图斯特拉因痛而喊叫。他从脸上挪开手臂,看见那条蛇(Schlange):它认出扎拉图斯特拉的眼睛,笨拙转身,意欲逃走。"别走,"扎拉图斯特拉说,"你还没接受我的感谢!你把我叫醒得正是时候,我还有漫漫长路。""你的道路不会长了,"虺蛇言辞悲哀,"我的毒汁足以致命。"扎拉图斯特拉笑了。[56]"什么时候有巨兽死于蛇毒?"——他说,"但收回你的毒汁!你还不够富足,无以赠我。"于是毒蛇又爬上他的脖子,舔舐他的伤口。

有一次,当扎拉图斯特拉向他的门徒们讲述此事,他们问道:"哦,扎拉图斯特拉,你的故事的伦理[意义](Moral)是什么?"扎拉图斯特拉如是答道:

好人和正义之人称我为伦理的毁灭者:[1] 我的故事

---

[1] [KSA版注]参阅《尼采全集》第十卷,4[94]:(转下页注)

是非伦理的。

你们倘若有位敌人,不要对他以善报恶:因为这令他羞愧。相反,要证明他还对你们做了某种善事。①

你们宁可发怒,也不应羞辱他人!② 若你们受人诅咒,我也不愿你们意欲祝福。不妨随之略作诅咒!③

倘若你们遭遇某种巨大的不公,就立刻给它五个小的不公! 独自承受不公的人,其面容令人厌恶。④

你们是否已经知道? 承担不公就是一半的公正。谁能承受不公,那就应该去承负!⑤

一次小报复比完全不报复更具人性。⑥ 施之于越界

(接上页注)所有人都说:我们应当将道德的毁灭者毁灭——这种说法在这个时期尼采的现存手稿中从未得到过解释。

[译注]参《朝霞》第18节,"自愿受苦的道德";《快乐的科学》第五卷第三条格言,"道德作为问题"。

① [施注]本章处理对敌人的爱。对尼采来说,《圣经》的裁断和禁令还不够精致。在朝着更为精致的道路上,《圣经》的道德已经被新的道德超越了。

② [KSA版注]参阅《尼采全集》第十卷,5[1]:151:你们尽管假装不知好啦! 你们必定会这样呀。你们盛怒,但不羞愧!

③ [KSA版注]参阅《尼采全集》第十卷,3[1]:272:一个人被咒骂还要祝福,这是不符合人性的,宁可一起对骂。参阅《马太福音》5:44:"向咒骂你们的人祝福吧。"此处反其意而用之。

④ [KSA版注]参阅《尼采全集》第十卷,4[238]:倘若某人给你们一个巨大的不公,那么你们只需费心还给此人一个小小的不公正。这才符合人性。

⑤ [KSA版注]参阅《尼采全集》第十卷,3[1]:211:谁能承受不公正,谁就应把它揽在身上;人性要的就是这个。

⑥ [KSA版注]参阅《尼采全集》第十卷,3[1]:230:一次小小的报复通常比根本不报复更近人情。

者的惩罚，如果不也是一种公正和光荣，我便不喜欢你们的惩罚。

自呈其不公比维持公正更为高贵，尤其是在他公正的时候。只是，为此这人必须足够富足。

我不喜你们冰冷的正义；在你们的法官之眼中，我总是看见刽子手和他冰冷的剑。①

告诉我，这种正义何处可寻，那带有注视之眼的爱？

如此，请为我发明一种爱，既能承受一切惩罚，又叫承受一切罪过！

如此，请为我发明一种正义，每个人都判无罪，除了法官！②

你们还意欲听这番言说吗？在意欲彻底公正的人而言，谎言也会成为对人的友爱。③

但是，我如何意欲彻底的公正！我怎能给予每个人他的属己之物（das Seine）！这于我已经足够：把我的东西（das Meine）给予每个人。④

---

① ［KSA版注］参阅《尼采全集》第十卷，3［1］：77：在所有法官眼里，有刽子手向外窥视。

② ［KSA版注］参阅《尼采全集》第十卷，3［1］：1，A：何谓公正？B：我的公正就是用眼观察之爱。A：可是请你想想你说的话：这种公正宣布除裁决者外的每个人无罪！这种爱不仅承担所有的惩罚，而且也承担所有的罪恶！B：应是这个样子！

③ ［KSA版注］参阅《尼采全集》第十卷，3［1］：179：谎言也可能变为求知者对人的友情。

④ ［KSA版注］参阅《尼采全集》第十卷，3［1］：116：你意欲公正吗？不幸的人，你怎么想把"他的东西交给每个人呢？"——不，我可不想，我只把"我的东西"交给每个人，这对一个并非最富有的人来说就是够了。

最后，我的弟兄们，留意不要对任何隐士不公！一位隐士能如何忘记！他能如何报复！

一位隐士犹如一口深沉之井。投石于井，实在轻易；[57]但是，倘若石沉于底，告诉我，谁意欲将其再度取出？

留意啊，不要侮辱隐士！但是，倘若你们已经如此，那就杀了他吧！

扎拉图斯特拉如是说。

论孩子和婚姻①

我有一个唯独问你的问题，我的兄弟：如同一颗铅

---

① ［KSA版注］参阅尼采为写作《快乐的科学》、《梅西纳抒情诗》以及后期诗歌而写的即兴诗、信札和诗集草稿："贞洁的淫乱"——我如是称谓你们的婚姻，尽管你们已经说过，你们的婚姻是天作之合。/我希望这样的婚姻没有繁殖能力，尽管某个神明说过，你们会人丁兴旺。/两个动物彼此寻觅并找到对方：神带着套索和看不见的锁链跛行而过(神将其死死缚住,送给他们一张床铺)/两个动物彼此寻觅——他们因为贫乏、卑污和可怜的舒适而同气相求！有人把这叫作婚姻/两人找到了对方：而亲近的人也匆匆而至,并用看不见的锁链将其束缚：爱神也跛着脚仓促地赶来了。我想对你一人发问：这一问犹如利剑穿心/你年轻,希望结婚生子。但我问你,你是个可以要孩子的人吗？在我看来,你对女人的爱是什么呢,倘若它不是对受苦的、被掩饰的神性的同情？/我也不喜欢那个跛足前来为两个被缚的动物祝福的神/你们应该创造一个更高的肉体,一次初始的运动,一个自转之轮——你们应该创造一个创造者。/我们不欢喜你们羞怯的被称为婚姻的淫乱/我也不喜欢你们的婚姻法则,它那指着男人权利的愚笨的手指令我生厌/(世间存在着婚姻的权利——一种罕见的权利)我本来想要你们谈论婚姻的权利；可是在婚姻这件事上只有义务,没有权利。/你们不仅要传宗接代,而且应该向上繁殖！为此,婚姻的花园会帮助你们。尼采暗示的婚姻法则即基督教的婚姻法则。

垂，我把这个问题抛入你的灵魂，于是，我便知晓它的深度。

你正年轻，你希望有你的孩子和婚姻。但是，我问你：你之为人，配得上得子的希望吗？

你是常胜者么？抑或自我宰制者、感觉的控制者、你的道德的主人么？我如是问你。

或者，从你的愿望之中发声的，可是动物和需求？或是孤独？或是你与自己的不睦？

我意欲你的胜利和你的自由渴望一个孩子。你当为你的胜利和你的解放建筑一座鲜活的纪念碑。①

你应超越自己而建筑。但是，我以为，你必须首先修筑自己，令身体和灵魂端正（rechtwinklig）。②

你不应徒然向前生长，却要向上！让婚姻的花园就此有助于你！

你应创造一个更高的身体，一种初始运动，一个自转之轮③——你应创造一位创造者。

---

① ［KSA版注］参阅《尼采全集》第十卷，5［1］：53：孩子是两人激情的纪念碑，两人结合的意志。

［译注］纪念碑（Denkmale），参《道德的谱系》第一章第11节，高贵种族的最高等文化中，保留着"野蛮人"（Barbar）的概念，尼采随即引用修昔底德《伯罗奔半岛战争志》2.4中伯利克勒斯的葬礼演说中的一句为证："我们的冒险精神冲进了每个海洋和每一片陆地，我们在各地都以好和坏的方式建立了不朽的纪念碑。"

② ［译注］尼采在1882年的笔记中说："端正的身体，总有强劲的脖子。驯狮的人因狮子而死。"（4［222］）

③ ［KSA版注］参本卷"论三种变形"孩子的部分以及相关注释。

婚姻：我称之为来自二者（Zweien）的意志，创造出甚于其创造者的一。① 我把婚姻称为互相尊敬，尊敬有这般意志的意志者。

这应成为你的婚姻的意义和真理。但是，那多余的人，这帮多余者所谓的婚姻——唉，我该称它为什么呢？

唉，这是二者灵魂的贫乏！唉，二者灵魂的卑污！唉，二者可怜的舒适！

这一切就是他们所谓的婚姻；他们说，他们的婚姻是天堂的婚约。

我却不喜欢这些多余的人的天堂！不，我不喜欢他们，这些在天堂之网中缠绕的动物！

让那个上帝依旧离我甚远，他跛行而来，祝福没有被他配合在一起的人。②

[58]不要对我取笑这种婚姻！哪个孩子没有理由为他的父母而哭呢？

我本以为这个男人可敬，于大地的意义而言也足堪

---

① [KSA版注]参阅《尼采全集》第十卷，4[232]：婚姻的意义：一个孩子，比父母更高的一类人。

[法文版注]《马太福音》，19，5："人要离开父母，与妻子结合，二人成为一体。"

② [KSA版注]参阅《马太福音》19：6："所以神配合的，人不可分开。"

[法文版注]影射赫淮斯托斯（Hephaistos），锻造之神，他长得丑陋不堪。他的妻子阿芙洛狄忒（Aphrodite）背叛了他，与战神阿瑞斯（Ares）相好。赫淮斯托斯发现他们的奸情，于是用一种不可见的锁链将二人锁住，以便在展示在奥林匹亚众神之前。参见《奥德赛》，卷八，行266—366。

成熟；但是，一见他的女人，我便觉得这大地是一处疯人（Unsinnig）的房屋。

是的，我意欲大地痉挛震动，倘若一位圣人与鹅结为一对。

此人如同英雄，外出追求真理，最终却收获一则伪饰的小谎言。他名其为他的婚姻。

彼人疏于社交，选择苛刻。但是，顷刻之间，他却永远毁坏了他的社会：他名其为他的婚姻。

彼人追寻一位具有天使道德的婢女，但是，顷刻之间，他却沦为一个女人的婢女，这时他不得不变为天使。

现在，我发现所有顾客皆智虑谨慎，皆有狡猾的双眼。但是，哪怕最狡猾的人，购买老婆时也盲然无稽。

许多短促的蠢行愚止——你们称其为爱情。你们的婚姻终结了许多短促的蠢行愚止，又成一种长久的愚蠢。

你们对女人的爱和女人对男人的爱：唉，但愿它成为对受苦的、被遮掩的诸神的同情！但是，通常是两只动物的彼此猜谜。①

但是，你们最美好的爱也只不过是一则狂喜的喻辞、一腔痛苦的炽热。它是一把火炬，应照耀你们更高的攀

---

① [KSA版注]参阅《尼采全集》第十卷 3[1]：53：对女人的爱啊！倘若这爱不是对受苦的神的同情，那它就是寻觅隐藏在女人内心的动物的本能。5[17]：我爱这样的人，他能发现他人内心潜藏的受苦的神，为他身上存在明显的动物性而感到羞愧的神。

登之途。①

终有一日,你们应超越、超出自身而爱!② 那么,首先学习爱吧! 所以,你们必须饮下你们爱的苦酒。

最美好的爱情之杯中也有苦涩:于是,它产生对超人的向往,于是,它产生你这创造者的渴望!

创造者的渴望,对超人的箭矢与向往:说吧,我的兄弟,这是你的婚姻意志吗?

我以为,这样的意志和婚姻方为神圣。——

扎拉图斯特拉如是说。

---

① [KSA版注]参阅尼采草稿:当你们的友情宛如金钟嘹亮地鸣响之时,爱情在最智者那儿仍是一种癫狂……/爱情是一种罕见之物那令人狂喜的比喻,即友情的比喻。

② [法文版注]参见第一卷,"论朋友",以及"论爱邻人"。

论自由地死①

[59]多数人死得太晚，少数人又死得太早。这个教诲听来颇为陌生："死于正确的（recht）时刻！"

死于正确的时刻；扎拉图斯特拉如是教导。②

当然，没有生于正确时刻的人，怎能死于正确的时刻？但愿他未曾降生！——我如是劝诫多余的人。③

---

① [KSA版注]参阅《尼采全集》第十卷，5[1]:137:应达到如此地步：人类那些最高的节日是生育与死亡的节日！

[法文版注]必须将此章读作某种反柏拉图主义的表达。毫无疑问，离开身体是为了到达另一种存在，超人。参见《权力意志》，VP2 915；CM X 25。

② [施注]在适当的时候，死亡是最好的选择，不是因为对大地不满，而是出于最高的荣耀才选择死亡。

[译注]参《肃剧的诞生》第三节，对西勒诺斯关于人最好速死的说法的辨析。

③ [KSA版注]参阅尼采草稿：许多人死得太晚，有一些人又死得太早。生不逢时的人也死不逢时——所有多余的人概莫能外。／有些人死得太早——对许多人而言，某人的过早死亡便成了灾难。

但是，多余的人也珍视他们的死，最空洞的核桃也意欲被夹开。①

所有人都珍视死亡；但是，死亡仍旧不是节日。人类尚未学会如何令最美好的节日神圣。

我向你们指示完成的死亡，对于生者，这是一根刺，一种誓约。

完成之人死于自己的死亡，他已获胜利，为希望者和誓约者所环绕。

如是，人应学习死亡；如果没有这样一位死者向生者承诺誓言，节庆便不复存在！

如是而死便是至善；其次却是：死于战斗，献出一颗伟大的灵魂。

但是，战斗者和胜利者一样，都憎恨你们含有冷笑的死亡，它虽如窃贼悄然潜入——却是作为主人而来。

我向你们赞美我的死亡，自由的死亡，因为我意欲，它便向我走来。

我何时意欲如此呢？——倘若有一个目标、有一位继承者，他就意欲在正确的时候为其目标和继承者而死。

由于对目标和继承者的崇敬，在生活的圣殿之中，他

---

① ［译注］核桃坚硬，也不易敲碎，核桃常常与谜语连用，尼采以此比喻存在的秘密，而敲碎核桃的"核桃夹子"（Nußknacker），则比喻能够探知此类秘密的人；参卷三"橄榄山上"。但是，核桃夹子有两种，一种是学者式的敲碎，只是一种机械求索而无所得（卷二，"论学者"）；另一种则是神圣的核桃夹子，探知世界本真的秘密（卷三，"论三种恶"），比较《论道德的谱系》，卷三，第 9 节。另参卷四，"晚餐"。

将不再悬挂枯萎的花环。①

真的,我不意欲如同制作绳索的工匠:他们拉长绳索,自己却总是后退。②

有些人对他的真理和胜利而言已经太老;一张无牙的嘴已经没有权利言说任何真理。

意欲得荣誉的人,必须及时告别声望,练习这门艰难的艺术——在正确的时候离开。③

在品尝到最佳的味道时,他必须停止进食:意欲久为人爱的人,知道这一点。④

酸苹果诚然是有,它们的命运[60]则意欲等待最后的秋日:它们将成熟、泛黄、生起皱纹。

另一些人的心首先衰老,另有些人是精神。少数人青春时代即已苍老:晚到的青春才能保持长久的青春。⑤

有些人生活失败:一条有毒的蠕虫咬噬他们的心。那就让他们看到,死亡是他们更大的成功。

---

① [KSA版注]参阅尼采草稿:你们若是热爱尘世,善待身体,那你们就不[原稿不清]是你们那无数张嘴了。/出于对青春的敬畏,你们会在生的圣殿里挂上干枯的花环。

② [KSA版注]参阅《尼采全集》第十卷,5[1]:28:讲究科学的人有着制绳索工匠那样的命运:他们的绳索越拉越长,可他们自己却在后退。

③ [KSA版注]参阅《尼采全集》第十卷,3[1]:354:所有成功的人均善于此道:在适当时候离开。

④ [KSA版注]参阅《尼采全集》第十卷,3[1]:365:人在吃得津津有味时,要适可而止——这是那些长久被爱的女人的秘密。

⑤ [KSA版注]参阅《尼采全集》第十卷,3[1]:2:晚成熟能长久保持年轻。人不必在年轻人身上寻觅青春。

有些人永不甘甜,在夏日便已腐烂。怯懦令他们永驻枝头。

多余者活着,长挂枝头却已太久。但愿降一次风暴,从枝头摇落一切腐物和蠕虫所噬之物。

但愿主张速死的传道者来临!我以为,他们或是生命之树的正确风暴和摇撼者!但是,我只听见关于慢死的传道,忍耐"尘世"上的一切。①

唉,你们的传道,是要忍耐尘世?却是这尘世对你们过于忍耐,你们这些中伤者!

真的,主张慢死的传道者们尊崇的希伯来人死得太早:他的早逝却成为多数人的灾难。②

他只知道希伯来人的眼泪和忧郁,只知道好人和正义之人的恨——这希伯来人耶稣:于是,求死的渴望向他袭来。

他本该长留荒漠,远离好人和正义之人!他也许已经学会生活、学会热爱大地——和笑!③

相信我,我的弟兄们!他死得太早;倘若活到我的年

---

① [法文版注]参见《偶像的黄昏》,"一个不合时宜者的漫游",第36节。
② [施注]在这篇演讲中,耶稣出现了。这一章中唯一恰当的人是耶稣,希腊人中没有谁适合在这一章里出现。
③ [KSA版注]参阅《尼采全集》第十卷,4[154]:这个年老的耶稣不会笑。/一个名叫耶稣的犹太人是迄今最好的爱人者。关于笑,参阅《路加福音》6:25:"你们喜笑的人有祸了,因为你们将要哀恸哭泣!"也请参阅本书第四卷"更高级的人"。另参本书卷四,"论更高的人",第7—9节。

岁,他便会撤销他的教诲!他足够高贵以行撤销!

但是,他尚不成熟。这个年轻人的爱不成熟,其憎恨人类与大地也不成熟。他的性情和精神之翼仍旧受缚,而且沉重。

但是,成人比青年更像孩子,更少忧郁:他更善于理解死亡与生活。

自由赴死,于死亡中得自由,倘若说"是"的时代已经不再,那就成为一位神圣的说"不"者:他如是理解死亡与生活。

但愿你们的死不是对人类和大地的中伤,我的朋友们:这便是我对你们灵魂的蜂蜜的请求。

你们的死亡之中,你们的精神和道德应当依旧炽热,如一抹萦绕大地的晚霞:否则,你们的死就依然徒劳。

[61]我意欲如是死去,你们这些朋友遂因我之故而更爱大地;我意欲再为大地,我便在自己的诞生之地而得安宁。①

真的,扎拉图斯特拉曾有一个目标,他将球抛出:现在,你们这些朋友是我的目标的继承者,我向你们抛掷我的金球。

我的朋友们,我最爱看你们抛掷金球!因此,我还要在大地略略停留:原谅我吧!

扎拉图斯特拉如是说。

---

① [译注]《创世记》3:19:"你本是尘土,仍要归于尘土。"

论馈赠的道德①

1

扎拉图斯特拉内心喜爱这座名为"彩色奶牛"的城市，当他告别时——身后有许多自称其门徒的人，作他的扈从。如是行至十字路口：②扎拉图斯特拉在此对他们说，自今而后他意欲孤独前行；因为他性喜独行。他的门徒们临别时呈献他一根手杖，黄金杖柄上有一条环绕着太阳蜷曲之蛇。③ 扎拉图斯特拉十分喜爱这根手杖，于

---

① [KSA版注]参阅尼采草稿：世间存在着另一种道德，一种追求报偿的道德，它想得到优厚的酬劳。在这里或那里，人们将其称之为"正义"。/哦，你们这些馈赠的道德之友，让一切追求报偿的道德为我们跳嘲讽之舞。/可是你们并非从我这儿学会如何嘲讽地舞蹈。

② [施注]这篇演讲无疑是对《新约》的诙谐模仿。在这篇讲辞中，自由地死是与十字架对应的另外一种选择。

③ [KSA版注]参阅《尼采全集》第十卷，4[260]：知识之蛇盘绕着太阳。参《旧约·创世记》3：5。

是倚杖而立；然后他对他的门徒们如是说：

告诉我：①黄金如何成为最高的价值？因为它罕见、无用、光泽耀眼而和易；它总是馈赠自己。②

只有作为最高道德的影像，黄金方能达至最高的价值。馈赠者的目光如同黄金耀目。③ 黄金的光芒缔结了日月之间的和平。

至高的道德罕见、无用，其光泽耀眼而和易：一种馈赠的道德便是最高道德。④

真的，我猜透了你们，我的门徒们，你们与我一样，也在追求馈赠的道德。你们与猫、与狼有何共同之处？⑤

你们的渴求便是让自己成为牺牲和馈赠之物：所以，你们的渴求是把一切财富囤积于你们的灵魂。

[62]你们的灵魂求索珍宝，不知餍足，因为你们的道

---

① [施注]第一次演讲的重点是对快乐主义和自我主义的批判，而背景则是对基督教的批判。馈赠的道德取代了施舍的位置。

② [译注]参品达第一首《奥林匹亚凯歌》："最美的是水；但黄金如同夜间闪烁的火，令其他一切财富失色。"（行 1—2）。

③ [法文版注]1884 年春笔记："对于扎拉图斯特拉，金子般的事物具有最高的等级。"（CM X 25，P121）

④ [施注]馈赠的道德被看作最高道德，而且这种道德与自爱是同一的。……馈赠的道德取代了施舍的位置。馈赠的道德不是一种《圣经》道德，意在成为对大地忠诚的一个部分。道德属于自我，而自我与身体是同一的。道德的终极转变也就是身体的转变。

⑤ [KSA 版注]参阅《尼采全集》第十卷，4[100]：你们与狼和猫有何共同之处呢？它们总是拿取而不给予，甚至比拿取更甚的偷窃。/你们一直是馈赠者。

德在馈赠的意愿之中不知餍足。

你们强迫一切事物朝向你们,归诸你们,于是,它们从你们的源泉中回流而出,作为你们爱的礼物。

真的,这般馈赠的爱必然成为一切价值的褫夺者;但我称这种自私为健康和神圣。——

还有另一种自私,一种太贫乏、饥饿的自私,总是意欲行窃,是病者的自私,病态的自私。①

它以窃贼之眼窥伺一切闪耀之物;它以饥者的贪婪衡量足食之人;它总是潜行于馈赠者的桌子四周。

这般嗜欲说出了疾病和隐形的退化;这病患的肉体说出了发端于自私的窃贼般的贪婪。

告诉我,我的弟兄们,我们以为坏和最坏的东西是什么?不是退化么?——何处没有馈赠的灵魂,我们便总会在那里猜到退化。②

我们的道路向上行走,从这一类向上超越为超越的一类(Über-Art)。但是,一种退化的意识(Sinn)令我们

---

① [法文版注]关于自私的概念,参见第三卷,"论三种恶"。

② [法文版注]"退化"(Entartung)不同于"坠落"(décadence),虽然二者颇为相近。"坠落"(décadence),见于《瓦格纳事件》,关系到一般意义上的人的现象和道德现象。"退化",关涉的是孤独的人与成群的人的关系,是另一种关系。参见《权力意志》,VP1 394;VP2 886;CM XIII 10。因此,"蜕化"是一种"事实判断","蜕化"的概念处在道德判断之外。

[英译本注]退化(Entartung)是以种属为基础的,就像Entartung是以 Art 为基础的,德语 Art 的意思是就种属,或者类型。尼采对人类的种类的关注,受到"退化"的威胁。那些过于丰富而具有馈赠道德的人,就从超从人类(Art)到超人类(Über-Art)。

恐惧，它说："一切为我！"

我们的意识向上飞行：它是我们身体的比喻，一种提升的比喻。这种提升的比喻即各种道德的名称。

身体如是行走于历史之中，一位生成者，一位战斗者。而精神——对它而言是什么呢？是其战斗和胜利的先驱、同伴和回响。

一切善恶之名皆是比喻：它们不曾言明，惟有暗示。只有傻子才会从中求取知识。

留意啊，我的弟兄们，当你们的精神意欲以比喻发言的时刻：这便是你们道德的发端。

于是你们的身体高升并复活；它以其幸福而令精神欣喜，于是精神成为创造者、评价者、爱者和一切事物的施惠者。

当你们的内心宛如长河，波澜雄阔，奔涌而下，对于临河而居的人，既是一种福佑，又是一种危险：这便是你们道德的发端。

当你们高擢于褒奖和责难之上，而你们的意志作为爱者的意志，意欲命令一切事物：这便是你们道德的发端。

当你们蔑视舒适和柔软的床，[63]安睡之际极力远避懦弱之徒：这便是你们道德的发端。

当你们以一个意志而意愿，而一切困境的这一转折成为你们的必然性：这便是你们道德的发端。

真的，它是一种新的善恶！真的，一种新的深渊潆洿，一声新的源泉清音！

权力就是这种新的道德;它是一种统治的思想,环绕它的,是一颗聪明的灵魂:是一轮黄金般的太阳,环绕它的,是那条知识之蛇。

2

扎拉图斯特拉此刻略作沉默,眼含爱意望着他的门徒们。随后他继续如是演说:——而他的声音改变了。①

我的弟兄们,以你们的道德权力为我而忠于大地!②以你们的馈赠之爱和知识服务于大地的意义!我如是恳请你们,央求你们。

不要让它飞离尘世,不要以翅膀拍打永恒之墙!唉,总有太多飞逝的道德!

如我一般,把飞逝的道德引回大地吧——对,回到身体和生活:让它赋大地以意义,一种人类的意义。

时迄今日,精神如道德一般,百般飞逝、失误。唉,我们身体之内如今依旧栖居此类疯狂和失误:它于是成为身体和意志。

时迄今日,精神如道德一般,百般试验、迷误。是的,

---

① [施注]第二次演讲几乎对馈赠道德保持沉默。这次演讲的特征是未来主义。在此之前,所有的道德都是禁欲式的。现在有了彻底的改变:人不再是一种试验品。这一变化如此激进,以至于所有的错误、机运和无意义之物都将消失,此处的观点与马克思和其他激进左派思想家有密切的亲缘关系。

② [法文版注]参"前言",第3节。

人类便是一种试验。唉，许多无知和谬误成为我们的身体！

不独是千载的理性——尚有千载的疯狂在我们之中呈现。成为继承者真是危险。

我们依旧亦步亦趋同"偶然"这个巨人搏斗，时迄今日，仍然是荒谬（Unsinn）和无意义（Ohne-Sinn）统治整个人类。

用你们的精神和道德为大地的意义服务吧，我的弟兄们：一切事物的价值都将由你们重新评价！所以，你们应是战斗者！所以，你们应是创造者！

身体因求知而纯洁己身；它竭力以知识而求高升；对于求知者，一切本能都会神化自身；对于高升者，灵魂将是快乐的。①

医生，救助你自己吧：②这便是救助你的病人。[64]对病人而言，最大的救助就是亲见医生医好自己。

仍有千条蹊径无人涉足；仍有千种健康和千座生活的隐蔽之岛。人类和人类的大地还总是未被竭尽，未被

---

① ［KSA版注］参阅《尼采全集》第十卷，5［27］：我曾置身沙漠，仅作为求知者在那里生活，灵魂得到净化，对这个求知者来说，对权力的渴求和所有的贪欲都变得神圣。作为求知者，我远远地超越了自我，进入神圣和道德之域。

② ［法文版注］《路加福音》4：23："耶稣对他们说，你们必引这俗语向我说，医生，你医治自己吧。我们听见你在迦百农所行的事，也当行在你自己家乡里。"

［译注］参《马太福音》27：42："他救了别人，不能救自己。他是以色列的王，现在可以从十字架上下来，我们就信他。"

发现。

你们这些孤独者,警醒吧,聆听吧。吹自未来的风轻拍羽翼;向敏锐的耳朵传来好消息。①

你们这些今日的孤独者,你们这些遁世逸民,你们终将成为一个民族:你们自我拣选,从你们中形成一个被拣选的民族:——并从中生出超人。②

真的,大地应该变为一片康复之地!环绕大地的,是一股新的气息、带来康复的气息——一种新的希望!

3

言毕,扎拉图斯特拉陷入沉默,如一位尚未说出最终话语的人。他长久掂量手中之杖,迟疑不决。终于,他如是说——而他的声音改变了。③

我的门徒们,现在我要独行!你们且离开罢,也独行罢!我意欲如此!

---

① [译注]参《路加福音》2:10:那天使对他们说:"不要惧怕,我报给你们大喜的信息,是关乎万民的。"《列王纪上》1:42:"你是个忠义的人,必是报好消息。"另参《列王纪下》7:9,《以赛亚书》61:1。

② [译注]参《彼得前书》2:9:"惟有你们是被拣选的族类,是有君尊的祭司,是圣洁的国度,是属神的子民,要叫你们宣扬那召你们出黑暗入奇妙光明者的美德。"

③ [施注]扎拉图斯特拉清楚地说明了,他的教诲仅仅是对创造性个体的引诱,而不是让门徒信仰他的学问。许多内容是对《新约》的讽刺性模仿,比如《马太福音》10:33;《马可福音》8:38。

真的，我劝告你们：离开我，提防扎拉图斯特拉！更好的做法是：引他为耻！也许，他骗了你们。

知识之人不仅必须爱他的敌人，更能恨他的朋友。①

倘若人们永为学生，他对教诲者的报答就着实糟糕。你们为何不意欲拂去我的花冠？

你们敬我；可是，你们的尊敬倘若某天倒塌，又将如何呢？留心，不要让一座柱像砸死你们！②

你们说你们相信扎拉图斯特拉？但是，扎拉图斯特拉又有何干系？你们是我的信徒：可是，一切信徒又有何干系！

你们尚未发现自我：于是，你们就寻觅到我。一切信徒皆如此行为；因此，一切信仰皆属微渺。

现在，我叫你们遗弃我，且寻找自己；只有你们全然否定了我，我才意欲复归你们之中。③

真的，我的弟兄们，我将用另一双眼睛寻找我所失去

---

① [法文版注]《马太福音》5：43—45：“你们听见有话说，当爱你的邻舍，恨你的仇敌。只是我告诉你们，要爱你们的仇敌。为那逼迫你们的祷告。这样，就可以作你们天父的儿子。因为他叫日头照好人，也照歹人，降雨给义人，也给不义的人。”

② [KSA版注]我真的受人尊敬吗？果如此，请你们务必当心，别让一根雕像柱将你们砸死！参阅亚里士多德《诗学》。[译按]参亚里士多德《诗学》1452a，亚里士多德在提到悲剧摹仿的情节时，举了阿尔戈斯城忒提斯雕像倒塌砸人的例子。

③ [KSA版注]当你们把我全盘否定之后，我才会重来你们这里。与耶稣相反，参阅《马太福音》10：33。

[法文版注]《马太福音》10：33："凡在人面前不认我的，我在我天上的父面前，也必不认他。"

的;我将以另一种爱重爱你们。

[65]有朝一日,你们应成为我的朋友,一种希望的孩子:我意欲第三次在你们之间,与你们庆祝那个伟大的正午。①

正是伟大的正午,此刻,人类居于其轨道的中心,身处动物和超人之间,庆祝作为他最高希望的向晚之途:因为这是朝向新的朝霞之路。

那时,沉洛者将为自己祝福,祝其为一位过渡者,②他的知识的太阳为他而居于正午。

"一切神明皆死:现在,我们意欲超人活着"——让这成为我们在伟大正午时刻的最终意志!③ ——

扎拉图斯特拉如是说。

---

① [Pütz版注]卡尔·施雷希塔撰文《〈尼采的伟大正午〉,1954年,法兰克福)指出"伟大的正午"是古代的正午概念,正午是精灵(例如潘神)的活动时间,而那些白昼的生物由于正午的灼热而沉入梦乡,睡得如同死去一般。正午是寂静的时刻,也是超人出现之前最后的紧张和危急时刻。《扎拉图斯特拉如是说》第四卷以对"伟大的正午"的期许作结。
② [法文版注]《快乐的科学》,卷四,第283节。
③ [施注]"前言"中关于上帝已死的说法,现在被夸大到一切神明皆死。如果所有人都找到了自我,正午就会出现。这个时刻依然不是超人来临的时刻,而是在这个时刻,整个共同体可以意欲超人。这个时刻是知识的伟大正午。这一学说需要与黑格尔的绝对时刻对比。尼采有两个绝对时刻,一是知识处于最高点的正午,一是超人的来临。

第二卷

[66]——只有你们全然否定了我,我才意欲复归你们之中。

真的,我的弟兄们,我将用另一双眼睛寻找我所失去的;我将以另一种爱重爱你们。

——《扎拉图斯特拉如是说》,"论馈赠的道德"

持镜的孩子①

于是,扎拉图斯特拉复归山间,回到他洞穴中的孤独,远避人类:如同撒完种子的播种者在此等待。② 他的灵魂却焦躁不安,满是渴望,渴望他所爱的人:因为他尚有许多东西要给予他们。③ 因为,最艰难的事情莫过于,张开的双手因爱而回转,作为馈赠者而依旧羞愧。④

如是,这位孤独者度过数月、数年;他的智慧渐长,但智慧的丰富终于令他痛苦。

但是,一日清晨,朝霞未绽,他便醒来,在床上思索良久,最后对自己的内心说:

---

① [KSA版注]尼采誊清稿中,原来的标题是:第二抹朝霞。
② [KSA版注]引自尼采誊清稿:他如同一位播撒了一把种子的播种者,以测试土壤的肥力。另参《马太福音》13:3的寓言。
③ [译注]《约翰福音》16:2:"人要把你们赶出会堂。并且时候将到,凡杀你们的,就以为是事奉上帝。"
④ [KSA版注]参阅本卷"夜歌":"总是馈赠的人,其危险便在他会遗忘羞愧的危险;总是给予的人,他的手和心因全然的给予而起老茧。"

"是什么令我从我的梦中惊怖而醒？不是有个孩子向我走来,手持一面镜子？

"'哦,扎拉图斯特拉'——孩子对我说——'看看镜中的你吧!'

"但是,当我朝镜中一看,便呼叫起来,我的心极为震动:因为我看见的不是我,而是一个魔鬼的假面具和嘲笑。①

"真的,我太懂得此梦的指示和告诫:我的教诲在危险之中,稗草要被称为麦子!②

"我的敌人们变得强大,他们歪曲了我的教诲的肖像,如是,我最爱的人必因我给予他们的礼物而羞愧。

"我遗失了我的朋友们;是时候了,去寻找我遗失的人!"③

---

① [译注]参第四卷"与国王们的谈话"一章,右边的国王几乎复述了这里的说法:"因为你的敌人曾在他们的镜子中向我们指示你的形象:你以一个魔鬼的假面具张望,并带嘲弄:如是,我们皆惧怕你。"另参《善恶的彼岸》前言,其中谈到作为假面具的哲学——尤其是柏拉图主义,而在34节尼采自称为"阴郁的假面具"。假面具一方面暗示了扎拉图斯特拉的教诲受到歪曲,但另一方面,尼采以为,假面具作为一种表象,其价值并不弱于真理,正是基于表象,生活才可能存在。

② [译注]《马太福音》13:25—26:"及至人睡觉的时候,有仇敌来,将稗子撒在麦子里,就走了。到长苗吐穗的时候,稗子也显出来。"和上一句的假面具一样,稗子比喻了扎拉图斯特拉的教诲受到歪曲。

③ [KSA版注]参阅尼采草稿:我的学说陷入了危机,我至爱的人们需要老师,且置身谬误中。那好吧!我就第二次来吧;我必须给他们……/那好吧,那我就来寻找我失掉的人们吧:我要比当时给他们更多更好的东西,这次我给予他们,以便保(转下页注)

[67]言毕,扎拉图斯特拉一跃而起,但是,他不像力图透气的受惊者,倒颇像精神积聚的预言者与歌者。他的鹰和他的蛇惊奇地望着他:因为一种未来的幸福浮现于他的面容,宛如朝霞。①

我的动物们,我身上发生了什么？——扎拉图斯特拉说道。我不是已经变形了吗？幸福不是如狂飙向我袭来吗？

我的幸福是愚蠢的,它将说着蠢话:它太年轻——所以你们要耐心待它！

我为我的幸福所伤:②一切受苦者都应是我的医生！

我可以重新下临于我的朋友,于我的敌人！扎拉图斯特拉又可演说、馈赠,为所爱之人行最爱之事！

我焦躁不安的爱在河流之上奔涌而下,升腾下降。③

(接上页注)留我第一次的馈赠……/而且,此次我必须给予他们更多的爱,因为他们对我的首次馈赠厌倦了。"稗草要称为麦子",参阅《马太福音》13:25;寻找"失落之友":参阅《路加福音》15:4。

[法文版注]《路加福音》,15:4:"你们中间,谁有一百只羊失去一只,不把这九十九只撇在旷野,去找那失去的羊,直到找着呢？"

① [KSA版注]摘自尼采誊清稿:他倒是像遇到一种大的幸事。他的鹰和蛇惊异地望着他,因为他刚才脸呈欢悦之色,犹如一抹鲜红的朝霞:他的话是一位预言者和歌者之言。

② [KSA版注]参阅瓦格纳歌剧《西格弗里德》第三幕:"使我受伤的人又唤醒我",及《尼采全集》第八卷,28[23]注释。

③ [译注]此处原文为nach Aufgang und Niedergang,大意为"奔流向上,遂又奔流而下",尼采此处是对《诗篇》51.1的化用,路德本为Gott, der HERR, der Mächtige, redet und ruft der Welt zu vom Aufgang der Sonne bis zu ihrem Niedergang(大能者神耶和华,已经发言招呼天下,从日出之地到日落之处),尼采的化用特别省略了"太阳"的升落。但扎拉图斯特拉显然替代了《圣经》中的上帝。参卷四,第一章"蜂蜜祭品"。

从寂静的群山和痛苦的暴风雨出发,我的灵魂在山谷间轰然鸣响。

我向往、察视远方已经太久。我自沉孤独已经太久:如此我遗忘了沉默。

我已完全成为悬河之口,是高崖垂下的溪流巨响:我意欲将我的话语冲下山谷。

愿我的爱的河流冲入禁足难行之地!一条河流如何可能最终找不到向海之路!

我自有一面湖泊,一面隐遁、自足的湖泊;但是,我爱的河流将裹湖而下——直向大海!

我踏上新路,一种新的语言向我而来;如同所有的创造者,我已厌倦旧的语言。① 我的精神不愿再着敝履漫游。

我以为,一切言辞的流布皆过于迟缓——暴风啊,让我跃上你的车驾!即使对你,我也要以我的恶毒进行鞭打!

如一声呐喊、一阵欢呼,我意欲掠过瀚海,直至我找到我的朋友逗留的幸福岛:②——

他们之中也有我的敌人!凡我能向其言说的人,现

---

① [KSA版注]参阅尼采誊清稿:我像一切创造者一样,说着新的语言:我已十分厌倦。

② [法文版注]人们以前称加那利群岛为幸福岛。

[译注]关于幸福岛,参赫西俄德,《劳作与时日》行170以下;品达,第二首《奥林匹亚凯歌》,行68—72;比较柏拉图《高尔吉亚》519b,《王制》540b。

在我都爱他们！我的敌人也属于我的幸福。①

即使我意欲跃上最野性的马,我的长矛也总是最能助我上骑:它永远是为我双脚备就的仆人:——

这长矛,我掷向敌人！我何其感谢我的敌人,我终于能够掷我戈矛！

[68]我的乌云的电压太高:在闪电纵肆的笑声②里,我意欲向深渊投下阵阵冰雹！

我的胸中恣肆高扬,它将激扬自己的风暴,凌越群山:它如此而得纾慰。

真的,我的幸福、我的自由犹如一阵风暴来临！但是,我的敌人却以为,是恶魔在他们头顶呼啸。

是的,我的朋友们,你们也将因我的野性智慧而惊恐;抑或会与我的敌人一起逃遁。

唉,但愿我懂得用牧人之笛将你们引诱回来！唉,但愿我的智慧母狮学会柔声轻唤！我们曾相互学会许多东西！③

---

① [KSA版注]参阅尼采誊清稿,"我的财富,我会不肯赠送给谁!"

② [KSA版注]誊清稿中为"闪电和雷鸣"。

③ [KSA版注]参阅尼采誊清稿:我要吹奏牧笛把羊群诱回我的爱中。/唉,在我被放逐的境况下,我是多么渴盼你们呀！现在我甚至担心,我的爱会因为这渴盼给你们造成恐吓！尼采誊清稿中还写道:可你们应归返我处;我要用柔情的爱把你们诱至我的智慧里。/啊,我对你们的渴盼日甚一日呀,我的爱之狂热日甚一日呀！现在我担心,我的爱会因其渴盼给你们造成恐吓！
在尼采同一页手稿上还有这些被弃用的诗句的变体:真的,我不会用牧笛将我的羊群诱至我的爱中/一个渴盼的人在寻找你们:唉,但愿我的爱不会因其渴盼而吓着你们！

我的野性智慧在孤独的群山受孕；它在粗粝的岩石生下婴儿，最年幼的婴儿。

现在，它在残酷的荒漠中奔若愚人，寻找搜觅温柔的草地——我古老的野性智慧！

我的朋友们，在你们心中温柔的草地上——在你们的爱中，它愿意安放它的至爱！——①

扎拉图斯特拉如是说。

---

① ［施注］扎拉图斯特拉再次下降到了人群中。但这次下降，不再是像他最初的演讲那样面对市场上的群众，这次下降不是面向所有人，而是来到了他爱的人中间。

幸福岛上①

无花果自挂枝垂落,②美好而甘甜;它们坠落时,红皮绽裂。我便是一阵吹熟无花果的朔风。③

如是,我的朋友们,这些教诲仿佛无花果向你们坠落:现在你们啜饮其汁,唼尝甘甜的果肉!秋色极目,午后天穹澄澈。

看,我们周围何其完满!从这般丰盈之中遥望迢迢远海,真是美不胜收。

---

① ［KSA版注］此标题在尼采誊清稿中是"论诸神"。
② ［法文版注］在《圣经》中,无花果是一种有着截然相反习性的树,能生成好的果子和坏的果子(《耶利米书》,24)。因此,毫无疑问,基督以他的无情,以至于"从今以后,你永不结果子!"(《马太福音》21:19)。无花果象征某一特定知识的生殖力(因为无花果是这样一种树,在一年的不同时期都会产果实),如果谁接受了这一点,谁就理解了扎拉图斯特拉是站在基督的对立面,并赠给他的弟子以无花果。
③ ［KSA版注］参阅尼采致洛德(Rohde)书简,1869年10月7日。

从前，人们遥望迢迢远海，他们便要说起神；但是，现在我教你们说：超人。①

上帝是一种假设；②但是，我意欲你们的假设不要超过你们创造意志的范围。③

你们能创造一尊神吗？——那么，你们不要对我说起任何神明！你们或许能够创造超人。

我的弟兄们，你们也许自己不能！但是，你们可以把自己改造为超人的父辈和祖先：此即你们最好的创造！④——

[69]上帝是一种假设；但是，我意欲你们的假设仅限于可以思考的事物。

你们能够思考一尊神吗？——但是这对你们意味着真理意志，即一切均可变形为人所能思考之物、人所能见之物和人所能感觉之物！你们应当彻底思考你们自己的

---

① [施注]本篇之后的六篇都是在论争，再次处理了尼采所在时代的恶的形式。

② [译注]参《朝霞》卷一，第84节"基督教语文学"："基督教之漠不关心诚实感和公正感的培养，充分体现在基督教学者的文风中：他们不作任何说明就提出他们的假设（Muthmaassung），仿佛这些假设不是猜测，而是不可质疑的真理。"

③ [译注]参康德《任何一种能够作为科学出现的未来形而上学导论》(*Prolegomena zu einer jeden künftigen Metaphysik, die als Wissenschaft wird auftreten können*)，"总问题的解决。作为科学的形而上学怎样才可能"部分。

④ [KSA版注]引自尼采誊清稿；我的弟兄，不是你，也不是我，而是你的意志可以把你我改创成超人的父辈和先驱——这是你的意志的福佑！

意识（Sinne）！①

你们所谓的世界，应首先得自于你们的创造：你们的理性、你们的形象、你们的意志、你们的爱，皆应由其自身生成。真的，这是为了你们的幸福，你们这些求知者！②

倘若没有这个希望，你们如何忍受生活，你们这些求知者？你们不可以出生于不可理解的事物，或非理性的事物。

但是，你们这些朋友们，我要向你们完全敞开我的内心：假如诸神存在，我怎能忍耐不去做一尊神！如是，诸神并不存在！

我确实得出这个结论；现在它又引导着我。——③

上帝只是一种假设：但是谁能一饮这假设的所有痛苦却不死亡？应褫夺创造者的信仰，应褫夺鹰在鹰的迢远之处的飞翔吗？

上帝是一种思想，它使一切直者弯曲，一切立者颠转。什么？时间应该流逝，而一切速朽者皆为谎言？

---

① [KSA版注] 参阅《尼采全集》第十卷，5[1]：188：我要迫使你们做符合人性的思考：这对于那些作为有能力思考的人是一种必要。你们将认为，存在诸神的这种必然性是不真实的。

② [译注] 参《偶像的黄昏》，"'真实的世界'如何最终成了寓言——一个谬误的历史"一节。

③ [施注] 这段表述的背景是柏拉图探讨虔敬问题的《游叙弗伦》（Euthyphro）。在常识看来，虔敬就是做诸神命令人们做的事情。然而，还有另外一种关于虔敬的概念，即虔敬包含在对神的爱之中，由此产生的虔敬就是，追随神、依照神的方式生活、模仿神，要变得像神一样，最终的结论就是，变成一个神。一个有死的、易朽坏的凡人变得像神那样静止不动、不朽。

这般思考令人类的骨骼旋转晕眩,令胃呕吐:真的,我称这样的假设为颠转之疾。

我称之为恶,为敌视人类:一切关于一、完全者、不动者、满足者、不朽者的教诲。①

一切不朽者②——这不过一则比喻!③ 但是,诗人却太多谎言。④ ——

但是,最好的比喻本应言说时间和生成:它应成为一切速朽者的赞语与辩护!⑤

创造——这是摆脱痛苦的伟大救赎,并令生活轻盈。但是,创造者本身必遭痛苦,必经多次变形。⑥

---

① [KSA版注]参阅《尼采全集》第十卷,5[1]:212:空虚,一元/化,静止,完满,饱和,无任何欲望——在我,这全是"恶",简言之,无梦的睡眠。

[译注]这意味着传统的形而上学,或者存在论。

② [法文版注]参见《快乐的科学》,卷二,第84节。

③ [Pütz版注]"一切永恒——这只是一个比喻罢了!"滑稽地模仿歌德《浮士德》下卷《神秘合唱》(12104—12105行)并反其意而用之:"一切非永恒/这只是一个比喻!"

④ [Pütz版注]"诗人太多谎言",这种责难从中世纪一直可以追溯到柏拉图和梭伦(参阅玛丽亚·宾特舍特勒:《尼采与诗歌谎言》,巴塞尔,1954年)。

⑤ [施注]尼采反对静止不变的和不朽的概念,因为依照时间和变化,这个概念是完全不可信的假想,变化总是会朽坏的,会遭受痛苦(suffering)。这些都是创造性的条件。因此,没有什么东西可以超越于时代和变化之上。这就是为何不可能成为神的终极原因。

⑥ [KSA版注]参阅《尼采全集》第十卷,5[1]:266:创造即是从痛苦中解脱出来,然而,痛苦对于创造者又是必要的。痛苦是自我蜕变,每一种诞生都包含着一种死亡。人不仅必须(转下页注)

是的，你们的生活中必含许多更为苦涩的死亡，你们这些创造者！如是，你们当为一切速朽之物的代言人和辩护者。

创造者为了自身成为新生的孩子，他必然意欲成为生育者，愿负生育之痛。

[70]真的，在我的道路上，我行经百个灵魂、百只摇篮、百次生育之痛。我曾数次告别，我识得那些心碎的最后时刻。

但是，我的创造意志、我的命运意欲如此。或许，我要更加诚实地告诉你们：正是这种命运——为我的意志所意欲。

一切所感觉到的，皆令我痛苦，并身陷囚牢；但是，我的意愿始终向我而来，作我的解放者和快乐给予者。

意欲得到自由：此即意志与自由的真正教诲——扎拉图斯特拉如是教导你们。

不—再—意欲、不—再—评价、不—再—创造！唉，让这巨大的厌倦始终离我甚远！

便在求知之中，我只感觉到我的意志的生育与生成之乐；倘若我的知识中存有无辜，便是因为其中的

(接上页注)是孩子，还必须是分娩者：即创造者。第十卷 10[20]：所有的创造均为改造——创造性的双手运作之处，便有许多的死亡和沉沦。/只有这个才是死亡和碎裂：塑像者猛击大理石，毫无怜悯之心。塑像者将沉睡的塑像从石头里解救出来，所以他必须毫无怜悯之心，所以我们每个人必须受苦，死亡，变为尘埃。

生育意志。①

这种意志诱我离绝上帝和诸神:还有什么创造可言,倘若诸神——存在!②

但是,我热烈的创造意志始终驱促我重向人群;锤子便如此被驱向石头。

啊,你们这些人,我以为,石头中睡着一个图像,我的图像中的图像。啊,它定然睡在这最坚硬、最丑陋的石头之中!③

现在,我的锤子残酷地怒向它的囚牢。石上碎片散落:我又何必挂虑?

我意欲其完满:因为一面暗影曾向我而来——一切事物中最宁静、最轻飏者曾向我而来!

超人的淘美(Schönheit)化作影子向我而来。啊,我的弟兄们! 诸神——与我有何干系!④

---

① [KSA版注]参阅尼采誊清稿:在求知中,我也还感觉到我的意志的生育欲、创造欲和衍变欲! 如果说我的知识无辜,那我就要将这知识称为"生育意志"! 另参阅誊清稿:我的知识:只是对价值的渴求,贪婪,评价和为之奋斗罢了! 求知者的无辜仅是其"生育意志"。

② [施注]超人是创造性的终点。先在的事物就是知识的对象,但它们要么仅仅是一种先在的事实,要么只能凭靠人的意志才能显露。

③ [译注]锤子,参《偶像的黄昏》最后一节"锤子说话"。锤了的锤打与雕刻意味着扎拉图斯特拉对门徒的意志的要求,此处意志被比喻为某种坚硬的性质。

④ [KSA版注]参阅《尼采全集》第十卷,13[3]:我如果不比你们更爱超人,对此我将如何容忍呢? 我为何给你们一百面镜子、永恒的目光呢? /我因为爱超人便克制对你们的爱。(转下页注)

扎拉图斯特拉如是说。

(接上页注)/因爱超人之故,你们必须容忍你们自己,一如我容忍你们。/对我而言,你们是石头,所有图像中最崇高的图像沉睡在石头里:不存在别的石头。/正如我的锤子砸你们一样,你们也应为我砸你们自己!锤子的呼声应唤醒沉睡的图像!

　　这一文段之后,尼采誊清稿中删掉了以下文句:他们与我无关:那么你们会对我说,我反对一切神明是不当之举/你们也许有理:因为最不适当的,并非我们反对与我们敌对的东西,而是反对与我们根本无关的东西。/可是——朋友们,我还能怎样呢?(第一稿)他们根本与我无关,这些神明。(我从他们身边走过,)但我反对他们也许是不当之举。/我们最不当之处并非反对与我们为敌的东西,而是反对与我们无关的东西。可是,——我还能怎样呢,朋友们?(第二稿,第三稿)这些神明根本与我无关,但我反对他们也许是不当之举。/因为我们所有的人无不如此:(不反对我们认为是怪异和讨厌的东西,我们最为不当之处是反对与我们无关的东西)/可我还能怎样呢!(我)是人,我是石头,最丑陋最坚硬的石头,我的图像就沉睡在石中。

论同情者①

我的朋友们,你们的朋友得了一句讥讽:"但看扎拉图斯特拉!他在我们中间漫游,不正如在动物之间一般?"

但是,更好的说法是:"求知者在人群中漫游,就是(als)在动物之间。"②

---

① [KSA版注]参阅《尼采全集》第十卷,3[1]:92:当同情者毫无羞耻心地对我们说:同情就是美德,于是人们就同情他们了。
[法文版注]是对福音书的变换表达。"怜恤的人有福人,因为他们必蒙怜恤。"(《马太福音》5:7)尼采在《善恶的彼岸》第225节对此作了解释。
[施注]由于人天生的不完美,上帝那种无限之爱必须转换成无限的同情,依照尼采的说法,这种转换变成了对作为最完美存在者的上帝的毁灭,因为同情是一种具有毁灭能力的品质。在这篇演讲中,扎拉图斯特拉转向了求知者与非求知者的关系,扎拉图斯特拉说,非求知者是兽类。这是一个古老的故事。但尼采以一种彻底不同的方式来理解求知者和非求知者的关系。

② [KSA版注]参阅《尼采全集》第十卷,12[1]:110:求知者在人群中漫游不能说如同在动物中漫步,而应说就是在动物中漫游。

而对于求知者,人类本身就称作:面颊绯红的动物。

何以如此呢?不是因为他必定过于频繁地觉得羞耻吗?①

[71]哦,我的朋友们!求知者如此说:羞耻、羞耻、羞耻——这便是人类的历史!②

所以,高贵者命令自己不觉羞耻:他只在一切痛苦者面前命令自己羞耻。

真的,我不喜欢这些心中仁慈的人,他们因他们的同情而有福:他们太乏羞耻。③

倘若我必须同情,我也不意欲如此称呼;若我诚然[同情],宁愿在远处为之。

我宁愿覆首而逃,在他人认识我之前:我的朋友们,我叫你们也如是行为!

但愿我的命运总是为如你们一般没有痛苦的人引路,还有那些我可与共有希望、饮食和蜂蜜的人!

真的,我为痛苦者行此事或彼事:但是,一旦我学会

---

① [施注]羞耻是这篇演讲的直接主题,必定要取代同情的位置。同情在这篇演讲中被理解为关心他人的苦难、脆弱和堕落。对他人苦难的关心是真正的堕落。这个主题贯穿了这篇演讲。

② [KSA版注]参阅《尼采全集》第十卷,12[1];89:人是会脸红的动物,经常不得不感到羞愧。

[施注]尼采最终断言,在人和兽类之间存在一种本质差异,这一差异就是,人之起源不同于兽类的起源。这一观点应归于人的骄傲。

[译注]参前言第三节,扎拉图斯特拉关于羞耻与人类的历程的演讲内容。

③ [KSA版注]参阅《马太福音》5:7:"怜恤的人有福了。"

更好地感受快乐，我似乎总要为自己做更好的事情。

自有人类以来，人类所得的欢乐便微乎其微：我的弟兄们，只有这是我们的原罪！

倘若我们学会更好地感受快乐，我们最好忘记伤害他人的行为，忘记如何谋划伤害。

于是，我洗净曾帮助痛苦者的双手；于是，我也清洗我的灵魂。

因为我看见痛苦者受苦，我将因他的羞耻而羞耻；当我施以帮助，我便极损他的骄傲。

义务伟大，却不会令人感激，反生报复之欲；而些微恩惠若未被遗忘，其中便会长出一条啃噬的蠕虫。①

"应当漠然对待接受！当以你们的接受展示自己的优秀。"——我如是劝诫那些无可馈赠之人。

但是，我是馈赠者：我乐于馈赠，作为朋友而向朋友[馈赠]。② 而陌生人和贫穷者自可从我的树上摘取果实：如此或可缓解他们的羞耻。

但是，乞丐却应完全取缔！真的，对他们施舍令人气愤，不予施舍，也令人气愤。③

---

① [KSA版注]参阅《尼采全集》第十卷，3[1]：206：伟大的义务非但不会使我们领情，反倒产生报复心理。

② [法文版注]参"前言"，第一节。

③ [施注]卢梭认为存在两种基本欲望：自我保存的欲望，他称之为自爱；对他人的爱。这两种欲望是好的、自然的。然而，这种欲望会退化到虚荣——卢梭称之为恰当的爱；而虚荣是一切恶的根源，我们关心其他人如何看待我们。因此，所有与先天品质相反的东西都与虚荣有关。这一自然的观点某种程度上（转下页注）

罪人和坏良心也是一样！相信我，我的朋友们：良心的咬噬①会教人咬噬。

但是，最糟糕的是小思想。真的，宁可为恶，也不为小思想！

你们虽然说："行小恶所得的乐趣，令我们避免行一些大恶。"但这却不是人应该着意避免的。

[72] 恶行仿佛一处疮疥：它发痒、引人抓挠、溃烂——它说话倒颇为诚实。

"看，我就是疾病。"——恶行如此说道；此即它的诚实。

但是，小思想仿佛细菌：它爬行、蜷缩、只意欲存在于乌有之地（nirgendswo）——直到身体因小细菌而腐烂、干枯。

但是，为魔鬼所俘的人，我要在他耳际低语这番话："你最好拉大你的魔鬼的模样！这样，你还能有一条通向伟大的道路！"②——

（接上页注）是接受了自然的平等观念的结果。卢梭断言，同情属于自然人；没有被社会腐化的人是自利之人，这种人关心自我保存。但这种人只关心自我的保存，而不关心他人如何看待自己。他与其他人的关系在于，他对他人的同情。尼采接受了这一方案，不过改变了其本质。尼采强调骄傲和羞耻更为积极的一面。尼采剔除了整个自爱概念，即剔除了对自我保存的关心，相反尼采取而代之的概念是权力意志，欲求克服自爱的意志，欲求卓越的意志。

① ［译注］Gewissensbiss，直译为良心的咬噬，通常的含义是良心的谴责或者悔恨。

② ［KSA版注］参阅《尼采全集》第十卷，12[1]：182：一个人如果不把自己的魔鬼拉扯大，那么小小的恶就会把人变渺小。

唉，我的弟兄们！关于所谓每个人，人们了解的那一点东西实在太多！有些人，我们一望即知，但正因此，我们完全不能穿越他们而过。①

与人类共同生活颇为艰难，因为沉默如此艰难。

我们待其最为不公的，不是对立于我们的人，而是与我们完全无涉之人。

但是，倘若你有位痛苦的朋友，便做其痛苦的休息之地（Ruhestatt）吧，却如同一张硬床、一张行军床：这样，你对他才最有裨益。②

倘若有位朋友向你行恶，你便如此说："我宽恕你对我的作为；但你也如此对待自己——我该如何宽恕呢！"③

一切伟大的爱皆如是说：它甚至超越了宽恕与同情。

人应紧守他的内心；因为一旦任其离去，头脑的失控则倏忽而至！

唉，在这个世界，与同情者相比，还有更大的愚蠢吗？在这个世界，与同情者的愚蠢相较，还有什么更能招致痛苦？

所有的爱者皆觉伤痛，他们尚无一个高处，可以超越

---

① ［KSA版注］参阅《尼采全集》第十卷，1[1]：341：对每个人，人们了解总是太多了点。

② ［KSA版注］参阅《尼采全集》第十卷，12[1]：183：人应成为朋友的憩床，但又是硬床，行军床。

③ ［KSA版注］参阅《尼采全集》第十卷，12[1]：188："我宽恕你对我所做的：可是对自己所做的，我又怎能宽恕！"——一个爱人者如是说。

他们的同情!

曾经,魔鬼对我如是说:"上帝也有其地狱:这便是他对人类的爱。"①

最近,我却听见他说了这话:"上帝死了;由于对人类的同情,上帝死了。"——

我以为,你们要警惕同情:那里会有一片浓云向人类而来! 真的,我懂得这天气的标记!

但谨记这句话吧:一切伟大的爱均高于它一切的同情:因为它还要创造——所爱者!

[73]"我把自己献给我的爱,对待邻人也和自己一样"——所有创造者的言辞都是如此。

但是,一切创造者尽皆冷酷! ——

扎拉图斯特拉如是说。

---

① [KSA版注]参阅《尼采全集》第十卷,3[1];287:"上帝对人的爱就是上帝的地狱"——魔鬼说,"他怎能爱上人类!"

论教士

有一次，扎拉图斯特拉向门徒们显示了某种标记，并对他们说了这番言辞：

"这是一些教士：①纵然他们是我的敌人，你们也要为我悄然从他们身边走过，任剑沉睡。

"他们当中也有英雄，他们当中许多人承受太多苦痛：——于是，他们意欲别人承受苦痛。

"他们是恶敌：没有什么比他们的谦卑更有报复之欲。攻击他们的人，却容易污染自己。②

"可我的鲜血与他们具有亲缘；我意欲了解，我的鲜血在他们的鲜血中仍然得到尊重。"——

当他们走后，扎拉图斯特拉为痛苦所侵袭；他同他的痛苦搏斗未几，便开始如是说：

我觉得这些教士可怜。他们与我的品味相逆，但自

---

① ［译按］参《敌基督者》，第8节，第26节；《快乐的科学》卷五，第351节。

② ［法文版注］参《朝霞》，卷一，第38节。

我在人类之间以来，在我，这是最微不足道的事。

但是，我曾与他们共承痛苦，现在也共承痛苦：我以为他们是囚犯，是烙上标记的人。他们所谓的救世主，却让他们紧受其缚：——①

受缚于错误的价值和愚妄之辞！唉，但愿有人从他们的救世主那里拯救他们！②

当大海带他们四处颠簸时，他们曾以为踏足于 座岛屿；可是瞧，这是个沉睡的怪物！③

错误的价值和愚妄之辞：这是有死之人最凶恶的怪物，——灾难在怪物体内长久沉睡，等候。

但它终于来临，它醒了，饕餮吞食在其上建造陋居的人。④

哦，瞧瞧这些教士自建的陋居！他们将其气味甘甜的洞穴唤作教堂。

哦，这歪曲（verfälschte）之光，这陈腐的空气！⑤ 这

----

① ［译注］对比柏拉图《王制》的"洞穴喻"，514c—d，比如："他们自幼就在其中，他们的腿和脖子都绑着，因而他们被缚紧了，只能看到前方的东西，由于束缚他们无法向各个方向转头。他们的光亮来自身后远处一团燃烧的火。"尼采下一页就提到"洞穴"。
② ［KSA 版注］参阅《尼采全集》第十卷，9[36]；扎拉图斯特拉教导人们从救世主那里拯救出来。
③ ［KSA 版注］如同置身于中世纪的童话。
④ ［法文版注］《马太福音》17：4：彼得对耶稣说："主啊，我们在这里真好！你若愿意，我就在这里搭三座棚：一座为你，一座为摩西，一座为以利亚。"
⑤ ［译注］《新约》中只有相反的词汇，即未遭歪曲的（unverfälscht），用以形容基督的教诲，参《提多书》2：7。

里,不许灵魂飞向——它的高处!

相反,他们的信仰如是命令:"用膝盖爬上阶梯,你们这些罪人!"①

[74]真的,我宁愿见一位不知羞耻之徒,也不愿见他们因羞耻和虔诚而扭曲的眼睛!

谁为自己创造这般洞穴和忏悔的阶梯?岂不是那些意欲隐匿并在纯洁天穹下自觉羞耻的人?

唯有纯洁天穹再次透过残破的屋顶,看见残壁上的茵草与红罂粟,这时——我才意欲再将我的内心转向上帝的位置。

他们所谓的上帝,却斥责他们,并制造他们的痛苦:真的,他们的崇拜之中倒是足具英雄气概!

他们不懂得以任何方式去爱上帝,只知把人钉上十字架!

他们意图如尸体一般生活,为自己的尸体蒙上黑布;从他们的言辞,我闻到停尸房的腐臭。

与他们为邻而生活的人,便是与黑色的水池为邻而生活,池中的铃蟾唱着甘甜而意义深沉的歌。

他们必须对我唱出更好的歌,我才能学着相信他们的救世主:对于我,他的门徒们必须看起来更像得到了拯救!

---

① [KSA 版注]教堂:歪曲之光,让人尝到甜头的乳香之肃穆,使人产生虚假的畏怯之诱惑,我不喜欢那些仰面朝上帝跪拜的人。参阅尼采致 Overbeck 书简,1883 年 5 月 22 日寄自罗马:昨天我竟然看见那些跪着爬上神圣阶梯的人!

我想看他们赤裸无着:因为只有美之为美才能劝人忏悔。可是,这伪装的忧伤能够说服谁!①

真的,他们的这些救世主不是来自自由,不是来自第七重天的自由! 真的,这救世主自身从未漫游于知识的地毯!②

这些救世主的精神由各种裂隙构成;但他们在每个裂隙都塞满他们的幻想,作为权宜之物,此即他们所谓的上帝。③

他们的精神在他们的同情之中溺亡,倘若他们为同情所溢,并过于满溢,便总会浮出巨大的愚行。

他们尖声叫嚷,热切地将其牧群(Herde)驱向他们的便桥:似乎唯有这一座通向未来的便桥(Steg)! 真的,这些牧者自己也还是羊呢!

这些牧者精神渺小而灵魂广阔:但是,我的弟兄们,迄今为止,即便最为广阔的灵魂,其地域依旧渺小!④

---

① [KSA版注]参阅《尼采全集》第十卷,13[1]:倘若你们的美尚不能劝导自己忏悔,那你们的话又有何用!
② [KSA版注]引自尼采誊清稿:唉呀,这些被囚者,未被解救者却为我而悲伤! 面对他们,我扎拉图斯特拉生活在自由的七重天上!
③ [KSA版注]引自尼采誊清稿:他们的思想,其漏洞实在太多。但哪里有漏洞,他们会立即填入幻想,即被他们称之为上帝的幻想——上帝乃是最可怜的填补漏洞的忏悔者!
④ [KSA版注]此行之后删去的文句是:他们的同情气息委实过于短促。见尼采誊清稿。

他们在行经之路写下鲜血标记，他们以其愚蠢教诲人们凭鲜血证明真理。

但是，鲜血是真理最糟糕的证人；鲜血毒化最纯洁的教诲，使之沦为心内的疯狂与仇恨。①

当某人为其教诲而穿越烈火——这证明了什么！[75]真的，从自己的火焰中生出自己的教诲，才有更多的意味。

燥热的心与冷静的头脑：它们相遇之处，便卷起呼啸之风，即"救世主"。②

真的，比之民众所谓的救世主们——这些惑人的呼啸之风，还有更伟大、更高贵的人！

我的弟兄们，倘若你们意欲寻觅通向自由的路，拯救你们的人就必须比一切救世主更加伟大！

从未有过一个超人。我见过两种赤裸：最伟大和最渺小的人——

他们彼此过于相似。真的，我发现最伟大者也

---

① [KSA版注]参阅《尼采全集》第十卷，4[17]：鲜血不能证实什么，也不能解救什么。我不喜欢那些厌倦人生的人……第十卷，4[249]：鲜血为教会奠基，但鲜血与真理何干！/倘若你们想从我这儿讨公正，那我会用理由而不用鲜血加以证实。第十卷，5[1]：175：对于真理，鲜血是最恶劣的证人：鲜血毒化一种教诲，以至该学说变为仇恨。

[法文版注]参见《敌基督者》，第53节。

② [施注]《善恶的彼岸》的第87节比这里的表达更为清晰："受缚的，自由的精神。——人若紧紧束缚住自己的心灵，便可给予自己的精神更多自由。这话我以前曾说过。然而别人不信我的话，假如他们不是已经知道——"

是——太人性了!——①

扎拉图斯特拉如是说。

---

① [译注]原文为 allzumenschlich。约六年前,尼采写作《人性的,太人性的》(*Menschliches, Allzumenschliches*),书名副标题的句式和《扎拉图斯特拉如是说》的副标题一样:Ein Buch für(为……的一本书)。非常类似的词句出现于卷三"病愈者"第二节:"我曾见过两种赤裸,最伟大的和最渺小的人:彼此太相似——最伟大的人也还是太人性了!"

论道德家

人们必须以雷霆和上天的烟火,对那些松弛昏睡的感官言说。

但是,美本身(Schönheit)的声音言语轻盈:它只潜入最清醒的灵魂。①

今天,我的盾牌对我轻颤载笑;这是美的神圣的笑与颤动。

你们这些道德家,今天,我的美笑对你们。它的声音如是向我而来说:"他们还意欲——得到报酬!"②

你们意欲得到报酬,你们这些道德家!你们意欲为道德求薪酬,为大地求天国,为你们的今日求永恒吗?

倘若我教导说,没有薪酬发放者与会计,③你们现在

---

① [法文版注]关于"美"的概念,参见第二卷"论没有瑕疵的知识"。

② [KSA版注]参阅《尼采全集》9[48]:你们想要酬劳吗?4[24]:你们想要酬金吗?我以为,你们想要当作酬金的东西即是你们道德的尺度!

③ [译注]会计(Zahlmeister),字面意思是主管报酬的人。

可会对我发怒？真的，我甚至从未教导，道德就是它自身的薪酬。

唉，这是我的悲哀：人们把薪酬与惩罚植入事物的根基——也深入你们灵魂的根基，你们这些道德家！

但是，我的话语应如公猪的长鼻，撕开你们灵魂的根基；我意欲你们称我为犁铧。

你们根基中的一切秘密都应曝露于日光之下；当你们被掘地而出、而破碎，呈于太阳之下，这时，便能从你们的真理中剔除你们的谎言。

因为这是你们的真理：你们太纯洁，不能受污于这些词语：复仇、惩罚、薪酬、报复。

[76]你们爱你们的道德，正如母亲之于孩子；可谁曾听闻，一个母亲为其爱索求报酬？

你们的道德是你们最爱的自我（Selbst）。你们内中有圆环的渴望；每个圆环更要孜孜勉求、旋转，以重归自我。①

你们道德的每项工作，皆如渐熄的星辰：它的光明总在途中漫游——它何时才不再止于中途？②

如是，你们的道德之光便在中途，即便其工作已经完成。纵然它已为人所遗忘，已经死去：它的光线依然活

---

① [KSA版注]参阅《尼采全集》第十卷，9[13]：渴望一再达到自己的循环——我渴望这种循环。

② [KSA版注]参阅《尼采全集》第十卷，9[45]：一颗星辰沉落了——然而其光焰尚在半途，它何时不再停留在半途呢？/你是一颗星辰吗？那你就得漫行于太空，变成无家可归者。

着,并且漫游。

你们的道德是你们的自我,而非一种陌己之物,或一面皮肤或一身伪饰:这是你们灵魂根基处的真理,你们这些道德家!——

但是,或许有这样的人,他们称道德为一条鞭子之下的痉挛:我以为,你们耳闻这种喊叫实在太多!①

而另一些人,他们称道德为他们恶习渐弛的状态;当他们的仇恨和嫉妒令四肢松弛,他们的"正义"于是清醒,并揉着睡眼。

而另一些人,被向下拖拽:他们的魔鬼牵引他们。但是,他们愈是坠落,他们的双眼愈加发出灼热的光芒,对他们上帝的欲望愈加灼热。

啊,你们这些道德家,这种喊叫也渗入你们的耳朵:"凡我所非者,于我皆是上帝和道德。"

另一些人脚步沉滞,辚辚有声,如同载石下行的车辆:他们言说尊严和道德过多——他们称他们的刹车为道德!

另一些人,如同拧好发条的日常钟表;他们滴答作声;意欲人们称滴答为道德。

真的,我对这种人饶有兴致:但凡找到此类钟表,我就以我的嘲弄为他们拧紧发条;它们因此应向我嗡嗡鸣响。

---

① [译注]自此段往下,尼采连续描述了十一种所谓的"道德家",可对应为"善恶的彼岸"相对的"善恶的此世"。

另一些人因其一点正义而自豪，因此而亵渎一切事物；如是，世界便溺亡于他们的不正义。

唉，"道德"这个词出自他们之口，何其恶心！当他们说道，"我是正义的"，听来总如同"我受到了报复！"①

[77]凭借他们的道德，他们意欲抠出敌人的眼睛；他们抬高自己，只为贬黜他人。②

冉者，有一类人端坐于他们的泥沼，在芦苇丛中如是言说："道德——便是安坐泥沼。

"我们不咬任何人，也趋避意欲咬噬者的道路；对于一切事物，我们均秉持人们交予我们的看法。"

再者，有一类人喜爱各种姿态，并且思考：道德便是一种姿态。

他们的膝盖总有所崇拜，他们的手是道德的赞歌，但是，他们的心对此一无所知。

再者，有一类人认为，陈说这句话便是道德："道德是必要的"；但是，他们根本上只相信警察是必要的。③

有些人不识人类的崇高，他们在太近之处所见的卑

---

① [译注]Ich bin gerecht 与 Ich bin gerächt 的德文发音几乎没有区别。

② [法文版注]《马太福音》23:12:"凡自高的，必降为卑；自卑的，必升为高。"

③ [KSA 版注]参阅《尼采全集》第十卷，3[1]:356:正如你们所说，你们信仰宗教的必要性？诚实一点！你们只相信警察的必要性，你们害怕强盗和小偷抢劫或窃取你们的钱财，扰乱你们的安宁！

劣，便被其名为道德：如是，他便称邪恶的目光为道德。①

少数人意欲有所建树、提升自己，并称此为道德；另外的人则欲求翻落——并称此为道德。

这样，几乎所有人都就此而相信自己分有道德；至少，每一位都意欲成为关于"善"与"恶"的行家。

但是，扎拉图斯特拉前来，并不是要对所有这些说谎者和愚人说："关于道德，你们知道什么！关于道德，你们又能够知道什么！"——

相反，我的朋友们，那些学自愚人和谎言者的陈言，你们已经厌倦了吧：

厌倦于"薪酬"、"报复"、"惩罚"、"正义地复仇"之类言辞吧——

厌倦于说："一种行为之善，便在于它是无自我的行动。"

唉，我的朋友们！你们的自我之于行为，当如母亲之于孩子：在我，这当是你们的道德言辞！

真的，我或已从你们那里取走百种言辞和你们的道德最爱的玩具：现在，你们对我发怒，即如孩子之怒。

他们在海滨游戏——海浪袭来，将他们的玩具卷入深渊：他们于是哭泣。

但是，同样的海浪会为他们带来新玩具，会在他们面

---

① ［KSA版注］参阅《尼采全集》第十卷，3［1］：4：谁见不到人的崇高，谁就会具有猞猁般的锐眼，专看人的卑劣处。参《善恶的彼岸》，第275节。

前分撒新的彩色贝壳!

[78]他们如此而得慰藉;我的朋友们,和他们一样,你们也会得慰藉——新的彩色贝壳!——①

扎拉图斯特拉如是说。

---

① [施注]尼采已经揭露了道德的传统概念。所有的道德都是玩具,道德意味着最大的严肃性,这种严肃性正是道德这个词所暗示的。我们一定不要忘记希腊人称有美德之人为庄重之人,我想,这一点在今天也依然正确。尼采的意思是,人的最高的庄重与最高的优雅不可分割。因此,根本不存在奖赏的概念。这在任何时代都是正确的,倘若美德是真正的美德。但是,新的美德不是人工制品,新的美德来自于大海,且保留了大海的声音。这些新的美德是"自然的"。

[译注]参《快乐的科学》第302节"最幸运者的危险"。带来新贝壳的海浪是生活的比喻,但在那里,贝壳虽然珍贵,但容易陷入一种荷马式的危险,即因过于关注贝壳而没有切中生活本身。

论痞徒

生活是欢乐的一处源泉（Born）；但是，痞徒（das Gesindel）在何处与人共饮，其地所有水井便遭毒化。①

我喜爱一切纯洁之物；但是，我不愿看那些奸笑的嘴和不纯洁者（Unreinen）的干渴。

他们下视井底：现在，井内就对我映出他们令人嫌恶的笑意。

他们的贪欲业已毒化神圣之水；当他们称其污秽的梦为欢乐，他们便毒化了言辞。

当他们将其涔湿之心置于火上，火焰也颇不情愿；痞徒在何处向火迈步，精神本身便会沸腾、燃烟。

果实一经过他们的手，便生甜味而过于成熟：他们的目光令果树遇风摇摆（windfällig），树梢枯萎。

---

① ［施注］在尼采看来，道德家的反面是痞徒，这里有反民主政治的暗示，痞徒是没有荣誉感和没有纯洁意识的民众。

［译注］对比柏拉图，《王制》卷八，569a，痞徒是民主政制中的煽动者，而这种黄蜂式的人是向僭主政制蜕变的关键。

有些人之所以在生活面前退开，只为避开痞徒：他不愿与其共享井水、果实与火。

有些人走进荒漠（die Wüste），与猛兽共同承受干渴，只是不愿在水槽边与肮脏的骆驼客共坐。

有些人像一位毁灭者（Vernichter）前来，仿佛一阵冰雹袭向所有果园，只是意欲把他们的脚放入痞徒的咽喉，如是堵塞他的喉管。

懂得生活本身必需敌意、死亡和折磨人的十字架，这并不是最令我呛噎的小块食物——

相反，我曾经问过，几乎因我的问题而窒息：什么？生活也必需痞徒吗？

毒化的井水、恶臭的火、污秽的梦和生活面包中的蛆，都是必需吗？

于饥饿中吞食我的生活的，不是我的憎恨，而是我的厌恶！唉，当我发觉痞徒竟也精神聪敏（geistreich），我便常常厌倦于精神！①

[79]我背向统治者，当我看见统治者今日所谓的统治：为了权力的投机和交易——与这帮痞徒。

我曾居住于语言陌生的民族之中，却闭耳塞听：所以，他们为了权力而投机与交易的语言，我依旧觉得

---

① ［译注］参《敌基督者》第45节，该节引用《路加福音》6：23："当那日你们要欢喜跳跃. 因为你们在天上的赏赐是大的. 他们的祖宗待先知也是这样"，尼采然后评论说："毫无廉耻的痞徒！你们已经把自己同众先知相提并论。"另参《敌基督者》第57节，描述了现代社会的各种痞徒。

陌生。

我掩鼻而行，愤然经过所有的过去和现在：真的，在那些书写的痞徒身后，过去和现在无不恶臭难闻！

我如同残废之人，亦聋亦盲亦哑：我如是生活已久，以便不与权力的、书写的和快乐的痞徒共同生活。

我的精神艰辛谨慎地拾级登梯；快乐所予的施舍令其提神（Labsal），生活在盲人的手杖上匍匐而行。①

我怎么了？我如何从嫌恶中拯救自己？谁能令我的双眼重返青春？我如何飞至没有痞徒坐于井边的高处？②

我的嫌恶本身为我创造了翅膀吗？为我创造了预知泉水的（quellenahnende）力量吗？真的，我必须飞至最高处，这样，我才能重觅欢乐的源泉！③

哦，我找到了它，我的弟兄们！在这最高处，欢乐的源泉为我喷涌如泉！有一种生活，可以不与痞徒共饮！

欢乐的泉水，你过于猛烈地向我汹涌而来！你频频

---

① ［译注］在第一卷最后一节"论馈赠的道德"中，门徒们馈赠扎拉图斯特拉一柄手杖，此处亦言手杖（Stabe），注意两处的区别与关联。

② ［译注］《瞧，这个人》"为什么我如此智慧"第八节截取了本章此段直到结束的文字，并有一个说明："我的整部《扎拉图斯特拉如是说》就是一首关于孤独的狄俄尼索斯颂诗……对人、对痞徒的嫌恶，始终是我最大的危险。"而扎拉图斯特拉却拯救了尼采的这种嫌恶。

③ ［KSA版注］引自尼采誊清稿：痞徒对我是不可或缺的吗，以便让我的厌恶生出翅翼？我的嫌恶对我是必不可少吗，以便让我去寻觅高尚的事物和澄净的源泉？

将酒杯一倾而尽,因为你意欲将它重新斟满!

我还必须学习如何更谦逊地接近你:我的心奔流向你,却过于汹涌——

我的夏日在我的心上炙烤,短促、炎热、忧伤、过于幸福的夏日:我的夏日之心多么渴慕你的清凉!

我春日的迟疑哀伤已经过去! 六月雪花的恶毒已经消逝! 我完全成为夏日和夏日的正午!

最高处的一季夏日,冰凉的泉水和幸福的宁静相伴:哦,来吧,我的朋友们,让这份宁静变得更加幸福!

因为这是我们的高处,我们的故乡:对于所有不纯洁者和他们的干渴而言,我们居于此地却太高、太陡。

你们这些朋友,把你们的纯洁之眼纵情投向我欢乐的泉源! 它怎会因此而浑浊呢! 它会以它的纯洁向你们而笑!①

［80］在未来之树上,我们营筑巢穴;鹰会以其喙为我们孤独者衔来食物!②

真的,没有与不洁净之徒(Unsaubere)共吃的食物!③

---

① ［KSA版注］引自尼采誊清稿:请将你们纯洁的眼神投向这泉水吧,它怎么因此而变混浊呢? 真的,它只会怀着纯洁之心对你们欢笑! /将你们至诚的眼神投向这泉水吧:以使你们的纯洁从欢乐的眼神中发出笑声。/纯洁的人将眼神投向这泉水,投向这清澈、欢悦的泉水。

② ［法文版注］《列王纪上》17:6:"乌鸦早晚给他(以利亚)叼饼和肉来,他也喝那溪里的水。"

③ ［译注］《敌基督者》第59节,以奥古斯丁为例,将基督教的鼓吹者(Agitator)称为不洁之人(unsaubere Gesellen)。

他们会徒生妄念,以为吞食火焰将焚燃他们的嘴!

真的,我们在此不为不洁净之徒备就居所!对于他们的肉体和精神,我们的幸福将被唤作冰窟!

一如肆虐之风,我们意欲在他们之上生活,作鹰的邻人、雪的邻人、太阳的邻人:肆虐之风如是生活!

有朝一日,我如一阵风在他们之间吹扬,以我的精神取去他们精神的呼吸:我的未来意欲如此。

真的,扎拉图斯特拉是吹向一切低洼的肆虐之风;他劝告他的敌人和所有吐唾沫的人:"当心,切勿逆风而唾!"①

扎拉图斯特拉如是说。

---

① [法文版注]这一段在《瞧,这个人》,"为何我如此智慧",第8节。

论毒蜘蛛①

看呀，这是毒蜘蛛的洞穴！你意欲一睹其本身吗？这里悬挂着蛛网：轻触便会震颤。

它自愿前来：欢迎，毒蜘蛛！你的黑色后背深嵌着你的三角形和特征；我也知道，你的灵魂有何物。

你的灵魂里有复仇：凡你咬噬之处，便结起黑痂；你

---

① [KSA版注]参阅《尼采全集》第十卷，10[7]：黑和使别人变黑是毒蜘蛛的艺术；但我要把毒蜘蛛称作"最坏世界"的传道者。

[译注]在尼采的思考意象里，毒蜘蛛即卢梭，《朝霞》1886年新版前言第三节即称卢梭为"道德毒蜘蛛"。这个意象的来源很可能是色诺芬："难道你不知道毒蜘蛛（φαλάγγια）虽然不到半寸大，只要它把嘴贴到人身上，就会使人感到极大痛苦而失去知觉吗？""难道你不知道人们所称之为'青春美貌'的这种动物比毒蜘蛛还可怕得多？毒蜘蛛在接触的时候才把一种东西注射到人体里来，但这种动物不需要接触，只要人看他一眼，甚至从很远的地方看他一眼，他就会把一种使人如痴如狂的东西注射到人里面来吗？"（《回忆苏格拉底》，1.3.12—13）尼采的毒蜘蛛之毒不在于其自身，而在于它传播的平等毒素："毒蜘蛛的艺术是黑色和使之变黑：但我把毒蜘蛛称为'最坏世界'的教师。"（尼采笔记，1883，10[7]）

的毒汁因复仇而令你的灵魂晕眩！

你们这些平等的传道者，我以比喻向你们如是言说，这会令你们的灵魂①晕眩！在我，你们即是毒蜘蛛，是隐匿的复仇者！②

但是，我意欲使你们的隐匿之所敞露于日光之下：所以，我以高处的笑当你们的面而笑。

所以，我撕开你们的网，于是，你们的愤怒把你们诱出谎言-洞穴，而你们的复仇也会从"正义"之辞背后迸出。

因为，应该把人从复仇中拯救出来：在我，这是通向最高希望的桥，是漫漫暴风雨后的彩虹。③

但是，毒蜘蛛们的意欲自是不同。[81]"让世界充满我们复仇的暴风雨，我们以为，唯此方为正义。"——他们如是相互交谈。

"我们意欲践行复仇，斥黜所有与我们不平等的人。"——毒蜘蛛的心如此誓愿。

"'平等意志'④——这从此将自成为道德的名称；我

---

① [KSA版注]誊清稿中为"民众的灵魂"。

② [施注]这些毒蜘蛛就是平等教诲的传道者。他们的动机是怨恨和报复。这类人的演讲表现出来的正义隐藏了他们的报复。从尼采的视角来看，现代的平等主义与对上帝的《圣经》信仰有本质联系。托克维尔在《论美国的民主》（Democracy in America）的绪论中，首次给出了这一联系。

③ [KSA版注]参阅《尼采全集》第十卷，9[49]：复仇的净化——这就是我的道德。

④ [法文版注]平等意志（Wille zur Gleichheit），（转下页注）

们要高扬我的呼喊,直向一切有权力之人!"

你们这些平等的传道者,昏聩的僭主—愚妄在你们之中如是呼唤"平等":你们最隐秘的僭主—贪欲亦为道德—言辞所掩盖!

愁苦的自负、压抑的嫉妒,也许是你们父辈的自负和嫉妒:在你们身上爆发为火焰和复仇的疯狂。

父亲缄守的沉默,在儿子身上化为语言;我常常发觉,儿子显露出父亲的秘密。

他们一如精神激越之人(Begeisterten):但是,令他们精神激越的,不是心——而是复仇。即使他们变得高雅冷静,也非精神之故,而是因为嫉妒。

他们的嫉妒也引导他们踏上思想家的蹊径;这便是他们嫉妒的标志——他们总是行之迢远:故而,他们的疲倦最终定然令他们卧眠雪域。

他们的每声悲号皆鸣荡着复仇;他们的每次赞颂均是一次伤害之举;充任—法官似乎便是他们的幸福。

我如是劝告你们,我的朋友们,不要相信所有惩罚之欲强烈的人!

这是种类与出身俱劣的民众;透过他们的脸,是刽子手和猎犬向外的目光。

一切奢谈自己正义的人,皆不要相信!真的,他们的

(接上页注)仿效"权力意志"(Wille zur Macht)的表达,但却是权力意志的反题。参见《快乐的科学》,卷三,第 120 节。这种关于"平等"的思想,与卢梭有关,并在法国大革命中被付诸实践。尼采关于卢梭的看法,参见《偶像的黄昏》,第 48 节。

灵魂不仅仅缺少蜂蜜。

倘若他们自命"好人和正义之人",别忘了他们之为法利赛人,什么都不缺,独缺——权力!

我的朋友们,我不意欲被混淆,被误认。

有些人宣说我的生活教诲:但同时也是平等的传道者,是毒蜘蛛。

尽管这些有毒的蜘蛛(Gift-Spinnen)旋即回到他们的洞穴,避遁生活,但他们仍对生活宣说意志:因为他们要以此制造伤害。①

他们要伤害如今有权力的人,因为这些人最熟悉(am besten zu Hause)关于死亡的传道。②

若是另外的情形,毒蜘蛛们则另有教诲:[82]正是他们,才是当时最卓越的世界—毁谤者和异教徒的—焚杀者。

我不愿把自己混淆、被误认在这帮平等的传道者之间,因为正义对我说:"人并不平等。"③

---

① [KSA版注]参阅《尼采全集》第十卷,12[43]:他宣讲人生,为的是伤害别人,即伤害那些远避尘嚣的人,因为这些人比他有力量,且具有纯洁的心灵。/可是他也避开生活而穴居起来,像蜘蛛一般织网,吞食苍蝇。这,我可不愿称之为生活。

② [KSA版注]参阅尼采誊清稿:他们惧怕生活,因为他们的心过于柔弱;他们企图以喧嚣战胜寂静。

[译注]直译为最善以死亡的传道为房屋,我们应该留意此前提到的房屋:超人的房屋,疯人的房屋。

③ [施注]对超人的爱暗示了对平等主义的彻底反对,如果我们渴望个体得到最高程度的发展,就会在差异(dissimilarity)的意义上要求人的不平等。参考《善恶的彼岸》中第257(转下页注)

人也无需变成这般情形！倘若我持另一种说法，那我对超人的爱又是什么呢？

他们应经千座桥梁和栈桥（Stegen）趋就未来，他们之间总会有更多的战争和不平等：我的伟大的爱让我如此言说！

他们将会在他们的敌对之中成为种种图像和幽灵的发明者，他们遂以这些图像和幽灵而做最惨烈的搏斗！

善与恶、富与贫、高贵与低贱，以及一切价值的名称：都将成为武器和冷酷的标志，以示生活总是必须一再超越（überwinden）自身！

生活本身愿以立柱和阶梯向其高处构建自己：它意欲眺望辽阔的远方，遥望幸福的洵美（Schönheit）——因此，它需要高处！①

因为它需要高处，所以它需要阶梯以及阶梯和登高者之间的矛盾！生活意欲登高，并在登高中超越自己。

我的朋友们，循着我的指引来看！这里，是毒蜘蛛的洞穴，耸立一座古庙的废墟——循着我的指引，用你们明亮的眼睛看吧！

真的，谁曾经用石砆向上垒砌自己的思想，他便如最

（接上页注）条格言，这个文本暗示了人朝向其目的的终极原因是：生命是权力意志，或渴望卓越。

① ［KSA版注］此行之后删去的文句是：它欲借朝霞之美使自己鲜亮，故要求自己眺望远方！

智慧者洞悉了一切生活的秘密!

纵然在洵美之中,也有战斗和不平等,还有为获取权力和强势权力的战斗:这便是他在此地以最明晰的比喻寄予我们的教诲。

在扭斗之中,拱顶和拱门如何神明一般相互激宕:在光明和黑暗之中,这些神一般的奋求者如何彼此奋求。

我的朋友们,让我们如是而成为确然而美好的敌人吧! 我们应如神明一般相互对抗奋求! ——

哎呀! 毒蜘蛛便咬了我,我的宿敌! 它如神明一般,确然而美好地咬了我的手指!

"必须有惩罚和正义"——它如是思考:"他在此处唱着尊崇敌对状态的歌,岂能不付代价!"

[83]是的,它已为自己复仇! 哎呀! 它现在还将以复仇令我的灵魂晕眩!

但是,我的朋友们,请把我紧缚于此,于这根石柱,如此,我便不致晕眩!① 与其为复仇之欲的旋风,不如为柱上的圣者!②

---

① [KSA版注]奥德修斯"请把我紧缚在这根柱子上吧!"犹如《荷马史诗》中的奥德修斯。

② [译按]参本卷"论高尚者"结尾对柱子的描述。根据徐梵澄先生译注,此处指牧羊人之子圣徒西蒙,或译圣·西默盎(Συμεὼν ὁ στυλίτης, St. Simeon the Stylite, 约388—459年),叙利亚人,有37年的时间在柱上生活,斋戒守身、祈祷。另参《朝霞》卷一,第14节,称此举为具有道德意义的疯狂。

真的,扎拉图斯特拉不是眩风与旋风;①倘若他是一位舞蹈者,那么,他绝非毒蜘蛛—舞蹈者!——

扎拉图斯特拉如是说。

---

① ［译注］此处原文是 kein Dreh- und Wirbelwind,Dreh-wind 与上文晕眩(drehe)同根,所以强译为"眩风"。

论著名的智慧者

你们所有著名的智慧者,尽皆服务于民众及民众的迷信!——而非真理!正因此故,你们才受人敬仰。①

因此,人们又容忍了你们的信仰之无(Unglauben),因为无信仰于民众而言,是一段笑话,一条弯路。如此,主人放任他的奴隶,并以他们的放肆为乐。

但是,民众所仇恨的,即如众犬所仇恨的狼:这便是自由的精神、②锁链之敌、不敬拜者、栖居森林的人。③

将他从其隐匿之处逐出——这永远被民众唤作"公

---

① [施注]这篇演讲转向了哲人,转向对传统哲人的批判。所有著名的学说都不过是其时代所流行的意见的部分或综合。传统的哲人是他所在时代的一员和他的民族的一员。传统的哲人总能发现他们所在的社会能够接受的理由。

② [法文版注]奔放无羁的天才(libre esprit,或译为自由的精神),不同于自由的思想家(libre penseur, Freidenker),参《善恶的彼岸》,44节。

③ [施注]参《智术师》231a—b,苏格拉底对比了哲人与智术师、狗与狼。

正的意义":他们总是教唆牙齿最为锋利的狗扑向他们。

"真理在此:因为民众在此!可怕啊,求索之人可怕啊!"向来有声音如是播衍流布。①

为了你们的民众,你们意欲在他们的尊崇之中树立公正:你们称其为"真理意志",你们这些著名的智慧者!

你们的内心总是对自己说:"我从民众中来:上帝的声音也从那里向我而来。"

作为民众的辩护者,你们总是如驴子般顽固而聪明。

某些有权力的人意欲与民众相善而行,便在他们的骏马前套上——一匹小驴,一位著名的智慧者。

著名的智慧者,现在,我意欲你们终会完全抛弃身上的狮皮!

斑斓的猛兽之皮,探究者、求索者和征服者的毛发!

[84]唉,要我学会相信你们的"诚实",②你们必先为我打碎你们的尊崇意志。

诚实——我所谓诚实之人,他踏入没有诸神的荒漠,

---

① [施注]哲学在卷二中再次成为主题,是从"幸福岛上"、"论著名的智慧者"、"论自我超越"开始。那些著名的智慧者不过是民众和民众的信仰的仆人。用我们时代的语言来说就是:意识形态思想家。

② [法文版注]"诚实"(Wahrhaftigheit,法译为 véracité 或 sincérité)有两重意义:一方面,它标志着对于传统思想关注的是从辩证法或者理论上对他的话语作出保证,参见《善恶的彼岸》第5节;另一方面,它标志着这种理论合法化的过程,揭示了传统思想的一个弱点或者一种冒充,尤其是在道德方面。

并已打碎其尊崇之心。

黄沙漫漫，白日炙灼，他或会在干渴之中馋涎泉水潆潆的海岛，岛上，生者在幽暗的树下安歇。

但是，他的干渴不足以说服他，令其雷同于这些安适之人：因为凡有绿洲之处，便有偶像。

饥饿、暴力、孤独、无神论：狮子—意志意欲自身如此。

摆脱奴隶的幸福、从神明和乞求中得以拯救、无畏、可怕、伟大而孤独：诚实者的意志便是如此。

诚实者和自由精神作为荒漠的主人而长居荒漠；但是，城中住着那些得到丰富喂养的著名智慧者——拉车的家畜。

他们实则是驴，总在拽引——民众之车！

我并不因此而怒对他们：在我看来，尽管他们着金色挽具而光华灼人，但是，他们长为仆役，挽具累身。

他们常常是殷勤的仆役，颇值其价。因为这种道德如此言说："倘若你必为仆役，便如此寻找，[寻找]你的劳役对他最为有益之人！

"你的主人的精神和道德，因你为其仆役而得以提升：如此，你便由他的精神、他的道德而提升！"

真的，你们这些著名的智慧者，你们这些民众的仆役！你们已因民众的精神和道德而提升——民众亦复如是！我说出这些，是因为对你们的尊重！①

---

① [译注]参黑格尔，《精神现象学》，第四章"自身确定性的真理"，先刚译，北京：人民出版社，2013年，页118—126。

但是,在我看来,你们因你们的道德而仍为民众,双目愚昧的民众——民众,岂知精神为何物!

精神是生活,是切伤自己生活的生活;它借自己的痛苦而丰赡自己的知识——这,你们可曾知晓?

精神的幸福便是:行涂圣油的仪式,以泪供奉,献为祭品——这,你们可曾知晓?

盲者之冥、其追寻求索,仍旧证明了他所凝视的太阳的权力——这,你们可曾知晓?

求知者当学会与山峦共同建造!以精神移山,①不过是锱铢琐事②——这,你们可曾知晓?③

[85]你们只知精神的火星:但是,你们看不见精神即铁砧,看不见它的锤子的残酷!④

真的,你们不知精神的高傲!但是,你们更不能容忍精神的谦卑,倘若它某刻意欲言说!

你们从未允许将你们的精神掷入一座雪窟:你们尚且不够热烈以行此事! 如此,你们也不知道其寒冷

---

① [KSA版注]参《哥林多前书》13:3:"而且有全备的信,叫我能移山。"

② [法文版注]《马太福音》21:21—22:耶稣回答说:"我实在告诉你们:你们若有信心,不疑惑,不但能行无花果树上所行的事,就是对这座山说,'你挪开此地,投在海里',也必成就。你们祷告,无论求什么,只要信,就必得着。"

③ [译注]对比《善恶的彼岸》第211节:"真正的哲人却是发令者和立法者:他们说应该如此,是他们确定人类走向何方,目的何在。"

④ [法文版注]在《善恶的彼岸》,卷三,第61节,尼采谈到了"神的铁锤"。

的乐处。①

我以为，在一切事情之中，你们的行止都与精神过于亲密；你们常常将智慧妆成低劣诗人的病人之屋和医院。

你们不是鹰：所以，你们未曾体验精神惊恐的幸福。倘若不是飞鸟，就不应在深渊之上筑巢。

我以为，你们微热温和；②但是，每一种深沉的知识，皆清冷流淌，精神最内在的水井冷冽：可为热烈之手和热烈的行动者提神（Labsal）。③

我以为，你们站立于斯，殊可钦佩，项背峭直，僵硬拘谨，你们这些著名的智慧者！——没有猛烈的风和意志可以驱策你们。

你们从未见过一面船帆风行海上？一面借风的飚扬而圆满、鼓胀、震颤的船帆？

我的智慧犹如一面船帆风行海上，借精神的飚扬而震颤——我的野性智慧！

但是，你们这些民众的仆役，你们这些著名的智慧者——你们怎么能够与我同行！——

扎拉图斯特拉如是说。

---

① ［KSA版注］参阅《尼采全集》第十卷4［131］：你们这些冷静而理智的人还不懂冰冷的快乐！另参第十卷12［1］：154："只有炽热的人才懂得冰冷的欢乐"，一位自由智者如是说。

② ［法文版注］《启示录》3：16："你既如温水，也不冷也不热，所以我必从我口中把你吐出去。"

③ ［施注］演讲的结尾，尼采更进一步发展了这个主题：传统哲人是淡漠之人，既不热心，也不冷酷。但丁在《神曲》开头描述地狱时也提及了这一主题。但丁一边谈论淡漠之人，一边谈论哲人。

夜　歌①

入夜：一切喷涌之井②此刻言说更为清朗。我的灵魂也是一口喷涌之井。

入夜：一切爱者之歌此刻方才苏醒。我的灵魂也是一位爱者的阕歌。

---

① ［KSA版注］誊清稿中此标题为"我是光"，来自"孤独之歌"。参阅《尼采全集》第十卷13[1]，437页：我曾自以为我是最富裕的人，现在依旧这样认为，可无人相信。于是我因施予的狂热而痛苦/我不因你们的灵魂而感动：再者，我马上就再也触及不到你们的皮肉了。最后的最窄的小沟也是最难逾越的。当我对自己最友善之时，是否对你们的伤害最沉痛？/我的爱和对你们炽热的渴望因为我的自我放逐而日甚一日，即便我的爱如此狂热，也仍旧使我同你们更为疏离，更为隔膜。

［译注］参《瞧，这个人》，"《扎拉图斯特拉如是说》"，第7节："这种精神的自言自语，用什么样的文字呢？酒神颂的语言。……在我以前，人们从未说过。……比如《夜歌》便足以为代表——那一种不朽的悲哀，因光与力的充满，因其太阳的本性，而被判定不得相爱。"

② ［译注］der springender Brunnen实为喷泉，英译通常译为fountain，但为与前文"论痞徒"相延续，强行字面翻译，以表明其井的意味。今有马丁·瓦尔泽小说以此为名。

我的内中有一种不宁静而又无法宁静的东西；它意欲朗然出声。我的内中有一种向爱的渴求；它自说着爱的语言。

我是光：唉，我宁愿是黑夜！但是，我为光所环绕，这就是我的孤独。

[86]唉，我宁愿幽深黑暗！我便会多么渴望吮吸光明之乳！

你们这些在上方发亮的微光星辰和萤火虫，我仍意欲祝福你们！——因你们获得光的馈赠而感到幸福。

但是，我生活在我独有的光里，我饮回我自身散裂出的火焰。

我不懂得索取者的快乐；我曾屡屡梦见，偷窃定然比索取幸福。①

这便是我的贫穷，我的手从未停止馈赠；这便是我的嫉妒，当我看见期盼的双眼、渴求中的澄澈之夜。

哦，一切馈赠者的不幸！哦，我的太阳的昏暗！哦，对渴望的渴求！哦，饱餍中的饥肠！

他们向我索取：但是，我还能触及他们的灵魂吗？给予和索取之间有一道深沟；最终横跨的，只是最窄的深沟。②

---

① [KSA版注]参阅《新约》的《使徒行传》20：35；另参阅《尼采全集》第十卷12[1]：140：偷窃常比接受快乐。
[法文版注]《使徒行传》20：35："施比受更为有福。"参"前言"，第一节。

② [KSA版注]参阅《尼采全集》第十卷，10[4]：你我之间横着一条最窄的深沟：可是谁来搭造跨越最窄深沟的桥梁！

我的洵美中生出一种饥饿:我要伤害我所照耀的人,我要劫掠受我馈赠之人——如是,我渴盼为恶。

当你们伸手相向,我会抽回双手;踟蹰,如瀑布倾泻中流而踟蹰——如是,我渴盼为恶。

我的丰富之中谋虑着这种报复:这般奸诈源自我的孤独。①

我馈赠之中的幸福又在馈赠中死去,我的道德因其富余而厌倦自己!

总是馈赠的人,其危险在于,他会遗忘羞愧的危险;总是给予的人,他的手和心因全然的给予而起老茧。

我的眼睛不再因请求者的羞愧而涌出泪水;对于那些捧满东西的颤抖之手,我的手变得过于硬冷。

我眼中的泪水、我心中的温柔②向何处倾洒?哦,所有馈赠者的孤独!哦,所有照耀者的沉默!

---

① [KSA版注]誊清稿:满足。其后删去以下文字:倘若我能将我的至爱之人称为强盗和猛禽,我是多么愿意用爱来报答他们的恐惧啊!倘若有朝一日我消失在暴风雨的乌云中,我是多么愿意从云中将金色的祝福倾泻给你们啊!引自誊清稿:唉,我把我至爱的人称为强盗和猛禽那该多好!唉,我能在乌黑的暴风雨中消失,既是云又是人那该多好!

② [译注]"温柔"原文是Flaum,意为绒毛,若译作绒毛,句意实在难解。不过,需要注意的是,后文"坟墓之歌"中"这就是你们,你们的皮肤宛似一层绒毛"中的绒毛是同一个词语。全书仅此两见。另参《朝霞》卷一,第114节"受苦者的认识",尤其对照《人性的,太人性的》前言五对病愈的自由精神的描绘:"现在长出了怎样的绒毛,散发出怎样的魅力!"绒毛很可能意味着一种健康过程中的健康心态。

许多太阳在荒凉的空间盘旋:它们以自己的光向一切幽暗之物言说——却对我沉默。①

哦,这是光对照耀者的敌视,照耀者沿其轨道冷酷地运行。

在内心最深处不公地看待照耀者:冷对那些太阳——每个太阳皆如是漫游。

[87]那些太阳在其轨道上飞如狂飙,这便是它们的漫游。它们跟随其不屈的意志,这便是它们的冷酷。②

哦,你们这些幽暗者,你们这些暗夜之人,正是你们从照耀者那里创造了温暖!哦,只有你们从光的乳房啜饮奶水与提神的饮品(Labsal)!

唉,我周身寒冰,我的手因冰冷而焚伤!唉,我内中的渴求,正渴望你们的渴求!③

入夜:唉,我必须成为光!对暗夜之人的渴求啊!孤独!④

---

① [译注]参《快乐的科学》第125节,空间的许多太阳和无序,来自上帝死亡之后的宇宙:"再怎么办呢? 地球运动到哪里去呢? 我们运动到哪里去呢? 离开所有的阳光吗? 我们会一直坠落下去吗? 向后、向前、向旁侧、全方位地坠落吗? 还存在一个上界和下界吗? 我们是否会像穿过无穷的虚幻那样迷路呢? 那个空虚的空间是否会向我们哈气呢?"

② [KSA版注]引自尼采誊清稿:我们在我的轨道上飞翔,这是我们的漫游。当我们彼此邂逅,却互不致意问安。

③ [KSA版注]引自尼采誊清稿:我的心无可名状地焦渴着,我因为爱你们的爱而备受折磨,我还会因为冰冷的……而被烧毁。我渴盼你们口渴,我的灵魂因爱你们的爱而备受折磨,我还会因为冰冷的……而被烧毁……

④ [施注]黑夜,但扎拉图斯特拉是光,这光热切又寒冷,扎拉图斯特拉只馈赠,不索取,他是完全孤独的。……如果创造性的自己是所有意义的源泉,但此刻这个自我居于一个毫无意义的世界上。我认为,这是必然的结果,自我处于一个完全黑暗无光的世界上。

入夜：我内中一种渴望喷薄而出，如一处泉源——我渴望言说。

入夜：一切喷涌之井泉此刻言说更为清朗。我的灵魂也是一口喷涌之井。

入夜：一切爱者之歌此刻方才苏醒。我的灵魂也是一位爱者的阕歌。——

扎拉图斯特拉如是歌唱。

舞蹈之歌①

一日向晚,扎拉图斯特拉与其门徒穿行林中;看啊,当他寻找一眼井的时候,他踏上一片绿茵,四周是静寂的树木与灌丛:草地上,少女们一起舞蹈。少女们认出扎拉图斯特拉,立即停止了舞蹈;但扎拉图斯特拉仪止和蔼,向她们走去,说了这些话:

"你们这些可爱的少女,不要停止舞蹈!走向你们的,不是目光恶毒的败兴者,也不是少女的一敌人。②

"在魔鬼面前,我是上帝的辩护者:但魔鬼是沉重的精神,你们这些轻盈者,我怎会敌视神圣的舞蹈?或少女们那脚踝美丽的双脚呢?

"我诚然是一片森林,暗林中的一个夜晚:但谁若不惧

---

① [法文版注]参见《快乐的科学》,卷五,第381节。
② [施注]这首歌居于中间。如果从民众的视角出发,扎拉图斯特拉就是黑夜,但他的同伴是整天酣睡的丘比特。扎拉图斯特拉唱了一首歌来赞美生命的深不可测。但生命自身否认自己深不可测。

怕我的幽暗,在我的柏树之下,他便会觅到玫瑰斜坡。①

"他也会觅到少女们最爱的小神:他躺卧井边,寂然无声,双目闭阖。

"真的,他在晃朗的白日熟睡,这偷闲者!② 他捕蝶太多了么?

"倘若我略微惩戒这个小神,你们这些美丽的舞蹈者,[88]不要对我发怒! 他或许会叫嚷、会哀泣——但是,他即便哭泣也惹人发笑!

"眼中噙着泪水,他也要邀你们跳一支舞蹈;我意欲伴着他的舞蹈而自唱一首歌曲:

"一首舞蹈之歌,讽刺之歌,直向沉重的精神,我那最高、最强力的魔鬼,据说他是'世界的主人'③。"——

丘比特和少女们共舞时,扎拉图斯特拉所唱,便是这首歌:④

---

① [译注]布满玫瑰的遮荫处, bowers of roses, 原文是 Rosenhänge, 系尼采自组之词, Kaufmann 译为 roseslopes, 即将 Hänge 理解为斜坡的复数; 而 Lampert 与 Hollingdale 翻译同, 是考虑到随后的短语 unter meinen Zypressen[我的柏树下]那么, 遮荫似乎更为妥帖。

② [译注] der Tagedieb, 直译为"白昼的窃贼"。

③ [KSA 版注]引自尼采草稿:如果魔鬼自称是世界的主宰,那么沉重的精神在尘世就不应自称主宰/但我是沉重精神的仇敌! 我崇高的大笑直冲着他。

[法文版注]《约翰福音》12:31:"现在这世界受审判,这世界的王要被赶出去。"

④ [施注]哲学的主题在"论自我超越"中再次出现。在"论自我超越"与"论著名的智慧者"之间,是三首歌:"夜歌"、(转下页注)

哦,生活,我最近曾凝视你的眼睛!随即,我自己似乎沉入深不可测(Unergründlich)之中。

"但是,你以黄金钓竿将我拉出;你讥笑我说你深不可测:

"所有的鱼都如此传言,"你说,"凡它们不能测度者,便是深不可测。

"但是,我多变、野性、完全是个女人,又没有道德(tugendhaft);①

"尽管你们这些男人曾称我为'深渊',或'忠诚'、'永恒'或'神秘'。

(接上页注)"舞蹈之歌"和"坟墓之歌"。这三首歌虽然没有系统地说明,但已经表达了以前哲学中缺乏的东西,即缺乏对生命的深度和完整的认识。我们或许可以说,未来哲人将是哲人和诗人——尤其是抒情诗人——的综合体。我们或许会想起西塞罗的一个说法,塞涅卡如此转述:"西塞罗说,即便他的生命有两倍长,他也不会浪费时间去读抒情诗。"(塞涅卡,《书信集》,49)

[译注] 1883 年 8 月 16 日,尼采致 Heinrich Köselitz 的书信中,提到了这一章中的舞蹈与丘比特,并且说,"与少女跳舞的丘比特只有在伊斯基亚(Ischia)岛上才能得到理解,根据岛上的语言,丘比特(Cupido)叫作 cupedo。"意大利这座小岛很可能就是扎拉图斯特拉这一卷中"幸福岛"的原型。

① [KSA 版注]引自尼采草稿:你的意志莫测多变,而且抗拒自我,因此,你才最深不可测。/我最近直视过你的眼睛,哦,生命,当时我觉得沉入了无底的深渊。/可是你用黄金钓竿将我钓上来,让我重见天日,否则我会溺毙在你的深渊。/当我说你深不可测之时,你笑了,你说,我变幻无定,虚伪而执拗。/倘若我老是自己反驳自己,谁还想探究我呢!/我的执拗甚至引领梳子倒梳我的头发!/我仅是一个妇人而已,且不是有德的女人!

[法文版注]参见《快乐的科学》,卷四,第 339 节。

"但是,你们这些男人始终以自己的道德馈赠我们——唉,你们这些道德家!"①

如是,她笑了,这位不可信者;当她说自己恶的时候,我根本不相信她和她的笑。

当我同自己的野性智慧私语,她恼怒地对我说:"你意愿,你渴求,你爱,唯此你才礼赞生活!"②

我几乎以恶语作答,对这怒者说出真理;但人对自己的智慧"说出真理"时,这个回答应当最为恶毒了。

这便是我们三者之间的情形。我根本上只爱生活——而且,真的,在我恨她的时候,却是最爱的时刻!

但是,我善待智慧,常常过于善待:因为智慧总令我强烈地想起生活!

---

① [KSA版注]引自尼采草稿:但你们男人总是把自己的道德馈赠我们/我把这称为深渊、神秘、忠诚和永恒/可是我身上的忠诚和永恒即是我的暂时性。/你应如此称赞我的暂时性:我的执拗要这样/我对你的理解是正确的,因为男人在妇人面前总是说自己的一些最愚蠢的话。

② [KSA版注]此行之后删去的文句是:真的,我不称赞的东西是:不再有意愿,不再有爱,不再活着!/完满的,一元的,固定不动的,(空虚的,)饱和的(沉重的)——我以为这些东西都是恶/是无梦的睡眠——简直是最沉重的梦魇,我把所有末流的知识称之为我的最大危险/生命有一次问我,什么是认知? 我满怀爱心地答道,认知么? 认知就是一种渴求,一种吸纳点点滴滴的啜饮,一种强烈的渴求。/认知就是透过面纱窥视,犹如用细柔之网捕捉/噢,智慧呀! 我们这些认知者都被你的钓饵引上了钩——微不足道的一点点美总是诱使最聪明的鲤鱼上了圈套! 智慧是变化无定的东西,执拗的东西,我经常瞧见智慧违背己意倒梳其发! /它是说自己坏话的一类,但它诱惑别人。——引自尼采誊清稿。

她[智慧]也有其双眼、有其笑颜,甚至也有其黄金钓竿:二者看起来何其相似,我对此又有什么办法?

有一次,生活问我:智慧,她到底是谁呢?——我急切答道:"哎呀,智慧!

"人们渴望它,从不厌倦,人们透过面纱观看,人们以网罟捕捉。

[89]"她美丽吗?我怎么知道!但是,最老的鲤鱼也会因她上了钩。①

"她多变而又执拗;我常见它咬着嘴唇,倒梳头发。②

"她或许恶而虚伪,完全是个女人;但当她说自己坏的时候,恰是她最能诱人的时刻。"

我对生活说了这番话,她带着恶意笑了,闭上眼睛。她说,"你在说谁呢?兴许是在说我?

"即便你说出正确的东西——你怎么可以对我当面说这话!但是,现在也说说你的智慧!"③

啊,现在你再次睁开眼睛,哦,亲爱的生活!我自己似乎再次沉入深不可测之中——

---

① [译注]1884 年 3 月 5 日,尼采致 Heinrich Köselitz 信中称自己为"一条音乐老鲤鱼"。

② [KSA版注]参阅《尼采全集》第十卷,13[1],416 页:看,那女人怎样在违抗自己,怎样违背己意在倒梳自己的金发!

③ [施注]尼采在《历史学对于生活的利与弊》中论过生命与智慧的敌对,他用智慧来理解客观性或客观的科学。创造性的生命与认识客观性的智慧是敌对的。然而,扎拉图斯特拉的智慧,与科学家的智慧不同,他的智慧并不是生命的敌人。对比《善恶的彼岸》的序言:真理被说成一个女人。

扎拉图斯特拉如是歌唱。但当舞蹈停止而少女们离去，他变得悲伤。

"太阳久已沉落，"他终于说，"这片草地潮湿，阵阵凉意从林中传来。①

"有一种未知之物（Unbekanntes）在我周围，②它若有所思地凝视。什么！扎拉图斯特拉，你还活着吗？

"为什么？为了什么？凭着什么？去往何处？在哪？如何？仍旧生活着，这岂不是种愚蠢？——

"唉，我的朋友们，是夜晚在向我发问。原谅我的悲伤吧！

"已是夜晚：原谅我吧，已是夜晚了！"③

扎拉图斯特拉如是说。

---

① ［译注］参恩培多克勒的残篇，118："我哭泣并且悲鸣，当看到一个不熟悉的地方，在那里杀戮、仇恨以及别的死亡的族群，他们游荡于黑夜注意下的厄运之神的草地（ἄτης λειμῶνα）"（基尔克等，《前苏格拉底哲学家》，聂敏里译，上海：华东师范大学出版社，2014年，页496）。对比柏拉图在《斐德若》248b—c。

② ［译注］未知之物，根据《偶像的黄昏》中的说法："真正的世界——无法达到？无论如何未达到。未达到也就是未知的。所以也无法安慰、拯救、赋予义务：某种未知之物能让我们承担什么义务？"（"'真实的世界'如何最终成了寓言——一个谬误的历史"）康德的二律背反本质上拒绝了真实世界是可以理解的，随后，西方哲学对真实世界的理解便进入这种未知的阶段。

③ ［KSA版注］参阅《尼采全集》第十卷，4［212］：天气清凉，草地被阴影笼罩，太阳早已沉落。/这样生活不荒唐吗？为了从生活中创造一种理性，我们不必再拥有理性？/弟兄们，请原谅扎拉图斯特拉的灵魂吧，夜幕降临了。

坟墓之歌①

"那有座阒寂的坟墓之岛；那里也是我青春的坟墓。我将前去献上一个生活的常青花环。"②

心中如是决定，我便渡海而去。——

哦，你们，我青春的面相（Gesicht）和形象（Erscheinung）！你们所有爱的目光，你们神圣的眼神！你们在我这里倏忽而逝，多么匆促！今日，我追忆你们，犹如追

---

① ［KSA版注］此标题在尼采誊清稿中为：死者的庆典。参阅《尼采全集》第十卷，10[5]：彼处乃坟墓之岛，亦是我青春时代的坟茔所在：我要将一个常青的生命花环送达彼处。今天，怀着对青春的忆念，我走在我的坟茔大道上。我坐在红色罂粟和野草之间的废墟上——我本人的废墟。我在那沉入梦乡的海面上漂泊，驶向那远避尘嚣的海岛／古老的、忍耐的铁石心肠呀，你依旧活着，在你那里，我青春时代那些未被拯救的、没有言说的东西依旧活着。

［译注］罗森认为，本章主题是"对扎拉图斯特拉青春的哀悼"。第三卷"七个印章"第二节中，埋葬是和痊愈有关，似乎坟墓意味着某种治疗。

② ［施注］"坟墓之歌"重复了"夜歌"的主题。扎拉图斯特拉并非总是孤独的。有那些时刻，他热爱人类，也被人类所爱。

忆我的死者。

我至爱的死者,你们那儿向我传来一股甘甜的气味,①一股舒心而又宽慰泪水的气味。② 真的,它激动并宽慰了一颗孤独的航海者之心。

[90]我向来是最富足、最被嫉恨的人——我这最孤独的人! 因为我曾经拥有你们,你们也依然拥有我:说吧,谁能像我一样,树上玫瑰色的苹果会为他而落?

啊,你们最亲爱的人,我向来是你们爱的继承者和土壤,为缅怀你们,绽放着彩色的野生道德!

啊,我们生来就彼此邻近,你们这些优美而陌异的奇迹;你们向我而来,来到我的渴望,却不像那些胆怯的鸟儿——不,而是作为信任者向信任者而来。

是的,与我一样,你们也为忠诚、为温柔的永恒而生:你们这些神圣的目光和瞬间,我必须根据你们的不忠而称呼你们:我还没有学会其他名称。

真的,你们这些逃离者,你们对我亡逝得过于匆促。不过你们没有逃离我,我也没有逃离你们:我们的不忠里,彼此皆无罪过。

你们,我的希望的歌唱之鸟,为了杀死我,人们便让你们窒息而死! 是啊,你们这些最亲爱的人,恶总会向你们射出箭矢——却击中了我的心!

---

① [KSA版注]甘甜的气味,参阅《尼采全集》第十卷,9[48]:"犹如一股甘甜的气味"——可他们不得不死。
② [KSA版注]宽慰泪水:根据誊清稿,宽慰泪水的气味似乎从阒寂的幸福的海岛那边向我飘来。

它击中了！你们始终是我心中的最爱，是我的占有之物，①也占有着我：所以，你们必然夭殇，又委实太早！

人们把箭射向我所占有的最易受伤者：这就是你们，你们的皮肤宛似一层绒毛，或似一瞥惊鸿的微笑！

但我要对我的敌人说出这些言辞：与你们对我的所为相比，所有杀人的行为又算得什么！

你们对我的所为，比一切杀人行为还要凶恶；你们从我这里夺走了无可挽回的东西——我如是对你们言说，我的敌人们！

你们谋杀了我青春的面相（Gesicut）和最爱的奇迹！你们夺走了我的游伴——幸福的精神！为纪念他们，我放下这个花环和这一诅咒。

我的敌人们，这是针对你们的诅咒！你们令我的永恒变得短暂，如一阵声音在寒夜破碎！只勉强如神圣之眼中的仰望目光（Aufblinken）向我而来——如一个瞬间（Augenblick）！

我的纯洁曾在美好的时光里如是说："我以为，一切存在之物（Wesen）皆应神圣。"②

你们遂以污浊的幽灵向我侵袭；唉，美好的时光现在都逃往何处？

---

① ［KSA版注］尼采誊清稿：我的真理那纯金般的狂热。
② ［KSA版注］参阅《尼采全集》第九卷，18[5]以及《快乐的科学》第一版所引爱默生的格言为题词。

"我以为，所有时日皆应神圣。"——我青春的智慧曾如此说：真的，一种快乐、智慧的言辞！①

[91]但是，你们这些敌人却窃去我的夜晚，并售予无眠的痛苦：唉，现在，快乐的智慧又逃往何处？

我曾经渴望鸟儿带来的幸福征兆：你们却把一只猫头鹰—怪物引向我的道路，②一种带来恶兆的鸟儿。唉，我温柔的渴望却逃往何处？

我曾发誓弃绝一切厌恶之物：你们却把我的近邻和最近者都化为脓疮。唉，我最高贵的誓言又逃往何处？

我曾为盲人，在幸福的路上行走：你们却把污秽倾倒于盲人之路：现在，过去的盲人之路令他嫌恶。③

我做着我最艰巨的事情，并庆贺我超越的胜利，这时：你们令爱我的人们呼喊，说我造成他们最大的苦痛。

真的，你们向来的做法都是：你们败坏我最好的蜂蜜、我最好的蜜蜂的勤勉。

你们总是向我的仁慈派来最放肆的乞丐；总是向我的同情驱来无可救药的无耻之徒。这样，你们伤害了我

---

① [KSA版注]同上注。
② [译注]猫头鹰与哲学之间关系的暗示，参《朝霞》538节，"天才的精神错乱"。
③ [KSA版注]此行之后删去的文句是：我曾彻底同情我的敌人，而我的顺从则似林中的寂静。林中之兽可爱地从绿色朦胧中掠过，这时我发现我最可爱的动物受到敌人铁器的伤害而流血：唉，这种对敌人的爱究竟要逃向何方呢！我曾变得彻底的遗忘，心灵如森林般寂静。于是你们发明这种新的恶：你们劝说我的朋友成为最卑鄙的人——唉，我的母狗的"遗忘"究竟要逃向何方？

的道德对自己的信仰。①

当我把我的至圣之物奉为祭品：你们的"虔诚"立刻随之摆上它最肥腻的赠品：如是，你们肥腻的熏雾里，我的至圣之物窒息而死。

我曾意欲跳舞，似乎我从未舞过：我曾意欲超越所有的天空而舞。这时，你们劝服了我最爱的歌者。②

于是，他开始吟唱一支可怖的沉滞之曲。唉，他似乎向我的耳朵吹响一只昏沉的号角！③

行凶的歌者，为恶的工具，最无辜的人啊！我已经起身，要跳起最好的舞蹈④：你却用你的声音谋杀了我的狂喜！

只有在舞蹈中，我才知道讲述最高事物的比喻——而现在，我最高的比喻依旧在我的四肢之内，未曾说出。⑤

----

① ［KSA版注］此行之后删去的文句是：你们这些道德家，你们将自己的道德变成反对我的毒蛇之毒汁；你们这些正义之人，你们的正义一直在嚷叫："把他钉死在十字架上！"引自尼采誊清稿。

② ［施注］此处指瓦格纳。

③ ［KSA版注］此行之后删去的文句是：我怎么啦！不仅我的心脏而且我的脚趾全都萎缩啦！这个舞者竟然将耳朵安放在脚趾上。我的意志不想再跳舞！——参阅尼采誊清稿，亦参阅本书第三卷"另一首舞蹈之歌"。

④ ［KSA版注］参阅尼采誊清稿。舞中之舞，超越天空之舞。

⑤ ［施注］真理不可能是直白的——它很难懂。……从尼采的视角出发，生活本身是还没有解释的文本，生活自身是无意义的。这一解释依赖于解释者的创造性行动。但是，这一解释与文本同样是预先就存在的，因此不能说，这个解释是错的，只有文本才是真实的。……求知不仅仅意味着认识某事，而且意味着解释，意味着创造，成为一个诗人。对比《快乐的科学》，"前言"第四节。

我最高的希望依旧未曾说出,未曾得到拯救!我的青春的一切面相和安慰都死了!

这让我如何忍受?① 我如何经受、超越这些伤痛,如何克服这些伤痛?我的灵魂如何从这些②坟墓中再度复活?

是的,我自有一种不可毁伤、不可掩埋之物,一种可炸碎岩石之物:这便唤作我的意志。它庄严缓行,默然无声,经年不更。

[92]我的古老意志,它意欲以我的脚行它的路;它的感官心内坚硬,不可毁伤。

我的不可毁伤之处,唯有脚踝。③ 最坚忍者,你一直那么生活,始终如一!你一直在突破你的一切坟墓!

我的青春之中未被拯救的东西,依然活在你的身上;如生活,如青春,你安坐于此,怀想黄色的坟墓—废墟。

是的,我以为,你是一切坟墓的摧毁者:我的意志,向你祝福!只在有坟墓之处,方有复活④。——

扎拉图斯特拉如是歌唱。

---

① [KSA版注]参阅瓦格纳《特里斯坦与伊索尔德》,2.2。
② [KSA版注]誊清稿,一百个。
③ [KSA版注]与阿喀琉斯相反。
④ [KSA版注]誊清稿:真的,哪里有我的坟墓,就总有(曾有)我的复活。

论自我-超越①

"真理意志",②你们这些最智慧的人,如此称呼一切推动你们并令你们贪求的东西吧?③

---

① ［KSA版注］此标题在誊清稿中为"论善与恶"。
［法文版注］参见卷一,"论创造者的道路"。
［译注］对比《善恶的彼岸》第一章"论哲人的偏见"第一节,该节主题就是真理意志,尼采将真理问题转换为求真理的意志问题,并进而发问:"假如我们意欲真理,为什么不是意欲非真理?非确定性,甚至无知?"尼采的问题转换为海德格尔的问法就是,"究竟为什么存在者存在而无反而不在?"(Warum ist überhaupt Seiendes und nicht vielmehr Nichts?)这是海德格尔1929年在《形而上学是什么?》中的提出的问题。

② ［施注］真理意志就是意欲可思考性(thinkability),即意欲万物皆可思考。之前的哲人都无意识地试图将他们的意志和品质铭刻在现实之上,并宣称这就是真理。《善恶的彼岸》第一章以散文风格发展了这一主题。整全的可理解性是哲学最基本的假设,且是一个没有逻辑支持的假设。

③ ［施注］整部《扎拉图斯特拉如是说》中,"论自我-超越"是迄今为止最明确谈论哲学的演讲。尼采认为,真理意志是权力意志的一种形式,权力意志是所有活生生的存在者最本(转下页注)

意欲一切存在者的可思考性(Denkbarkeit)①的意志:我如是称呼你们的意志。

你们首先意欲一切存在变得可以思考(denkbar);因为你们善以猜虑而怀疑,怀疑其是否已经可以思考。②

但是,它应当顺从并屈服你们!这便是你们的意志的意愿。它应当变得光滑,听服于精神,作精神的镜子和相对之像(Widerbild)。③

你们这些最智慧的人,这便是你们的全部意志,是一种权力意志;当你们谈论善恶与价值评估时也是如此。

你们还意欲创造一个你们能够屈膝其前的世界:这就是你们最终的希望和沉醉。

(接上页注)质的特征,不仅如此,还是所有存在者最本质的特征。此处的难题在于,权力意志学说是否是作为权力意志的自我意识的一种表达?换言之,权力意志在尼采那里是否是有意识的,或者这一学说是否是尼采自身的权力意志的直接表达?

① [译注]尼采刻意用了一个比较哲学化的阴性名词。该词很可能主要源自费希特,参《人的使命》第一章"怀疑",因为费希特意识到可思考性的因果链条与思考的"我"之间的断裂,从而重新构造自我概念。更完整的描述见之于《全部知识学的基础》。本章"论自我-超越"的过程与此相关。

② [施注]渴求知晓万物的意志暗示了,每一事物在原则上是可知的。这是对确定性的渴求。……而尼采断言,存在之为存在是难懂的——"我们无法拥有真理"。尼采以及尼采之后的哲人不同于传统的哲人。古老的哲人们说,在原则上我们可以拥有真理,因为他们将真理视作可知的。……但尼采说存在难懂还意味着别的东西:所有的意义、所有的表达、所有的价值都源于人,源于自己。

③ [译注]对比卷一,"论信仰彼岸世界的人"。

不智慧的人,自然是民众——他们犹如一条河流,①河上一叶轻舟漂流而下:舟上安放了种种庄严而隐匿的价值评估。

你们将你们的意志和价值置于生成的河流(den Fluß des Werdens)之上;凡是民众信以为善或恶者,在我看来,皆显露出一种古老的权力意志。

你们这些最智慧的人,正是你们把那些宾客置于小舟之上,并给予它们奢华、给予它们骄傲的名称——你们和你们的统治意志!

现在,河流负载你们的小舟前行:它必须负载小舟。尽管破碎的浪花飞溅,愤怒地抗拒反驳[小舟]龙骨,但这微不足道!

[93]你们这些最智慧的人,这条河流不是你们的危险,不是你们善恶的结点:而是那意志本身,权力意志——不竭的创造的生活意志。

但是,为使你们理解我有关善与恶的说法:我意欲对你们说出我关于生活的说法,关于一切生者(Lebendig)的本性(Art)的说法。

我紧随生者,走过最伟大和最渺小的道路,于是我懂得了它们的本性。

当生者阖上了嘴,我就用一百倍的镜子寻找它的目

---

① [译注]参《快乐的科学》,第112节"因果":"视因果为连续,而不要依照我们的本性把它们视为可随意肢解的片断;视发生之事为一种'河流'。倘若一种智力能做到这点,它便会将因果概念抛却,将一切条件否定。"

光:以便它的眼睛对我言说。它的眼睛便对我言说了。

但是,只要在我发现生者的地方,我就能听到服从的话语。一切生者皆是服从者。

这是第二点:不能听从自己的人,就要接受命令。这便是生者的本性。

但是,这是我听到的第三点:命令的行为比听从行为更加沉重。① 命令者不仅负载一切听从者的重担,而且这重担可以轻易将他压碎:——

我以为,一切命令中都会出现一种尝试和冒险;当它命令时,生者即以自身为投骰之注。

是啊,倘若它命令自己:这时,它也必须为命令付出代价。它必须成为自己法律的法官、复仇者和祭品。

怎么会这样! 我曾如此自问。是什么劝说生者服从、命令,甚至命令中也在服从?

你们这些最智慧的人,现在听我的说法! 请严肃检查,我是否已缓缓探入生活的内心,直入它内心的根处!②

凡发现生者之处,我便发现权力意志;即便在仆从的意志里,我也发现了欲为主人的意志。

弱者之服务于强者,是出于他的意志的劝服,他那意欲

---

① [KSA版注]参阅《尼采全集》第十卷,12[1]:162。学会命令比学会顺从更难。
[法文版注]关于命令与顺从,参见卷三,"论旧和新的标牌"。
② [KSA版注]直至它潜藏的意志,见修订前的校样;直至它内脏的意志,见修订的校样。

成为更弱者的主人的意志:这是他不愿放弃的唯一兴致。

正如较小者献身于较大者,是为了拥有朝向最小者的兴致和权力:如是,最大者亦会献身,为了获取权力而以生活——为赌注。

这便是最大者的献身,此即冒险、危险和致死的赌博游戏。

凡有祭品、劳作和爱的目光之处:那里便有欲为主人的意志。较弱者从侧径潜入城堡,直入较有权力者的心中——[94]于此窃取权力。

生活亲自对我说出这个秘密:"看,"它说,"我是必须永远超越自我的东西。

"诚然,你们称之为生育的意志,或向着目的的推动,向着更高者、更远者、更多样者的推动:但是,这一切都是一(Eins),是一个秘密。①

"我情愿沉落,也不会放弃这个'一';真的,凡有沉落与木叶飘零之处,看,生活便在那里以自己为祭品——为了权力!

"我必须是战斗、生成、目的和目的的对立:啊,谁猜

---

① [译注]参《希腊肃剧时代的哲学》,引自赵蕾莲译,《尼采遗稿》,哈尔滨:黑龙江教育出版社,2012年,页226:"我们在所有的哲学里,连同那些一再被更新的、更好地表达这种起源的尝试中,都会遇到这个信条:'万有为一'。"另对比柏拉图《王制》500b-c;亚里士多德《形而上学》982b—983a。海德格尔在讨论赫拉克利特时说得非常清楚:"这个'一'贯穿整个形而上学,如果没有这个'一',辩证法就不可思议。"(《讨论班》,王志宏译,北京:商务印书馆,2019年,页46)

到了我的意志，便也猜到他必须踏上的曲径。①

"不论我创造什么，不论我如何爱它——不久，我必须成为它的对手，我的爱的对手：我的意志意欲如此。

"而你这求知者，不过是我的意志的一条蹊径和足印：真的，我的权力意志也紧随你的真理意志！②

"以'此在意志'（Willen zum Dasein）的言辞为箭，射向真理，当然击而不中：③这种意志——并不存在！

"因为：凡不存在者，则不可能有所意欲；但是，凡在此在之中的，又怎么可能意欲此在！

"只是，凡生活所在之处，便有意志：但是，没有生活意志（Wille zum Leben），而是——我如此教导你们——权力意志！

"对于生活的人（Lebenden）而言，对许多东西的评价高于对生活本身的评价；但从这评价自身说出来的——却是权力意志！"——④

---

① ［法文版注］道路是迂回曲折的，因为同一种意志，既是人类的"错误"产生的原因，也使得超人诞生。参见《朝霞》，卷五，第 425 节。

② ［施注］如果求知者是卑贱的，他将用知识去追求那些令人感到羞耻的事物和导致人堕落的事物；如果求知者是高贵的，他将用知识提升人。这意味着，你不必深入那些卑贱事物的核心去探究它们，相反凭借超越行为，人从野兽变成了人。

［译注］真理意志作为哲人的权力意志，可对比《偶像的黄昏》，"我感谢古人什么"，第 3 节。

③ ［法文版注］暗示叔本华。

④ ［朗注］仅仅活着并不是最高的价值；生活的价值是某种高于单纯的生活的价值，是权力意志。这段话结束时，生活以词组"权力意志"劝诫扎拉图斯特拉务必前去察看；这就是生活的秘密，它比单纯的生活价值更高，后者正臣服于前者。

生活曾如是教诲我:你们这些最智慧的人,我由此而猜透你们心中的谜。

真的,我告诉你们:永恒长存的善与恶——并不存在!出于它们自身的缘故,它们自己必须总是一再自我超越。

你们这些价值评估者,你们以你们的善与恶的价值和言辞行使你们的强力(Gewalt);这便是你们隐匿的爱和你们灵魂的光辉、颤抖和流溢。①

但是,你们的价值中长出一种更强的强力,一种新的超越:蛋和蛋壳由此而破碎了。

谁一定要在善与恶的方面成为一位创造者:真的,他就必须先是一位破坏者,打碎诸种价值。

如是,最高的恶属于最高的善:但这,便是创造之善。——②

你们这些最智慧的人,让我们只谈这个内容,尽管这么做颇为糟糕。[95]沉默却更糟糕;一切沉默的真理都会变得有毒。③

---

① [KSA版注]参阅《尼采全集》第十卷,13[1]:418。并非是你行为的原因和目的造成你行为的善,而是你行为时灵魂的颤抖、光辉和流溢所致。

② [法文版注]这个表达式,也就是一个"命运造就人"的表达式。参见《瞧,这个人》,"为何我是一种命运",第2节。

③ [KSA版注]此行之后删去的文句是:(我必须把你们的一切隐秘暴露于光天化日之下,剥掉你们价值的伪装。)我剥掉你们隐秘的外衣,让我得到应有的报偿吧。/真的,我看见赤裸的你们,在我看来,你们的善恶还能是什么呢!/真话对你们是否有用或有害,这与我何干?/让我们重新创建一个世界,一个真话对其有用的世界。/但愿世界为我们的真话而劳神伤心。

让一切破碎,能够——因我们的真理而破碎的一切!还有许多房屋尚待营建!①

扎拉图斯特拉如是说。

---

① [KSA版注]尼采第一稿:这就意味着不存在永恒的善与恶,由于自身的原因,它不得不总是超越自己。/你们价值评估者用你们的价值行使其暴力,此即为你们的出于(最深处的)潜藏之喜爱的创造意志。/可是从你们的价值中又滋生出一种更强大的暴力,于是"蛋壳"破碎了。/诸位朋友,有关生活的秘密,生活本身给了我如是的教导,所以我必须做摧毁你们的善恶之人。/(你们以为什么是正义,什么是善,)让我们只管实话实说好啦!(至于我们为这些真话而心碎,那又有什么关系!)这令人恐惧的真理! 但愿这真理把我们弄得心碎欲裂,但愿世界为这真理而伤神费心(变得支离破碎!),以期建造一个新的世界——真理的世界!

论高尚者

我的海底寂静:可谁能猜到,它暗藏着玩笑的怪物!

我的深渊不可撼动:但是,它因漂浮的谜与笑而粼然有光。

今日,我看见一位崇高者,一位庄重者,一位精神的忏悔者①:哦,我的灵魂如何取笑他的丑陋!②

他昂然挺胸,仿佛深吸了一口气的人:他如是站立,这位崇高者沉默无声:

他悬挂丑陋的真理,即他的猎物,他满身破衣;附着了许多棘刺③——但是,我尚未看见玫瑰。

---

① [KSA版注]这个术语参阅尼采全集卷十,4[230]:它的学者应是灵魂忏悔者,4[275]:你们成了灵魂忏悔者,我才赋予你们尊严!

② [施注]"高尚者",即精神的忏悔者;那些不再把真理看作美好的或有益的人,他们寻求真理并非出于任何别的关心,所以他们会寻求丑陋的真理:这些人是忠实于自身的人。

③ [法文版注]《马太福音》,27:27—31:巡抚的兵就把耶稣带进衙门,叫全营的兵都聚集在他那里。他们给他脱了(转下页注)

他尚未学会笑、学会淘美(Schönheit)。这位猎者从知识之林阴郁而归。

他与动物搏斗之后回家；但是，在他的严肃表情之中还有一头动物——一头未被征服的(unüberwundenes)动物！

他总是站立于此，如一头意欲腾跃的虎；但是，我不喜欢这些紧张的灵魂；我的品味对所有退却者还有敌意！

朋友们，你们对我说，品味(Geschmack und Schmecken)①没有争论的必要，是吗？可是，所有生活皆是因品味(Geschmack und Schmecken)而起的争论！

品味(Geschmack)：亦即砝码、刻度和衡量者；意欲无需砝码、刻度和衡量者的争议而生活，一切如此的生者(Lebendigen)何其不幸！②

（接上页注）衣服，穿上一件朱红色袍子；用荆棘编成冠冕，戴在他头上；拿一根苇子放在他右手里，跪在他面前，戏弄他说："恭喜，犹太人的王啊！"又吐唾沫在他脸上，拿苇子打他的头。戏弄完了，就给他脱了袍子，仍穿上他自己的衣服，带他出去，要钉十字架。

① ［译注］Geschmack und Schmecken，后者是尼采将动词 schmecken 名词化使用，二者意思相近，不过后者本系动词，所以更强调品味的动作意味。此处为便于阅读，没有分开翻译。全书也只有这段话里，有两处 Geschmack und Schmecken 相连的用法，皆标出原文。关于品味与高尚者的关系，参《快乐的科学》卷一第 3 节"高尚和低下"。

② ［KSA 版注］参阅《人性的，太人性的》170 页，也请参阅尼采全集第一卷，816 页，《希腊肃剧时代的哲学》(1873)：希腊文表示"智者"的这个词从词源学方面看，起源于"品尝"(sapio)、"品尝者"(sapiens)和"敏锐者"(sisyphos)。因此，这个民族（转下页注）

这位高尚者,当他厌倦了他的高尚:于是,他的美方才开始,——然后我才会品味他,并发觉他的美味。

惟有他自己避开了自我,他才跃出他自身的阴影——真的!才进入他的阳光。

[96]他曾在阴影中枯坐太久,这位精神的忏悔者两颊苍白;因他的期待而几成饿殍。

他的眼中尚含蔑视;他的嘴角暗藏厌恶。此刻,尽管他已宁静,但是,他的宁静尚未敞露于阳光之中。

他的作为应如公牛;他的快乐应该散发出大地的气味,而非散发出蔑视大地的气味。

我愿看见他为一头白色的公牛,①喘息、咆哮、曳犁前行:他的咆哮应是在赞美尘世的一切!②

他的面容依旧幽暗,手的阴影在面孔上游戏。他双眼的感官仍蒙阴影。

他的行为自身依旧是笼罩他的阴影:手遮掩了这位行动者。他尚未超越他的行为。

我颇为喜爱他公牛的脖颈:但是,我现在还意欲看见

(接上页注)的意识中,敏锐的品尝,认出和区分的能力,是哲人特有的艺术。类似的表述请参阅"论柏拉图之前的哲人"演讲稿(1872)。

[法文版注]关于品味(Geschmack),参见《瞧,这个人》,"为何我如此聪明"。

① [Pütz版注]"白色的公牛":力与美的体现,也许还暗示琐罗亚斯德教,在此宗教里,牛的形象作用巨大。

② [KSA版注]参阅卷十,9[6]:我愿做一头白色的公牛,曳犁前行。我躺在哪里,哪里便显宁静,大地便嗅闻泥土的气味。

天使的眼睛。

他必须淡忘他的英雄-意志:在我,他应是被提升之人,而不应仅是高尚者——苍穹(Äther)本身应提升他这缺乏意志之人!

他已征服了猛兽,解答了谜语:但是,他还应拯救他的猛兽和谜语,他应令它们变形为天空的孩子。

他的知识尚未学会笑和不怀嫉妒:他奔涌的激情尚未在美中渐渐寂静。

真的,他的渴望不应在满足中沉默、浸没,而应在美(Schönheit)中! 优雅本属于伟大思考者的伟大气度。

手臂置于头上:英雄应如此休息,他还应如此超越他的休息。

但是,美的事物(das Schöne),恰是英雄最难之事。一切强烈的意志皆不可能获取美的事物。

一分则多,一分则少:此处恰好是多,此处是极多。

放松肌肉、卸下意志的羁轭而站立:这是你们最艰难的事情,你们这些高尚者!

当权力变得仁慈,下降至可见者之中:我称这种下降为淘美。①

我不从其他人、而只意欲从你那里要求美,你这强力之人(Gewaltiger):你的善就是你最终的自我-战胜(Selbst-Überwältigung)。

---

① [KSA版注]参阅《不合时宜的沉思》第4篇"瓦格纳在拜洛伊特"。

我相信你可以为一切恶:因此,我意欲向你要善。

[97]真的,我常常取笑那些弱者,他们因其兽足跛行而自以为善!

你当追求柱子的道德:它升得越高,就变得越来越美,越来越柔和,但是,内部却更为坚固,更能负载。①

是的,你这高尚者,你终有一日变美,在你自己的美前手持明镜。

于是,你的灵魂将因神圣的渴求而颤抖;你的虚荣之中仍将存在崇拜!

因为这是灵魂的秘密:唯有英雄离弃灵魂,才会在梦中走近灵魂——这位超-英雄(Über-Held)。②

扎拉图斯特拉如是说。

---

① [KSA版注]参阅卷九,10[1]:我抵抗自己的重负努力向上,便使自己变得年轻;恰恰在我内心变得更坚强的时候,我还学会了优雅和潇洒。

② [英译本注]超-英雄暗示了阿里阿德涅和忒修斯的故事,预示了卷四"忧郁之歌"中老魔法师之歌——该诗也被收入《狄俄尼索斯颂歌》,"疯子也已!诗人也已!"阿里阿德涅被她的爱人忒修斯所囚,而狄俄尼索斯,作为半神(demi-god),将会最终解救阿里阿德涅。尼采将阿里阿德涅视为人类灵魂的象征,而狄俄尼索斯就是超-英雄。

论教育之地①

我向未来飞得过于遥远:一份恐惧向我袭来。②

---

① [KSA版注]此标题在尼采誊清稿中为"论现代人"。

② [施注]尼采本章处理了不自觉地毁灭全部文化和信仰的人,因为这些人是超然于全部教养和信仰的观察者。德语 Bildung 最恰当的翻译是教化(education),即《亨利·亚当斯的教化》(*The Education of Henry Adams*)一书的标题所传达的意思:教育不单单指在大学中所接受的教育,而且指一个人被培育为真正的人和完整的人。

[译注]本章的教育实际所指,已经背离了古典的教化含义,而沦落为现代"彩色"肤浅的相对主义教育。尼采有可能受到黑格尔的影响,参《精神现象学》第六章"精神",黑格尔如此评价现代启蒙的教育:"按照意识在这个世界里获得经验,无论是权力还是财富的现实本质,还是它们关于好和坏的特定概念,以及它们关于好和坏的意识,以及高贵意识和低贱意识等等,全都不具有真理性。"

至于尼采本人的清晰说法,参《论我们教育机构的未来》导言:"在现代,有两股貌似相反,就其作用而言却同样有害,就其结果而言终于汇合的潮流,统治着我们原本建立在完全不同基础上的教育机构:一方面尽量扩展教育的冲动,另一方面是缩小和减弱教育的冲动。按照前一种冲动,教育应该被置于越来越大的范围中,后一种的倾向则要求教育放弃它的最高的骄傲使命,而(转下页注)

当我环顾我的四周,瞧,只有时间是我唯一的同代人。

于是我往回逃逸,逃回家乡——却愈加匆促:如此,我来到你们之中,你们这些当代人(Gegenwärtigen)之中,并进入教育之地。

这是第一次,我为你们带来一只眼睛和好的欲求:真的,我心怀渴望而来。

但是,我发生了什么?尽管我如此畏惧——我却必须发笑!我的眼睛从未见过如此色彩斑斓的东西![①]

我笑而复笑,而我的脚和心却在颤抖:"这里是所有颜料瓶的故乡!"——我说。

五十种彩绘涂抹于面相(Gesicht)和肢体:你们便这

(接上页注)纳入另一种生活形式即国家生活形式服务的轨道。……扩展和缩小这两种教育倾向恰恰是违背自然的永恒意图的,教育集中于少数人那是自然的必然规则,是普遍的真理,那两种冲动却是要建立一种虚构的文化。"

另参本书前言第五节关于最后的人的描述:"他们拥有某种引以为傲的东西。他们如何命名这引以为傲之物?他们名之曰教育,这使他们异于牧羊人。"而在展示现代政制的"新偶像"一章中,扎拉图斯特拉说:"我且让你们看看这些多余的人!他们窃走发明者的作品和智慧者的珍宝:他们称其偷窃为教育——在他们而言,一切皆成为疾病和不幸!"这些都明确表明了现代教育之沦落。

① [Pütz版注]"色彩斑斓的东西",原文为Buntgesprenkeltes,在"教育之地","色彩斑斓的东西"指混乱聚集的种种随意性。尼采在其早期的文化批判著作里,就已哀叹德国缺乏精神的统一性,原因是对刚刚获得的政治统一性存在误解。

[译注]与全书中明确出现的地名"彩色的奶牛"城一样,尼采借用柏拉图的民主批判比喻,彩色杂呈的东西意味着现代民主政制与文化的基本精神形态。

么端坐于此，着实令我惊诧，你们这些当代人！

你们周围还有五十面镜子，逢迎并重复你们的彩色游戏。

真的，你们这些当代人，你们绝不可能戴上比你们自己的面相更好的面具！谁能认识——你们！

写满了往昔的标记，这些标记又覆上新的标记：你们如是深藏善匿，在所有释读符号的人面前！

即使有人是肾脏的检查者：① 谁能相信你们到底是否有肾脏！你们仿佛由颜料和贴条烘焙而成。

[98] 一切时代和民族都透过你们的面纱向外探看，可谓色彩斑斓；一切风俗和信仰都透过你们的姿态言说，亦是色彩斑斓。

谁若揭櫫你们的面纱、外衣、色彩和姿态：所余之物，恰好够他吓唬鸟儿。

真的，我自己即是一只被吓唬的鸟，当我看见赤裸而毫无色彩的你们。当这具骨骼向我示爱，我旋即飞走。

我宁可在下界之中，与往昔的魂影为伴，当一介短工！——冥府中的东西也比你们丰满完整！②

这，这确然是我腹中的苦痛：我既不能忍受你们赤

---

① [Pütz版注]"检查者"，原文是"肾检查者"，是对德语成语"严格考验"（jmdn. auf Herz und Nieren prüfen，意为"严格检验心肾"）作讽刺性的改动。

② [译注]参《奥德赛》，卷十一，行489—491："我宁愿活在世上做人家的奴隶，伺候一个没有多少财产的主人，那样也比统率所有死人的灵魂要好。"杨宪益先生译文，《荷马史诗：奥德修纪》，上海译文出版社，1979年。

裸,也不能忍受你们着衣,你们这些当代人!

一切未来的恐怖之物(Unheimlich),每一令迷途之鸟震颤之物,无疑比你们的"真实"更加隐秘(heimlich)、更加舒适。

因为你们如此说道:"我们完全真实,绝无信仰,更无迷信。"你们如是而矜伐得意(brüsten)——唉,却没有胸膛(Brüste)!

是啊,你们岂能有信仰,你们这些色彩斑斓的人!——你们皆是油画,[画面上]有着人们曾经信仰的一切!

你们是信仰本身变动不居的反驳,是一切思想的残肢断片。不可信者:我如是称呼你们,你们这些真实的人!

一切时代都在你们的精神里相互喋聒;一切时代的梦与喋聒也比清醒的你们更加真实!

你们不能生育:所以你们缺乏信仰。但是,必须进行创造的人,总有其真实的梦和星座——并信仰信仰的行为!

你们是半开之门,门旁有掘墓人相候。这便是你们的真实:"一切皆值得毁灭。"①

唉,你们这些不能生育的人,②你们如何站在我的面

---

① [KSA版注]参阅歌德《浮士德》第一部中的靡菲斯特,第1339—1340行。
② [译注]所谓生育:"诚然,你们称之为生育的意志,或向着目的的推动,向着更高者、更远者、更多样者的推动:但是,这一切都是一(Eins),是一个秘密。"("论自我—超越")

前,嶙峋肋骨何其羸弱!你们之中大约也有人自能体察。

他说:"我睡觉时,大概有个上帝隐秘地偷走我某些东西? 真的,足以用来造成一个女人了!"

[99]"我的肋骨的贫乏真是奇怪①!"有些当代人如是说。

是的,你们这些当代人,我笑对你们! 尤其是你们对自己感到惊奇之际!

而我却这么痛苦,当我不能笑对你们的惊奇,却又必须饮下你们盆②中一切恶心的东西!

可是,我必须承负重物,所以我意欲待你们更为轻快;假如甲虫与飞虫坐上我的背囊,这对我又算得了什么!

真的,这并不会成为我更重的负担! 你们这些当代人,我伟大的疲倦不是因你们而生。——

唉,现在,凭借我的渴望,我该向何处攀升! 我从一切山峰凝望父母之邦(Vater-und Mutterländern)。

但是,我的故乡(Heimat)无处可寻:我在任何城市都不得安宁,每一座城门均是新旅的启程。

我的心近来把我驱向当代人,但他们与我太陌生,遂成一种嘲弄;于是,我被逐出父母之邦。

如此,我只爱我的孩子之地(Land),它远在最遥远

---

① [法文版注]《创世记》,2:22:"耶和华神就用那人[亚当]身上所取的肋骨造成一个女人,领她到那人跟前。"

② [译注]盆(Napf),一般指喂食猫狗等动物用的食具。

的大海之中,尚无人发现:我命令我的风帆前去寻找,复又寻找。①

我要以我的孩子来弥补,因为我是我的父辈的孩子:以所有的未来——弥补这个当代!

扎拉图斯特拉如是说。

---

① ［译注］参波德莱尔《忧伤与漂泊》(Moesta et Errabunda):

告诉我,阿加特,你的心有时可会高飞,
远离这污秽城市的黑暗海洋,
飞向另一个充满光辉、碧蓝、明亮、
深沉、纯洁无瑕的大海?
告诉我,阿加特,你的心有时可会高飞?

论没有瑕疵的知识①

昨日,月明而宵行,我误以为他意欲生出一个太阳:他躺在地平线上,有孕在身,如此宽广。

但是,他是一位说谎者,以他的怀孕②向我[谎言];我更愿相信月亮是位男子,而非女人。

诚然,这位羞怯的夜游者极少男子气概。真的,他怀着坏良知在各种屋顶漫游。

这位月亮僧侣,他既有贪欲,又好嫉妒,贪欲大地和

---

① [KSA版注]此标题在誊清稿中为"致沉思者"。

[译注]参《快乐的科学》第355节,"我们知识概念的起源"。"没有瑕疵"(unbefleckt)译法其实不算恰当,因为它用于专门的基督教短语"圣母无染原罪"或者圣母无原罪始胎(*unbefleckten Empfängniss*)等:"难道门槛上的顶不是童贞降孕的教义?——但教会却因此玷污了处女的清白。"(《敌基督者》第34节)不过,尼采这里借用基督教术语最终指向的还是康德,参在《人性的,太人性的》第二卷第一篇"杂乱无章的观点和箴言"第27节格言"蒙昧主义者";《朝霞》前言第二节。

② [法文版注]关于受孕,可参看本书第一卷"论老妪与少妇"。

爱者的一切快乐。

对,我不喜欢他,这屋顶的公猫!一切在半开窗牖四周爬行的东西,都令我厌恶!

他虔敬沉默,漫游于星辰-地毯——但是,我不喜欢一切行走轻盈的男子脚步,[挂上]马刺,这双脚上也不会发出响声。

每位诚实者皆步履有声;但是,猫却在地面潜行。[100]瞧啊,月亮如猫,不诚实地走来。——

我把这则比喻送给你们这些敏感的虚伪者,你们这些"纯粹的求知者"(Rein-Erkennenden)!① 我还称你们为——贪欲者!

你们也喜爱大地和尘世之物:我猜透了你们!——但是,你们的爱中有羞耻和坏良心——你们直如月亮一般!

有人劝说你们的精神要蔑视尘世之物,但是,没有劝说你们的内脏:这恰是你们身上最强壮的东西!

现在你们的精神以顺从你们的内脏而觉羞耻,又因其羞耻而踏上弯曲小径和谎言之路。

"我以为,这是最高的事了"——你们虚伪的精神如是自语——"此即不掺欲望地观看人生,而是不像狗一样伸着舌头!

---

① [法文版注]"纯粹的求知者",是形而上学家或者道德家,他们并不使求知与生命相互贯通,使得二者不仅异质,而且相互对抗。因此,他们反对扎拉图斯特拉式的鲜活的生活。

"在观看中得其乐趣,怀着死灭的意志,绝无自私的追逐和贪欲——彻身冰冷灰白,却带着沉醉的月亮之眼!

"这是我的最爱",——被诱惑者如是诱惑自己——"爱着大地,正如月亮之爱大地,只以眼睛轻触它的美(Schönheit)。

"我称之为关于一切事物的没有瑕疵的认识,此即我对事物绝无所求:除了让我躺在它们面前,犹如一面百只眼睛的镜子。"——①

哦,你们这些敏感的伪善者,你们这些贪欲者呀!你们在欲望中并非无辜:现在你们因此而诋毁欲望!

真的,你们不是作为创造者、生产者和乐于生成者去爱大地!

无辜在哪里?在有生育意志之处。谁意欲超越自身去创造,我便以为他有最纯粹的意志。②

美在哪里?在我必须以全部意志而希求之处;在我

---

① [施注]没有瑕疵的知识,正因为没有瑕疵,所以反对生活。尼采在这篇演讲中批判了沉思性知识。他反对沉思性知识,是为了拥有创造性的知识,他借用月亮和太阳的形象来表达沉思性知识和创造性知识的关系——月亮并不具有孕育能力,也无法给予任何事物光,这就是沉思性知识;太阳是光和生命的源泉,这就是创造性知识。

尼采在这里以及其他各处质疑的正是传统观念,即有一种沉思、theoria[理论]之类的东西,这种 theoria 就是善,甚至是至善,theoria 朝向着永恒和不变。那永恒且不变的事物、那存在着的存在,ontos on,柏拉图这样称呼它,在反对生成。但是,真实而又致命的学说就是关于生成之至上性的学说。

② [施注]生命最根本的现象是自我,是创造性的自我。

意欲爱、意欲沉落,以使图画不仅仅是图画之处。

爱与沉落:它们自永恒之初便相互和谐。爱的意志:①这便是意欲赴死。我对你们这些懦弱者②如是言说!

但是,你们去势的斜睨现在却被称作"静观"(Beschaulichkeit),③懦弱的眼睛所触之物,皆要以"美"之名为其洗礼了!④ 哦,你们这些高贵名称的亵渎者!⑤

但是,你们这些没有瑕疵者,你们这些纯粹的认知者,[101]这就是对你们的诅咒,愿你们永不生育:即使你们有孕在身,宽广地躺在地平线上!

真的,你们口中满是高贵的言辞:我们便要相信你们的心也如此转化么,你们这些说谎成癖之人?

---

① [法文版注]爱的意志(Wille zur Liebe)。参见第一卷"论孩子和婚姻"。

② [KSA版注]誊清稿中为"你们这些不想受苦而要爱的懦弱者"。

③ [译注]"静观"或者"沉思生活"(vita contemplativa),与实践生活(vita activa)来自亚里士多德,尼采对静观本身的批评,参《朝霞》第41节,第43节则强调静观对于思想者的意义;本章所言的这种静观是一种被阉割的思考形态。另参《论道德的谱系》第三章,第26节。

④ [KSA版注]引自誊清稿:"用毫无贪求的目光触及事物竟然要命名为艺术?"

⑤ [KSA版注]此句之后删掉的文字是:你们这些纯洁的求知者,你们装着洁白无瑕的样子接受"纯洁的知识"——于是,你们把月亮在屋顶上的移动——那种贪婪的无创造力的移动称为"纯洁的知识",然而,这种"纯洁"却永远诞生不出一颗星辰! 见誊清稿。也请参阅本书第一卷前言,第五节:"人的内中必有混沌,方能诞生一颗舞蹈的星辰。"

但是,我的言辞卑微、遭人藐视,而且迂回曲折:我乐于拾起你们进餐时遗落桌下的东西。①

我向来能够对你们——伪善者说出真理!是的,我的鱼刺、贝壳和带刺的树叶当会——挠痒伪善者的鼻子!②

浊气向来在你们和你们的盛筵四周:你们贪欲的思想、你们的谎言和秘密,全都在这空气之中!

要首先敢于相信自己——你们和你们的内脏!谁不相信自己,谁就总是说谎。

你们这些"纯粹者",你们在自己面前戴上上帝的面具:在一个上帝的面具里,已经爬进了你们的可怖的环形蠕虫。

真的,你们在行骗,你们这些"静观者"!扎拉图斯特拉也曾是愚人,为你们神圣的外表[所骗];他没有猜透,这个外表下满是蛇结。

你们这些纯粹的认知者,我曾误以为,你们的游戏中有一个上帝的灵魂在游戏!我也曾误以为,没有比你们的技艺更好的技艺!

距离为我掩藏了蛇的污秽和肮脏的气味:一只蜥蜴

---

① [法文版注]《路加福音》16:20—21:"又有一个讨饭的,名叫拉撒路,浑身生疮,被人放在财主门口,要得财主桌子上掉下来的零碎充饥,并且狗来舔他的疮。"

② [KSA版注]参阅卷十,13[1],417页:高贵的宁静和悠闲。/我要把人生餐桌上掉下来的残屑当做首饰。我要用鱼刺、贝壳和带刺的树叶装扮自己,这装扮胜过了你们!

的诡计在此处怀着贪欲四处潜行。

但是,我走近你们:白日向我而来——现在也向你们而来——与月亮的爱情故事走到了尽头!

看那边! 它已被捕捉,站在那里脸色苍白——在朝霞之前!

灼热者已经来了——她对大地的爱也来了! 所有的太阳之爱都是无辜,是创造者的欲望!

看那边,她急不可耐,越海而来! 你们没有感受到它的爱的焦渴与灼热的呼吸吗?

它意欲吮吸大海,将其深渊饮至高处:于是,大海的欲望以千个胸膛而升腾。

大海意欲被太阳的焦渴亲吻、吮吸;它意欲成为空气、高处、光的蹊径和光本身!

真的,我如太阳一般爱生活和一切深沉之海。

我以为,这便叫做认识:一切深渊皆应升——至我的高处!

扎拉图斯特拉如是说。

论学者①

[102]我躺下入睡时,一只羊吃起我头上的常青藤花环——它且吃且说:"扎拉图斯特拉不再是学者了。"②

言毕,它僵硬而骄傲地走开。一个孩子对我讲述了此事。

我乐于躺在此处,这片孩子们的游戏之地,断壁之间,荆棘和红色的罂粟花下。

对孩子、荆棘和红色的罂粟花而言,我仍是学者。它们在其恶中依旧是无辜的。

---

① [KSA版注]参阅卷十,10[12]:你们这些学者,俨如老姑娘那种甜腻而无力的气味。

② [施注]学者也是哲人的一个部分。在这篇演讲里,这一点变得很清楚——扎拉图斯特拉就是尼采。尼采曾经是一个学者,《善恶的彼岸》令人印象深刻的一章即"我们学者们"。

[译注]根据羊的判断,扎拉图斯特拉不再是学者。什么是作为判断者的羊?参《快乐的科学》第350节,羊可以视为基督教和现代民主人格的混合,这暗示了学者与民主政制之间的内在亲缘关系。

但是,对羊而言我已经不是:我的命运意欲如此——愿它得到祝福!

因为真理在于:我已走出学者之屋,我还砰然关上身后的门。

坐在学者们的桌边,我的灵魂饥饿太久;他们受训求取知识,犹如敲开核桃,而我与他们不同。

我爱自由,爱清新大地之上的空气;我宁愿睡于牛皮之上,也不愿于他们的威严与庄重之上。

我过于炽热,被自己的思想灼焦:它屡屡意图令我窒息。于是,我必须行至空旷之地,远离尘土盈满的房屋。①

但是,他们冷坐于清冷的阴影之中:在一切事物中都只想做旁观者,避免坐在太阳灼烧台阶之处。②

如同那些站在街边凝视行人的人们:他们也是如是等待,凝视他人思考过的思想。③

---

① [KSA版注]引自尼采誊清稿:我产生令我窒息的观念,学者只产别人已有的观念。叔本华也有类似的说法(见下文)。

② [KSA版注]参阅卷十,13[3],447页:谁想做生活的旁观者,谁就必须避免坐在被太阳晒得滚烫的台阶上,除非他想变成盲人。

③ [KSA版注]参阅卷十,13[1],441页:他们站在大街上长达数小时之久,盯着过往的行人看;与他们类似的另一些人则慵懒地枯坐书斋,盯着从身旁经过的观念看。我对这种悠闲 ·笑了之。叔本华亦有类似的陈述,参《补遗》,2.25。

[法文版注]博学被证实为一种不可避免的历史,一种教诲史的积累,并且宣称要客观,对此观点之批评,参见《不合时宜的沉思》,第二考察,第六节,"论现时代的卓越历史学家"。(转下页注)

倘若有人徒手抓向他们,他们像面粉袋一般无意之中便在自己周围扬起灰尘;但是,谁能猜到,他们的灰尘来自谷粒,或是夏日田亩的黄色欢乐?

倘若他们作出智慧的样子,他们的小格言和小真理便令我直打冷战:他们的智慧常有一股气味,似乎产生于泥沼:真的,我从中听见青蛙的呱呱鸣叫!①

他们颇为机智,他们拥有聪明的手指:我的简单怎么会想与他们的杂多为伍!他们的手指懂得一切穿线、编织和结网之举:他们如是织就了精神的袜子!②

[103]他们是良钟善表:人们只需注意正确地拧好发条!于是,他们报时无误,并随之发出一种谦逊的杂音。③

他们劳作如磨具和石舂:人们只需把其谷粒扔给他们!——他们知道把谷粒磨碎,从中制成白粉。④

(接上页注)

[施注]什么是学术?依据尼采的看法,学术就是对他人思想的重新思考。这些所谓的"他人"可能是某些社会,也可能是个人。学者的思想来自于原创性思想家的思想。从原创性思想家到学者的过程,思想已经丧失了最重要的繁育力和创造力。

① [KSA版注]参阅卷十,9[23]:你们的格言——泥潭近处的"小真理",一只冷漠的青蛙蹲在其中。

② [KSA版注]参阅卷十,12[1]:86。学者:时下,人们把有思想的士兵和有思想的织统工匠称为学者。类似的陈述亦见于卷十,3[1]444。

③ [施注]学者所涉及的知识位于更低的等级,而且相当自负。

④ [译注]连续三个比喻虽然本质上是一回事,但其各自的指涉不尽相同。"凝视"他人的思想所强调的,是斯宾诺莎式的非情绪的客观观察,但也正是由于这个缘故,观察者并没(转下页注)

他们彼此监视甚严,相互也不大信任。在小的机巧方面颇有才华,等候那些跛足而行的知识人——如蜘蛛一般等候。

我总见他们谨慎地准备毒药;这时,他们手上总是戴着玻璃手套。①

他们也懂得掷骰欺诈;我看他们玩得兴起,汗淋淋漓。②

我与他们彼此陌生,比起他们的虚伪和掷骰欺诈,他们的道德③更有悖于我的品味。

当我与他们共同居住时,我便居住在他们的上方。为此,他们对我生出怨恨。

他们不愿听到,有人在他们的头顶漫游;于是,在我与他们的头之间,他们堆叠林木、土地和垃圾。

如是,他们令我步履的声响低弱:直到今日,我便极

(接上页注)有进入思想本身;但学者之为学者务必有其劳作,他们的劳作就是磨碎别人的思想,"制成白粉"。由于旁观思想的原因,他们无法分清思想与非思想之间的差异,因此,他们只能够使用他们的"逻辑工具",一如磨具和石舂,分析抛向他们的一切,这就意味着他们研究的对象已经从思想转变为任意的东西,一切都可能成为学术研究的对象。

① [译注]蜘蛛和毒药的联系,指向本卷第七章"论毒蜘蛛",也暗示了学者与平等、与民主政制的本质关联。

② [KSA版注]参阅卷十,12[7]:他们要用最小的骰子玩掷骰游戏,要么看那难于一见的舞蹈:此在的侏儒,这些欢悦的小身体。可他们将其称为科学并为此叫嚷得大汗淋漓。/可我以为这是些要游戏的孩子。倘若他们游戏时发出一点笑声,我就赞同他们这种"快乐的科学"。

③ [KSA版注]誊清稿中为"市侩的道德"。

难为最渊博的学者所听闻了。

他们把一切人的缺陷和弱点都置于他们与我之间——他们称之为家中"不合格的地板"。

但是,尽管如此,我依旧以我的思想在他们头顶之上漫游;即便我在自己的错误之上漫游,亦然在他们之上,在他们的头顶之上。

因为人类之间并不平等:正义如此说道。[①] 我所意欲的,他们却不能意欲!

扎拉图斯特拉如是说。

---

① [法文版注]参第二卷,"论毒蜘蛛"。

论诗人①

"自从我更懂得身体,"——扎拉图斯特拉对他的一位门徒说——"我便以为,精神只是仿似精神;一切'不朽者'——这不过一则比喻②。"③

"我已听你如此说过一次,"门徒答道,"当时你还有补充:'但是,诗人却太多谎言。'你为什么说诗人太多谎言?"④

---

① [KSA版注]参阅《尼采全集》卷二的评论,以及《人性的,太人性的》第二部分草稿:作为说谎者的诗人;本书第四卷:"魔法师","忧郁之歌","论科学"。

[英译本注]这一章的诗人主要是指歌德。

② [施注]来自歌德的《浮士德》的结尾:"一切无常事物,不过一则比喻。"(《浮士德》,第二部,11.12104—12105)

③ [KSA版注]参阅卷十,10[24]:你们是思想上饥渴的人,在我看来,你们马上就把这万物不灭的真理当成小吃了——这不过是一则比喻。

④ [法文版注]参见第二卷,"幸福岛上"。参见《人性的,太人性的》下卷,第32节。

[译注]参《快乐的科学》第84节"论诗的起源",引用了亚里士多德在《形而上学》中引用过的荷马话语:"吟唱的诗人,弥天的谎言。"这一节引入了诗歌与哲学之争。对比柏拉图《王制》607b。

[104]"为什么?"扎拉图斯特拉说,"你问为什么? 我不属于可以向他追问为什么的人。

"难道我的体验只来自昨日么? 我体验到我的意见的根由,已经很久了。

"如果我也意欲随身带着我的根由,那我岂不必然成为一个记忆之桶?

"保持我的意见本身,这对我来说已经难以承受;许多鸟儿飞遁而去。①

"在我的鸽笼里,我偶尔也发现飞来一只陌生的动物,当我伸手抚摸它时,它战栗发抖。②

"扎拉图斯特拉曾对你说过什么? 说诗人却太多谎言?——但是,扎拉图斯特拉也是一位诗人。③

"那么你相信他在此说了真理吗? 你为什么相信这

---

① [朗注]参柏拉图,《泰阿泰德》(196c—200d)。苏格拉底在尝试解释错误的意见时,"不知羞耻地"将心灵比作鸽笼,还谈到教和学的过程就像传递和接受信息。但是,鸽笼的形象导致的结果却是,没有办法能够区分传递信息的是鸟儿还是不是鸟儿(nonbird),没有办法区分错误和真实的知识片段,也不能为这些荒谬的鸽笼构建出无限的连续性。

② [施注]对比《偶像的黄昏》,"苏格拉底问题",第五节;尼采在那里似乎以一种傲慢的方式处理理性,因此,也就是用一种非常冒犯的方式在处理理性。另参《善恶的彼岸》第 231 节:"学习改变了我们";该节与这篇演讲相关,其理由如下:尼采之所以谴责诗人,是因为他们没有充分地学习。

③ [施注]什么是真理? 如果我们在任何伟大思想家那里所发现的终极原理就是这个自我——思想家只能使自我成长而不能修正,真理是什么? 真理不就变成了诗吗? 因此,尼采必须在扎拉图斯特拉和诗人之间做出清晰的区分。

一点？"

门徒答道："我相信扎拉图斯特拉。"但是，扎拉图斯特拉摇头而笑。

他说，相信不会使我幸福，尤其是对我的相信。①

假若有人极其严肃地说诗人太多谎言：那他便说出了某种公正——我们太多谎言。

我们所知也微渺，是糟糕的求学者：如此，我们必须说谎。②

我们这些诗人之中，谁没有在他的葡萄酒里掺假？我们的酒窖里制成了许多有毒的混合[酒]，那里也发生了许多难以描述的事情。③

因为我们所知微渺，所以心中喜爱精神贫乏者，尤其在他们为少妇之时！

我们甚至贪求老妪晚间讲述的事情。我们称此为我们永恒的女性气质（Ewig-Weibliche）。④

---

① ［KSA版注］参阅《马太福音》16：16"凡信仰者……将有福了"，以及《新约》中其他类似的文段。

② ［法文版注］某些诗人和艺术家因此与其艺术及其极端要求并不相关。参见《快乐的科学》，第369节。

③ ［施注］这也是对《浮士德》结尾的引用和讥讽："不可描述的事情/在此发生。"(11.12108—12109)

④ ［译注］歌德《浮士德》的最后两行是："永恒的女性/引领我们上升。"(Das Ewig-Weibliche/Zieht uns hinan)

［施注］老妪和少妇在"论诗人"这篇演讲中再次出现了。她们似乎是诗人们最喜欢的话题，因此在"论诗人"与"论老妪和少妇"之间有某种联系。但"论老妪和少妇"是扎拉图斯特拉被迫而进行的双重对话。在那篇演讲中，一位老妪强迫尼采进（转下页注）

似乎有一条获取知识的特殊的隐秘入口,对于想要学点什么的人,这入口却是掩藏的:我们因此相信民众及其"智慧"。①

　　但是,所有的诗人都相信:谁躺在草地或荒凉的山坡上,竖耳而听,他就能经验到天地之间的某些事物。②

　　如果诗人们得到些温柔的触动,就以为自然(Natur)本身爱上了他们:③

　　她悄然靠近他们的耳朵,絮语秘密之事和恋人间的虚赞之语:[105]这是他们在所有有死之人面前的矜夸和伐耀。④

　　唉,天地间有许多事物,唯有诗人才令它们可以为人所梦!⑤

(接上页注)行了一次对话。原因在于,扎拉图斯特拉缺乏关于女人的经验。而在此处的演讲中,扎拉图斯特拉已经变得经验丰富。如扎拉图斯特拉清楚地说过的,他不再是一名学者,但依然是一名诗人。但是,眼前的这篇对话某种程度上也是强迫进行的。诗人的话题并非扎拉图斯特拉提出的,而是由门徒提出。

①　[KSA版注]参阅上述《人性的,太人性的》下卷,32节。

②　[KSA版注]或许是影射歌德《浮士德》第二部"优美之地"的场景。

③　[译注]诗人对自然的理解是种误读,参《偶像的黄昏》,"不合时宜者的漫游",第25节。

④　[KSA版注]参阅卷十,10[17],他们全部以为,自然爱着他们,总在四处倾听他们的谄媚话语。

⑤　[Pütz版注]"哎,天地间有许多事物,唯有诗人才令它们可以为人所梦!"是对哈姆雷特那句讽刺诗人的话所做的改动:"存在于天地间的事物比你们书本知识所梦见的要多。"(莎士比亚,《哈姆雷特》,1.5)

尤其是天空之上：因为一切神明均是诗人的比喻、诗人的诡骗！①

真的，它总是把我们牵往高处②——即云层之国：③我们把自己的彩色皮相置于其上，并称之为诸神和诸位超人——

对这些椅子来说，它们恰是足够轻盈！——所有这些神明和超人。

唉，一切不充分者（des Unzulänglichen），却终会完全成为事件（Ereignis），这令我何其厌倦！唉，我何其厌倦诗人！④

当扎拉图斯特拉如此说罢，他的门徒对他颇有愠

---

① ［KSA版注］参阅《快乐的科学》附录，"致歌德"。
［Pütz版注］"一切神明均为诗人的比喻、诗人的诡骗"，这个短语以及随后的短语都是影射已经成为"事实"的东西，其实并不存在。尼采再次讽刺性模仿《浮士德》第二部末尾"神秘合唱"中的话。
② ［KSA版注］参阅歌德《浮士德》第二部12111行。
③ ［译注］对比阿里斯托芬《鸟》中的"云中鹁鸪国"，也取代了诸神的位置。
④ ［KSA版注］参阅歌德《浮士德》第二部12106至12107行。
［施注］诗人的特征是缺乏理智诚实。知识是对某个文本的解释，是对给定的毫无意义之物的解释，意义就来源于这一解释。但不必歪曲给定之物，只需照其真实的样子接受，只需掌握真实的样子。绝不能将给定之物归于解释或创造。诗人却不做这种区分。更进一步说，诗的创造不同于扎拉图斯特拉的创造。诗的创造依赖于最流行的意见，并且这种创造只能产生"老妪晚间讲述的事情"。诗人不忠诚于大地，他美化大地。

怒,却沉默了。扎拉图斯特拉亦复沉默;他的眼睛反观内视,又像眺望远方。① 末了,他发出嗟叹,深吸一口气。

然后他说,我属于今天和过去;但我内中有些东西,属于明朝、后天和将来。

我已厌倦诗人,老的或是新的:我以为他们都很浅薄,只是浅海。

他们未曾在足够的深渊中思考:所以他们的感情也不能沉入根底。

些许肉欲,几分无聊:这便是他们最佳的思索了。

我以为,他们的竖琴奏出的磔磔之声,全是幽灵的气息与急骤;迄今为止,他们对乐音的激情懂得什么!——

我以为,他们也不够纯粹:他们完全搅浑他们的水域,只为看似深沉。

他们乐于伪装成调和者:但我认为他们是中介者、混合者、参半者(Halb-und-Halbe)、不纯粹者。②

唉,我确曾在他们的海里撒网,意欲觅得好鱼;但是,我向来只捕捞出古代神明的头颅。

海洋便如此给予饥者一块石头。③ 他们大概自己也

---

① [KSA版注]引自誊清稿:他的眼睛转向内心,再也不知道对弟子说话。又似乎在眺望远方,长久沉默。

② [KSA版注]也许是影射歌德的"妥协者"? 另参阅《漫游者和他影子》124节,尼采全集卷八,29[1、15]。

③ [法文版注]《马太福音》,7:9:"你们中间谁有儿子求饼,反给他石头呢?"

生于海洋。①

诚然,人们在他们内中觅得珍珠:如此,他们自己就更似坚硬的甲壳类动物。在他们那儿,我没有发现灵魂,却常常看见含盐的黏液。

他们还从海洋那里学到它的虚荣:海洋岂非孔雀中的孔雀?②

[106]即便在最丑陋的水牛面前,它也要摇曳其尾,它对自己银线和丝线织就的扇屏从不厌倦。

水牛抗拒地注视,它的灵魂与沙相近,与丛林更近,但与泥淖最近。③

对它来说,美、海洋和孔雀的装饰又算什么! 我向诗人说出这则比喻。

真的,他们的精神本身就是孔雀中的孔雀,是一面虚荣的海!

诗人的精神意欲观众:即便只是水牛!④ ——

但是,我已厌倦这般精神:我看它就要对自己产生厌倦。

我看见诗人们已经变形,把目光转向自己。

---

① [KSA版注]引自誊清稿:他们大概出生于大海,海的女子可能是他们的母亲。
② [KSA版注]参阅卷十,9[49]:为了自娱,大海在柔软的沙滩上展开其孔雀尾巴。
③ [KSA版注]参阅卷十,9[32]:我如同水牛一样活着,靠近海、更靠近树林。
④ [KSA版注]此行之后删去的文字是:扎拉图斯特拉如是说。

我看见精神的忏悔者走来:他们从诗人中生长而出。①

扎拉图斯特拉如是说。

---

① [施注]这些精神忏悔者就是尼采在这一部分的开头在"论毒蜘蛛"中所言的丑陋真理的猎物。一种彻底新式的哲人必须来到,他们的特征就是理智诚实。可能的情形是,对后尼采时代的诗人的理解,例如里尔克(Rilke),将有助于我们理解这篇演讲。在这种新式诗歌的视野中,所有早先的诗歌都显得"过于肤浅",因为所有早先的诗歌假定一个理想的世界,而不是探究大地和揭露大地的深度。在这个意义上,下一章要开始一个新的部分。尼采在这个新的部分中将以一种不同的视角转向哲人。这个新的部分是卷二的最后一部分。这一部分最重要的演讲是"论拯救",这篇演讲前面是"论伟大的事件"和"卜卦者"。

论伟大的事件①

海中有座岛屿——距扎拉图斯特拉的幸福岛不远——其上有一火山,浮烟不竭;据民众说,尤其是民众中的老妪说,它如同一块岩石横在下界的大门之前:却有条狭路越过火山而下,引向这扇下界②之门。③

---

① [KSA版注]此标题在誊清稿中为"论火狗"。参阅卷十,10[29]:对革命和维苏威火山的嘲讽。表面的东西。10[28]:与火狗的对话/对激情的嘲讽/反对革命。10[4]:与地狱之犬的对话。11[11]:倘若房子着火,人就会忘记午餐——火狗说/对,然后在灰烬中补吃。参《善恶的彼岸》,第83节。
[译注]参《瓦格纳在拜罗伊特》开篇第一节第一句话:"要使一个事件(Ereignis)有伟大之处,必须汇合两个东西:完成它的人的伟大意识和经历它的人的伟大意识。"另参《善恶的彼岸》,第285节。

② [译注]参《敌基督》第17节,尼采称耶稣基督的王国,"自始至终是一个下界王国,一座医院,一个地下室王国(Souterrain-Reich),一个隔离王国。"

③ [法文版注]希腊神话认为,在不同的火山下面乃是赫淮斯托斯(Hephaistos)的铁匠铺,尤其是在莱姆诺斯(Lemnos)岛的下面,宙斯将埃法伊斯托扔在那里,于是"在那里永远地燃起了一座炽热的山"——至少,事实上,直到九世纪,人们仍然这么认为。

其时，扎拉图斯特拉正在幸福岛上逗留，事情发生了，一艘航船在这座火山烟焰弥漫的岛边抛锚；而全体船员登上土地，猎射野兔。① 将近中午，船长和众人再度集合，他们突然看见，有人从空中向他们而来，有个声音清楚地说："是时候了！是最高的时候了！"这个身形距离他们最近的时候——如一面暗影②疾飞而过，朝着火山的方向——他们认出那是扎拉图斯特拉，皆大为惊恐；因为除船长本人之外，他们以前都已见过并且爱扎拉图斯特拉，如民众爱他：如是，同等的爱与羞惧俱在。③

---

① ［施注］猎射野兔的船员和船只又隐喻什么？除了船长，每个船员都认识扎拉图斯特拉。我的意思是，这是指 1870 的普法战争，船长是俾斯麦。尼采希望否定 1870 年战争的重要性，而这次战争在德国被认为是构建德国统一的伟大事件。与欧洲的革命运动相比，普法战争就类似于猎射野兔，不过是巨大的政治运动中的一个小事件。

② ［译注］本卷第二章"幸福岛上"的结尾就是影子飞过，扎拉图斯特拉称之为超人的影子。

③ ［KSA 版注］这一段文字类似于尤斯提努斯·科尔纳（Justinus Kerner）的一则回忆。科尔纳的回忆文章是 C·G·荣格（Jung）于 1901 年发现的，原文是："四位船长和一位名叫贝尔的商人走上蒙特斯特洛玻利海岛，目的是猎射野兔。3 点钟他们集合所有的船员上船。就在这当口，不意发现两个男子快速从空中向他们飞来，令他们惊诧莫名。其中一个身穿黑衣，另一个着灰色外套，以迅雷不及掩耳般的匆遽从他们身边闪过，接着便跳进可怕的蒙特斯特洛玻利火山的火山口，跌入熊熊的烈焰中，这举动着实让他们震愕不已。"

誊清稿中的文字是：这时他们突然发现一个人或者说一个人影向他们飞来，当他从他们面前飞过——飞向火山——他们全都认出这人穿的是扎拉图斯特拉的衣裳；因为他们除船长外全都见过扎拉图斯特拉并且知道，扎拉图斯特拉身着这样的服装便同所有的人区别开来了。

[107]"瞧!"年老的舵手说,"扎拉图斯特拉去往地狱了!"——

正是这些水手登陆这座火岛时,谣言纷起,传说扎拉图斯特拉已经消失;当人问起他的朋友们,他们讲述说,他夜间乘船离开,却没有说他意欲前往何处。

如是,兴起了一种不安;三天后,船员们的故事又掺杂于这种不安——现在,所有民众都说,魔鬼已经抓走扎拉图斯特拉。虽然,他的门徒们笑对此等闲言,其中一位甚至说:"我宁可相信扎拉图斯特拉抓走了魔鬼。"但他们的灵魂深处,满是担忧与渴望:因此,他们皆大欢喜,当扎拉图斯特拉第五天出现于他们之间时。①

这些便是扎拉图斯特拉讲述的与火狗②的交谈:

---

① [KSA版注]参阅《新约》福音书另外讲述基督复活后重新露面的情形。
[施注]扎拉图斯特拉并非如民众所以为的那样去了地狱,而是去了地下世界。地下世界位于野兔所在的岛屿。这很难理解。我碰巧知道,海涅(Heine)讲过的一个故事中出现过一个野兔岛,尼采应该很熟悉那个故事,即《被流放的诸神》([译注]中文版参见《海涅文集》"小说、戏剧、杂文卷",张玉书选编,北京:人民文学出版社,2002,页136—158)。故事将野兔岛描述为被废黜的和贫困的朱庇特的居所。这两个故事绝非不相关,因为尼采和海涅之间有重要的联系:首先,都渴求复兴异教用来对抗《圣经》的灵性主义和禁欲主义;其次,海涅是反歌德的诸位领袖中的一个,尼采也继承了对歌德的反对。

② [Pütz版注]正如很多事情一样,"火狗"也难下定义,也许是波斯神话中的一个题材,也许是暗指看守地狱之狗。汉斯·魏谢尔特将火狗理解为"群众"和"社会主义"的象征,但却很难论证。
[施注]火狗似乎是指精神革命,或者指平等主义的(转下页注)

他说,大地有一张皮;这张皮诸疾缠身。比如,其中一种疾病便唤做作"人类"。①

另一种疾病则唤作"火狗":关于它,人们对自己说了许多谎言,并听任谎言。

为了深究这个秘密,我曾横越海洋:我看见赤裸的真理,真的!从赤脚直到脖颈。

关于火狗的究竟,我现在已经知道;以及一切喷吐与颠覆的魔鬼的究竟,不单为老妪所惧的魔鬼。

你出来,火狗,出离你的深渊!我呼喊说,"供认吧,深渊到底多深!你呼呼喷吐而出的东西来自何处?

你深饮海洋:你咸涩的雄辩②泄露了这一点!真的,对于深渊之犬而言,你从这浅薄处③取食着实太多!

我至多视你为大地的腹语表演者:④当我听见喷吐

(接上页注)破坏精神。其位置在法国,这是我的看法。

[英译本注]火狗(Feuerhund)是尼采发明,贬损性地描绘了一种炙热的革命精神类型,这种人相信并煽动政治性质的"伟大事件"。

[译注]在《不合时宜的沉思》第三篇"作为教育者的叔本华"第四节中,尼采提到,现代以来塑造了三种类型的人,其中第一种具有巨大的激情,以卢梭为代表,"从第一种形象发出一种力量,它催促过并还在催促人从事狂热的革命;因为在所有的社会主义动荡和地震中,总是有卢梭这样的人,像埃特纳火山下的老堤丰那样运动"。另对比《人性的,太人性的》上卷,第 463 节。

① [KSA 版注]参阅《漫游者和他的影子》,第 14 节。

② [KSA 版注]引自誊清稿:太咸的雄辩。但大海根本就不是大地的皮肤,而是你接近的那张皮。

③ [KSA 版注]引自誊清稿:表面化,以至于我不认为你是地狱之犬。

④ [译注]《论道德的谱系》第三章第五节中,尼采称瓦格纳的音乐是"上帝的腹语表演者"(dieser *Bauchredner* Gottes)。

与颠覆的魔鬼说话,我总以为它们与你类似:是咸涩的、说谎的、浅薄的。

你们懂得咆哮,懂得以灰尘掩蔽!你们这些最佳的高谈阔论者,饱学了煮沸污泥的技艺。

凡你们所居之处,附近必有污泥,以及许多浮肿之物、空洞之物和被禁锢之物:它们意欲进入自由。

你们皆爱咆哮"自由":[108]但我便忘却对"诸种伟大的事件"的相信,一旦许多咆哮和烟雾在其侧围绕。

且相信我吧,地狱般喧嚣的朋友!那些最伟大的事件——不在我们最喧嚣的时刻,而在我们最寂静的时刻。①

并非新喧嚣的发现者:而是新价值的发现者,世界围绕它旋转;它的旋转无法听见。

只管承认吧!当你的喧嚣和烟雾过后,发生的事情总是微不足道。一座城市变成木乃伊,一尊柱像倾颓于污泥,这又算什么!

我也要向颠覆柱像的人说这番话。撒盐于海、倾柱像于污泥,或许是最大的愚蠢。

柱像躺卧于你们蔑视的污泥之中:然而它的律法恰是,从蔑视中让生活和生活之美重生!②

---

① [施注]"伟大的事件"是尼采精心选择的术语,这个术语与"最伟大的事件"决然不同。在《善恶的彼岸》第285节中,尼采说:"最伟大的事件和思想——不过最伟大的思想就是最伟大的事件——最晚被人理解。"最伟大的事件的一个例子,也是最重要的例子就是,上帝之死。

② [施注]从这篇演讲的结语看,扎拉图斯特拉为了控制时代的事件,他反对两个敌人:一方面是革命,另一方面是国家和教会。

于是它站立起来，更具神样的容仪，负痛却又动人；真的！它要向你们道谢，感谢你们将其颠覆，你们这些颠覆者！

我将以这些训诫劝告国王①、教会和一切衰老、道德衰微的人：尽管让你们遭受颠覆吧！这样你们将会重新进入生活，进入你们的——道德！——

我向火狗如是说，它颇为不快，打断了我并问道："教会？那是什么？"

教会？我回答说，"它是一种国家形式，却是最善欺骗的一种。② 你这火狗，且沉默吧！你当然最了解你的种类（Art）！③

"与你自己相同，国家是只虚伪的狗；与你相同，它喜欢以烟雾和咆哮言说④——它要人相信，它在事物的腹中言说，这也与你相同。

"因为它，国家，意欲成为大地上最重要的动物，人们也相信它是。"——

―――――

① ［KSA版注］誊清稿：国家、国王。
② ［法文版注］教会完成了基督教的理想，其基本任务就是"把人变成孱弱的人"（《善恶的彼岸》，62节）。人们可以说，教会应用的是"意识形态"的强制的机构，从而在其使命中始终坚持自身并且重新赦罪。教会也有某种"国家形式"，但它并不是一个国家。参见《快乐的科学》，第358节。
③ ［KSA版注］参阅卷十，12[1]:128："教会"是什么？——从根本上说，是最具欺骗性的国家形式。
④ ［KSA版注］引自誊清稿：倘若国家本身是只虚伪的狗，教会还能是什么呢？

当我说完，火狗因过于嫉妒而举止荒诞。"怎么？"它喊叫道，"大地上最重要的动物？人们也相信它是？"它的喉咙冒出太多雾气和可怖的声音，我甚至觉得，它会因恼怒和嫉妒而窒息。

火狗终于变得安静了，它的喘息略定；一旦它变得安静，我便笑着说：

"火狗，你恼怒了：如是，关于你，我所说的就是公正的！

"为了我一直公正，听听另一只火狗吧：它真的在大地的心中说话。

[109]"它的呼吸吐出黄金和金雨：它的心意欲如此。灰烬、烟雾和灼热的粘液对它算得了什么！

"笑声从它那里翩然而起，犹如一片彩云；它厌恶你的咕噜之声、吐唾和内脏的愤怒！

"黄金和笑——是它从大地的心中索取而来：因为，你尽可以知道——大地之心以黄金做成。①"

当这只火狗听了这些，再无耐心听我说话。它羞愧地夹起尾巴，汪汪地轻吠，爬进它的洞穴。——

扎拉图斯特拉如是讲述。他的门徒却几乎没人听他

---

① ［法文版注］为了理解这种隐喻，参见前文，第一卷，"论馈赠的道德"，人们于此遇到两个内容：1."金的本性"的概念；2."大地"的概念。

［施注］大地的心由黄金做成，根本没有地狱，根本就没有什么要对抗的东西。不过，黄金做成的是大地的心，而不是天堂的心。因此，要忠诚于大地。人们在哪里设置地狱，哪里就有纯粹的黄金。

言说:他们极为热切,要讲述船员、野兔和飞人。

"我应该如何思考此事!"扎拉图斯特拉说,"难道我是幽灵吗?

"但它或是我的影子。你们一定听说了漫游者和他的影子吧?①

"这是一定的:我必须让它变短——否则它有损我的名誉。"②

扎拉图斯特拉再次摇头,觉得奇怪。"我应该如何思考此事!"他再次说道。

"幽灵为何叫喊:'是时候了! 是最高的时候了!'③

"因为什么,这竟是——最高的时候呢?"

扎拉图斯特拉如是说。

---

① [英译本注]《人性的,太人性的》下卷以《漫游者和他的影子》这一卷内容结尾。这个"影子"在第四卷以更高的人的一种类型而出现。

[译注]在《人性的,太人性的》中"漫游者和他的影子"的引言里,尼采强调了两个问题:1. 柏拉图对话过于冗长;这种冗长未必意味着篇幅的问题,而是在尼采看来,柏拉图对话里,没有柏拉图与自己的对话,没有这样适当的篇幅与表达;2. 漫游者即尼采,即扎拉图斯特拉,他之形成影子,以及与影子的谈话,意味着对真理问题、对自我问题最深层的呈现——尼采以自我作为哲学的原型。毕竟,从这一章看,扎拉图斯特拉的门徒都不能成为他的言说对象。

② [KSA版注]此行之后删去的文字是:说到这里,扎拉图斯特拉突然沉默起来,看着他的子弟,神情有些异样。

③ [法文版注]《旧约·传道书》3:1:"凡事都有定期,天下万物都有定时。"

卜卦者①

"——我却见②一种巨大的悲哀向人类而来。最好的人厌倦了他们的工作。

"一种教诲出现了,随即是一种信仰:'一切皆空,一

---

① [译注]原文为 der Wahrsager,路德《圣经》中出现 24 次,中文和合本译法不一,或译为"术士"(《创世记》41:8),或译为"占卜的"(《以赛亚书》3:2,《撒母耳记上》6:2),按德文原意,即通过占卜等方式探得未来之事。这与另外一个更通常出现的词语 der Prophet(粗略统计约 326 处)意思差别甚大,后者才是预言神事和未来的先知。比较本书卷四第二章"困境中的呼喊"和全书最末一章。此外,尼采虽然屡屡使用 der Wahrsager 一词,但全书中从没有使用过 der Prophet,而扎拉图斯特拉的原始身份恰是波斯先知。

尼采还用过一次 der Weissager("论三种恶行",卷三),德文本意是预言未来的人,路德《圣经》中出现过 7 次,尤其是在《耶利米书》50:36 中,耶和华审判巴比伦时,说道,"有刀剑临到矜夸的人(der Weissager),他们就成为愚昧";所以这种预言者恐怕多是谬言惑众,英王詹姆士的钦定本就直接斥之为 liar[说谎者、骗子]——但是,在尼采这里,这位预言者却预言了伟大的正午。

② [KSA 版注]参阅《启示录》5:1、6:1、10:1、13:1、14:1等。

切皆同，一切皆往！'①

"所有山丘泠然回应：②'一切皆空，一切皆同，一切皆往！'③

"我们确有所获：但是，我们的一切果实为何都已腐烂萎黄？昨夜，邪恶的月亮上落下了什么？

"一切劳作皆是徒劳，我们的美酒变为毒药，邪恶的目光烧焦了我们的田野和心。

[110]"我们全都变得干枯，倘若火落于身，我们就如粉尘四散——我们竟使火自身也厌倦了。④

"我们所有的井泉都已枯竭，海洋退却。一切根基崩裂，深渊却无意吞噬！

"'啊，何处尚有一片海洋，人可以沉溺的海洋？'：我们的抱怨如此鸣响——声音越过浅薄的沼泽。⑤

"真的，我们甚至厌倦死亡；于是我们依旧清醒，如此

---

① [法文版注]参见《传道书》。

② [KSA版注]参阅《智慧书》17:19："高峻的群山发出回声。"

③ [施注]"相同"这个词的德语是gleich，也有平等的含义。这里讨论了平等主义这个敌人。这个敌人不是政治含义上的，而是在精神和理智意义上的。这是一种悲观主义，叔本华的作品尤其暗示了这一点。要想彻底地理解这一篇演讲，必须阅读尼采的《不合时宜的沉思》。

④ [施注]尼采为何称为"卜卦者"？他根本没有谈论未来，那么他是如何谈论未来的呢？他通过否定一种未来，来谈论未来。在尼采之后，根本就没有未来可言，尼采的意思正是斯宾格勒的《西方的没落》所表达的意思。

⑤ [KSA版注]参阅卷十，12[1]："哪里还有一个可以溺死人的海洋！"——这呐喊响彻我们的时代。

活着——在墓穴之中！"——

扎拉图斯特拉听见一位卜卦者如是言说；他的预言直入他的内心，令他变形。他悲哀彷徨，疲惫不已；他变得如同卜卦者所说之人。

真的，他对他的门徒们说，瞬间之后，漫长的黄昏将临。唉，我应该如何挽救我的光！

但愿我不在这悲哀中窒息！对于更遥远的世界，甚至最遥远的黑夜，它仍应该是光！

扎拉图斯特拉心内如此忧虑，彷徨低走；三日之间，他不饮不食，没有休息，忘却言语。终于，他沉沉入睡；他的门徒们在长夜中坐在他的周围，忧切等待，看他是否醒来、重新说话，是否从他的哀伤中痊愈。

而这些言辞，是扎拉图斯特拉醒后所说；可是，他对门徒们说出的语调，仿佛来自远方。

"你们这些朋友们，听我这个梦吧，并帮我猜测它的意义！①

---

① [KSA版注]关于扎拉图斯特拉之梦：参阅卷十，9[3]：午夜的亮光弥漫在我周围，孤寂用沉醉的疲惫的眼睛凝视我——我内心发出呐喊——/死寂在沉睡并打着呼噜/那里躺卧着失眠和张着沉醉之眼的午夜。/那里躺卧孤寂和孤寂身边的死寂：二者沉睡着，打着呼噜。卷十[12]：可是没有任何声音回答。/唉，你们不知道，我这样的孤独者打心眼里喜欢声音呀。/即便难听的声音我也会感到沉醉啊/Alpa！我叫嚷着，声音也如是应着。Alpa！我的惧怕和渴望在内心嚷叫着。首次暗示这样的梦见尼采全集卷八，23[197]，亦即写于1877年夏的手稿片断，后来卷九，(转下页注)

"它对我仍旧是谜,这一则梦;它的意义隐匿其中,尚未以自由之翼飞于其上。

"我梦见自己拒绝一切生活。在死亡的孤独山堡上,我成了夜晚和坟墓的守护者。

"我在那里守护他的棺材:在发霉的拱顶下,俱是这类胜利的标志。被征服的生活从玻璃棺材中望着我。

"我呼吸到布满尘灰的永恒的气味:我的灵魂沉闷,尘土堆积。在那里,谁能让自己的灵魂透过气呢!

"我的周围总是午夜的光亮,孤独在一旁蜷缩;[111] 而第三者,呼噜有声的死亡的寂静,是我的女友中最糟糕的一位。

"我掌管锈迹最为不堪的钥匙;我也懂得用它打开所有门中最是嘎嘎鸣响的一扇。

"当这扇门的一侧开启,如同一声恶毒的聒噪,蔓延于长长的甬道:这只鸟怀着恶意而鸣叫,它不愿醒来。

"可是,当沉默再临,四周寂静,却更加可怕,更加内心如结,而我独坐于这险恶的沉默之中。

"假如还有时间,时间也从我身边流逝:我对此又知道什么! 但惊醒我的事情终于发生。

(接上页注)10[1317]也有暗示。尼采于 1877 年夏对其友人莱茵哈特·冯·赛特利茨(Reinhart von Seydlitz)讲述过一个梦,梦里有"Alpa! Alpa!"的呼喊:"尼采含笑地叙说,他在梦中攀登一条没有止境的山间小道;在山巅之下的某个高处,他正欲从山洞前面走过,这时,有一个声音从昏暗的深渊朝他呼喊:'Alpa,Alpa,谁带着他的灰烬进山来啦?'"参阅赛特利茨,《我何时,为何写作,写什么,如何写》,哥塔业出版社,1900,页 36。

"三次击门的声音,有如雷鸣,拱顶也有三次呼号回响:于是,我向门走去。

"阿尔帕!① 我喊道,谁把他的灰烬携入山中?阿尔帕!阿尔帕!谁把他的灰烬携入山中?②

"我插入钥匙,倾力推门。可它挪开还没有一指之宽:

"这时,一阵喧杂的风撕开门的一侧:呼啸、尖厉、破碎,向我卷来一具黑棺:

"这具棺材在喧杂、呼啸和尖叫中碎裂,爆发出千般哄笑。

"它笑我、嘲弄我,对我咆哮,从孩子、天使、猫头鹰、愚人和孩子般大小的蝴蝶组成的千张鬼脸之中。

"我极为惊恐:它击倒了我。我因恐惧而叫喊,似乎从未如此叫喊。

"但我的呼喊唤醒了自己——我醒了过来——"

扎拉图斯特拉如是讲述了他的梦,然后沉默:因为他不明白如何解释这个梦。但是,他最喜爱的门徒③急忙

---

① [Pütz版注]Alpa,梦中的人物形象,或许是 Alptraum("噩梦")的象征。

[英文本注]尼采这里使用了自己做过的梦为材料。1877年,他向他的朋友莱因哈特·冯·塞特利茨解释了这个梦,这一年的笔记里也提到了 Alpa;参 KSA,卷十四,页306。

② [法文版注]参"前言",第二节。

[译注]"前言"第二节,扎拉图斯特拉刚刚下山时,隐居的老圣人说他曾经看见扎拉图斯特拉携带自己的灰烬上山。

③ [KSA版注]参阅《约翰福音》20:2。

起身，握住扎拉图斯特拉的手，说道：

"哦，扎拉图斯特拉，你的生活本身就在为我们解释此梦！①

"你自己岂不就是那呼啸、尖厉的风，撕开死亡城堡的大门？

"你自己岂不就是那具黑棺，满是生活中彩色的邪恶和天使的鬼脸？

"真的，如同千种孩子般的大笑，扎拉图斯特拉进入所有坟茔，笑对这些夜晚和坟墓的守护者，以及弄响锈痕斑斑的钥匙的人们。

[112]"你将用你的笑惊吓、掀翻他们；他们的无能（Ohnmacht）与清醒将证明你之于他们的权力。

"即使漫长的黄昏来临，死亡的厌倦来临，你也不会在我们的天空之上毁灭，你这生活的代言者！②

---

① [KSA版注]参阅卷十，10[10]：曾经在我身上发生之事：我做了一个我的最沉重之梦，我在梦幻中杜撰我的最阴郁之谜。/可是看，我的生活本身就在解释此梦，看，我的今天解救了我的从前，解救了从今天业已开始的意义。/于是在我身上最后也发生这样的事：有三声响雷透过夜空向我袭来，墓拱发出三声吼叫。/Alpa，我叫嚷，Alpa，Alpa谁带着他的灰烬进山来？哪一个被征服的生命冲我这个守夜人，守墓人来了？/当我梦见你们时，我就做了我最沉重的梦了。/那么我要成为使你们晕厥，并使你们惊吓和惊醒的人。

② [KSA版注]在誊清稿中，删去了类似的文字：即便长夜来临，我也不会因为你们的天空而毁灭/我要躺卧在你们的天际，做一个午夜的太阳：鲜血应融于我的光焰中，"对生命的信仰"，我要如是称呼你们。

"你让我们看见新的星球,新的夜晚璀璨;真的,你让笑本身在我们之上敞开,宛如彩色的华盖。

"现在,棺材中总会流出孩子的笑;现在,一阵烈风总会胜利地吹向一切死亡的厌倦:你自身就是这风的保证和卜卦者!

"真的,你梦见了他们自身,你的敌人们:这就是你最沉重的梦!

"但是,正如你被他们唤醒,来到自身,他们也如此被自己唤醒——并来到你这里!"——

这位门徒如此说;其余所有人都拥挤在扎拉图斯特拉周围,握着他的手,意欲劝慰他离开床和悲哀,重归他们之间。但是,扎拉图斯特拉从他的床上直坐而起,目光陌生。仿佛从遥远的异乡归来,他凝视他的门徒们,细察他们的面孔;他尚未认出他们。但当他们扶他站立,瞧,他的眼神瞬间变化了;他理解了发生的一切,轻抚胡须,朗声说道:

"好啊!是时候了:我的门徒们,但让我们准备一顿丰盛的餐宴吧,尽快!我想如此为噩梦忏悔!

"但是,那位卜卦者应当坐在我身边且吃且喝:真的,我意欲向他标示一片可以溺死他的海洋!"

扎拉图斯特拉如是说。随后,他长久凝望那个释梦门徒的脸庞,并且摇头。——

论拯救

[113]一天,扎拉图斯特拉行经一座大桥,有些残疾人和乞丐环绕在侧,①一个驼背对他如是说道:②

---

① [法文版注]耶稣身边也常围绕着一群病残,参见《马太福音》15:30;《路加福音》8:40;《马可福音》9:14;《约翰福音》12:9。此处是一种滑稽的模仿。

② [KSA版注]参阅《马太福音》15:30:"有许多人到他那里,带者瘸子、瞎子、哑巴、有残疾的和好些别的病人……"

[施注]"论拯救"以及接下来的最后两篇演讲("论人类的聪明"和"最寂静的时刻"),对应"夜歌"、"舞蹈之歌"、"坟墓之歌"。最后一篇"最寂静的时刻"对应"坟墓之歌",且再次重复了"卜卦者"中的梦。"论拯救"延续了"论自我-超越"中的讨论。自我超越不仅仅是低者通过更高者的意志来实现自我超越,而且其本身就是自我超越的意志。某种意义上,自我超越的意志必然也是这一种拯救,我们可以说,这里是整部《扎拉图斯特拉如是说》的一个转折点。

[译注]本章的驼背正如下文所说,是碎片化的人的代言者。这种代言意味精神上的碎片被视为正当,乃至于将碎片视为整体,并取代整体,因此,驼背就意味着一种扭曲。这正是《快乐的科学》第366节"面对一本渊博之书"中对学者的描述,现代的学者精神正在取代完整的思想或哲学体验:"学者的著作几乎(转下页注)

"瞧,扎拉图斯特拉,民众也向你学习,并从你的教诲中获得信仰:但是,欲使民众完全信你,还需要一样——你必须首先说服我们这些残废者!现在,你这里尚有一条绝妙的选择,真的,这个机会可不止一次!你能够治愈盲人,能让跛者奔跑;对于身后有太多东西的人,你也能够略有减轻——这,我以为便是正确的方法,令残废者相信扎拉图斯特拉!"

但是,扎拉图斯特拉如是反驳说了这些话的人:"倘若人们取去驼背者的驼背,便取去了他的精神——民众如是教导。倘若有人使盲人再有双眼,他就会看见大地上太多的恶:如此,他便会咒骂治愈他的人。而谁令跛者奔跑,谁就给他造成最大的损伤:因为他一旦能够奔跑,他的罪恶就同他一起奔逃——关于残废者,民众如是教诲。如果民众向扎拉图斯特拉学习,扎拉图斯特拉为什么不能向民众学习呢?

"自在人类之间以来,这就是我之所见,这最微不足道的事:'此人缺一只眼,彼人少一只耳朵,第三个人缺一条腿,还有人没了舌头、鼻子,或是脑袋。'

"我看见,也曾见过更加糟糕的事,以及种种丑恶,我竟至于不愿陈说每一件事,但有些事又不愿沉默:就是说,人过多地拥有某一种东西,其余一切尽皆欠缺——人

(接上页注)总有某种压抑和被压抑的东西在其中,专家总会在著作中显露自己的形象、热情、真诚、愤怒、对蜗庐的溢美、驼背——凡专家均驼背。一部学术专著总是反映被扭曲的心灵。"

不过就是一只大眼,或一张大嘴,或一个大肚子,或任何一种大东西——我称这种人为颠转的残废者。

"当我走出我的孤独,初次行经此桥:我真不相信自己的眼睛,看了又看,终于说:'这是一只耳朵!一只和人一样大的耳朵!'我更加细致地看去,真的,耳朵下面尚有活物,它瘦小、贫乏而微弱,殊为可怜。真的,这只巨大的耳朵位于一根细弱的茎梗——这支茎梗就是一个人!谁的眼睛戴上眼镜,谁就能辨识出一张嫉妒的小脸;还有一个臃肿的小灵魂在茎梗摇晃。民众却对我说,[114]这只大耳不仅是一个人,更是一个伟大的人,一个天才。但是,当民众谈论伟大的人时,我从不相信他们——我向来相信的是,这是一个颠转的残疾人,一切都太稀少,却过多地拥有一样东西。"

当扎拉图斯特拉对驼背以及驼背为之代言的人如此言说,他转身甚为恼怒地面向他的门徒们,并且说:

"真的,我的朋友们,我在人类之中漫游,如同在人的碎片与肢体之中行走!①

"我的眼睛所见真是可怖,我只见人类的破碎与散

---

① [法文版注]这种不相称的人的主题贯穿了尼采的作品。可以据《人性的,太人性的》开头对此作一概括。尼采指出,人们总是在"永恒真理"的场景之下来思考人,而忘记了人的生命和偶然性。必须学习反向地思考在人之中的一种力量,这种力量抗拒一切抽象形式化,而表达着"没有表象的具体细微的真理"。参见《人性的,太人性的》,上卷,第3节。

[施注]演讲以呈现人的缺陷开始。但更为极端的表述是,所有人迄今为止都是碎片与肢体。必须要超越人的这一碎片性,并且将会被超人超越,从这一点看来,超人就是完整之人(the universal man)。

落,如在战场和屠宰场。

"我的眼睛从现在看往过去:所见总是相同:碎片肢体和可怕的偶然——却没有人类!

"大地上的现在和过去——唉!我的朋友们——这是我最不可忍受之苦;倘若我不是预言者,不能预见必然来临的事物,我就不懂得生活。

"一位预言者、一位有意志者、一位创造者、一种未来本身、一座通向未来的桥梁——啊,似乎也是这桥上的一位残废者:这一切皆是扎拉图斯特拉。

"你们也常常自问:'对于我们,扎拉图斯特拉是谁?我们应该如何称呼他呢?'和我一样,你们也举出疑问,以求答案。①

"他是给予希望的人吗?或是一位完满者?一位征服者?或是一个继承者?一个秋天?或是一把犁头?一位医生?或是一个病愈者?

"他是一位诗人(Dichter)吗?或是一位诚实的人?一位解放者?或是一位被缚者?一个好人?或是一个恶人?②

---

① [法文版注]模仿耶稣。参见《马可福音》8:27—30。
② [KSA版注]引自誊清稿:我从你们的话语和对我的疑问中猜出,我不是一个完整者,而是一种杂多,一种过多,一种过少。/对我们而言,扎拉图斯特拉是什么?你们常常如是自问?我们应如何称呼他?/他是许愿的人吗?遵守诺言的人吗?征服者吗?继承者吗?是秋天吗?是犁头吗?编造者吗?诚实者吗?抑或是压抑情感的人吗?人或恶人吗?康复者吗?参阅《马太福音》16:13—16耶稣的问话。

"我在人类之间漫游,如在未来的碎片与肢体之间:正是我看见的未来。

"我的全部诗作(Dichten)和追求,是把碎片、谜和可怕的偶然,诗化为、编织为'一'。

"倘若人类不是诗人、猜谜者和偶然的拯救者,那么,我如何能忍受成为一个人!

"拯救过往,把一切'曾经存在'创造为'我意欲它存在!'——我以为,这才叫拯救。①

"意志——如此称呼解放者和快乐给予者:②我如是教诲你们,我的朋友们!但你们现在还要学会:意志本身仍是囚徒。

[115]"意欲被解放:可是,把解放者钉入枷锁的东西,又叫什么呢?

"'曾经如此':如是称呼意志的切齿之恨和最孤独的哀伤。对于已成之事,它无能为力——对于过往,它只是糟糕的旁观者。

"意志不能意欲复返;它不能打破时间和时间的热

---

① [施注]拯救是对偶然、机运和破碎的拯救,这三种东西都源于人的过往。在这种意义上,拯救乃是对过去的拯救。但拯救不是征服,而是对偶然、过去和碎片的肯定。
[译注]拯救首先是一个宗教概念,而不仅仅是基督教概念,参《论道德的谱系》第三章第17节:"我们希望能够对这些大宗教中的'拯救'概念表示尊敬。"不过尊敬的同时又难免发笑,也就是说,所有宗教意义上的拯救都是一种催眠,而尼采则用自己的拯救概念替换了禁欲主义传统中的"最高状态"。
② [译注]意志被称为解放者和快乐给予者,参本卷"幸福岛上"一章。

望——此即意志最孤独的哀伤。①

"意欲被解放:这一意欲自身如何筹划,以便摆脱它的哀伤、嘲笑它的囚禁呢?

"唉,每一个囚犯都成为愚人! 被囚禁的意志也如愚人拯救自己。

"时间不能倒转,这就是它的愤怒;'事曾如此'——便如此称呼它不能推动的石头。

"它因气恼和愤怒而推动石头,并向它们复仇——那些不与它一样气恼而愤怒者。

"如是,意志这解放者成为痛苦的制造者:它向一切能够受苦者复仇——因为它不能复返。

"这一点,仅仅这一点就是复仇本身:意志对时间和它的'曾经如此'的憎恶。

"真的,我们的意志里有大的愚蠢;可这愚蠢竟然向精神学习,简直是对一切人性的东西的诅咒!

"复仇的精神:②我的朋友们,这是人类迄今最好的思

---

① [KSA版注]参阅卷十,11[5]:气恼的是,必然性乃钢铁般的坚强,向后作用的意志对我们失灵/愤怒的是,时间流向未来,不肯被强迫变成往昔的水磨!

② [法文版注]《权力意志》VP1 212。

[施注]尼采用复仇精神指很多种现象。在其他作品中,尼采用法语词 resentimon 指称复仇精神,与其说指怨恨,毋宁说指那些被自然与/或律法压制的人对那些占据优势的人的反动。这种活动在一个更深层面上导致对那些占据优势的善的优先性的反对,导致对这些品质的贬低,以及让这些人在此世和来世中蒙羞的渴望。

这也引发尼采称之为剑子手神学(the theology of(转下页注)

索;痛苦存在之处,就应该总有惩罚。

"'惩罚',复仇如此称呼自己:它用一种谎言把自己扮成一颗好良心。

"有意欲者自身中就有痛苦,因为它不能意欲复返——如是,意欲本身和所有生活都应该——成为惩罚!

"现在,精神之上乌云层叠翻滚,直到疯狂(Wahnsinn)终于传道说:'一切消逝,因此一切理应消逝!'①

"'这本身就是正义,是时间的独特律法,②即它必将吞食它的孩子们':疯狂如是传道。③

"'事物根据正义和惩罚而得其道德秩序。④ 哦,从

(接上页注)hangmen)的东西:惩罚(punitiveness),不仅在犯罪的正义中显示自己,也在神义论上显示自己。复仇精神根本的东西乃是:它是一种对命运、过往以及时间的反叛。于是,复仇精神导致逃离了时间,逃离可消亡者和暂时的东西,逃入不朽和永恒。

① [KSA版注]根据歌德《浮士德》第一部第1339至1340行;另请参阅本书"论教育之地"。

② [译注]参《快乐的科学》开篇所附的一组短诗"戏谑、计谋与复仇"中第48首"违背律法"(Gegen die Gesetze):"自今日始,我头颈挂着一只时钟,再也没有日星的运行,没有鸡鸣和阴暗的出现。时间向我宣告的全是聋、哑、盲——在律法和时间的滴答声里,大自然对我沉默。"

③ [KSA版注]一如希腊神话中的克洛诺斯(Chronos)。

④ [译注]尼采化用了古希腊哲人阿那克西曼德的箴言:"各种存在物由它产生,毁灭后又复归于它,都是按照必然性而产生的,它们按照时间的程序,为其不正义受到惩罚并相互补偿。"在《希腊悲剧时代的哲学》中,尼采称阿那克西曼德为"古代第一个哲学著作家","表现出对崇高沉思的迷恋",而且"言语庄重"。另参海德格尔《阿那克西曼德之箴言》中的解释(载《林中路》,孙周兴译,上海译文出版社,1997年)。

事物之流和'此在'(Dasein)的惩罚中得到的拯救在何处?'疯狂如是传道。

"'倘若存在一种永恒的正义,就能有拯救么? 唉,"曾经如此"这块石头不可推动:所有惩罚一定永远存在!'疯狂如是传道。

"'没有一种行为会消失:它怎么可能因惩罚而不曾发生呢! 这,便是"此在"惩罚之中的永恒,此在必然是行为和罪的永恒重复!

"除非意志最后自我拯救、意欲变为不再-意欲——'而我的弟兄们,你们知道,这是疯狂的寓言之歌!

"我曾引领你们离开这些寓言之歌,当我向你们教诲:'意志是一个创造者。'①

"一切'曾经如此'皆是一粒碎片、一则谜、一个可怕的偶然——直到创造意志补充说:'但我曾意欲它如此!'②

"——直到创造意志说:'但我曾意欲它如此! 我将意欲它如此!'③

---

① [KSA版注]参阅本书"幸福岛上"。

② [KSA版注]此行之后删去的文字是:直到创造意志说:"而且我要我自己和时间中的我。"见誊清稿。

③ [施注]这就是永恒复返。迄今为止的人都是有缺点的、不完满的,因而是受苦的、不平等的。但是,这些缺点和这些不平等是人之伟大的先决条件。因此,从人族向超人族的转变对人的伟大而言至关重要。迄今为止,这些缺点和不平等被理所当然地视为既定的或强制的。如今,由于人战胜了自然,他们就处于被消灭的危险之中;因此,他们就不能再被视为既定的。自此以后,他们必须被意愿。从此,自然将其存在归咎于人的意志,人的要求。费希特在十八世纪末曾经说过类似的东西,但在费希(转下页注)

"但是,它如此说过吗?这何时发生的呢?意志已卸下它自身愚蠢的羁轭了吗?

"意志已经成为自身的拯救者和快乐给予者吗?它忘记了复仇的精神和所有切齿之恨吗?

"谁教诲它与时间和解、教给它高于一切和解的东西?

"意志之为权力意志,必须意欲高于一切和解的东西——但这如何发生呢?谁教诲它也要意欲复返呢?"

——但是,言说至此,扎拉图斯特拉突然顿住,仿佛极度惊骇的人。他用惊骇的眼神凝望他的门徒们;他的眼睛如同箭矢穿透他们的思想和隐念。① 片刻后,他重又笑了,柔和地说:

"与人类共同生活着实沉重,因为沉默艰难。尤其是喋喋不休的人。"②——

(接上页注)特那里,意志是纯粹的自我,因而是完全外在的。

但在尼采这里,这一点很困难。意欲着的存在就是个体全部,尼采认为这是一切的原因,人之整体、个别的自然。因此,我认为,尼采永恒复返说的原始动机、最易懂的动机就是,让自然作为以人的意志为转移的自然而非既定的自然更容易理解。我相信,尼采哲学的全部困难就集中在这一点上。

① [译注]隐念(Hintergedanken),是隐藏在深处的思想,扎拉图斯特拉洞察了门徒的隐念,还有逊位教皇的隐念(卷四,"逊位");但他还必须要洞察自己的隐念,参卷三"论幻相和谜",第二节。另参《善恶的彼岸》卷 ,22 节。

② [KSA版注]扎拉图斯特拉停止说话,原因是他害怕宣布的万物复返的理论。

扎拉图斯特拉如是说。驼背却听了这次谈话,因他掩住了自己的面相(Gesicht);当他听见扎拉图斯特拉在笑,便好奇地仰望,并慢声说道:

"但是,扎拉图斯特拉对我们所言,为何与对门徒们所言不同?"

扎拉图斯特拉回答说:"这有什么奇怪!同驼背说话,应该用驼背的方式!"

"好,"驼背说,"那么,与学生说话,人们就可闲话那些不该说出的东西(aus der Schule schwätzen)。

"但是,扎拉图斯特拉与他的学生所言,为何又与他同自己所言不同呢?"——①

---

① [施注]前一篇演讲首次提到永恒复返,但扎拉图斯特拉没有对他的学生们讲述,而是对一个驼背者说话,以驼背的方式。另外,更重要的是,永恒复返学说产生的结果是肯定,是对驼背者的接受,当然这意味着对人的碎片性的接受。现在尼采转到了人类问题上来。他首次谈论人类的聪明,"聪明"的意思是尼采或扎拉图斯特拉在与人类交往时的"聪明"。

[译注]关于本节内容,对比《敌基督者》,第43节,基督教现代性个体的残缺对整体的背离;比较第57节作为对立面的古典律法秩序。

论人类的聪明①

[117] 不是高处：而是斜坡可怕！②

斜坡处，目光向下翻转，双手向上攀援。于是，心因它的双重意志而晕眩。

唉，朋友们，你们或许猜出我内心的双重意志了？

这，这就是我的斜坡和我的危险，我的目光向高处翻转，而我的手却要持守支撑于——深渊！

我的意志紧抓着人类，我以铁链自缚于人类，因为它引升我朝向超人；因为我的另一个意志也意欲朝向彼处。

于是，我盲然生活于人类之中；仿佛我不曾认识他们：我的双手才不致完全失却对稳固之物的信任。③

---

① [KSA版注]此标题在草稿中为"论冷静的理性"。
② [法文版注]参见后文，第三卷，"日出之前"。
③ [施注]对过去、人之碎片性的肯定，是永恒复返学说最核心的含义。对超人的意欲不可与对人的意欲分离开来，就如同对未来的意欲不可与对过去的意欲分离。因此，就有一种双重的意志。由于渴望超人，扎拉图斯特拉要向上看，以便找到支撑。他不能向下看，他必定对人群是盲目的。他为何需要支持（转下页注）

我不认识你们人类:这昏暗和宽慰常常在我周围蔓延。

我坐于每一条为浪荡子敞开的大门甬道,问道:谁意欲骗我?

这是我第一种人类的聪明,我让自己受骗,于是不再提防骗子。

唉,倘若我要提防人类:人类又怎能成为我的球的铁锚呢![1] 那太容易引我向上、超越!

这是支配我命运的天命(Vorsehung),[2]所以我不必谨慎。

谁在人类之中意欲不受煎熬,就必须学会从一切玻璃器皿中啜饮;谁在人类之中意欲保持纯洁,就必须学会以污水自濯。

我常常如是宽慰自己:"好啊! 太好了! 古老的心! 你没有遭遇不幸:把它享用为你的——幸运吧!"

而这是我的另一种人类的聪明:我爱护虚荣者,甚于

(接上页注)呢? 对超人的希望依赖于人,依赖于人身上的某种自然。由于超人的缘故,扎拉图斯特拉才是聪明的。

① [译注]在第一卷,扎拉图斯特拉离开他的门徒,作临别演说之前,曾对他们说:"真的,扎拉图斯特拉曾有一个目标,他将球抛出:现在,你们这些朋友即是我的目标的继承者,我向你们抛掷我的金球。"(卷一,"论自由地死")另参卷四"正午"一章中的黄金圆球。

② [译注]参第四卷"论更高的人们"第11节,扎拉图斯特拉对他们"天命"的期许。而本章和"论更高的人们"一章的言说对象,皆是所谓"更高"之人。

骄傲者。

受伤的虚荣岂不是一切悲剧之母?但是,骄傲受伤之处,或许会生长出比骄傲更好的某种东西。

为了让生活好看,它的戏剧就必须好好上演:如此就需要好的表演者。

我发现所有虚荣者皆是好的表演者:他们表演,并且意欲人们乐于观看他们——他们的全部精神皆系于这一意志。

[118]他们演出自己,他们创造自己:我喜欢在他们近旁观察生活——这可以疗救忧郁。

所以,我爱护虚荣者,因为他们是疗救我的忧郁的医生,令我紧系于人类,如一场戏剧。

此外:虚荣者的谦逊,谁能估量其完全的深度呢!因为他谦逊,我才与他友善,同情待他。①

他意欲从你们那里学会相信自己;他以你们的目光为营养,并吞食来自你们双手的颂扬。

倘若你们用谎言赞美他,他就会相信你们的谎言:因为他的心在最深处悲鸣:"我是什么呢!"

倘若真正的道德,是以不自知为道德:那么,虚荣者就根本不了解他的谦逊!——

而这是我的第三种人类的聪明,不因你们怯懦而令我败坏观察恶人的兴致。②

---

① [法文版注]虚荣与谦逊的辩证法,参见《善恶的彼岸》,第261节。

② [法文版注]关于恶人,参见前文,第一卷,"论战争和战士"。

我有福了，因为可以观察烈日孵出的奇迹：虎、棕榈和响尾蛇。

人类之中，也有烈日孵出的漂亮恶棍，以及恶人身上的许多惊异之处。

当然，我以为，你们这些最智慧的人也并非如此智慧：我发现，人类的邪恶也名不符实。

我常常摇头发问：你们这些响尾蛇，为何要嗞嗞作响呢？

真的，恶也尚且有一个未来！而最炎热的南方，人类仍未发现。

如今，多少事已被称为极恶，但不过只是十二双鞋宽、三个月长的东西！① 更大的巨兽终将来到世界。

因为超人不能没有巨兽，与他相配的超级-巨兽：② 为此，必须有更多的烈日，炙烤潮湿的原始森林！③

你们的野猫必先成为老虎，你们的毒蟾蜍必先成为

---

① [KSA版注]参阅瑙曼(Gustav Naumann)《扎拉图斯特拉注疏》第二卷165页："'十二双鞋'这个说法很可能指某个较早的法律条规；按照现行的德国法律，处三个月以下监禁的处罚条款把陪审法庭审理的过失罪同移交刑事陪审法庭审理的罪行分开了。

② [法文版注]在时间之始及时间之终，巨兽业已被战胜：被永恒所埋葬或者粉碎（《以赛亚书》27：1 或 51：9；《诗篇》74：13 或 91：13）；或者巨兽被米迦勒及其使者所打败（《启示录》,12）。巨兽的失败，也就是混沌的失败，标志着与上帝意志相符合的某种不变秩序的降临。于是人们理解了"超人不能没有与他相配的超级巨兽"，因为超人接受混沌，并且与流变及其天真相一致。关于"混沌"，参见前文，序言，五；第一卷，"论三种变形"。

③ [KSA版注]参阅《人性的，太人性的》上卷，第 498 节。

鳄鱼:因为好猎手当有一份好猎物!

真的,你们这些好人和正义之人!你们身上有许多可笑之处,尤其是,你们对迄今所谓"魔鬼"的畏惧!

你们的灵魂对伟大者何其陌生,即便面对超人的善良,你们也生出畏惧!

你们这些智慧者、博学者,定会逃避智慧的烈日炙烤,而超人却在其中纵肆裸浴!①

你们这些我所亲见的最高者![119]这是我对你们的怀疑和我隐秘的笑:我猜,你们将把我的超人——唤做魔鬼。

唉,我已厌倦这些最高的人和最好的人:我要从他们的"高处"到他们之上,到他们之外,越过他们,直至超人!②

当我看见这些最好的人的赤裸,一种恐惧突然向我袭来:于是我长出羽翅,飘摇向遥远的未来。

向更遥远的未来,向更南的南方,任何雕塑家(Bilder)都未曾梦过之地:那里,诸神以一切衣饰为耻!③

但是,我意欲看见你们的装扮,你们这些邻人和周围的人(Mitmenschen),④装饰华美,虚荣而威严,一如"好

---

① [法文版注]参见前文,第一卷,"论朋友"

② [KSA版注]我不了解你们这些人,可我了解并让我厌倦的,全是那些至高无上之人。参阅草稿。

③ [KSA版注]参阅《尼采全集》卷十,13[1.7]。

④ [译注]"周围的人"(Mitmensch)亦可译为"同时代人",尤其是尼采认为的现代社会由高向通俗之中转变的"同时代人",参《快乐的科学》第77节;它也是与"追求伟大的人"(Ein(转下页注)

人和正义之人"——

我意欲装扮的自己坐在你们中间——以便我混认你们和我:这便是我最后的人类的聪明。——①

扎拉图斯特拉如是说。

(接上页注) Mensch, der nach Grossem strebt)格格不入(《善恶的彼岸》,第 273 节,第 100 节),与隐士需要克服的生命状态(《快乐的科学》,第 364 节),"重要人物"(Der bedeutende Mensch)只是周围人眼中的"幽灵"(《人性的,太人性的》,下卷,"杂乱无章的观点和箴言",第 330 节)。

① [法文版注]参见《瞧,这个人》,"为什么我是命运",第 4 节。

最寂静的时刻

我怎么了,我的朋友们? 你们看,我惘然失措,备受驱迫,不愿服从,正欲离开——唉,离开你们!①

是的,扎拉图斯特拉必须再次走进他的孤独:但这一次,这头熊不愿走回它的洞穴!

我怎么了! 谁在命令此事? ——唉,我愤怒的女主人意欲如此,她曾对我说过:我对你们称呼过她的名字吗?

昨日向晚,我的最寂静的时刻与我说话:这便是我可怕的女主人之名。②

---

① [施注]在扎拉图斯特拉还没有准备好说出他的真理,即永恒复返学说。他依然害怕嘲笑他的人群,他依然感到羞愧。他的犹豫对应着这一学说的沉重。

② [译注]在"论伟大的事件"一章,扎拉图斯特拉说,"那些最伟人的事件——不在我们最喧嚣的时刻,而在我们最寂静的时刻。"尼采在《朝霞》(第 481 节"两个德国人")中贬抑康德时曾经说:"康德,当他出现在他的思想中时,完全是一个诚实和可敬的人,但同时也是一个无关紧要的人:他缺乏广度与深(转下页注)

当时的情形如此——我必须对你们说出一切,这样,对这个突然离别的人,你们的心不至于变得冷酷!①

你们知晓熟睡者的惊骇么?——

他的恐怖深入脚趾,因为他的地面退却,梦景方作。

我向你们说及这则比喻。昨天,在最寂静的时刻,我的地面退却:梦景方作。

指针移动,我的生活的时钟在呼吸,指针运行——,我从未在我的四周听闻如此寂静:所以我的内心惊悸。

其时,它以无声(ohne Stimme)对我说:"你知道它吗,扎拉图斯特拉?"——

这耳语令我惊怖喊叫,我的面孔血色顿失:但我沉默。

[120]其时,它以无声再次对我说:"你知道它,扎拉图斯特拉,但是你并不意欲说出!"——

我终于回答,如同一个顽固的人:"是的,我知道它,但是我并不意欲说出。"

其时,它以无声再度对我说:"你没有意愿吗,扎拉图

(接上页注)度;他的经验有限,他的工作方式不允许他有时间发展他的经验——我指的当然不是对普通的外在生活事件的经验,而是在最孤独和最寂静的生活中所发生的内在的震动和骚乱;要想经历这震动和骚乱,生命必须有闲暇,又有燃烧的思想激情。"因此,最寂静的时刻成为尼采衡量哲人内在质量的标准,这是本章所要暗示的要点。

① [法文版注]《申命记》15:7:"在耶和华你神所赐你的地上,无论哪一座城里,你弟兄中若有一个穷人,你不可忍着心、攥着手,不帮补你穷乏的弟兄。"

斯特拉？真的吗？你不要把自己隐藏于你的顽固之中！"——

我哭泣战栗，如一个孩子，并说道："唉，我虽有意愿，可我怎么能够！免我如此吧！这非我力能所为！"①

其时，它以无声再度对我说："扎拉图斯特拉，这与你有何干系！说出你的话，破碎吧！"——

我回答道："唉，这是我的话么？我是谁？我期待着更值得的人；我现在为他破碎也还不配②。"

其时，它以无声再度对我说："这与你何干呢？我认为，你还不够恭顺。恭顺有着最坚硬的外皮。③"——

我回答道："我这张恭顺之皮什么没有承受过！我居住于我的高处的麓原：我的山峰究竟多高？依旧没有人对我说过。但我很了解我的山谷。"

其时，它以无声再度对我说："哦，扎拉图斯特拉，那移山的人，也得移走山谷和洼地。"——

我回答道："我的话尚不能移山，我所言说，尚未到达人类之间；我确已走向人类，但我尚未到达他们身边。"④

---

① ［KSA版注］引自誊清稿：饶我这一回吧！／让我说出这个来，实在强人所难了，我没有资格说出来，我的声音也不宜说出。这个词就留在我嘴边，可不能说。

② ［法文版注］《马太福音》3:11："［施洗约翰说］我是用水给你们施洗，叫你们悔改；但那在我以后来的，能力比我更大，我就是给他提鞋也不配，他要用圣灵与火给你们施洗。"

③ ［法文版注］参见前文，第二卷，"论教士"。

④ ［KSA版注］参阅卷十，12［1］：198。一个孤独者道："我已向人群走去，但永远到达不了！"

其时，它以无声再度对我说："对此，你知道些什么呢？当夜晚最为沉寂的时刻，露泽栖落草丛。"

我回答道："当我发现并踏上自己的道路，他们嘲笑我；当时，我的双足确实颤颤发抖。

"他们对我如此说道：你忘记了道路，现在，你也忘记了行走！"

其时，它以无声再度对我说："他们的嘲笑又有何干！你是一个已经忘记服从的人：现在，你应该命令！

"你难道不知道，所有人最需要的人是谁？命令伟大事物的人。

"成就伟大非常艰难：但更难的是命令伟大的事物。①

"这是你最不可原谅之处：你拥有权力，却不意欲统治。"——

[121]我回答道："我缺乏一切命令所需的狮子的声音。"②

其时，它又如一阵耳语对我说："最寂静的话语，却能带来风暴。以鸽足行走的思想，却指引世界。③

"哦，扎拉图斯特拉，你应当前行，作为必须到来者的影子：如此，你将命令，以命令而前行。"——

---

① [KSA版注]要求非凡之事的意志实属鲜见，你比较容易发现做非凡之事的意志。引自誊清稿。

② [KSA版注]参阅《出埃及记》4:10。

③ [译注]尼采在《瞧，这个人》前言第4节引用了这一句，并且加了一个说明，人们为了自己的智慧，必须学会倾听这种最寂静的声音与话语。

我回答道:"我觉得羞愧。"

其时,它以无声再度对我说:"你必须变成孩子,而无羞愧。①

"你尚存青年的骄傲,你近来已变得年轻;但是,意欲成为孩子的人,就必须克服他的年轻。"②——

我沉思良久,并且战栗。我最终重复了我起初所言:"我并不愿意。"

其时,我的周围爆发一阵笑声。苦啊,这笑声撕裂我的内脏,直刺我心!

它最后一次对我说:"哦,扎拉图斯特拉,你的果实已熟,但是对你的果实而言,你还不够成熟!

"如此,你必须再次走进孤独:你应该变得柔软。③"——

笑声再起,复又逃遁:我的周围变得寂静,如同一种双重的寂静。我却躺在地上,④四肢流汗。

——现在你们听见了一切,知道我为何必须复归我的孤独。我的朋友们,我对你们无所隐瞒。

但从我这儿你们也听到,谁向来是人群中最沉默的人——他意欲如此!⑤

---

① [法文版注]参见《快乐的科学》,卷三,第 275 节。
② [KSA版注]参阅卷十,12[1]:153:人如果想重新变成童稚,就必须征服青春。也请参阅本书第一卷"论自由地死"。
③ [法文版注]参见《善恶的彼岸》,第 44 节。
④ [KSA版注]引自誊清稿:然后一片寂静,那双倍可怕的寂静。
⑤ [KSA版注]引自誊清稿:我一直是人群中最沉默的人。

"唉,我的朋友们,我本该还有一些说与你们,我本该还有一些要给予你们! 为什么没有给呢? 难道是我吝啬吗?① ——

但当扎拉图斯特拉说完这番言辞,激烈的痛苦向他突然袭来,与他的朋友们的离别又已迫近,于是出涕沱若;谁也不知如何安慰。他却于夜间独自走开,离开他的朋友们。

---

① [KSA 版注] 参阅《约翰福音》16:12。
"唉,朋友们! 我难道是吝啬鬼吗? 我还要把一切的一切交给你们。"扎拉图斯特拉如是说。引自誊清稿。

第三卷

[122]当你们渴望崇高,便向上仰视。

我向下俯瞰,因我已在高处。

在你们之中,谁能大笑时便已在高处?

谁登上最高的山峰,

便可取笑一切悲剧和悲伤的严肃。

——《扎拉图斯特拉如是说》卷一,"论阅读和写作"

漫游者

午夜已至,扎拉图斯特拉登上海岛的山脊,以期清晨抵达对岸:因为他意欲在那里乘船。因为那里有个好的泊船处,外来的船舶喜欢在此停锚;它们运载许多意欲从幸福岛渡海离开的人。当扎拉图斯特拉如此登山时,他在中途回忆起自己青年时代许多孤独的漫游,回忆起他曾攀登的许多山陵、山脊和山峰。①

我是一位漫游者,一位登山客,他对自己的心说,我不喜平地,似乎也不能长久安坐。②

---

① [KSA版注]引自誊清稿:来到对岸,那里有个好的泊船处,外来的船舶也在此停锚。他迈着惯常的步伐登山,而且对登山小道上的种种障碍也知之甚稔。这时他回想起自己青年时代许多孤独的漫游来了。

② [译注]漫游和漫游者是尼采哲学中具有中心意义的意象之一。舞蹈是哲学的呈现形式,而漫游则是哲学的道路,一条"迂回曲折的道路"(《朝霞》第553节),这正是《人性的,太人性的》(上卷)第638节"漫游者"中的理性自由和对世界的哲学观察。《快乐的科学》第380节"漫游者如是说"中则对漫游有了进(转下页注)

今后，无论我会遭遇怎样的命运和经历——其中都将有一种漫游，一种登山：人终究只是自己去体验。①

我可以经历各种偶然，那样的时代已经过去；现在还可能降临我身的，不都是我本已拥有的东西么！②

它回归了，它终于回归于我——我自己的自我（mein eigen Selbst），还有它久在异乡、消散于万物和偶然中的东西。

我还知道一事：此时我站立在我最后的山峰之前，它等待我已经太久。[123]啊，我必须踏上我最艰难的道路了！啊，我开始了我最孤独的漫游！③

但是，谁与我同类，就不能远避这样的时刻，这时刻对他说："现在你走上了你的伟大之途！山峰和深渊——现在被包含于一之中。④

"你踏上了你的伟大之途：迄今所谓你最终的危险，

（接上页注）一步的界定：漫游之所以必要，是由于必须远离欧洲的当下（时间和空间意义上），才能朝向善恶的彼岸。与此相应，登山就是漫游途中最重要的精神行为。在《扎拉图斯特拉如是说》中，扎拉图斯特拉的漫游和他对自己的影子的克服，是他的哲学漫游的最终成果，参卷四"影子"和"夜游者之歌"两章。

① [KSA版注]参阅《善恶的彼岸》，第70节。

② [KSA版注]参阅卷十，22[1]：你们谈论事件和偶然，谈得都不对！你们身边所发生的从来就不是别的，而是你们自己！你们所说的偶然——你们遇到的和发生在你们身上的，全部都是你们自己！

③ [KSA版注]引自誊清稿：最严酷的命运，面临我最特有的严酷！唉，我必须攀登我最高的一座山，唉，我开始了最孤独的漫游。

④ [法文版注]参前言，以及第三卷，"日出之前"。

现在成为你最终的避难处!①

"你踏上了你的伟大之途:这必定是你最好的勇气,因为你身后已不再有路!

"你踏上了你的伟大之途;这里不再有人在身后尾随!身后那条写着'不可能'的道路,你的脚已将其踏灭。

"从现在开始,倘若你缺乏所有的阶梯,你就必须知道,如何从自己的头向上攀登:否则你意欲如何向上攀登呢?

"从你自己的头向上,越过你自己的心!现在,你身上最柔软的也必须成为最坚硬的。

"谁总是爱惜自己,终会因他过于爱惜而患病。使人坚硬的东西,才值得礼赞!那流满——奶和蜂蜜之地,我并不礼赞!②

"为了多有所见,必须学会弃绝自身——这种坚硬,为每位登山者所必需。③

---

① [法文版注]这段说话,亦可在《快乐的科学》的开端找到回响。一方面,关于"危险"的主题,尼采曾多处涉及到。如《善恶的彼岸》,第262节;《道德的谱系》,"前言",第5节。"收获生存的最大多产性、最大享受,就在于危险地生活着。"(《快乐的科学》,第283节),也就是说要打破价值标牌从而创造新的价值。参见《快乐的科学》,卷四,第381节。另参第三卷,"论旧和新的标牌"。

② [法文版注]《出埃及记》,3:8:"[耶和华说:]我下来是要救他们脱离埃及人的手,领他们出了那地,到美好宽阔流奶与蜜之地……"

③ [KSA版注]参阅卷十,12[1]:118:为了很好地观察,有必要弃绝自身。

[施注]扎拉图斯特拉谈论自己时用了一个稍微会(转下页注)

"但是,作为求知者,如果其目光逼人,那么,对于一切事物,除了其浅表的原因(vorderen Gründe),他如何能看见更多!①

"而你,哦,扎拉图斯特拉,你意欲观察一切事物的原因(Grund)和背景(Hintergrund):②于是你就必须超越自己而攀登——向上,上升,直至你的星辰也在你之下!

"是啊,俯瞰我自己吧,俯视我的星辰,对于我,这便是我的山峰,这为我而备,我的最后的山峰!——"

扎拉图斯特拉攀登之际,对自己如是说,用坚硬的小格言抚慰自己的心:他的心此前从未受过如此创伤。当他登上山脊的高处,看,他的面前铺展出另一片海:他寂

(接上页注)引起误解的词,即"种类(genus)"。他不仅呈现教诲,而且将自己呈现为传播教诲的老师。那些接受他的教诲的人,还没有经历这位教师受到激发的经历。然而,这位教师独有的经历是他的教诲的一部分,因为他的教诲事关生活,事关人。为了理解人群,必须懂得只有最伟大之人才拥有的经历。

① [KSA 版注]参阅卷十,3[1]:5:对于求知者存在一种强迫,它注定只让人看见事物的表面。

② [译注]"原因"作为哲人的探究指向,很容易理解,"背景"则略为难解。《论道德的谱系》第三章第十节给了某种参考和指引:"最早的哲人善于为其此在和表现(ihrem Dasein und Erscheinen)加上一种意义、一个支撑点和一种背景,以使人们因此学会畏惧他们……"这一节旨在批评:西方传统哲学由于传统的缘故,总是以禁欲主义为外衣,即哲人和哲学总有外在的背景,而没有真正成为可能(möglich ist)。因此,"背景"可以理解为一般意义上的问题域或者问题得以产生的时空条件,但这里的"一切"以及本章所谈的"自我"问题,很可能暗示了"背景"指向的是最根本的哲人存在条件和形态问题。

然而立,长时沉默。但在这个高处,冷夜清朗,星斗璀璨。

我识得自己的命运,他最终悲哀地说。好吧!我准备好了。我最后的孤独就此开始。①

唉,我下面这黑暗的悲哀之海![124]唉,这怀孕的夜间愠怒!唉,命运和海洋!我现在必须下到你们那里!②

我身临我的最高山峰和我最长久的漫游:所以,我必先下降得更加深沉,非我以前的下降可比:

——下到痛苦的深渊,非我以前的下降可比,直深入它最黑沉的潮水!我的命运意欲它如此:好吧!我准备好了。

最高的山峰来自何处?我曾如此问。我当时知道,它们来自海洋。

证据写于它们的岩石,写于它们山峰的层层绝壁。最高的东西必定产生于最深沉之物,并成就它的高度。——

扎拉图斯特拉如是说,在凛凛清寒的山巅;但是,当他行至海滨,最终独立于危岩之下,他却在途中感觉厌倦,又比此前更怀渴望。

---

① [KSA版注]他终于伤感地说,好吧,我准备着。刚才我从大海张开的眼睛里就读出了这个。/我选择悲伤。我从这张开的眼睛里就读出了这个。刚才那里朝我投来了一瞥日光。引自誊清稿。

② [KSA版注]参阅卷十,22[3]:那里是黑色的悲怆的大海,你必须越过这大海,扎拉图斯特拉!

此刻,万物沉睡,他说;海洋也在沉睡。它的眼睛注视着我,眼神迷蒙而陌生。

但是,它的呼吸温暖,我感觉到了。我还感觉到它正在梦中。它在坚硬的枕上蜿蜒入梦。

听!听!它因丑恶的回忆而呻吟!或因丑恶的期待?

唉,我与你同悲,你这昏暗的怪物,也因你而自我怨恨。

唉,我的手还不够强力!真的,我乐意拯救你于噩梦之中!

当扎拉图斯特拉这么说,不禁以忧郁与苦涩自嘲。怎样!扎拉图斯特拉!他说,你还意欲对大海唱出安慰吗?

唉,多情的傻瓜扎拉图斯特拉,你这因信而过于得福的人!你向来总是如此:总是亲昵地走向一切可怕之物。

你意欲抚摸每一种怪物。一缕温暖的气息,脚掌上一丝柔软的绒毛——你便立即准备好了,去爱它、引诱它。

爱,对一切生者的爱,正是最孤独者的危险!①在这爱中,我的愚蠢和我的谦逊诚然可笑!——

[125]扎拉图斯特拉如是说,又笑了起来:这时他想

---

① [法文版注]《快乐的科学》,卷五,363节。

起他离散的朋友们——,似乎他的念头冒犯了他们,便对自己的念头生怒。于是,笑者立哭——扎拉图斯特拉因愤怒和渴望而痛哭。①

---

① [KSA版注]参阅《圣经·马太福音》26:75。

论幻相和谜①

1

当船员之间流言四布,说扎拉图斯特拉便在船上——因为有位来自幸福岛的人,与他一道登船——于是,一种巨大的好奇和期待出现了。② 扎拉图斯特拉因为悲伤,沉默两日,冷漠而麻木,即,他没有回应任何目光

---

① [KSA版注]此标题在誊清稿中为"论孤独者的幻相":参阅卷十,18[21]:穿越七重孤寂之路,最终是蛇。

这段文字是尼采在付梓前加入文稿的,目的是使这一章同前一章有关。从被弃用的誊清稿的开头部分看,此章似乎同"病愈者"一章有关,内容也十分相似。被弃用的誊清稿开头部分是:当我卧病在床时,我最后梦见了什么?真的,我不想给所有的人讲述我梦见和看见的东西。

② [施注]某种程度上,这篇演讲是整部作品最重要的一篇。标题是一种误导,让人以为这篇演讲的主题是幻相和谜。这篇演讲的主题其实是永恒复返,演讲处理了对扎拉图斯特拉来说显得是幻相和谜的东西,即永恒复返。但这个标题强调了扎拉图斯特拉涉及永恒复返的教诲多变的、谜一般的特征。

和问题。次日傍晚,他虽然依旧沉默,却已张开他的耳朵:因为在这艘迢遥而来并意欲继续航行的船上,可以听到许多奇怪、危险的事。远游者,没有危险即无法生活的人,扎拉图斯特拉却是所有这样的人的朋友。看!终于,他在聆听中松开他的舌头,而心中的冰也破碎了:——他开始如是说道:①

你们,勇敢的追寻者,引诱者,以巧帆驶进可怕海洋的人,——

你们,陶醉于谜的人,喜爱晦暗的人,长笛把你们的灵魂诱入迷乱的深渊:

——因为你们不愿用怯懦之手摸索一条线索;凡能作猜想之处,你们就憎恶推断——②

我只向你们讲述我看见的谜,——最孤独者的幻相。——

最近,我阴沉地穿行于尸色的黄昏——忧伤、冷酷,紧闭双唇。于我而言,不仅仅是一个太阳落下了。

一条小径倔强地迎着碎石攀升,一条险恶孤独的小径,没有野草、没有灌木为伴:这条山径因我双足的抵抗

---

① [施注]为何扎拉图斯特拉只向无名的海员言说?扎拉图斯特拉是没有冒险就无法生活之人的朋友,这些人不会厌恶那些无法被证明的最重要之事,他们喜爱猜谜。

② [KSA版注]暗指阿里阿德涅神话。阿里阿德涅(以及狄俄尼索斯)的形象分明出现在"论伟大的渴望"和"七个印章"两章的草稿。

而沙沙作响。

沉默中跨过鹅卵石的嘲讽沙沙之声,踩踏令其蹒跚的石头:如是,我的双脚勉力向上。

向上——抵抗那个要拖其向下、下向深渊的精神,这沉重的精神,①我的魔鬼和死敌。

[126]向上——尽管它坐在我身上,半为侏儒半为鼹鼠;瘫痪;使人瘫痪;像铅注我耳,铅粒一般的思想滴入我的头脑。②

---

① [法文版注]参见《快乐的科学》,卷五,第380节。

② [KSA版注]誊清稿在此中断,后续的类似文字是:"哦,扎拉图斯特拉——他揶揄地、一个音节一个音节地喃喃自语——你,谋害上帝的凶手,智慧之石!你把自己高高抛出,可每块石头都要下落!"/你这谋杀上帝的凶手,你这个被征服者,但你不能征服你的杀害。你抛出的石头又落回来——每块石头必然落下!/注定会落到你自己身上,慢慢被砸死:哦,扎拉图斯特拉,你把石头扔远些——可石头必然慢慢回落到你身上/你,掷石者,星辰的破坏者,你慢慢会被星辰的碎片砸得粉碎(被上帝的碎片劈开、碾碎!)——上帝必然会倒下!/你在寻觅一个你喜爱的人,而现在遍寻未得?你将寻觅一个你可以逃向他那里的人,但你终将徒然无果/你那炽热的眼睛将一而再再而三地、望眼欲穿地在那个荒凉的空间逡巡,——然而凡你寻觅之地,你都会看见永恒的荒凉。/在那里,连阴影都不可见,魔鬼也不会迷路!你和你炽热的眼睛啊,你们把空空如也的空间弄得空空如也了!/你要小心提防我——我的回答是严酷的,出自我心灵那死尸般颜色的晦暗——当心啊,侏儒和恐怖的东西啊!因为我是很残酷的。/你要当心,不要让我有朝一日用哄笑把你给刺激死!你要当心,不要让我的舞步将你踩死!/我扔出的每块石头,在它尚未落到我身上和你侏儒脸上之前,我都要先把它磨成沙子!我还剩下一点小小的狂喜:我要把我的手紧压在你身上,像紧压在蜡上一样。在我,这就是极乐!/我要用炽热的矿砂把我的意志写进你的反感和厌恶里去,(转下页注)

"哦,扎拉图斯特拉,"它一字一字地呢喃嘲讽:"你这智慧之石!你把自己高高抛出,但每一块抛出的石头必定——坠落!

"哦,扎拉图斯特拉,你这智慧之石、投掷之石、星辰的毁坏者!你把自己高高抛出——但每一块抛出的石头——必定坠落!

"你已被自己判决,要被自己的石头砸死:哦,扎拉图斯特拉,你抛掷的石头真远——但它将落回你自己身上!"

于是,侏儒沉默了;并持续良久。但他的沉默压迫着我;两个人如此共处,真比独自一人还要孤独!

我攀登,我攀登,我入梦,我思考——但一切压迫着我。我如同一位病人,因严重的病苦而疲倦,可是,甫一入睡,又被更严重的梦惊醒。——

(接上页注)在我看来,这就是我最后的狂喜了!"另一稿本的开头部分用铅笔写道:——哦,扎拉图斯特拉,你现在完全遗忘了你的所有舞蹈及舞蹈时的大笑!——/我是……尼采在誊清稿中没有写完这个结语,草稿中的类似文句为:我这样说道,继而沉默。作为答话,这侏儒从我后背吹来冰冷的气息,使我浑身惊惧,以至打了个趔趄。但我还是跟跟跄跄地朝上走。

[施注]扎拉图斯特拉走上了向上之路,因此他不得不克服重力。他克服了沉重精神或曰天堂精神,侏儒代表了这种天堂精神,最终被勇气所超越。这是真实的,因为天堂精神植根于死亡或对死亡的恐惧。对这种恐惧的克服内在于对死亡和生命的各个阶段的真正接受,一次、两次,无限地开放,亦即永恒复返。

在柏拉图看来,诗歌仅仅是模仿,与哲学比起来,诗歌是次要的。但对尼采来说,永恒之物已经消失了。因此,这并不具有必然性:诗歌或类似于诗歌之物、幻相和谜就应该取代哲学式的论证。这就是他用快乐精神反对天堂精神所要表达的意思。

但我内中有某个东西,我称其为勇气(Mut):①它杀死了我迄今为止的每一种颓唐(Unmut)。勇气终于命我静立,说道:"侏儒!要么是你!要么是我!"——

因为勇气是最好的杀人短棍(Totschläger)——勇气在进攻:因为每次进攻中皆奏有军乐。

人类却是最勇敢的动物:他以勇气征服了一切动物。伴着军乐,他也征服了每一种痛苦;但人类的痛苦是最深沉的痛苦。

勇气也杀死深渊边缘的晕眩:哪里有人不在深渊边缘!观看本身岂不就是——观看深渊?

勇气是最好的杀人短棍:勇气也杀死同情。但是,同情是最深的深渊:人多么深沉地观看生活,便也会多么深沉地观看痛苦。

但勇气是最好的杀人短棍,勇气在进攻:它还杀死死亡,因为它说:"这就是生活么?好吧!再来一次!"

但是,这类格言里奏有许多军乐。有耳可听的,就应当听。② ——

2

[127]"停住!侏儒!"我说,"我!或者是你!我们二者当中,我是强者——:你不懂得我深渊般的

---

① [法文版注]参第四卷,"论更高的人们","论科学"。
② [法文版注]《马太福音》11:15:"有耳可听的,就应当听。"

(abgründlich)思想！这——你无力承受！"——

这时发生的事情，令我轻松：因为侏儒从我肩上跃下，这好奇者！① 它蹲坐于我面前的一块石头上。而在我们的停住之地，恰有一条大门通道。

"瞧这大门通道！侏儒！"我继续言说，"它有两面幻相。两条道路于此交汇：路的尽头无人踏足。

"这条漫长的巷道②向后：它维系着一种永恒。那条漫长的巷道往前——那是另一种永恒。

"这些道路彼此相反；它们恰好在此碰头——这里，在大门通道，恰是它们交汇之处。大门通道的名字刻于上方：'瞬间'。

"但倘若有人沿其中一条继续行走——愈加迢递，愈加遥远：侏儒，你以为这两条路永远相反吗？"

"一切笔直之物都在说谎，"侏儒轻蔑低喃。"一切真理皆为弯曲，时间本身是一个圆环。"

---

① ［译按］扎拉图斯特拉本人并不好奇（"论三种恶"，第一节），而所谓好奇者（Neugierig），《扎拉图斯特拉如是说》除了此处的侏儒之外，还有两种说法，一是卷二"论拯救"中的驼背"好奇地仰望"，一是卷四"最丑陋的人"中最丑陋的人称扎拉图斯特为"最好奇的人"，那么，什么是好奇？《善恶的彼岸》第九章第 269 节，大众之好奇，被蛊惑的好奇，这正是对应了亚里士多德的哲学之惊奇，或者哲学普遍化的现代产物。

② ［译注］巷道（Gasse），并非一般的道路，而是专指巷道，是扎拉图斯特拉起初所走上的狭长巷道、幽暗的巷道（前言5，前言8）；以及本卷"论变小的道德"最后扎拉图斯特拉的自我比喻："在这些民众之间，我只是我自己的先驱，是我自己穿透黑暗巷道的鸡鸣。"

"你这沉重的精神!"我愤怒地说,"你不要说得过于轻慢! 不然,我将你扔在你蹲坐的地方,你这瘸腿,①——以前我抬高了你!"

我继续说,"看这个瞬间! 从这个瞬间的大门通道,一条漫长永恒的巷道向后延伸(läuft):我们身后有一种永恒。

"一切事物中凡能够奔跑的,不是已经必然跑过这条巷道么? 一切事物中能够发生的,不是已经必然发生过、完成过、跑走(vorübergelaufen)了么?

"如果一切事物都已在此(dagewesen):你这侏儒如何以为这个瞬间呢? 这个大门通道岂不是已经必定——在此呢?

"一切事物岂不是紧密缠结,甚至于这个瞬间把一切未来之物也拉向自己? 如是——它自身亦然?

"因为,一切事物中凡能奔跑的:都从这条漫长的巷道向外而去——也必定再次奔跑!

"这月光下缓缓爬行的蜘蛛,这月光本身,在大门通道旁相互低语、低语永恒事物的你我——[128]我们这一切岂不是必定已经在此?②

"——返回,在另一条巷道上向外奔跑,在这条恐怖漫长的巷道上——我们不是必须永恒复返么? ——"③

---

① [译注]前言中彩衣少年曾经咒骂索上舞者为瘸腿。
② [法文版注]参《快乐的科学》,卷四,第341节。
③ [施注]尼采的字面意思是同类之物的永恒复返。古代的某些哲人也教授过永恒复返,他们认为,机运扮演着巨大的作用,以至于某些特殊的类不会实现永恒复返。尼采的原则是,将时间的无限对应数字组合的有限。

我如是说，声音越来越低：因为我害怕我自己的思想和隐念。突然，我听见附近有一条狗在吠叫。

我曾经听过一条狗如此吠叫吗？我的思想在回溯。是的！当我是孩子的时候，在最悠远的儿时：

——那时，我曾听见一条狗如此吠叫。我看见它毛发尽竖、举头颤抖，在最安静的午夜，这条狗也相信魔鬼：

——如是，我对它生了怜悯。因为满月正在一片死寂中悬于屋顶，正静立如一轮热火——静立于平坦的屋顶，仿佛立于他人的财产之上：——

于是，狗在那时惊慌失措：因为它以为有窃贼和魔鬼。当我再闻吠叫之声，便也再生怜悯。

现在，侏儒去了哪里？大门通道呢？蜘蛛呢？所有的低语呢？我在梦中么？我醒了么？我突然立于蛮野的危岩之间，①孤独而荒凉，在最荒凉的月光里。

但那里躺着一个人！在那里！那只狗跳跃、毛发尽竖、鸣咽——现在它见我走来——于是再次吠叫，呼喊——我曾听过一条狗如此呼喊求助么？

真的，我所见的，我前所未见。我看见一位年轻的牧人，蜷缩颤抖、窒息、抽搐、脸庞扭曲，一条沉重的黑蛇悬

---

① ［译注］立于危岩之间，通常是扎拉图斯特拉突然清醒，或有某种发现的时刻，比如上一章"最终独立于危岩之下"时；而与此处关系更为密切的，是卷四"最丑陋的人"一章，在"黑色与红色的危岩"，扎拉图斯特拉发现"死蛇谷"中最丑陋的人。这很可能意味着，这位年轻牧人如果没有变成扎拉图斯特拉，就可能是藏身于死蛇谷的最丑陋的人。

在口中。①

我可曾见过,一张脸上的嫌恶和白色的恐惧竟如此不可胜数么?他大概睡熟了?那时蛇爬进了他的喉咙——它便紧紧咬住。

我的手拖拽这条蛇,继续拖拽——却是徒劳!无法从喉咙中将蛇拽出。于是,我便呼喊:"咬呀!咬呀!

"咬下头!咬呀!"我如此呼喊,我的恐惧、仇恨、嫌恶、怜悯,一切善与恶,都随着这一声呼喊从我这里呼喊而出。——

你们,我身边的勇士!你们,寻找者、尝试者,你们当中以巧帆驶入处女海洋的人![129]你们,喜爱谜的人!

请为我猜谜吧,我当时看见的谜,为我解释那位最孤独者的幻相!②

因为这是一张幻相,一种预见:——我当时在这则比喻中看到了什么?以后必然到来的人,是谁?

蛇如是爬进其喉咙的牧人,是谁?一切最沉重、最黑

---

① [译注]扎拉图斯特拉本节所述,是关于永恒复返的重要一章,而本书中另外一处与永恒复返最相关的是本卷"病愈者"一章。除此之外,两章有一个关键性的关联:此处年轻牧人口中有一条沉重黑蛇,在"病愈者"一章,扎拉图斯特拉本人在复述往事时也承认,自己的疾病正是这种类似的经历。

② [施注]哲学的顶点就是永恒复返学说,这一学说意味着对充满了痛苦和缺陷的生命的无限肯定。永恒复返学说保留了基本原则,即没有虚无。对虚无的关切于生命有害。或者说,永恒复返学说所坚持的原则是:除了个体的个体性——同样之物的永恒复返外,没有什么永恒。依照尼采的看法,永恒复返学说基于一种神秘难测的幻相。

暗的东西将爬进其喉咙的人,是谁?

——但牧人咬了,正如我的呼喊给他的劝言;他狠狠一咬! 他把蛇头吐远——向上跳起。——

不再是牧人,不再是人——而是一位变形者,一位周身闪耀的人,笑了! 大地上从未有人像他这样笑过!①

哦,我的弟兄们,我听见了一种笑,不是人类的笑——现在,一种焦渴咬噬着我,一种永不平静的渴望。

我对笑的渴望咬噬着我:哦,去生活,我如何可以忍受生活! 而现在就死,我又如何可以忍受! ——

扎拉图斯特拉如是说。

---

① [施注] 这是超人出现的标志。不旱扎拉图斯忤拉,而是牧羊人的变形者,本来是保卫低者(the lower)的牧人变成了超人,变得能够忍受永恒复返。但这里还有一个困难。牧人咬断黑蛇的头不是破坏了永恒复返的循环吗? 或者说,这个循环没有尽头吗? 亦即所有部分都是平等的? 峰顶和平原之间的差异在永恒复返那里,必定不再重要,这就是悖论。

论违背意志的幸福①

扎拉图斯特拉心怀这类谜与痛苦，行于海上。但离开幸福岛和他的朋友们，四天行程之后，②他终于克服了自己全部的痛苦——胜利的他以稳固的双脚重新站立于他的命运之上。这时，扎拉图斯特拉对其欢呼的良知如是说道：

我重又孤独，我也意欲孤独；独享纯净的蓝天和自由的海洋；而我的周围又是午后。③

---

① ［KSA版注］尼采草稿显示本章同第一章有着直接的关联，这从第一个副本的改动中即可明了，之所以改动，就是为了使本章与新的关联（在插进第二章后）相适应。草稿中此章的标题是"在海洋上"。

② ［KSA版注］第一稿：扎拉图斯特拉心中怀着凄苦离开了他的朋友，当他行走两天，远离幸福岛并进入大海中央……

③ ［施注］这篇演讲的意义如下：扎拉图斯特拉在这种神秘难测的幻相中已经找到了满足或幸福，但某种程度上这仅仅是违背意志的幸福的意义。扎拉图斯特拉还没有意欲永恒（转下页注）

我曾在午后首次发现我的朋友,再次发现也是午后——那个时刻,所有的光更加安静。①

因为,幸福还只在天地间的中途,现在它要寻找一个光明的灵魂作为客栈:所有的光皆因幸福而更加安静。

哦,我生命的午后!② 我的幸福也曾下降山谷,寻找一间客栈:[130]它在那里发现了这些坦荡好客的灵魂。

哦,我生命的午后! 我还有什么不曾奉献,只为拥有一物:我的思想那鲜活的培植,以及我最高希望的朝霞!

创造者曾寻找同伴和他的希望的孩子:看,他发现自己无法找到他们,除非他自己首先创造他们。

如是,我便在我的事业之中,走向我的孩子,再从他们返回:由于他的孩子们,扎拉图斯特拉必须完成自己。

因为人们根本上只爱他的孩子和事业;有伟大的自

(接上页注)复返。因此,扎拉图斯特拉从门徒所在的幸福岛离去,继续漫游。

① [KSA版注]下午,此时随着软鞋走动时发出的声响,是钟声和姑娘们的亮嗓。——下午,此时一切的光亮更加安静。引自草稿。还有:铃声随着软鞋游走——参阅《人性的,太人性的》,上卷,第628节;《尼采全集》卷八,22[45];本书第四卷,"忧郁之歌"。

[译注]午后(Nachmittag)是与正午对应的说法,确切地说,是正午之后的成熟产物。因此,本章"扎拉图斯特拉的孩子"就不是人格意义或者未来意义上的人,否则与第一卷中的门徒只有时间意义上的区别,而无本质差异。《善恶的彼岸》最后一节(第296节)对此给出一个肯定的说法,称之为"我写下和画出的思想";"只有你们的午后,你们这些我写下和画下的思想,只有为你们,我才有色彩。"这也正是下文这句话的含义:"由于他的孩子们,扎拉图斯特拉必须完成自己。"另参《快乐的科学》,第45节,第291节。

② [法文版注]这一主题是重复了《善恶的彼岸》中的尾诗。

爱之处，便是怀孕的标志：这是我的发现。

我以为，我的孩子们①仍然在他们的第一个春天里，春意初绽，并立而受风摇晃，②我的花园和最好土壤中的树木。

真的，有这类树木并立之处，那里便是幸福岛！

但是，终有一日，我意欲将它们连根拔出，每一棵独自栽培：让它们学会孤独、抵抗和谨慎。

它应该为我而屹立海滨，虬枝纵横，柔中有刚，是一座不可战胜的生活的鲜活灯塔。

那里，风暴向海洋坠落，群山之喙啜饮海水，那里，它们每一棵都应在某天值守其昼夜的警戒，为了成就它的考验和认识。

它应该受到考验与辨识，它是否为我这一类，是否为我的后裔——是否为一种长久意志的主人，当它说话时是否沉默，是否如是屈从，即在付出时也有索取——

——即终有一日它会成为我的同伴，是扎拉图斯特拉的共同创造者、共同庆贺者——③一个这样的人，可为我而在我的标牌上写下我的意志：为了使一切事物更完满地完成。④

为了它和它的同类，我必须完成自己：所以，我现在

---

① ［KSA版注］从这里开始，扎拉图斯特拉说他的孩子们，而不再说"朋友们"。

② ［KSA版注］一并被风吹拂，见誊清稿。

③ ［KSA版注］参阅本书前言第9节。

④ ［译注］对比本卷"论旧和新的标牌"第29节。

躲避我的幸福,而把自己奉献给一切不幸——为了成就我最终的考验和认识。

真的,是时候了,我该走了;而漫游者的影子、最长久的片刻和最安静的时刻都对说我:"是最高的(höchste)时刻了!"①

风从锁孔向我吹来,并说:"来吧!"门狡猾地向我跃开,并说:"走吧!"

但是,我对孩子们的爱是锁住我的铁链:[131]渴望,对爱的渴求,让我困于缧绁,②使我变成我的孩子们的猎物,因他们而丧失自我。③

渴望——对我而言就是:丧失自我。我的孩子们,我拥有你们! 在这一拥有中,一切都应安稳,而绝无渴望。④

我的爱的太阳当空蒸晒着我,扎拉图斯特拉在自己的精气(Safte)之中翻腾,⑤——于是,阴影和怀疑离我而

---

① [KSA版注]关于最高的时刻,对比卷二"论伟大的事件"和卷四"困境中的呼喊"。

② [KSA版注]对你们——我的朋友们——的爱上和我心的仇恨。见誊清稿。

③ [KSA版注]其后删去的文字是:在我的幸福小岛上,我曾拥有我的朋友,也曾拥有隐藏在朋友中的敌人! 对于一个隐士来说,可以爱人,也可以恨人,是何等甜美! 见誊清稿。

④ [KSA版注]在这个拥有中,一切渴求悉数被溺毙。见誊清稿。

⑤ [KSA版注]参阅《狄俄尼索斯颂歌》"论最富有者的贫穷"。
[译注]诗中有一节为:"今天,他患上温柔的病,一阵解冻的风,扎拉图斯特拉安坐等候,在山上等候,在自己的精气里……"表达了扎拉图斯特对未来的等候之情,而"精气"意味着来自于他自己创造的未来。

飞遁。

我已经渴求冰霜和冬季："哦，但愿冰霜和冬天使我再度破裂，冷得嚓嚓作响！"我叹息道——于是我身上有寒雾升起。

我的过去折碎了它的坟墓，许多被活埋的痛苦苏醒了——它们只是隐藏在殓衣之中安眠。①

如是，一切皆以征兆之形向我呼喊："是时候了！"但我——不听，直到最终我的深渊挪动，我的思想咬噬着我。

唉，深渊般的思想，这就是我的思想！② 什么时候我才会发现一种强力，可以听你的挖掘却不再颤抖呢？

当我听见你在挖掘，我的心就跳上了喉咙！你的沉默意欲将我窒息，你这深渊般的沉默者！③

我向来不敢将你呼喊上来：这已经足够了，我已拥有——了你！我还不够强大，以成就最后的狮子的纵肆和蓄意。

你的沉重总令我惊骇：但是终有一日，我会发现这种

---

① [KSA版注]参阅《尼采全集》卷十，17[56]：我的坟墓裂开了：我的被活埋的痛苦复活了。——这痛苦曾穿着殓衣安眠，现在苏醒了。

② [KSA版注]我思想的蠹虫和深渊在那儿活动，这使我大为光火痛苦！参阅《尼采全集》卷十，17[84]。

③ [KSA版注]我的心快要跳上喉咙，羞怯和懦弱，令我热血沸腾——当我听见你在挖掘——更有甚者——当我听见你沉默，扎拉图斯特拉就因为想说出一句话而变得多么软弱！我要取笑深渊般的沉默者！见草稿。

强力和狮子的声音,可以将你呼喊上来!①

倘若我在这方面超越了自己,我就意欲在更伟大的事情上超越自己;一场胜利应该是我之完成的标志!②

其间,我仍然在不定的海洋漂流;谄媚的偶然正奉承着我。我向前并向后望去——目之所及,浩淼无涯。

我最后战斗的时刻尚未到来——或者,它恰好将要到来?真的,四周的海洋和生活正以狡诈之美凝视着我。③

哦,我生活的午后!哦,日暮之前的幸福!哦,高处海洋的港口!哦,不定中的平静!我多么不信任你们这一切!

真的,我不相信你们的狡诈之美![132]如爱中的人一样,我不相信过于柔媚的笑。

正如嫉妒者将最爱的人从面前推开,他的坚强中犹有温柔——,我也将这一幸福的时刻从面前推开。

离开吧,你这幸福的时刻!一种违背意志的幸福与你一起向我而来!④ 我站立于此,意欲我最深沉的痛苦——你来非其时啊!

离开吧,你这幸福的时刻!最好以那里——我的孩

---

① [KSA版注]我从来不敢凝视你们,我将你沉睡和潜行于其中的洞府封死,你沉闷的潜行和地震足令我心悸。对你蹑手蹑脚行走的怕惧即是我的懦弱和惊恐;然而,有朝一日,我将亲自打开洞府并呼唤你,这,便是我最初的强大所在了。

② [KSA版注]假如我在这件事上战胜了自己,我还能战胜什么呢?那就是说,我的完美注定要胜利!参阅草稿。

③ [KSA版注]草稿中为:"带着疑问的神色观看。"

④ [KSA版注]参阅歌德《诗与真》十四节谈论他的创作天赋:"这种才能会不期然甚至是违背意志地冒出来,欣然地、宏富地涌现。"

子们为客栈！赶紧！趁黄昏未至，以我的幸福为他们祝福①！

于是黄昏渐至：太阳沉落。② 离去吧——我的幸福！——

扎拉图斯特拉如是说。他彻夜③等待他的不幸：他的等待却是徒劳。夜晚依旧清明安静，幸福自身越发迫近了他。但大约清晨，扎拉图斯特拉对他的心笑了，嘲讽道："幸福追逐我，这是因为我不追逐女人。而幸福是一个女人。"④

---

① ［法文版注］此处必须避免在道德层面来理解幸福概念。因为通常来说，如果尼采在这个观念之中用来揭示某种构想"主体"的"全福"——"幸福是女人"，我们因此从中向往着某种自然的东西——在另一个意义上，幸福修饰着权力意志的严格个体化的发展。参见《权力意志》（法文版），第 305 节。参见本书第四卷，"蜂蜜祭品"。

② ［KSA 版注］参阅《狄俄尼索斯颂歌》。

③ ［KSA 版注］夜，尼采指的是至少要来一场风暴和对船的极大摧毁，一场海难正好使他登陆上岸。与《马太福音》(8：23—27)中"平静的风"的故事类似。

④ ［KSA 版注］参阅誊清稿：快乐是一个女人，她追逐蔑视她的人。

（哦，这幸福中的怀疑啊！）／我不相信你们所有人！——真的，这幸福的时刻我是满腹狐疑的！我像爱中的人一样，怀疑至爱的情妹是否就是美女。他柔情地将她推开，他既恐惧又爱恋，面对可疑的美女，他觉得他的柔情是违背意志的／在推开她的当口，刚毅中犹存似水柔情，这个嫉妒者(我就是这样……以前我对所有幸福的态度一向是刚柔并济。)／我生就是制造幸福之人的人么？人难道不是<u>应该被超越</u>的么？——如此看来，人的所有幸福也是应该被超越的／于是，我把这（至美的）幸福时刻从身边推开——（转下页注）

（接上页注）/真的，在我看来，此乃违背意志的幸福。于是，我挺立在自由的大海中央，甘愿接受我的扼腕巨痛。/我以坚实的双脚挺立于自己的命运之上，甘愿(承受白昼、星辰和海难)承受孤寂的黑色的日子，以及遭遇沉船的危险！/离去吧，你这幸福的时刻！因你之故，我觉得这种幸福是违背意志的！我挺立于此，甘愿承受我的最大痛苦。你来得不是时候！扎拉图斯特拉精通了他的巨大痛苦之时，亦即他同自己的巨兽搏斗并取得胜利之日。(遭遇海难的人首先便是占领者。难民和遭海难者是发现新陆地的人：被摧毁一半的人历来就是占领者)/舵手最后听见扎拉图斯特拉说话，于是脱帽，敬重地说：扎拉图斯特拉，如果说我们有朝一日因你之故而毁灭，那么我们也会因你之故而(被救)脱险。可这样的凶险之事我从未见过，最凶险之事已被我们克服了。参阅尼采草稿。草稿还有类似的描述：我坚定的双脚挺立于我的命运之上，甘愿承受黑色的日子和沉船的一切危难。/因为我的诺言是：沉船遇难者首先应张开双眼去发现新陆地，被毁之人……/你走开吧，很快为你寻觅另一个灵魂吧！傍晚(以其清凉)已经朝我的朋友们走来了，你飞吧，在傍晚降临前为我的朋友们祝福吧！尼采誊清草稿时，首先保留了舵手的话，誊清稿：扎拉图斯特拉如是说，舵手最后听见他说话，乃脱帽敬重道："哦，扎拉图斯特拉，要来的总归会来；如果说我们有朝一日因你之故而毁灭，那么我们也会因你之故而得救。"在誊清的最后稿本里，尼采将舵手的话删除，但保留了对将要到来的沉船的暗示。

论日出之前

哦,在我之上的天空,你这纯洁者!深沉者!你这光的深渊!我注视着你,因神圣的渴望而颤栗。①

将我掷入你的高处——这是我的深渊!把我隐匿于你的纯洁——这是我的无辜!

神为其美丽所遮掩:你亦如此隐藏你的星辰。你不着言辞:如此向我昭示你的智慧。

今天,你为我而从喧腾的海上哑然升起,你的爱和你的羞耻,向我喧腾的灵魂说出启示(Offenbarung)。

你以美遮掩自己,婷婷而来,向我哑然言说,敞露你的智慧:

---

① [KSA版注]参阅誊清稿:哦,在我之上的天空,你这纯洁者,深沉者!你这光的深渊!我的灵魂向上朝你急奔!/唉,分别的时刻到了么?"太阳来了"——你红着脸对我说。

[译注]参《瞧,这个人》中的"扎拉图斯特拉如是说"第七节,这一章的自言自语具有一种翡翠般的幸福(smaragdenes Glück),一种神圣的温柔,在他之前从未有人说出。至于翡翠般的幸福,参本卷"七个印章"第六节,称其为一种黄金-翡翠的迷醉。

哦,我怎么会猜不透你灵魂中的一切羞耻!你在太阳之前便向我而来,我这最孤独的人。

我们从开始便是朋友:我们共有悲伤、恐怖和原因(Grund);我们还共有太阳。

我们彼此无言,因为我们所知太多——我们沉默相对,我们笑对我们的知识。

相应于我的火焰,你岂不是它的光? 相应于我的明智,你岂不是它的姐妹灵魂?

我们曾共学一切;我们曾共学超越自我,[133]以攀越我们自己,以及无云之笑——

——当强逼、目标和罪,在我们下方如雨水蒸发时,我们就从迢遥之处向下而笑,目光明亮。

倘若我独自漫游:我的灵魂在夜晚与迷途间为谁而忍受饥饿? 而我登山,我在山间所寻找的,非你而谁呢?

我的一切漫游和攀登:皆为困境,为笨拙者的权宜纡计——我整个意志只意欲飞行,飞入你的内中!

较之浮云和一切玷污你的东西,我更加憎恨什么? 我亦憎恨我的憎恨,因为它玷污了你!

我愤恨浮云,这潜行的凶野之猫:①它窃取了我与你

---

① [译注]凶野之猫(Raub-Katzen),并非惯常的"猫科"之意,而是尼采对"猛兽"(Raubtier)的戏谑改写,因为猫在本书乃至其他作品里,常常是一种讽刺。比如卷二"论没有瑕疵的知识"中,尼采以之比喻贪求不诚实知识的人,所谓纯洁的求知者,远离生活本身。如此空浮也正与"浮云"之喻吻合。下文有"猫一般的平静"(Katzen-Ruhe)。

之间的共同之物——巨大而无限的"是"与"阿门"之辞（Ja- und Amen-sagen）。①

我们愤恨这些中间人和混合者，这些浮云：这些参半者，既不懂祝福又不懂彻底的诅咒。

我更意欲在彤云笼罩的天空下坐于桶中，宁愿坐于不见天空的深渊，也不愿见你这光明的天空被浮云玷污！

我常常渴求，用锯齿形的闪电金线将其缝紧，我便如雷霆，敲打它们铜鼓的圆腹。

——一个愤怒的鼓手，因为浮云从你那里掠夺了我的"是！"和"阿门！"（Ja! und Amen!），你，在我之上的天空，纯洁者！光明者！你这光的深渊！——因为浮云从你那里掠夺了我的"是！"和"阿门！"。②

因为我更意欲喧哗、雷霆和暴风雨的诅咒，而非这种谨慎怀疑的猫一般的平静；而在人类之中，我最憎恨虚伪懦弱者、参半者和怀疑犹豫的浮云。

而且，"不能祝福者，就当学会诅咒！"——这明白的（helle）教诲自明亮的（helle）天空向我降下，这颗星辰在黑沉的夜里也悬立于我的天空。

你这纯洁者！光明者！光的深渊！只要你环绕着我，我就是一位祝福者、说"是"者（Ja-Sager）。——在所

---

① ［KSA版注］引自誊清稿：它们夺去你我共同的力量，不受限制地说"是"的力量。我们是说"是"的人。

［法文版注］《快乐的科学》，卷四，第276节。

② ［KSA版注］参阅誊清稿：祝福，为了说"是"的缘故，我说了个长长的"不"。

有的深渊里,我都要携带我祝福的"肯定"(Ja-Sagen)。①

我成为祝福者和说"是"者了:我为此而长久搏斗,并成搏斗者,以便我终有自由的双手,可行祝福。

这却是我的祝福:立于每一事物之上,为其天空,[134]为其穹顶,为其蔚蓝的钟和永恒的依靠:如是祝福者,他有福了!②

因为一切事物都在永恒的源泉和善恶的彼岸受洗;善与恶,本身却是中间的影子、潮湿的忧郁和浮云。

真的,这是一种祝福,而非亵渎,倘若我教诲说:"在一切事物之上,立有偶然之天、无辜之天、或许(Ohngefähr)之天和纵肆之天③。"

"冯·或许"④——这是世界上最古老的贵族,我把它归还给一切事物,令它们从"目的"的奴役下得到解救。⑤

---

① [法文版注]参见《瞧,这个人》中的"扎拉图斯特拉如是说"第六节。

② [施注]让每一事物成为自身之所是,不会被扭曲,不用暴力强迫事物,这才是真正的认知。凭借科学方法对事物的任何构建和归纳,都无法让事物成为自身之所是。……一种特殊的人——权力意志的最高形式,必须完成天空不能完成的事情。为了让每一事物成为自身之所是,他必须隐匿每一事物,每一种存在。

③ [法文版注]参第三卷,"橄榄山上"。

④ [译注] Von Ohngefähr, von 是德国贵族的标志,原意为"来自"。

⑤ [KSA版注]参阅卷十,22[5]."或许" 并非善良的贵族,但是否是最古老的贵族呢?参阅《智慧书》2:2:"我们全是偶然来到世间。"

当我教诲说,一切事物之上和其内,并没有"永恒意志"在有所意欲,我便把这种自由和天空的明亮,置于一切事物之上,犹如放置蔚蓝的钟。①

当我教诲说:"一切事物之中,只有一种不可能②——此即合理性!③"我便以这种纵肆、这种愚蠢替代那种意志。

而一点点理性,一颗智慧的种子,飘散于星辰和星辰之间——这种酵母混入一切事物之中:但为愚蠢之故,智慧才混合于一切事物之中!④

一点点智慧固然可能,但在所有事物中,我都发现这种幸福确然存在:它们宁愿以"偶然"之足——舞蹈。⑤

---

① [施注]人的主要位置,当然是天空和大地之间的位置,这先于任何科学。这一点与《圣经》宇宙论一致,在哲学上也得到了亚里士多德宇宙论的确认。但现代科学观念下,地球成为众多星球中的一颗,人彻底遗失了自己的自然位置。关于人的整个学说必须完全重写,因为大地变成了众多星球中的一颗,天空变成了人可以生活的另外一种选择。人想要再次获得自然的位置并再次将地球作为自己的家园,某种程度上天空必须恢复其古典的高贵。对尼采来说,这根本不是一种恢复,人在现代首次能彻底地将大地作为自己的家园,因为在前现代总是存在一种人无法忠于大地的原则。

② [KSA版注]参阅《马太福音》19:26。

③ [法文版注]世界是"混沌",而不是合乎理性的。这并非忽视人对世界的理性化过程的效率,而毋宁在于指出这一过程,乃是作为一种理智的人造之物。

[译注]关于合理性,参《快乐的科学》第76节,《善恶的彼岸》第191节。

④ [KSA版注]参阅卷十,22[3]:犹如生命的种子飘散于星辰和星辰之间?

⑤ [法文版注]参第二卷,"舞蹈之歌"。

哦，在我之上的天空，你这纯洁者！高远者！我以为，你的纯洁便在于：不存在永恒的理性-蜘蛛和理性-蜘蛛网。

——我以为，你是一座为神圣的"偶然"而设的舞场，我以为，你是一张供诸神使用的桌子，为诸神掷骰而设，为掷骰者而设！① ——

你脸红了吗？我说了不可说的事？我意欲给你祝福时，是不是反而亵渎了你？

或者，二人成双的羞耻，令你脸红？——你叫我走开、沉默，是因为——白昼来临？

世界深沉：比白昼曾经设想的更加深沉。② 在白昼面前，并非一切皆可言说。但白昼已至：现在我们分开吧！

哦，在我之上的天空，你这害羞者！炙热者！哦，你，我日出之前的幸福！白昼已至：现在我们分开吧！——

扎拉图斯特拉如是说。

---

① [施注]整全没有目的，也不存在支配整全的理性。这就是整全的难以捉摸之处，整全的神秘所在。
② [KSA版注]参阅本书第三卷"另一支舞曲"。

论变小的道德①

1

[135]当扎拉图斯特拉再度踏上坚实的陆地,没有径直前往他的山峰和他的洞穴,而是行了许多路途,向众人询问,打听此事,打听彼事,甚而自嘲说:"看这条河,蜿蜒盘旋,流回了源头!"他意欲有所体验,此间人类身上发生了什么:它变大了还是变小了。有一次,他看到一排新房;他觉得惊奇,并且说:

"这些房屋意味着什么?真的,没有伟大的灵魂会把它们如此放置,作为自己的比喻!

---

① [KSA版注]此标题在誊清稿中为"论自我萎缩"。这一章本来没有分段。尼采为了描写扎拉图斯特拉归乡,在最后的稿本里增添了第一段。参阅《尼采全集》卷十,22[3]:被压缩的房子,就像儿童玩具那样傻气,以至儿童又可将它们放回玩具盒里!——被压缩的心灵——亲切而坦诚,低矮得像一道道只能让矮小者进入的房门——"我怎样穿过这城门呢?我忘记要生活在侏儒中间了。"

"兴许是一个痴笨的孩子,从玩具盒里取出了它们?但愿另一个孩子再将它们收进他的盒子。

"这些卧室和房间,人们能够进出吗?我想,制作它们,是为了丝绸玩偶;或是为贪求甜食的猫,可任由自己大吃甜食。"①

扎拉图斯特拉站立良久,并且思索。他终于悲伤地说:"一切都变小了!

"我触目所见,皆是低矮的门:我这一类人也许可以进去,但他——必须折腰!

"哦,我何时能返回我的家乡,那儿我不必折腰——不必在小人们(Kleinen)面前折腰!"——扎拉图斯特拉叹息道,并望向远方。

同一天,他就"变小的道德"作了一次演说。②

---

① [译注]贪求甜食的猫(Naschkatze),是一个合成词,由吃甜食(naschen)和猫两个词组成。但 naschen 又有偷食之意,一般译为馋猫(英文本有译为 nibbler)。尼采糅合了两种含义。参本卷"论旧和新的标牌"第17节关于萎靡的厌倦世界者,尼采称他们为"贪求甜食的、藏匿的欲望之猫"(naschhafte verkrochene Lust-Katzen)。作为现代"小人",对过于甜腻的欲望的满足是其特征之一。

② [施注]随后的八篇演讲都处理人类事物。此处的陆地不同于卷二中的幸福岛,他在此发现一切事物都变小了,尤其是人变小了。此处的演讲不是为门徒所准备,明显是一种公共演讲。本篇演讲是整部作品迄今为止的第一篇公共演讲。

[译按]在前言里,扎拉图斯特拉下山伊始的演讲就是公开演讲,施特劳斯这里的意思应该是,在前言之后的正文里,这是第一篇公开演讲。

2

我在民众之间穿行,大睁双眼:因为我不羡慕他们的道德,所以他们不愿原谅我。

他们咬噬我,因为我对他们说:小人(kleine Leute)所需,是小道德——还因为我难以理解,为何必然有小人!①

在此处,我如一只在陌生农场中的公鸡,母鸡们亦来啄我;但是,我并不因此而对母鸡不友善。②

我待它们颇守礼节,如对待所有的小烦扰;我认为,尖锐地对待小东西,这是一种刺猬的智慧。③

[136]当他们夜晚拥火而坐时,所有人都在谈论我——他们谈论我,但没有人为我——着想!

这是我学会的一种新的安静:他们以在我周围的喧嚣为外衣,覆盖了我的思想。

---

① [KSA版注]小道德对小人是不可或缺的,可是有谁能说服我,小人也是必要的呢?
② [KSA版注]参阅《尼采全集》卷十,9[19]:一只怪异的公鸡和母鸡都来啄我。
③ [KSA版注]参阅《尼采全集》卷十,22[1]:我的心即便对邪恶的偶然事件亦彬彬有礼。对命运采取尖刻态度在我看来是刺猬的智慧。
[译注]参尼采的诗歌《论最富有者的贫穷》中的诗句:"甚至面对命运本身,我也不欲尖锐以对——扎拉图斯特拉不是刺猬。"该诗收于《尼采反瓦格纳》最后一部分,亦收于《狄俄尼索斯颂歌》。《快乐的科学》第306节中则指明了刺猬的象征含义:"禁欲主义那一张布满刺猬之刺的硬皮。"

他们彼此喧哗:"这片黑沉的云意欲我们如何呢? 我们要留心,不要让它为我们带来一场瘟疫!"①

最近,一个女人拉走她那意欲走向我的孩子,"把孩子带走!"她呼喊道,"这种眼睛会烤焦孩子的灵魂。"②

当我说话时,他们咳嗽了:他们以为,咳嗽是一种对烈风的抗议——他们猜不透我的幸福的喧腾!

"我们尚无暇虑及扎拉图斯特拉"——他们如此反对;但是,一个"无暇"虑及扎拉图斯特拉的时代,又有何干系?

如果他们竟然赞颂我,我如何能够在他们的赞颂上安然入睡? 对我而言,他们的礼赞是一条带刺的腰带:即便我解开了它,它仍旧刺伤了我。

我在他们之中还学到:赞美者假装给予回报,但其实他意欲更多的馈赠!

且问我的脚,它是否喜欢他们的礼赞方式和引诱方式! 真的,它既不愿以这种节奏和滴答之声舞蹈,也不愿安静站立。

他们想礼赞、引诱我朝向小道德;他们想劝说我的脚

---

① [KSA版注]此行之后删去的文字是:对于我的幸福,他们什么也猜不出。参阅草稿。
[译注]此处是一种反讽,这些现代小人已经身染瘟疫,却把健康的扎拉图斯特拉视为瘟疫。真正的瘟疫是:"那两种瘟疫正向我们而来——那就是对人类的巨大嫌恶! 对人类的巨大同情!"(《论道德的谱系》,第三章第14节)

② [法文版注]此处正好和耶稣相反,参见《马太福音》19:13。正如苏格拉底,应把扎拉图斯特拉视作"诱惑青年的人"。

朝向小幸福的滴答节奏。

我在民众之间穿行,大睁双眼:他们变小了,而且越来越小——这是他们的幸福教诲和道德教诲所致。

他们在道德方面要求不高——因为他们只意欲舒适。只有要求不高的道德,才与舒适相协一致。①

他们或以他们的方式学习行走和前行:我称其为他们的跛行——因此,他们成为每一位疾行者的障碍。

他们当中,有不少人前行而后顾,脖颈僵硬:我喜欢跑去冲撞他们的身体。

脚与眼不应说谎,不应彼此揭穿谎言。但是,在小人们那里有太多谎言。

他们当中,一些人有其意愿,但大部分人只是成为他人的意愿。他们当中,一些人真实,但大部分人却是糟糕的表演者。

他们当中有违背知识的表演者,有违背意志的表演者——[137]真实的人总是罕见,尤其是真实的表演者。②

此地男子气概颇为稀罕:所以他们的女人却男性化了。因为只有男子气概足够的男人,才能从女人中,拯救——女人。③

---

① [施注]这里的民众还不是最后的人,但正走在朝向最后的人的路上。
② [KSA版注]誊清稿里缺此句,删去的是:诚实者少之又少——他有点用处!
③ [译注]关于女人的男性化,参《善恶的彼岸》第七章第239节,那里有更加细致的"反女权主义"的描述,尼采称其为一种现代的、民主的理念。

我发现，在他们之中这是最低劣的虚伪：命令者伪装为服务者的道德。

"我服务，你服务，我们服务"——统治者的虚伪在此地如斯祈祷——但是，倘若第一主人只是第一服务者，①多么痛苦！②

唉，我好奇的眼睛也在他们的虚伪之中飞入迷途：我猜透了他们所有的苍蝇幸福，他们围着阳光下的窗户玻璃嗡嗡作响，这种嗡嗡声我也猜透了。

我看见如此之多的善意，如此之多的虚弱。如此之多的正义与同情，如此之多的虚弱。

他们相互之间圆滑、正直，并且友善，如沙粒与沙粒之间，圆滑、正直，并且友善。

要求不高地拥抱一种小幸福——他们称其为"顺从"！但同时又要求不高地斜窥另一种新的小幸福。

根本上，大多数情形下他们只意欲一种：没有人伤害他们。于是，他们在任何人之前行动，待他友善。

但这是怯懦：尽管它已被称作"道德"③。

这些小人们，一旦他们粗暴地说话：我只从中闻得其嘶哑——因为，每一阵微风也会使他们嘶哑。

他们聪明，他们的道德有聪明的手指。但他们缺乏

---

① ［KSA版注］参阅弗里德里希大帝的名言："君王是国家的第一服务者和第一大臣。"

② ［法文版注］虚伪是一个双重概念，有时意味着意愿的能力，有时意味着这种能力的堕落和弱化。参见《偶像的黄昏》，"一个不合时宜者的漫游"，第18节。

③ ［法文版注］《朝霞》，卷四，第343节。

拳头，他们的手指不知如何藏匿于拳头之后。

他们以为，道德是要求不高并且驯服：他们以此化狼为犬，把人类自身变为人类的最好家畜。

"我们把我们的坐椅放置中间"——他们的微笑对我说——"与濒死的击剑者和满足的母猪之间是同样的距离。"①

但这是——平庸（Mittelmäßigkeit）：尽管它已被称作节制。② ——

3

[138]我在民众之间穿行，留下不少言辞：但他们既不知如何选取，也不知如何保存。

他们觉得惊奇，我来到这里，却没有议论他们的贪欲和恶习；真的，我来并不是③提醒他们谨防扒手！④

---

① [KSA版注]参阅卷十，22[3]：满足的猪猡或濒死的击剑者——你们难道没有别的选择？

② [法文版注]关于适度，中庸，参见《善恶的彼岸》，第262节；《敌基督者》，第57节。

[译注]这种平庸作为现代道德的虚弱特征，参《快乐的科学》352节，尼采在其中以此描述"欧洲人"。因此，扎拉图斯特拉这里穿行其中的"民众"，就是尼采心目中的现代欧洲人的精神世界，他们是"平庸、畏惧、自感倦怠的群居动物"。另参《善恶的彼岸》第241节，关于"大政治"构想如何克服这种平庸。比较《快乐的科学》第32节。

③ [KSA版注]"我来并不是"，耶稣在《新约》里也多次这样说。参阅《马太福音》9：13，10：34。

④ [KSA版注]于是他们说"扎拉图斯特拉是道德之敌"。见誊清稿。

他们觉得惊奇,我竟没有做好准备,让他们的聪明更进一步、更加尖锐:似乎他们的聪明人还不够多,而这些聪明人的声音如同石笔,在我身上涂抹有声。

当我呼喊:"诅咒你们内中一切怯懦的魔鬼,你们这些喜欢呜咽、双手合十并作祈祷的人!"他们便呼喊:"扎拉图斯特拉是无神论者。"①

尤其那些顺从的教师如此呼喊——但是,我恰恰喜欢对着他们的耳朵呐喊:是的!我是无神论者扎拉图斯特拉!②

这些顺从的教师!哪里有微小、疾病和癣疥,他们便如虱子一般爬去;我的嫌恶心阻止了我去掐碎它们。

好吧!这是我对他们耳朵的传道:我是扎拉图斯特拉,无神论者,他说,"谁比我更是无神论者,令我乐于得到他的指示?"

我是无神论者扎拉图斯特拉:我在哪里能够发现同类?一切给予自己意志并无视一切顺从的人,皆为我的同类。③

我是无神论者扎拉图斯特拉:我把每一种偶然放在

---

① [KSA版注]参阅本书第三卷,"论背叛者"。

② [译注]无神论(gottlos)最早出现在卷二"论著名的智慧者"一章,作为狮子意志的一个特征。本章和卷四"逊位"一章是谈论这个问题最集中的地方,即为什么扎拉图斯特拉是无神论者。另参《论道德的谱系》第二章最后一节(第25节),无神论是上帝死了之后,新的政治道德——甚至某种宗教性内涵的前提,参《善恶的彼岸》第三章,"宗教性的本质"。

③ [KSA版注]与《马太福音》12:50中的意思相反。

我的锅①里烹煮。但首先当它煮熟时,我才会欢迎它做我的食物。

真的,不少人如偶然主人一般向我而来:但是,我的意志同它说话时更像主人——于是,它屈膝请求②——

向我请求,可以在我这里找到客栈和我的心,它谄媚地说:"看,哦,扎拉图斯特拉,只是朋友来见朋友!"③——

倘若没人有我的耳朵,我还有什么可说!我意欲向外对所有的风呼喊:

你们这些小人,你们会变得越来越小!你们将会碎裂,你们这些舒适者!我以为,你们还会毁灭——

——由于你们诸多的小道德,由于你们诸多的小放弃,由于你们诸多的小顺从!

过于小心翼翼,过于顺从:你们的土壤便是如此![139]但是,一棵树要长得高大,它就应意欲将强硬的根扎于强硬的岩石四周。

---

① [KSA版注]"锅",誊清稿中为"汁"。
② [KSA版注]参阅《尼采全集》卷十,9[1]:这次经历端着主人的架子朝我走来了:可是一旦有人经历了它,它就屈膝下跪了。
③ [KSA版注]参阅《尼采全集》卷十,22[1]:弱者将这称为"偶然"。可是我要告诉你们:什么东西会在我身上发生,什么东西不会对我的严酷进行强逼并将其拉到身边?/你们瞧呀,我是如何将每个偶然置于我的汤汁里煮啊:它若煮熟了,它就是"我的意志和命运"/我遇到的偶然,倘若这其中有什么东西对我的肉体和意志来说十分怪异,那我怎能对这偶然表示待客的殷勤呢!看,只有朋友才造访朋友。

纵然你们放弃的东西,也织进所有人类的未来的织物;纵然你们的虚无,也是一张蜘蛛网,是一只以未来之血为生的蜘蛛。

你们这些小道德家,当你们接受时,竟也如同偷窃;但是,即使在无赖之间,也有尊严在说:"不能抢劫的地方,人们只好偷窃。"

"自是会给予的"——这也是顺从的一种教诲。但是,我要对你们这些舒适者说:自是会取走的,而且将从你们那里取走的,会越来越多!

唉,但愿你们放弃一切只有一半的意愿,决意懒惰,如同决意行动一样!

唉,但愿你们理解我的话语:"至少去做你们意欲做的事情——但首先要成为能够意欲的人!"

"至少爱邻人如爱你们自己,①——但我以为,首先要成为爱自己的人——

"——以伟大的爱而爱,以伟大的蔑视而爱!"无神论者扎拉图斯特拉如是说。

但这里没有人有我的耳朵,我还有什么可说!我来此地还是早了一个小时。

在这些民众之间,我只是我自己的先驱,我自己穿透黑暗巷道的鸡鸣。

但是,他们的时刻来了!我的也来了!他们一个小

---

① [法文版注]这是基督对法利赛人说的第二条诫命。参见《马太福音》22:39。

时接一个小时地变小、变贫瘠、变得更不能生育——贫瘠的稗草！贫瘠的土壤！

不久，他们会在我的面前站立在那里，如枯萎的草和草原，真的！他们会厌倦自己——更渴望火，而不是水！

哦，受到祝福的闪电时刻！哦，正午前的神秘！——终有一日，我意欲令他们成为不熄之火，成为有火舌的宣告者：①——

——他们终有一日会以火舌宣告：它来了，它靠近了，伟大的正午！②

扎拉图斯特拉如是说。③

---

① ［KSA版注］参看《以赛亚书》5：24；《那鸿书》1：10。
② ［法文版注］参见第一卷，"论馈赠的道德"。
③ ［KSA版注］誊清稿中为"扎拉图斯特拉如是对你们说"。

橄榄山上①

[140]冬季是一位糟糕的客人,坐在我的家中;由于它出于友谊的握手,我的双手冻得发青。

我尊重他,这位糟糕的客人,但我乐于让它独坐;我乐于从它那里跑开;倘若谁跑得好,就可以逃离它!

以我温暖的双脚和温暖的思想,我跑到风止息之处——我的橄榄山的阳面。

我在那里笑这位尊贵的客人,但仍然觉得它挺好,因为它为我消灭了家中的苍蝇,令许多小喧哗止息了。

因为,即便一只或两只蚊子意欲鸣唱,它也忍受不了;它还使巷道孤独,甚至夜间的月光在此也生

---

① [KSA版注]此标题在誊清稿中为"冬季之歌",参阅卷十,13[1]:此为冬季,今天我要跳舞。对于这白雪,我有足够的炽热;我要攀登此山,在那里,我的炽热意欲与寒风搏斗。

[法文版注]《马太福音》24:3:耶稣在橄榄山上坐着,门徒暗暗地来说:"请告诉我们,什么时候有这些事?你降临和世界的末了,有什么预兆呢?"并可参见《马可福音》13:3。

畏惧。

它是一位严酷的客人——但我尊重它,不像那些娇弱者会向厚腹的火神偶像祈祷。①

宁愿牙齿有些打颤,也不崇拜偶像!——我的秉性意欲如此。一切淫荡的、熏蒸的、湿霉的火神偶像,我尤为怨恨。②

对于我所爱的,我的爱在冬季甚于夏日;自从冬季坐在我的家中,我现在更善于讽刺我的敌人,也更发自内心。

真的发自内心,即使我爬上床时亦是如此——:我藏匿的幸福在那里嘲笑,且恣意而为;我的谎言之梦也在嘲笑。

我是一个——爬行者么?我此生从未在强力者面前爬行;如果我曾经说谎,我也是出于爱而说谎。所以,在冬季的床上我依然快乐。

一张劣质的床比奢华的床更能温暖我,因为我嫉妒我的贫穷。在冬季,它待我最为忠诚。

我以一种恶意开始每一天,用一遭冷水浴嘲笑冬季:我的尊贵客人因此而低吼。

---

① [Pütz版注]厚腹的火神偶像:指火炉。它是让人感到温暖和自在的象征,扎拉图斯特拉则喜欢那让人保持清醒和生发无情疑问的寒冷。

② [译注]参《快乐的科学》第134节"悲观主义者是牺牲品",暗示这些娇弱者即悲观主义者:"德国人对生活的厌倦导致人在冬季病弱不堪,其中也有地下室空气不洁及火炉产生有毒气体的原因。"

我也乐于以一支小蜡烛刺激它:它终于让天空从灰暗的拂晓中向我显露。

因为我在清晨尤为恶毒:清早的时辰,水桶在井边碰触作响,骏马热切嘶鸣,穿越灰暗的巷道——

我此时焦虑等待,明亮的天空终于向我升起,这雪白胡须的冬日天空,[141]皓首的老者——

——冬日的天空,这沉默者甚至常常隐没它的太阳!

或许,我向它学会了长久而明亮的沉默?或者,它向我所学?或者,我们每个人各自所发明?

一切好事的起因都是千头万绪——一切好的恣意(mutwillig)之事,都因兴致而跃入此在(Dasein)之中:它们怎会始终只愿意——做一次!

长久的沉默也是一件好的恣意之事,如同冬日天空,从明亮而圆目的面容向外看顾。

——如它一样隐没太阳和它不屈的太阳-意志:①真的,这种技艺和这种冬季的恣意,我学得很好!

我最喜爱的恶意和技艺便是,我的沉默学会了不以沉默而泄露自己。

我以言词和掷骰的咯咯声智骗那些庄重的等候者:我的意志和目的逃脱所有尊贵的监视者。

为了不让任何人窥见我的根本和最终意志——为此,我发明了这种长久而明亮的沉默。

我发现许多聪明人:遮掩住他的面容,令自己的水混

---

① [法文版注]《快乐的科学》,卷四,第320节。

浊，为了不让人看穿、看透他们。

但是，更聪明的怀疑者和核桃夹子正向他走来：钓走他最为隐蔽的鱼！

而明亮者、正直者和透明者——我以为他们是最聪明的沉默者：因为他们的根基深沉，甚至最明亮的水也不会——泄露他们——

你这雪白胡须的冬日天空，你这在我之上的圆目皓首的老者！哦，你是我的灵魂及其恣意在天空中的比喻。

我是否没有必要像一个吞金的人一样，藏匿自己——这样，别人就不会剖开我的灵魂？①

我是否没有必要踩上高跷，这样，他们就会忽略我的长腿——我周围所有这些嫉妒者和痛苦者？②

这些烟雾缭绕、幽于温室、毁损力竭、生绿愁苦的灵魂，他们的嫉妒怎能忍受我的幸福！

于是，我只能向他们示以我的峰顶的冰霜与冬季——而非我的山峰，正为所有太阳光束环绕的山峰。

他们只听见我冬季风暴的呼啸，[142]而非我在温暖海面的飘飏，一如渴求的、沉重的炙热南风。

---

① ［KSA版注］参阅《尼采全集》卷十，10，22[5]；人们还会把你剖开，扎拉图斯特拉：你看上去就像一个吞金之徒。也请参阅《狄俄尼索斯颂歌》，"论最富有者的贫穷"。

② ［KSA版注］参阅《尼采全集》卷十，22[5]：你们将这称之为踩高跷——可这是踩高跷的强有力双脚——长脚！另参《狄俄尼索斯颂歌》，"猛禽之间"。

他们怜悯我的各种事故和偶然——但我的言辞却说:①"让偶然向我而来:它如孩童一般无辜!"②

如果我不把事故、冬季的困境、北极熊皮帽和雪天之服置于我的幸福周围,他们如何能够忍受我的幸福!

——如果我不怜悯他们的同情:这些嫉妒者和痛苦者的同情!

——如果我不在他们面前叹息、受严寒而颤抖,如果我不是忍耐地任由自己被裹入他们的同情之中!③

这便是我灵魂的智慧的恣意和好意:它不隐匿它的冬季和冰风暴;它也不隐匿它的冻疮。

一种人的孤独是病者的逃避;另一种人的孤独却是逃避病者。

但愿他们听见,我在冬日严寒下的颤栗和叹息,我周围所有那些可怜的、斜视的流氓!我颤栗并叹息,却仍然

---

① [KSA版注]引自誊清稿:他们不能容忍自我美化者,他们仇恨那座有太阳光带萦绕的大山/——于是,所有的风都朝我和我的天气分界线刮来了,我差遣所有的风拂过我的意志之海面/我还要对偶然说。

② [法文版注]《马太福音》19:14:耶稣说:"让小孩子到我这里来,不要禁止他们,因为在天国的,正是这样的人。"用尼采的话说,"流变的纯真"用来翻译世界景观,对世界的知觉已经跨越了形式的和知性的范畴;存在就这样在其"本真性"和"前述谓"的方式之中被把握。参见《偶像的黄昏》,"四种大谬误",第8节。关于"孩子",参见第一卷,"论三种变形"。

③ [KSA版注]此行之后删去的文字是:最近我在橄榄山上的阳面歌唱。我一面唱,一面用心灵将严冬消融。见誊清稿。

逃避他们的暖房。①

但愿他们因我的冻疮而同情我、悲悯我:"他还是会冻死于知识的寒冰!"——他们如是怨诉。②

其时,我以温暖的双脚在我的橄榄山上纵横奔跑:在我的橄榄山的阳面,我歌唱,并嘲讽一切同情。

扎拉图斯特拉如是歌唱。

---

① [译注]暖房(geheizte Stube),对应前文"幽于温室"(stubenwarmen),但似乎更加温暖。

② [KSA版注]尼采草稿。我的健康,幸福……/我自称有病,称他们健康。所有这些可怜的(怜悯的)斜眼觑人的无赖聚集在我周围。因为存在这种流氓的恶意,于是我逃走,以躲避他们的疾病。/现在他们对我的冻疮表示怜悯了,他们抱怨:"他用自己的知识严冬把我们冻死。"

论离开①

如是，穿过许多民族和不同的城市缓缓而行，扎拉图斯特拉从弯路返回他的山峰和他的洞穴。②看，这时他突然之间中来到一座大城的城门边：此处却有一个兴奋流涎的傻子，张开双手向他跑来，在道路中阻挡了他。这就是那个被民众称为"扎拉图斯特拉之猴"的傻子：因为他记住扎拉图斯特拉言说中的某些句子和表达，又乐于从他智慧的宝藏中有所

---

① [KSA版注]参阅尼采草稿：他们敲着铁皮，并将这称之为"智慧"，他们把自己的黄金弄出叮当声响，对此，连妓女也在取笑。/你在这里没有什么好寻找的，你在这里会失去很多，这里是大城，你为何要涉足这个泥淖呢？/你还是怜悯你的双脚，朝城门吐口痰转身走吧！/于是，说着说着，扎拉图斯特拉就朝城门吐了口痰，转身走了。另参《尼采全集》卷十，22[3]：如果说这个大都会坐落在这片大地上，那么它并未给大地施肥，而是带来腐朽和恐惧。

② [译注]关于弯路(Umweg)，参卷一"论身体的轻蔑者"与卷二"论著名的智慧者"，另比较《论道德的谱系》前言第五节。

借言。① 但是,傻子对扎拉图斯特拉说道:

[143]"哦,扎拉图斯特拉,此地是座大城:你在此地无所寻找,还会遗落一切。

"你为何意欲涉此泥淖?还是同情你的脚吧!不如唾此城门,然后——转身而回!

"此地是隐士思想的地狱:伟大思想在此会被活活鼎烹而死,煮为细粒。

"此地,一切伟大的感受皆会腐烂:此地,只有嶙峋羸瘦的小情感辚辚有声!②

"你不是已经闻到精神的屠宰场和厨房的味道?这座城市不是弥漫着被屠杀的精神的云雾?

"你没有看见,那些灵魂像皱瘪肮脏的破布一样悬挂?——他们还从这些破布中制造报纸!

"你没有听见,此地的精神如何变为词语游戏?它呕吐出令人厌恶的词语潲水!——他们还从这种词语潲水

---

① [施注]本篇演讲呈现了扎拉图斯特拉的模仿者,而非扎拉图斯特拉的门徒。模仿扎拉图斯特拉的傻子生活在一座大城中,他对这座城市的判断与扎拉图斯特拉的判断一样,但有决定性的差异:他生活在蔑视中。

② [译注]嶙峋羸瘦(klapperdürre)与辚辚有声(klappern)叠前韵,故将 klappern 译为"辚辚有声",略为对应。而关于"嶙峋羸瘦",对比《人性的,太人性的》卷二"漫游者和他的影子"214 节,关于德国思想家的写作方式:"这些写作方式阴暗、夸张、有时简直是嶙峋羸瘦。"这一对德国现代精神的判断贯彻尼采始终,在早年的"论我们教育机构的未来"系列演讲中,最后一讲的结尾亦以此词形容德国的音乐艺术。此即下文所谓的"词语游戏"等等,另参笔记 1882,1[107],这是言辞与写作技艺的死亡。

中制造报纸。

"他们彼此追逐,但不知道,去往何处? 他们彼此激动,但不知道,为什么呢? 他们以其铁皮丁当作响,以其黄金振然有声。

"他们寒冷,便从烧沸的水中寻找温暖;他们燥热,便从冻结的灵魂里寻找冰凉;他们皆沉疴不愈,于是爱好公众的意见成瘾。①

"一切贪欲和罪恶皆以此地为家;但是,此地也有道德家,有许多聪敏而有用的道德②——

"许多聪敏的道德,因书写的手指,因耐坐又耐等的身体,得到微小的胸前星章和加衬垫的瘦臀女儿为其福佑。

"此地,在军队之神面前,还有许多虔诚,③许多笃信的唾沫美食和谄媚糕点。④

---

① [KSA版注]参阅《尼采全集》卷十,22[3]:因公众舆论而患病,正如因公众小姐而患病一样;而这正是你们最隐秘的疾病。
② [KSA版注]誊清稿:他们从早到晚相互激怒,但不知为何要激怒? ——这就叫作他们的智慧,叫作"下意识"(影射 E·v·哈特曼)。/他们敲着铁皮,并将其称之为"智慧";他他们把自己的黄金弄出叮当声响,对此,连妓女也在取笑。/他们相信妓女和烧酒。他们用火辣辣烫人的烧酒洗礼,他们也全都因为公众意见而患病。/此间有许多道德家,也有许多聪敏而有用途的道德。而且,人们还会瞧见诸多的"正直"。
③ [KSA版注]"虔诚",誊清稿中为"虔诚连同那些蓄大髭须的男人"。
④ [法文版注]《诗篇》103:21:"你们作他的诸军,作他的仆役,行他所喜悦的,都要称颂耶和华。"
[译注]关于"军队之神"(Gott der Heerscharen),参尼采笔记1887,10[135],基督教政治与马基雅维利的关系。

"'从上面'滴落星章和仁慈的唾沫;每一个无星的胸膛都向上仰望。

"月亮有它的月晕(Hof),宫廷(Hof)有它的小丑;乞丐民众和所有聪敏的乞丐道德,都向来自宫廷的一切祈祷。

"'我服务,你服务,我们服务。'①——所有聪敏的道德,都如此向上面的君王祈祷:终于,让应得的星章别上瘦削的胸膛。

"但是,月亮围绕尘世的一切旋转:君王也如此围绕最属尘世的一切旋转:这只是贩夫的黄金。

[144]"军队之神不是金条之神;君王思考,却受贩夫——操纵!②

"凭你的一切光明、强大和好,哦,扎拉图斯特拉!唾弃这座贩夫之城,转身而回吧!

"此地一切血管流淌的一切血液,皆为腐坏、微温而有泡沫:唾弃这座大城,这堆巨大的垃圾,一切浮渣起泡汇聚之地。

"唾弃这座破碎灵魂、瘦削胸膛、尖锐眼睛和黏糊手

---

① [KSA版注]参阅本书第三卷"论逐渐变小的道德",由续接的类似的变体文段可以印证这两章有着某种关联,也许它们原本就是一章。
[译注]此句重复了本卷"论变小的道德"第二节扎拉图斯特拉对现代统治者的讽刺。
② [法文版注]尼采在其他著作中表达了相似的意思,见《快乐的科学》,卷三,第176节;《朝霞》,卷五,第526节;《善恶的彼岸》,第194节。

指的城市——

"——唾弃这座纠缠者、无耻者、舞文者和吵闹者,以及狂热的野心家的城市——

"——一切腐烂、恶名、纵欲、黑暗、烂熟、脓疮、阴谋皆在此溃烂——

"——唾弃这座大城,转身而回吧!"①——

但在此时,扎拉图斯特拉打断了兴奋流涎的傻子,捂住了他的嘴。

"该停止了!"扎拉图斯特拉喊道,"我嫌厌你的言辞和你这种类型已经很久了!

"你为何居于泥沼如此之久,于是你自己不得不变为青蛙和蟾蜍?

"现在,你的血管里不是流淌着腐坏起泡的泥沼之血,才使你学会如是学舌与诽谤?

"你为何不行至森林?或耕耘大地?海洋中不也满是绿岛?

"我轻蔑你的轻蔑;倘若你警告我——你为何不警告自己?

---

① [KSA版注]誊清稿:被压缩的灵魂的城市,呆笨的、俨如儿童玩具的房舍,一个小孩似乎又可以把它们装进玩具盒!这座充满淫荡双眼、黏乎乎手指、臭鸡蛋、舞文者和吵闹者、发高烧的野心家的城市!一些人是贪吃的馋鬼,另一些人是食不厌精的美食家,全是可鄙之人!他们身上流着败坏的、泡沫状的血液:谁想把这血液弄干净!

"我的轻蔑和警告之鸟只从爱中飞起:而非从泥沼中!——

"你这兴奋流涎的傻子(Narr),人们称你为我的猴子;但是,我称你为我的咕噜之猪——由于咕噜声,你败坏了我对愚蠢(Narrheit)的礼赞。

"那么,什么最早使你咕噜有声?因为没有人给你足够的阿谀——所以你才坐于垃圾之上,你便有理由大肆咕噜不休——

"——你便有理由大肆复仇!你这虚荣的傻子,因为你所有的泡沫都是复仇,我猜透了你!

"但是,你的傻子言辞对我造成伤害,即使你有其正义![145]纵然扎拉图斯特拉的言辞有百倍的正确:你也总是令我的言辞不再正确!"

扎拉图斯特拉如是说;他举望大城,叹息,并长久沉默。最后,他如是说道:

我亦嫌恶这座大城,不仅这个傻子。[城中]此处或彼处,不能变好,也不能变坏。

可悲啊,这座大城!——我意欲自己得见它在其中焚燃的火柱!①

这火柱必然在伟大的正午之前出现。而它亦有它的

---

① [法文版注]《出埃及记》13:21:"日间,耶和华在云柱中领他们的路;夜间,在火柱中光照他们,使他们日夜都可以行走。"

时刻和它自己的命运。① ——

但是,你这个傻子,我要给你一则教诲,以此告别:人在其不能再爱之处,就应当——离开! ——②

扎拉图斯特拉如是说,便离开(ging……vorüber)了这个傻子和这座大城。

---

① [KSA版注]誊清稿:这个大都市啊,我真想(做个柴堆,让它在柴堆上焚毁! /这里没有什么东西会变好,但有许多东西会变坏,所以,我要让它毁灭)在城里点把火烧毁它。因为这样的火把必定是"伟大正午"的前导,它有自己的时刻和命运。但我并不想把每块面纱揭掉,于是我走开了。

② [译注]"离开"(*vorübergehn*)不算本书的关键词汇,但尼采用词还是颇为谨慎。该词在书中主要的含义是途经某人或某地而后离开,亦可译为"途经"或者"路过"之类,但更重要的意味还是离开。比如,卷一"论创造者的道路",扎拉图斯特拉希望创造者能够途经作为人的类型的多数人,然后离开他们;卷二"论教士"中的离开教士(比较卷三"论旧和新的标牌"第21节)。这些常常意味着某种经历与成长,而最终不再离开的,即完全获得了自身的本真的存在或生活,最终成为扎拉图斯特拉这样的人:"谁必然来临而不会离开? 我们伟大的'哈扎尔',这是我们伟大而遥远的人类王国,千年的扎拉图斯特拉王国——"(卷四,"蜂蜜祭品")。

论背叛者

1

唉,这片草地近来还是绿意盎然且色彩缤纷,但这一切都已枯黄了吗?我曾从这里将多少希望之蜜引入我的蜂箱!

这些年轻的心都变老了——却不是老!只是疲倦、平庸、舒适——他们称其为"我们重又变得虔诚"。①

近来,我还看见他们在清晨以勇敢的双脚向外奔跑:但是,他们知识的双脚已经疲倦,现在,他们甚至诬蔑自己清晨的勇敢了!

真的,他们中曾有许多人如舞蹈者举腿,我智慧之中的笑向他们招引②——于是,他思索起来;刚才我见他弯

---

① [施注]尼采用"背叛者"指的是那些回归宗教的人、背叛了自由精神的人。

② [KSA版注]参阅誊清稿,好像某个神明使他们心醉神迷,不禁欣然起舞。

下腰——爬向十字架。①

他们曾围绕光明和自由翩然飞舞，一如蚊蚋和青年诗人。年渐长而人愈冷：他们已变为昏昧者、嚼舌者和围炉烤火者。②

兴许心令他们气馁，因为孤独像一条鲸鱼将我吞噬？③ 或是因为，他们的耳朵长期渴盼我的消息，我的号角和先驱者的呼喊，却终究徒然？

——唉！他们之中，向来只有少数人的心具有持久的勇气（Mut）和纵肆（Übermut）；[146]他们的精神也颇能忍耐。但其余的人尽皆怯懦。④

其余的人：总是大多数，是凡夫，多余的人，多余者——他们无不怯懦！

---

① ［KSA版注］参阅《尼采全集》卷十，18[43]："人是必须被超越的"，这句话在我听来十分悦耳，犹如一则舞蹈的、欢笑的格言。可是他们认为，我叫他们爬向十字架！/当然，人在学会舞蹈之前，必须学会走路。

② ［KSA版注］他们学会了另一种智慧："在幽暗中更好——密谈！"

③ ［法文版注］《约拿书》1:17："耶和华安排了一条大鱼吞了约拿，他在鱼腹中三日三夜。"

［译注］对比卷四"在荒漠的女儿们中间"所提到的需要祝福的鲸鱼。

④ ［KSA版注］此行之后删去的文字是：我说此话并非为了安慰自己：对许多人而言，在他们不再怀有尊敬心的时候，他们是蔑视安慰的。我已经忘记安慰自己了。/他们应该怎样才不致怯懦呀！难道独处不可怕吗？难道孤寂不荒唐吗？谁像我一样砸碎道德招牌，剥夺各种价值的价值：如此，他岂不是自己砸碎自己么？而且……

［法文版注］关于懦弱的概念参见第三卷，"论变小的道德"。

谁是我这一类人,就会在途中遭遇我这一类经历:如是,他最初的伙伴是尸体和小丑。

但是,他的第二种伙伴是——自称为其信徒的人:活生生的一群人,对他充满许多爱、许多愚蠢、许多尚未成熟的(unbärtige)尊敬。①

在人类之中,谁是我这一类人,就不应心系这些信徒;谁了解这类匆遽、怯懦之徒,就不应相信这种青春和色彩缤纷的草地!②

他们若是能够成为其他类型,也就意欲成为其他类型了。参半者败坏了整体。树叶会枯萎——这有什么可以悲怨呢!

任其飘飞零落,哦,扎拉图斯特拉,不要悲怨!不若萧萧风起,黄叶索索——

黄叶索索,哦,扎拉图斯特拉:使一切凋零者更快离开你!③

---

① [KSA版注]此行之后删去的文字:这些人未曾寻找自己:于是找到了我。参阅誊清稿。

② [KSA版注]此行之后删去的文字是:(短暂是夏季:一切枯萎凋零)最近我朝我的信徒和绚丽多彩,春光明媚的草地四下里瞧了瞧——真的,我从那里把许多希望的蜂蜜运回我的蜂箱。参阅誊清稿。

③ [KSA版注]第一稿:哦,扎拉图斯特拉,让他们飘零,别哀伤!他们若是能干别的,他们也就会干别的。"半吊子"败坏整体。/让他们飘落,哦,扎拉图斯特拉,别哀伤吧!最好让劲风朝他们下面猛吹,以使他们更快离开你!哦,扎拉图期特拉,最好不要呼呼地猛吹了,而是忘却此事,祝福自己,好像你自己便是秋天!/你应像秋日和煦的金色的,祝福的阳光一样从这些枯叶前面走过去/而且你应怀着祈福的心绪,踩着这些枯叶走,犹如秋天那温和的金色阳光。

2

"我们重又变得虔诚。"这些背叛者如是坦承;①但他们中还有一些人过于怯懦,不敢如是坦承。

我凝视他们的眼睛——我对着他们的脸孔和绯红的面颊说:你们就是重又祈祷的人。

但是,祈祷是一种耻辱! 不是对所有人,但对于你和我,以及头脑中存有良知的人。对于你,祈祷是一种耻辱!

你非常明白:你内中有个懦弱的魔鬼,它喜欢双手合掌于胸前,无所事事,愿意更加舒适——这个懦弱的魔鬼对你说:"存在一个上帝!"②

因此,你却属于畏光的一类,光让他们永远不会安宁;现在,你必须把你的头更深地沉入黑夜和烟雾之中!

真的,你选择了恰当的时刻:夜鸟正好又要飞出。对所有畏光的民众而言,这个时刻来了,夜晚和休息的时刻,但这个时刻却不——"休息"。③

---

① [施注]尼采用"背叛者"指的是那些回归宗教的人、背叛了自由精神的人。

② [KSA版注]参阅本卷"论变小的道德"。

③ [KSA版注]参阅尼采1878年6月20日致施迈茨讷(Schmeitzner)书简:您的体验是苦涩的,但并不真实。我们俩真的要力保自己作为优良水果的"甘甜",使凶恶的黑夜不致对它有过多的折磨,好吗? 太阳会一再升起——即便不是拜洛伊特的太阳。谁现在能说,日出和日落在何处,地面对谬误感到安(转下页注)

我听见并且闻到：他们狩猎和游荡的时刻到了，虽然不是一次野性的狩猎，而只是一次温顺麻木的、窥伺的潜行者和轻声祈祷者的狩猎——

——捕获深情的(seelenvolle)懦夫①：[147]现在，所有的捕鼠器重又装好！我揭开一层帷幕之处，就会从中飞出一只小夜蛾。

或许，它同另一只小夜蛾蛰伏一处？因为我在每一处都能闻见隐秘的小团体；哪里有小房间室，那里就有新的祈祷-团契和祈祷-团契的雾气。

他们长夜并坐，并且说："让我们重又如孩子一般，②说'亲爱的上帝'。"——虔诚的糕点师败坏了口和胃。

或者，他们在永夜凝视一只狡猾潜匿的十字架蜘蛛，它向别的蜘蛛传道其聪明，并如是教诲："十字架下适宜结网！"

或者，他们白日坐于沼畔，手持钓竿，相信自己此举颇为深沉；但是，在无鱼之处钓鱼的人，我甚至不能称其

（接上页注）全？我也不想隐瞒这个事实：我全心全意祝福我这本充满自由思想的光明之书的出版，出版在这个时刻：乌云在欧洲的文化天空积聚，那种使世间变得黯淡无光的图谋被视为"德行"。

［译注］"休息"(feiert)，更通常的含义为"欢庆"，法译本的chômer也兼有两个含义，英译本通常取欢庆之意。从上下文判断，似乎"休息"更符合这个时刻的特征：本应休息而没有休息的时刻。

① ［译注］懦夫，参《敌基督者》第16节，一个民族的善恶的权力意志的体现即是神，而基督教则将这种神弱化为一个"懦夫"。

② ［法文版注］《马太福音》18：3：［耶稣］说："我实在告诉你们：你们若不回转，变成小孩子的样式，断不得进天国。"

为浅薄!

或者,他们向一位写歌的诗人学习弹奏竖琴,虔诚而快乐,他喜欢演奏竖琴,俘获年轻女人的心——因为他已厌倦老妪和他们的赞美。

或者,他们从一个博学的半疯者学习畏惧,①他在昏黑的房屋中等待精神——而精神完全不知所终!②

或者,他们聆听一位年迈而漂泊无定的欢笛者,③吹奏古怪悲戚的笛声,他从阴郁的风中学会了哀伤的曲调;现在,他循风声吹奏,以阴郁的曲调传哀伤之道。

他们当中有些人甚至成为守夜人:他们现在懂得吹响号角、在夜间巡弋,唤醒沉睡已久的古老事物。

昨日夜间,我在花园墙垣之下听见五句关于古老事物的话语:为这些年迈、忧伤、干枯的守夜人所言。

"作为父亲,他对孩子们照顾不周:人类的父亲们做得更好!"

"他太老了!他已经完全不再照顾他的孩子!"——另一位守夜人如是回答。

"他有孩子吗?没有人能够证明,倘若他自己不加证明!很久以来,我意欲他彻底证明此事。"

"证明?好像他这个人曾经证明过什么!证明对他

---

① [KSA版注]就像著名的格林童话中那样。
② [KSA版注]参阅《尼采全集》卷十,1[31]以及尼采1882年10月3日致加斯特书简。
③ [译注]尼采曾经称伏尔泰为"无定的吹笛者"(der Pfeifer des Unlaubens),参笔记1887,9[184]。

来说着实艰难,他十分注重的,只是人们对他的信仰。"

"是!是!信仰,对他的信仰令他蒙福。老人这一类人就是如此!我们不也如此!"——

[148]——两个老守夜人和畏光者如是交谈,随即悲伤地吹起他们的号角:这发生于昨日夜间的花园墙垣之下。

我的心却因笑而发抖,意欲破裂,但不知去往何处?便沉入横膈膜内。

真的,当我看见驴子醉酒、听见守夜人如是怀疑上帝,我笑得窒息,几乎窒息而亡。

所有这类怀疑,不是已经过去很久了吗?谁敢唤醒这些沉睡而畏光的古老事物!

而古老的诸神早已行至终点:真的,他们有一个美好快乐的神明的终点。

他们的死,并非"黄昏渐暗"式的死亡——这是人们的谎言!毋宁说,诸神甚至是自己——笑死的!

此事发生时,一个神说了一句最无神论的——话语:"只有一个上帝!除了我以外,你不可有别的神!"①——

——一个须发桀张的老上帝,一位嫉妒者,如是忘记了自己——

当时,所有神明大笑,在他们的椅子上摇晃,并且呼喊:"有诸神而无上帝,这不才是神圣之道么?"

---

① [法文版注]这是对十诫中的第一诫的改写。参见《出埃及记》,20:3:"[耶和华说:]除了我以外,你不可有别的神。"

有耳可听的,就应当听。——①

扎拉图斯特拉如是言说,在他喜欢的名为"彩色的奶牛"的城市。② 因为他从此地只行走两日,就可返回他的洞穴,返回他的动物;但他的灵魂因返乡益近而常感欢欣。

---

① [KSA版注]参阅《马太福音》11:15。
[法文版注]参第三卷,"论幻相与谜"。
② [译注]这是书中最后一次提及此城,此前三次均在第一卷,分别是"论三种变形"、"山旁之树"与"论馈赠的道德"三节。需要指出的地方是,每一次言及,尼采都刻意强调这座城市的命名,这很可能意味着城市的名称来自扎拉图斯特拉的命名。

返 乡①

---

① ［KSA版注］此标题在草稿中为：从异乡返乡的孤独。在人群中的孤独和怪异，参阅卷十，18［42］：每当我忆及自己的孤独，总还是我在远方说的那样："噢，美好的孤独！"引自誊清稿（第一个誊清稿本）：论（健康）孤独／我幸福的鼻孔又呼吸到自由的空气了，我的鼻子终于从人类的气味中解脱出来了／受尖厉之风的刺激就好像涕泗滂沱的哭泣的刺激一样，我的心灵在此快乐地打喷嚏了，并对自己吹呼：长命百岁！／在此，我的心灵可以畅所欲言，倾吐心底情愫，没有什么东西在此要得到爱惜，也没有什么东西因为隐藏的固执情感而羞愧。在这里，所有的事物都爱抚地跑到我的演说中来，并对它谄媚，以至骑到它的背上。在这里，对于每个真理，我都会骑到每个比喻上。／在这里，在我面前，存在的一切宝贝和话语匣子都跳跃起来了：一切存在都想在此变成话语，一切生成都想在此向我学习说话。／我在这里对一切事物诚恳地说话，真的，它们耳朵里像响起一曲赞歌，有某人正在同它们说话！／我们彼此不发问，也不抱怨——我们彼此坦诚地穿过一扇扇敞开的房门。／因为这里是敞开而明亮的，这里的时间也用更轻快的脚步行走。时间在幽暗里比在光明处更加难挨。／哦，人类（幽暗、朦胧的）呀，你多么不可思议！你是响彻里巷上方的喧嚣！现在你落在我的后面了——我的最大危险过了！／我的最大危险一直存在于爱惜和同情中：所有的人无不想被爱惜和被同情！／此前我一直（转下页注）

哦，孤独！你，我的家乡孤独！① 我在野性的异乡过着野性的生活已经太久，返乡回到你身边时，我竟然没有

（接上页注）是生活在人群中的：敛声静气，使用（被缚的双手）傻瓜的手，痴情的心和层出不穷的同情的小谎言。/我化装坐在他们中间，这样我就容忍他们了。我也愿意错认自己，愿意错误地对自己说："我是傻子，不了解人类/你们呆板的智者——我说他们聪明，但不说他们呆板——于是我就学会吞下话语/你们的掘墓人——我称他们是研究者和检查者，于是我就学会混淆话语。/这些掘墓人开始为种种疾病掘墓了。在所有的废墟下都弥漫着恶劣的烟雾，人们不应搅动那里的泥淖，这些我们都已办到。/哦，我周围的幸福寂静啊！而最近我还曾处在你的喧嚣和暴怒之下！所有的人都说话，无人沉默。所有的人奔跑，无人学会更多地行走。哦，我周围这幸福的寂静！/一切都在说话，但一切都被听漏：人们喜欢用铃铛炫耀其智慧。市场上的小商贩会用芬尼硬币把他们的智慧敲得山响。/一切都在说话，但无人倾听。百川归海，但每条溪流只听见自己的潺潺水声/一切都在说话，但都说得凌乱不堪。昨天对时代之齿还嫌太硬的东西，今天则被咬破挂在时人的嘴边。/一切都在说话，一切都已泄露。曾经一度是寂静心灵的隐秘物，现在却如同喇叭一样呈现在市场上。/一切都在说话，但无人理解。所有的人掉进水里，但无人落入深井！/一切都在说话，一切都在校正方向，都在要求权利，可一切非正义都受迫害——迫害善则善矣，但又什么也没抓住。

誊清稿中还有下列个别文句被尼采部分采用：倘若他们错认了我，我会对他们好好爱护，甚于爱护我自己。我惯于对自己严酷，我还常常为这严酷复仇，但我是针对另外的人；有些事情本来是他们的过错，但我却揽在自己身上，说是我的过错：原来我的小谎言还是很丰富的……在遗忘中和从旁路过时会比回忆和静止状态里的智慧更多。谁想理解一切，就必须用手抓住一切……所有的人都说话，但都一事无成。所有的人都在嘎嘎叫唤，谁还有时间下蛋呢？

① ［法文版注］参《善恶的彼岸》，第284节。

眼泪!①

现在,你只是用手指吓唬我,如母亲的吓唬,现在,你只是对我微笑,如母亲的微笑,现在,你只是说:"谁当时如一阵风暴,离我激飚而去?——

"他在告别时呼喊,我栖身孤独已经太久,已忘记了沉默! 这——现在你兴许学会了?

[149]"哦,扎拉图斯特拉,我知道一切:你这孤独者,你在多数人之间,比在我这里更觉遗弃(verlassen)!②

"受遗弃是一回事,孤独是另一回事:这——你现在学会了! 你在人类之中总是野性而陌生:

"——即使他们爱你,你也仍旧野性而陌生:因为他们首先意欲得到爱护!

"但在这里,你是在自己的家和房屋;你在这里可以说出一切,倾倒一切根基,在这里,不必为隐匿的、执拗的

---

① [译注]关于返乡,参《善恶的彼岸》第20节,返乡是每一个哲人塑造其哲学概念时的精神形式:"他们的思想与其说是发现,毋宁说是重新认出,再度回忆,是返乡,向一种遥远的、太古的灵魂共同居所的回归……就此而言,哲学活动乃是最高级的返祖现象。"这一方面暗示了最高意义上的永恒复返,另一方面又极其类似于苏格拉底所谓的回忆说(《斐多》,72e—77e)。另比较《论道德的谱系》第三章第17节关于"拯救"的形态。

② [译注]verlassen本为动词,表离开、离弃之意,所以引申有形容词意:孤独的,被遗弃的。它与/孤独(Einsamkeit)词义之间的区别,是理解这段"孤独"对扎拉图斯特拉言辞的一个关键。又,本章所用动词,以ver为前缀的词语极为集中,通常这一前缀表示对原词意的偏离、错误或者终结、强化等等,总体上常常意味着某种弃绝,这一构词法正与此章扎拉图斯特拉返乡而弃绝人类的主旨相合。

情感而羞耻。

"在这里,所有事物都亲热地听从你的话语,并奉承你:因为它们意欲骑在你的身上。在这里,你也骑上每则比喻,朝向每个真理。①

"在这里,你可以正直坦诚地与一切事物交谈:真的,一个人与一切事物的——直接对话,在它们的耳朵听来,如礼赞的清音!

"但是,受遗弃是另一回事。因为,哦,扎拉图斯特拉,你还记得吗?当你的鸟在你的头顶鸣叫,当你立于林中犹豫,不知去往何处?你也不知道,身旁有一具尸体——

"——当你说:但愿我的动物引导我!我以为在人类之间比在动物中更加危险:这就是受遗弃!②

"哦,扎拉图斯特拉,你还记得么?当你在你的岛上安坐,许多空桶之中有一眼酒泉给予、分送,在焦渴者之间馈赠、斟酒,

"——直到你最终坐于醉者之间,却觉焦渴,在夜间怨诉:'接受不是比给予更有福么?盗窃不是比接受更有福么?③'——这就是受遗弃!④

---

① [法文版注]图像或者比喻与真理之间的本质性的相近,构成了尼米思想的关键点。这种相近也在别处提及,如《瞧,这个人》中的"扎拉图斯特拉如是说",第3节。
② [KSA版注]参阅本书前言,第10节。
③ [法文版注]参见"前言",1;第三卷,"论变小的道德"。
④ [KSA版注]参阅本书第二卷,"夜歌"。

"哦,扎拉图斯特拉,你还记得吗?当你最寂静的时刻到来,把你从自身驱走,这时它以恶意的耳语说:'说吧,打破吧!'①——

"——当它使你的期待和沉默疲倦,使你恭顺的勇气尽去:这就是受遗弃!"——

哦,孤独!孤独,我的家乡孤独!你与我说话的音调何其有福,何其温柔!

我们互不询问,互不怨诉,我们穿过敞开的大门相互敞开行走。

因为你那里敞开而明亮;甚至时间在此也以更轻快的脚步奔跑。因为在黑暗中,人们要比在光明中更为沉重地背负时间。

在这里,一切存在的词语和词语的神龛向我突然敞开:[150]在这里,一切存在都意欲变为词语,一切生成都意欲向我学习言说。②

但在那下面——那里一切言说皆是徒劳!那里,遗忘和离开是最好的智慧:这——我现在学会了!

---

① [KSA 版注]参阅本书第二卷,"最寂静的时刻"。

② [施注]存在和生成变成了词语和语言。这些词语包含在存在和生成中,另一方面存在和生成向扎拉图斯特拉学习说话。在孤寂中,存在者通过变得与扎拉图斯特拉相似而显得完全透明。"论幻相和谜"一章中关于神秘的幻相,有相似的特征。

[译注]这一句以及上一页"在这里,所有事物都亲热地听从你的话语"一句,再度出现于《瞧,这个人》"扎拉图斯特拉如是说"第 3 节。另外,此处"向我大开""向我学习",对于尼采来说,是一种世界的本质向自己而来的瞬间真理,这不同于形而上学的观念论;海德格尔晚期的思想在此借力甚多。

谁意欲领会人类的一切,就必须攻击一切。但是,我的双手对此还是过于洁净。

我已经不喜呼吸他们的呼吸;唉,在他们的喧哗和污秽的呼吸里,我竟然生活了如此之久!

哦,我周围有福的安静!哦,我周围纯净的气味!哦,这种安静如何从深沉的胸膛获得纯净的呼吸!哦,这有福的安静在如何聆听!

但在那下面——那里一切都在言说,那里一切都听而不闻。人们喜欢摇钟宣扬他的智慧:而市场上的贩夫,却会用铜币的丁当声加以掩盖!

他们那里的一切都在言说,但没有人知道如何理解。一切皆坠落水中,却没有什么坠入深沉的井。

他们那里的一切都在言说,但什么都不会发生,什么都不会走向终点。一切都咯咯下蛋,但谁还意欲静伏巢中孵蛋?

他们那里的一切都在言说,一切皆是破碎的言说。对于时间本身和它的牙齿而言,昨天尚且是坚硬之物:今日已被切碎、嚼碎,悬挂于今日之人的嘴角。

他们那里的一切都在言说,一切均被泄露。曾经被称为深沉灵魂的神秘与秘密,今日它却属于巷道的号手和其他轻浮的蝴蝶。

哦,人类的本性(Menschenwesen),你这令人惊奇之物!你这黑暗巷道中的喧哗!现在,你终于重又在我的身后——我的最大危险已在我的身后!

我最大的危险总在爱护和同情之中;所有人类的本

性总是意欲被人爱护与同情。

以克制的真理,以愚人之手和沉迷之心,富含同情的小谎言——我向来如是生活于人类之中。

我经过装扮坐在他们之间,准备误认自己,以便容忍他们,并且乐于劝说自己"你这傻子,你不了解人类!"

当人在人类之中生活,就会忘记人类:对整个人类而言,总是有太多眼前的东西——可以远观、爱好远处的目光在那里会有何用!

当他们误解我:我这个傻子却更加爱护他们,[151]甚于爱护我自己:我已习惯严酷地对待自己,我又常常因这种爱护而报复自己。①

被有毒的苍蝇蜇伤,如同一块岩石,为许多凶恶雨滴所侵蚀,②我如此坐在他们中间,还要对自己说:"一切小东西皆因其渺小而无辜!"

我发现,那些自称"好人"的人是最毒的苍蝇:他们全然无辜地叮蜇,他们全然无辜地说谎;他们如何能够做到公正——待我!

大凡生活于好人中间的人,同情会教他撒谎。同情为一切自由的灵魂制造沉闷的空气。因为好人的愚蠢深不可测。③

---

① [KSA版注]参阅《尼采全集》卷十,18[36]:我对自己十分严酷,我还为这严酷常常报复自己,为了让我爱护他人的不公——他们对我的不公!

② [译注]参卷一,"论市场的苍蝇"。

③ [KSA版注]参阅本书第三卷,"论旧和新的标牌"。

隐藏自我和我的财富——这就是我在那下面所学：因为我发现，每一个人皆是精神贫乏。① 这就是我的同情说出的谎言，说我理解每一个人，

——我从每个人那里看出并且嗅出，对他来说，什么对他的精神已经足够，什么对他的精神却又太多！

他们僵硬的智慧者：②我称其为智慧，而非僵硬——我学会如此含糊言辞。他们的掘墓人：我称其为研究者和检验者——我学会如此混淆言辞。③

掘墓人为自己挖掘出疾病。古老的瓦砾堆下埋藏着浊气。人不应搅动那个泥潭。人应在山上生活。

我有福的鼻孔重又呼吸山峰的自由！我的鼻子终于从一切人类本性的气味中得到拯救！

凛冽空气的刺激，如浮沫的葡萄酒，我的灵魂打起喷嚏——打起喷嚏，并为自己欢呼：祝你健康！

扎拉图斯特拉如是说。

---

① [法文版注]"一切道德皆倾向于愚昧，一切愚昧都倾向于道德。"(《善恶的彼岸》，第 227 节。)
② [KSA版注]参阅《尼采全集》卷十，22[1]；反对这些僵硬的智者，从他们那儿解脱，于是对心灵而言，一切均为游戏。
③ [KSA版注]他们学会互换各种名称，于是混淆各种事物。看，这些最智慧者的全部技巧！

论三种恶①

1

在梦中,在最后的晨梦中,今天我站立于一弯海角之上——在世界的彼岸,持一杆秤称量这个世界。②

哦,朝霞来我这里太早:它照醒了我,这个嫉妒者!它总是嫉妒我晨梦的丹霞。

拥有时间者可以测量,善于称量者可以称量,羽翅强劲者可以飞至,神圣的核桃夹子可以猜破:我的梦如是发现世界:

[152]我的梦,一艘勇敢的帆船,半为船半为旋风,沉默如蝴蝶,急迫如高贵之鹰:今天,它如何有耐心和时间称量世界!

---

① [KSA版注]参阅《尼采全集》十卷,18[23]:你们对性欲知道些什么!你们对性欲能知道什么呢! 22[1]:自私、统治欲把谎言提到无以复加的高度。

② [法文版注]参见《权力意志》,VP1 385;VP2 1067。

我的智慧，我的笑而清醒的白昼智慧，嘲讽所有的"无限世界"，兴许是它对我的梦悄悄（heimlich）说话？因为它说："凡有力量之处，数就会成为女主人：她的力量更强。"①

我的梦凝视这个有限的世界，确信无疑，②不好新慕古，亦无惧无求——

——如一只丰圆的苹果在我的手上出现，一只成熟的金苹果，表皮清冷柔滑，宛如天鹅丝绒：——世界如此向我显现：③——

——如一棵树向我招引，枝繁阔大、意志坚强，④虬枝成几，可为倦途者的歇足之板：世界如此立于我的海角——

——如娇柔的手对我呈上一座神龛——一座为使羞涩崇敬的目光陶醉而打开的神龛：今天，世界如是向我显现⑤——

---

① ［KSA版注］参阅誊清稿。我知道：（"一切无止境的东西均不可能"，"一切不朽的东西只是一个比喻"）"数字统治一切"，"不可称量的东西都是无效的"。

［施注］这是至关重要的假设，数字组合的有限性归因于下述事实：任何力量，包括整个世界的力量，必定都是有限的。

② ［KSA版注］誊清稿中的"确信无疑而满足"。

③ ［KSA版注］参阅草稿，我好像见到一只丰圆的成熟苹果（并且用灼热的双手感觉到它那清冷柔滑的表皮）——有着清冷柔滑的表皮，到处隐藏着魔术师的金苹果。

④ ［KSA版注］誊清稿和草稿中为"针叶的"。

⑤ ［KSA版注］好像一只精致而贵重的神龛打开，内中有许多东西是不可言说的，只有羞涩的双手可以抓取/宛如饥者酒足饭饱，漫游者有了安全感，蔑视者受到尊敬……参阅誊清稿。

——还不足以为驱走人类之爱的谜,还不足以为使人类智慧入睡的答案——今天,对我来说,人们对其散布恶言的世界,却是一种人性的好事物!①

我何其感激我的晨梦,因为我于今晨如是称量世界!这个梦和心的安慰者,它作为一种人性的好事物向我而来!

为了在白昼做同样的事,补学并学会它的至善:我意欲将三件最恶的事置于秤上,做人性的、好的称量。——

教授祝福的人,也就在教授诅咒:②世界上三种最被人诅咒的事是什么?我意欲将其置于秤上。

性欲、统治欲、③自私,迄今为止,三者最受诅咒、最具恶名、最善欺骗——我意欲对三者做一番人性的、好的称量。④

好吧!此处是我的海角,而彼处为海洋:它向我翻涌而来,乱发而谄媚,这个忠诚的百头老年犬怪,正是我的所爱。

好吧!我在这翻涌的海上持这杆秤:我还选择了一

---

① [施注]这个世界某种程度上必定是有限的。这才是一个好的世界,一个属人的世界。一方面这个世界不可能彻底是神秘难测的,另一方面这个世界只有变得神秘难测,才是好的。世界的神秘难测这种特性决定了善之为善的所在。

② [译注]参"日出之前"一章:"不能祝福者,就当学会诅咒!"

③ [KSA版注]统治欲:誊清稿为"权力意志"。

④ [译注]尼采很可能是针对康德《实用人类学》中对人类性欲和激情的规定与分析,参第80—86节。

个旁观的证人——你,你这隐士之树,盈香华盖的你,正是我的所爱!——①

通过哪座桥梁,可以从现在走向未来?[153]哪一种强制迫使高者变为低下者?什么令最高者依旧——向上生长?——②

现在,这杆秤已经悬衡静止:我把三个沉重的问题投掷于一边的秤盘,另一边则负载着三个沉重的回答。

2

性欲:一切身着忏悔衬衫的身体轻蔑者,认为它是一根刺(Stachel und Pfahl);③一切信仰彼岸世界的人咒骂其为"世界":因为它嘲笑和愚弄一切混乱和错误的教师。④

性欲:痞徒以其为缓慢燃烧的火,会把他们焚为灰

---

① [施注]尼采对三种恶行的称量以人的缺席为前提,以大海和树木的缺席为前提,因为这是从超越人的视角出发,从超人的视角出发得出的结论。

② [译注]高、更高和最高,三个不同层次的高度,是书中最为重要的精神等级词汇,这里提到高者变低,而最高者依旧向上,而更高的人,则是第四卷最为核心的关注。

③ [译注]刺(Stachel),Pfahl 也译为"刺",出于《哥林多后书》(12:7):"一根刺(Pfahl)加在我的肉体上",此处二词合译。另参第一卷"论快乐和激情"结尾的"毒刺",第二卷,"论自由地死":"我向你们指示完成的死亡,对于生者,这是一根刺,一种誓约";第三卷,"论旧和新的标牌"第二节,卷四"魔法师"中的歌。对比《快乐的科学》第 95 节。

④ [法文版注]《哥林多前书》1:27:"神却拣选了世上愚拙的,叫有智慧的羞愧;又拣选了世上软弱的,叫那强壮的羞愧。"

烬；对于一切蠕虫腐噬之木、①一切臭不可闻的破布，它是备好的发情沸腾的火炉。②

性欲：自由的心以为其无辜而自由，是大地上的花园幸福，是一切未来对现在的热切感谢！

性欲：只有枯萎者认为它是甜蜜的毒品，但雄狮意志，则以其为伟大的强心剂，为葡萄酒中备受敬仰和珍视的。

性欲：对于更高的幸福和最高的希望，是一种伟大的比喻-幸福。因为对于多数人，婚姻虽有其预兆，但预兆多于婚姻——

——对于多数人，彼此间的陌生甚于男女之间的陌生——而谁能完全理解，男女之间是何其陌生！③

性欲：——然而，我意欲我的思想周围能有栅栏，还有语言的周围：令猪和狂热者不能破碎我的花园！——

统治欲：最冷酷的心狠者灼热的鞭子；为最残酷者本人准备的酷刑；鲜活的火刑柴堆上的阴沉火焰。

统治欲：恶毒的牛虻，依附于最虚荣的民众；一切不确定道德的嘲笑者；骑在每一匹骏马和每一种骄傲身上。④

---

① ［译注］allem wurmichten Holze，德语口语中有 Holzwurm，意为可怜虫，卑微者。

② ［KSA版注］"大火炉"，誊清稿中为"柴堆"。

③ ［KSA版注］参阅誊清稿。希望：因为对于多数人，婚姻有诸多预兆，他们之间更为陌生，甚过男人与女人之间，也更加分裂。

④ ［KSA版注］参阅誊清稿。统治欲：是一切不确定的道德的嘲笑者；是骑在备有马鞍的马匹上的驭手，是强加在虚荣民众和智者身上的凶神恶煞的侏儒和制动器。

统治欲：打碎、打开一切腐败者和中空者的地震；滚滚而来施加隆隆惩罚的破坏者，摧毁粉饰的坟墓；是闪电的问号，旁边则是早已备好的答案。

统治欲：人类在它的目光前爬行、屈膝、服劳役，比蛇和猪更加低下——直到最后，从他们那里呼喊出①巨大的轻蔑——

统治欲：教授巨人轻蔑的可怕女教师，她对诸座城市和帝国传道："你走开！"——直到它们从自身中喊出："我走开！"②

[154]统治欲：它也充满诱惑地向纯洁者、孤独者、向自我满足的高处攀登，和某种爱一样灼热，把紫色至福描绘于大地的天空之上。

统治欲：倘若居高者向下欲求权力，谁还能称之为欲（sucht）！真的，这种欲望和俯就里，并不存在什么久病和贪欲！

孤独的高处不会永远孤独和自我满足；山峰会来到山谷，高处的风会来到低处——

哦，对这类渴望，谁能发现一个恰当的受洗教名和道德名称！"馈赠的道德"——扎拉图斯特拉曾如此命名这不可命名者。③

当时还发生了一件事——真的，是首次发生！——他的言辞曾赞扬自私（Selbstsucht）为有福，从有力灵魂

---

① ［KSA版注］参阅誊清稿。呼喊：（"人是必须被超越的"）。
② ［KSA版注］摘自誊清稿：它朝人的脸吐唾沫，直到人自己说："人是必须被超越的。"
③ ［译注］参卷一最后一章"论馈赠的道德"。

中流涌而出的健康自私——

——来自有力的灵魂，修长的（hohe）身体属于这颗灵魂，这美好、胜利、悦目的身体，在它周围，每一种事物都成为镜子：①——

---

① ［KSA版注］类似的文段有：自私：对于一切生物本性而言，这是一个肮脏的字眼和骂名，因为它总要滋生，这是生物的本性和内心的章程/（自私：这是生物的本性，它在酝酿如何艰难应付不可知的未来，并且常常成了自己以及欲望的一道伤口。）（——一种作为爱人者之意志的道德，它意欲对一切事物发号施令：自私和强力，它迫使一切事物向自己靠拢，迫使一切事物达到其高点。/——一种贪图无厌地渴望一切珍宝的道德，它迫使一切低处之物达到高点。/……还是一种要对一切事物发号施令的意志，即爱人者的意志：一种神圣的自私和强力，它（本身渴望或为赠品和牺牲品）迫使一切事物朝自己靠拢并融入自身。/扎拉图斯特拉曾说这自私是健康而神圣的（它同滋润万物的雨露普照万物的太阳。）他把这种自私同病态的（偷窃成性的）自私区分开来，后者关涉的乃是总想偷窃的蜕化的身体。

誊清稿：（存在着坚强有力的灵魂，但也存在顺从的依附的灵魂。高尚的肉体属于坚强有力的灵魂，在这美好的、胜利的、矫健的肉体四周，任何事物都变成了明镜）/扎拉图斯特拉曾说这种自私是健康和（神圣）快乐的，（它从坚强而智慧的灵魂中溢出）它从坚强而智慧的自我（这自我无病态，无不良嗜好）流出，他把这自私同病态的（快快不乐的）自私区分开来，后者总是偷窃，对所有的人说："众人都是为我而存在的。"这是快乐的自私和渴望，它从强劲有力的肉休中流出，因为崇高的身体属于强劲有力的灵魂，在这美好的、胜利的、矫健的肉体四周，任何事物都变成了明镜。/当时发生了一件事，就是扎拉图斯特拉说这种自私是快乐的，健康的，它从强有力的灵魂中流出/作为一个爱人者的意志，它要对一切事物发号施令——作为一种强力的渴望，它要逼迫一切事物达到其高点。

誊清稿：这种自私也命令至高无上的人再朝高处生长；这种自私从深邃海底举起一座高山——这种自私一见神明的欲望就不寒而栗。

——这灵活而有说服力的身体,这舞蹈者,它的比喻和菁华是自我享乐的灵魂。这身体和灵魂的自我快乐称自己为:"道德。"

这类自我快乐以其关于好与坏的言辞①——如以神圣的小树林②——掩蔽自己;用它的种种幸福名称,从自身驱逐一切可轻蔑者。

它也从自身驱逐一切怯懦者;它说,坏——这便是怯懦! 在它看来,长为忧虑者,叹息、抱怨者和贪图最微小利益者皆可轻蔑。

它也轻蔑一切以苦为乐的智慧:因为,真的,有一种在黑暗中开花的智慧,一种黑夜影子里的智慧:它总在叹息:"一切都是虚空!"③

它以为,胆怯的怀疑以及每一个意欲誓言而非目光与手的人,都微不足道:以及怀疑过度的智慧,因为这类智慧是一种怯懦的灵魂。

---

① [译注]"好与坏"(Gut und Schlecht)和"善与恶"(Gut und Böse),在尼采这里有明显的差异,参《论道德的谱系》第一章,尤参第 16 节,甚至称二者之间的差异为"斗争象征,贯穿了人类的全部历史"。

② [译注]1869 年初,神圣的小树林(heilig Hain)是尼采集中思考的一个意象,几乎都与索福克勒斯——尤其是他的俄狄浦斯——有关。参尼采笔记,1869,1[86],尼采引施莱格尔称索福克勒斯的诗歌是"幽暗的命运女神的神圣的小树林(heilig Hain)"。前一则笔记则说,"哲人和疲倦至极的俄狄浦斯一样,只有在愤怒女神的小树林里,才能发现和平与宁静"(1[85])。另参 1869,1[6];1870,5[26]。

③ [法文版注]参见《传道书》1:2。

它以为，更加微不足道的，是那些迅速得人欢喜的人、立即躺下的卑躬如犬奴者；也有一种卑躬如犬奴、虔敬、迅速得人欢喜的智慧。

它以为可恨乃至于令人嫌恶的，是向来不意欲抵抗的人、吞咽有毒唾液和邪恶目光的人、过于忍耐的人，忍耐一切的人、完全知足的人：此即为奴性之类（die knechtische Art）。

面对诸神，面对诸神的践踏，面对人类和人类的愚蠢意见时，[155]一派奴颜：这有福的自私，它唾弃所有奴隶的方式！

坏：它如是称呼这一切，颓丧（geknickt）和屈膝奴颜（knickerisch-knechtisch）的东西、不自在地眨眼、压抑的心，还有以怯懦的宽唇亲吻的虚伪屈从的类型。①

---

① ［KSA版注］强有力者用言辞和价值在自己周围筑起篱笆，用自己快乐的名义把一切可鄙之物从身边赶走：他认为满心忧愁的长吁短叹者、抱怨者令人鄙薄，拾取蝇头小利者亦然。／他认为多疑者渺小得很，用誓言替代目光和双手的人也是。很快取悦别人的，犬奴者——立刻仰面躺下——，屈辱的，这些人更加渺小／从不想复仇的，忍气吞声咽下别人唾沫和恶毒目光的，他对这样的人只有愤恨和厌恶。——容忍一切，一切容忍，他叫这样的人为奴隶。／这样的人默默地屈服于神明蹂躏也罢，屈服于人也罢，他认为都一样，他叫这样的人为奴隶。对于强有力的人来说，一切奴性，包括不自由的、受压的、倦怠的、受苦的、屈服的，都是不好的／恶人并非不好，因为恶人可怕。敌人凶恶，敌人可怕。／他称他的快乐为好，他那势若泉涌的快乐用轻快脚掌奔跑。参阅誊清稿。

此行之后删去的文字是：凡是被这种欢乐的自私称之为好的东西，就是"对我是好的"（对你是不好的）。它不是贪求地盯着弱者的道德和那些"大众的善人"的道德。／它对许多道德就像对一些漂亮的少女一样不屑一顾，它的崇高之爱是属意于一位崇高的女主人的。它路经之地，也不是一味地蔑视。

虚假的智慧：它如是称呼奴隶、老者和厌倦者所讥诮的一切；尤其是完全糟糕的、疯癫的、过于机智的教士-愚蠢！

但是，这些虚假的智慧者，一切教士、厌倦世界者以及具有妇女类型和奴隶类型灵魂的人——哦，他们的游戏一直令自私受损到何种程度！

正是自私之受损，反而被认作道德，被称为道德！"无私"——所有这些厌倦世界的怯懦者和十字架蜘蛛，有好理由如此希望！①

但是，对所有这一切而言，现在白昼、变化、大辟刑刀、②伟大的正午都来了：这时，许多事物都将敞开！③

谁说"我"(Ich)完好而神圣，说自私是有福的，真的，作为一个预言者，他会说出他知道的东西："瞧，它来了，它临近了，那伟大的正午！"

扎拉图斯特拉如是说。

---

① ［KSA版注］此段之后删去的文字是：虽则自私，但我还是要为我的思想和话语筑起(神圣的)篱笆，不让那些猪和宗教狂热者冲进我的花园！／猪和宗教狂热者——我发现它们相伴为邻一同吃草，都喜爱不洁之物，用污垢养肥自己。一旦有人惊扰他们，就咕咕叫唤。／扎拉图斯特拉如是说。参阅誊清稿。

② ［译注］大辟刑刀(Richtschwert)，中世纪死刑处决所用之刀。参尼采笔记1882, 21［3］："作为宗教的行刑之剑。敌基督者。"

③ ［KSA版注］参阅《马太福音》10：26；《哥林多前书》3：13；《哥林多后书》5：10；《以弗所书》5：13。

［法文版注］《启示录》10：7。

论沉重的精神

1

我能言的嘴——是民众的嘴：对于如丝绸的兔子，我说话过于粗野，过于发自内心。对于一切墨-鱼和笔-狐狸，我的言辞听起来更加陌生。

我的手——是一种傻子的手：苦啊，一切桌子、墙壁，还有以傻子为装饰、以傻子为涂抹的地方！①

我的脚——是一种马蹄：我以之奔踏快跑，克服重重障碍，纵横原野，在一切急驰中如有魔鬼般的快乐。

我的胃——兴许是一种鹰的胃？② 因为它最爱羔羊之肉。但是，它定然是一种鸟的胃。③

---

① ［KSA版注］参阅《快乐的科学》书前的"戏谑、计谋和复仇"，以及诗歌草稿MPXVIII3(1882年2月至3月)。
② ［法文版注］胃和肺是尼采常用的隐喻，它用来区分"趣味"(见第二卷，"论崇高者")和"贪婪"。参见第三卷，"论旧和新的标牌"。
③ ［KSA版注］参阅本书第四卷"晚餐"和"忧郁之歌"。

以少量无辜之物为食，准备急急飞起，从那里飞开——这就是我的方式：怎能不有点像鸟的方式！

[156]我尤其以沉重的精神为敌，①这就是鸟的方式：真的，我是死敌(totfeind)、劲敌(erzfeind)、原初的敌人(urfeind)！哦，我的敌意什么地方没有飞过，又有什么地方没有迷飞过！

我可以对此唱一首歌——而且意欲唱这首歌：尽管我马上要在空荡的房间孤单一人，不得不为我自己的耳朵歌唱。

当然也有其他歌唱者，房屋盈满时他们才会舒展喉

---

① [译注]原文 der Geist der Schwere，值得考究的是 der Schwere 的译法，这是 die Schwer 的二格，系形容词 schwer 的名词化，意指沉重之物，所以，最贴原文的译法应该是"沉重者的精神"，甚或康德化的译法："沉重性的精神"，但即便这种译法，依旧会让人误解为"沉重者"或"沉重性"是对精神的界定，但实际上，正如尼采第一次提到这一说法时所言："当我看见我的魔鬼，我就觉得它严肃、彻底、深沉、庄重；它是沉重的精神——因它之故，万物垂落。"(《论阅读与写作》，除去标题，尼采本书中共 13 次提到这个词组)这不是描述这种精神本身如何，而是这种精神令"万物垂落"——一种与现代科学相关的精神形式，一种与一切必然性相关的精神形式：基督教的，启蒙哲学的，乃至于柏拉图主义的精神形式。所以，为了保留形容词的原始意味，兼之文中形容词 schwer 大量出现，所以，依旧译为"沉重的精神"(或随行文调节为"沉重精神")，但加注以提请读者留心。

[施注]沉重的精神尤其会在科学中显现自身——寻求确定性，寻求可确证性(apodicticity)。复仇精神和沉重的精神一起——这就是尼采对我们哲学或科学传统的核心做出的解释。尼采质疑那种对确定而又永恒的追问，因为它们是致命的。它们正变得千疮百孔。

咙,他们的手能言语,他们的眼睛明亮,他们的心便醒了——我与他们不同。——

2①

谁向人类教诲飞翔,谁就移动了一切界碑;由于他的缘故,一切界碑将飞至空中,②他将为大地重新命名:"轻盈者"。③

鸵鸟奔跑之迅疾,甚于最快的骏马,但是,它还将头沉重地埋入沉重的大地:④尚不能飞的人亦复如是。

他以为大地和生命都很沉重;沉重的精神意欲如此!意欲变轻,变为一只鸟的人,就必须自爱——我如是教诲。

当然不是以久病者和有嗜欲者的爱:因为自爱在他们身上散发出臭味!

人必须学会自爱——我如是教诲——以一种完好、健康的爱:这样人才能坚持自我,不致四处游移。

这种四处游移还自命为"爱邻人":这一名词,造就了迄今多少最佳的欺骗和谎言,尤其是所有感觉世界沉重

---

① [KSA版注]这一段开头部分被删去的文字是:哦,扎拉图斯特拉,你如何获得你的智慧?
② [KSA版注]"飞至空中",誊清稿中为"飞至空中之国"。
③ [译注]参《快乐的科学》卷一,第4节"保存族类"。
④ [译注]参《论我们教育机构的未来》,第三讲,尼采称不能从事真正教育的可怜教师为鸵鸟:"埋头于方言、词源学和考证,度过蚂蚁般勤劳的一生,尽管距离真正的教育十分遥远。"

的人。

真的,学会自爱,并不是为今天和明天制下的规定。相反,它是一切技艺中最精致、最狡猾、最终的和最有耐心的技艺。

因为,拥有者善于隐藏他的一切所有物;在所有的宝藏里,总是最后挖掘自己的宝藏——沉重的精神如是作为。

几乎还在摇篮里,人们就给予我们沉重的言语和价值:"善"与"恶"——这份嫁妆如此自称。因为这个缘故,我们才被人宽恕,得以生活。

因此,人们让孩子①来到身边,以便及时阻止他们自爱:沉重的精神如是作为。

[157]我们——我们以坚强的肩膀,忠诚地背负人们给予我们的东西,越过粗犷的山峰!当我们流汗,人们对我们如此说:"是的,生活实在难以承受!②"

但是,人类只是难以承受自身!因为,他的肩膀背负太多陌生的东西。他屈膝跪下,任人满载,如一只骆驼。③

尤其是心怀敬畏的坚强负重之人:他负载太多陌生沉重的词语和价值——于是,他以为生活是一片荒漠!

---

① [法文版注]《马太福音》19:14。参"橄榄山上"。
② [法义版注]必须小心辨别两种批判:一是价值的"批判",这种批判乃是作为朝向超人的冲动,这就是扎拉图斯特拉所倡导的;二是缺乏力量的普通人所作的批判。参《权力意志》,VP1 212;VP2 765。
③ [KSA版注]参阅本书第一卷"论三种变形"。

真的！许多自己的东西承受起来，也很艰难！人类有许多内在的东西令人厌恶、滑腻，难以（schwer）把握，如同牡蛎——

——如是，必须以饰有名贵装饰的名贵外壳作为安绥。但人们也必须学会这种技艺：拥有外壳、美丽的外表和聪明的盲目！①

再者，许多外壳微不足道而又可悲，太是一张外壳，这却迷惑了人类身上的许多东西。许多隐藏的善和力量未被猜透；最精美的珍馐佳肴却找不到品味者！

女人，最精美者，知道这一点：略肥一些，略瘦一些——哦，多少命运就系于这"一些"！

人类很难（schwer）被发现，发现自己更是最难；精神常常说灵魂的谎话。沉重的精神如是作为。

但是，这么说的人发现了自己：这是我的善与恶：这令那些说"一切皆善，一切皆恶"的鼹鼠和侏儒哑口无言。②

真的，我也不喜欢这样的人，他们以为每一事物皆好，而这世界甚至是最好的世界。我称他们为完全知足者。③

懂得品味一切却完全知足，这不是最好的品味！我

---

① ［KSA版注］参阅本书第二卷"论人类的聪明。"

② ［译注］对比本卷"论幻相和谜"第一节中提到沉重的精神时的表达："半为侏儒半为鼹鼠。"另参《快乐的科学》第86节。

③ ［法文版注］这一观点，见于莱布尼茨的《神正论》第三部分，§409—417。

尊敬倔强、苛刻的舌头和胃，它们学会说"我"、"是"和"不"。

但是，咀嚼并消化一切——这是一种真正的猪的类型！总是说"咿—啊"①——只有驴子学会了，以及具有驴子精神的人！——

深沉的黄色与炽热的红色：我的品味意欲如此——它把血液混入所有颜色。但是，谁把他的房屋粉刷为白色，就向我泄露了一颗刷成白色的灵魂。②

有的人迷恋木乃伊，③有的人迷恋幽灵；但二者同样以一切身体与鲜血为敌——哦，二者皆有悖于我的品味！因为我爱鲜血。

[158]每一个人人唾沫飞溅和吐痰的地方，我都不欲居住、盘桓：我的品味却是——我宁愿生活于窃贼与作伪证者之间。④ 没有人口中含金。⑤

---

① [法文版注]参见第四卷，"觉醒"。
② [法文版注]《马太福音》23：27："你们这假冒为善的文士和法利赛人有祸了！因为你们洗净杯盘的外面，里面却盛满了勒索和放荡。"
③ [译注]木乃伊（Mumie），尼采以其形容剥离生活的形而上学，所谓概念的木乃伊；参《偶像的黄昏》"哲学中的'理性'"第一节："当哲人们从永恒的视角出发，对一件事进行非历史化时，——当他们把它做成木乃伊时，自以为在向一件事表示尊敬。几千年来哲学家们处理过的一切，是概念的木乃伊，没有什么真实的东西生动活泼地出自他们之手。"
④ [译注]对比尼采笔记1881，15[39]。在类似的文字表达之前，尼采有一句格言式的表达："品味比所有道德都更加强烈"。
⑤ [KSA版注]参阅《尼采全集》卷九，19[9]。

但是，我更加厌恶一切以唾沫为美食的人；①我发现了人类之中最令人厌恶的动物，并命名为寄生虫：它不意欲爱，却在爱中生活。

一切仅有一种选择的人，我称之为不幸：或成为凶恶的动物，或成为凶恶的驯兽者：我不愿在他们旁边建造茅舍。②

那些必须永远等待的人，我称之为不幸——他们有悖于我的品味：一切税吏、贩夫、国王和其他土地和店铺的守护者。

真的，我也学会了等待，彻底的等待——但只等待我自己。我首先学会了站立、行走、奔跑、跳跃、攀登和舞蹈。

这却是我的教诲：意欲将来学会飞行的人，就必先学会站立、行走、奔跑、攀登和舞蹈——人不可能飞入飞翔之中！③

我学会缘绳梯登上一些窗户，以敏捷的双脚爬上高

---

① ［译注］"以唾沫为美食的人"（Speichellecker），通常的含义为"阿谀奉承者"，但词根由唾液和美味两个词语构成，为和上文承接，故如此直译。

② ［KSA版注］参阅《马太福音》17：4，
　　［法文版注］参见第二卷，"论教士"。

③ ［KSA版注］参阅《尼采全集》卷十，22［1］：倘若你先未学会走路，你又怎能学会舞蹈呢？然而超越舞蹈者的还有飞翔者以及忽上忽下的快乐。
　　［法文版注］那些能够"由飞而飞"的，只能是彼岸世界的造物者。参见第一卷，"论信仰彼岸世界的人"。

耸的桅杆：我以为，坐于高耸的知识桅杆之上，不是微不足道的幸福——

——犹如微火在高耸的桅杆上闪烁：尽管只是微光，但对于漂散的水手和遭遇船难者，却是一种巨大的安慰！① ——

以各种不同的道路和方式，我走向的真理：我并不是依靠一种阶梯登上我的高处，在我的高处，我的眼睛可以漫游我的远方。

我向来不乐于问路——这总与我的品味相悖！最好向道路本身询问、探寻。

我全部的行走是一种探寻，一种询问——真的，人必须学会回答这种询问！这——就是我的品味！②

——不好，也不坏，但是我的品味，对此，我既无羞耻亦无隐晦。

"这——就是我的道路——你们的道路何在？"我如此回答那些向我"问路"的人。因为这条道路——它并不存在！

扎拉图斯特拉如是说。

---

① ［K3A版注］参阅誊清稿：尽管只是微光，但对于水手——黑夜欲将其出卖给凶险大海的水手——而言却是巨大的安慰。参阅《狄俄尼索斯颂歌》，"火符"。
② ［法文版注］参见第二卷，"论崇高"。

论旧和新的标牌①

1

[159]我于此安坐、等待,古老破碎的标牌在我四周,②还有铭写一半的新标牌。③ 我的时刻何时到来?

——我下降和沉落的时刻:因为我意欲再一次走到人类之中。

我现在等待着:首先必须有朕兆示我,这是我的时

---

① [KSA版注]参阅《尼采全集》卷十,18[44]:为未来而生活/打破各种标牌。18[50]:我是立法者,我把新的东西写到我的标牌上:对于立法者而言,我就是律法,标牌和先行者的呼吁。19[1]:打破旧的标牌。参阅《出埃及记》32:19。

② [译注]die Tafel,路德《圣经》里用以表示摩西法板的就是这个词语,但那里是词组 die Tafeln des Zeugnis,所以这里不能强译为"法板",只是注明其中关系。另外需要注意的是,本书中,该词最早出现在前言第九节。另参《善恶的彼岸》中对康德的范畴表的分析,11节,44节。

③ [施注]这些标牌本质上是不完整的,要想让这些标牌变得完整——这是决定性的行为——则只能依赖个体。

刻——便是笑狮伴以羽鸽。①

其间,我作为悠闲者对自己言说。没有人对我讲述新事:我就如此向我讲述我自己。——

2

当我来到人类之间,我却发现他们安坐于一种古老的傲慢之上:所有人似乎久已知晓,什么对人类是善的,什么是恶的。②

他们以为,一切关于道德的言说皆是古老而令人疲倦之物;意欲安睡的人,就寝之前便谈论着"善"与"恶"。③

我惊扰了他们的睡意,当我教诲说:关于什么是善,什么是恶,尚无人知晓——除了那个创造者!④

---

① [Pütz版注]笑狮与鸽群共处,扎拉图斯特拉以狮自况。雄狮施破坏,除了获得进行新创造的自由外,尚未创造新的东西(见本书"跋")。在狮子周围堆放着被破坏的古老标牌,而新标牌才写满一半,为了写下一半,狮子势必是怒吼的,而且也是欢笑的,并带来祥和(鸽群)的象征物。

[译注]关于狮子与鸽群,参卷四最后一节"征兆"。

② [施注]所有人都宣称知道什么是善恶,但这不过是一种傲慢,事实上我们对善恶一无所知。答案指向苏格拉底。尼采以一种特殊的方式回应了苏格拉底问题。……对比《善恶的彼岸》第295条格言,这条格言表明了尼采与苏格拉底的亲缘关系,同时也表明了二人之间的根本差异。

③ [译注]参卷一"论道德讲席":"善于讲传道睡眠和道德"。

④ [法文版注]无法知道善恶,尼采的这种看法并非某种简单的怀疑论或者天真的相对主义(参见第一卷,"论一千零一个目标"),而是早在本书的"前言"和《道德的谱系》中就已经作了表述。参见《论道德的谱系》,第三章。

——但是，他为人类创造目标，赋大地以意义和未来：他最早创造出，那什么是善，什么是恶。①

我叫他们推翻古老的教席，那古老的傲慢安坐之处；我叫他们笑对他们伟大的道德导师、圣者、诗人和救世主。

我叫他们笑对他们阴沉的智慧者，他们不过是黑色的稻草人，坐在生活之树上发出警告。

而我自己坐于他们巨大的墓道边上，甚至腐尸和秃鹰旁边②——我笑对他们所有的过去和过去腐朽衰颓的庄严。

真的，如同教人忏悔的传道者和傻子，我对他们所有的伟大和渺小都发出愤怒疾呼——他们的至善

---

① [KSA 版注]创造者即是创造未来者。参阅尼采草稿。
[译注]对比《善恶的彼岸》第六节开篇，关于哲学的道德目的，或者尼采关于政治哲学作为第一哲学的表述："我渐渐发现，所有迄今为止出现过的伟大哲学究竟是什么。它是其创始人的自白，一种不自觉、未标明的回忆。也就是说，每种哲学中的道德（或非道德）意图构成了它本初的生命萌芽，然后这萌芽总能长成参天大树。确实，在解释某个哲人的哪怕最怪异的形而上学论断是如何产生时，有效（和聪明）的做法是首先问自己：它想（或他想——）以何种道德为目的？"
[施注]尼采回到了苏格拉底问题。他们两人不仅像其他伟大的哲人一样是理论教师，他们两人也是希腊意义上的灵魂引导者。当我们聆听他们的言辞时，一定不能忘记他们的个人特征。那些纯粹理论性的教师，例如数学家们会说，必须彻底忘记他们本人。苏格拉底和尼采会描述他们自己，会谈论他们自身，只有卢梭具有类似的特征。参考《善恶的彼岸》第 295 节。

② [KSA 版注]参阅《马太福音》24：28。

竟也如此渺小！他们的至恶竟也如此渺小！——我如是而笑。

我智慧的渴望也如是从我的内心呼喊和笑，它诞生于山间，真正是一种野性的智慧！① ——我羽翼呼啸的伟大渴望。②

[160]它常常在笑中引开我，向上，引我超越：我战栗高翔，如一支箭矢，穿行于沉醉阳光的迷醉：

——飞入没有梦曾经见过的遥远未来；飞入炙热的南方，那里比任何雕塑家所梦想的更为炙热：飞入那里，舞蹈的诸神以一切衣饰为耻：③——

——如此，我以比喻言说，如诗人一般跛行而口吃：而我不得不成为诗人，这实在是我的羞耻！④ ——

我以为，在那里一切生成（Werden）都是诸神的舞蹈，是诸神的恶作剧（Götter-Mutwillen），世界解脱了羁

---

① [KSA版注]参阅本书第二卷"持镜的孩子"。

② [KSA版注]这渴望从山上向山下一切悲剧的演出和悲剧的肃穆发出嘲笑之声。参阅尼采草稿，另参本书第一卷《论阅读和写作》。

③ [译注]参卷二"论人类的聪明"，那里的说法是"更南的南方"。南方很可能含有尼采对意大利艺术的某种感受，尤其是人体艺术的兴盛。关于雕塑家和雕刻，参《善恶的彼岸》第225节，《快乐的科学》第215节。

④ [法文版注]参卷二，"论诗人"。

[施注]尼采所拥有的关于善恶的知识只能通过相似性来传达，这是一种诗性的知识，并且希腊意义上的诗主要是指制作。这篇演讲的结尾也会提到，这是一种诗性的知识，因此也是一种不完美的知识。

绊，被放开，逃回自身：——

——作为诸神的一种永恒的逃避自我和重寻自我，作为诸神有福的自我矛盾、相互间的重新聆听、重新相属：——

我以为，那里的一切时间都是对诸多瞬间的嘲笑，一种有福的嘲笑，那里，必然性就是自由本身，与自由之刺有福地游戏：①——

我在那里重新发现我的老魔鬼和死敌，就是沉重的精神，还有它创造的一切：强迫、章程、②困境、结果、目的、意志、善与恶：——

难道某种东西不是必然存在么，令人能在其上舞蹈，并舞出其外？为了轻者和最轻者之故——鼹鼠和沉重的侏儒不是必然存在么？——③

3

那里，我也在途中拾取④"超人"一词，说人类是某种

---

① ［法文版注］"死亡之刺"的平衡点。参见《哥林多前书》15：55—56："死的毒钩就是罪，罪的权势就是律法。"（按："死亡之刺"，《圣经》和合本译作"死的毒钩"）

② ［译注］参《朝霞》14节，"疯狂在道德史上的意义"：如何以疯狂的方式面对所有领域中的强迫、章程以及各种规定性。

③ ［译注］参本卷"论幻相和谜"。

［施注］这里显示出与苏格拉底的最大差异。苏格拉底对善与恶、人类事物的探究，先于他对整全的洞察。在尼采那里，与苏格拉底相反的东西才是真实的。

④ ［KSA版注］参阅草稿：于是我向人教授，而且（转下页注）

必须超越的东西,①

——人类是一座桥梁,而非目的:②由于他的正午和傍晚而自赞有福,以为是通往新朝霞的道路:③

——扎拉图斯特拉关于"伟大正午"的言辞,以及我高悬于人类之上的东西,如紫色的第二道霞光。

真的,我也让他们看见新的星辰、新的夜晚;在云层、白昼和夜晚之上,我张开彩色华盖一般的笑。④

我向他们教授我的全部诗作和追求:把人类身上的碎片、谜和可怕的偶然,诗化为、编制为"一",——⑤

[161]——作为诗人、猜谜者和解救偶然的人,我教导

(接上页注)将诲人不倦地教授:人是必须被超越的。你瞧呀,我可知道,人是可以被超越的。——我看见了他——超人。

[译注]"那里"指上一节后半段中上升飞行到的地方,或谓"善恶的彼岸"。而"拾取"(auflesen)一词看起来有些奇怪,卷四"自愿的乞丐"还有"拾取垃圾"的表达,似乎"超人"的概念是扎拉图斯特拉于道路中偶然所拾,这与前言中郑重其事的"教授超人"形成强烈对比。只有理解了"那里",才可以理解"超人"的随意性:克服了人类有限性的途经并非仅仅是超人,或者说"超人"是"善恶的彼岸"的象征之一,类似的比喻还有很多,甚至可以来自自己的创造。

① [法文版注]参"前言",2。

② [法文版注]参《道德的谱系》,II,16节。本书卷一,"论三种变形"。[译注]参本书,"前言"4。

③ [KSA版注]参阅《朝霞》中的题词格言。[译按]"还有无数的朝霞/尚未被点燃——《黎俱吠陀》。"

④ [KSA版注]参阅本书卷二"卜卦者"。

⑤ [译注]参卷二"论拯救":"我的全部诗作和追求,是把碎片、谜和可怕的偶然,诗化为、编织为'一'。"从下一句也可以看出,本节复述了"论拯救"一章的主要内容。

他们创造未来,一切的过去之物——,在创造中得到拯救。

拯救人类的过去,改造一切"曾经如此",直到意志说:"但我曾意欲它如此!我将意欲它如此——"

——我称此为拯救,我教导他们只有这可以称为拯救。——

现在,我等待我的拯救——我最后一次向他们走去。

我意欲最后一次到人类之中:我意欲在他们之间沉落,濒死之际,我意欲给予他们我最丰富的赠礼!

这,我学自沉降的夕阳,这最富有者:它从取之不竭的财产中,将黄金倾洒于海,——

——如是,最贫穷的渔夫也划动金桨!因为我曾经见过,注视时泪水长流。① ——

扎拉图斯特拉也意欲如太阳一般沉落:现在,他于此安坐,等待,四周是古老破碎的标牌,还有铭写一半的——新标牌。

4

看,这是一块新的标牌:我的弟兄们,你们与我一起将它载入山谷和肉心,②但是你们在哪里?——

---

① [KSA版注]参阅《快乐的科学》,第337节;《狄俄尼索斯颂歌》,"太阳沉落了"。

② [法文版注]《以西结书》,11:19—20:"我要使他们有合一的心,也要将新灵放在他们里面,又从他们肉体中除掉石心,赐给他们肉心,使他们顺从我的律例,谨守遵行我的典章。(转下页注)

我对最遥远者的伟大之爱如是要求：不要关爱你的邻人！人类是某种必须被超越的东西。①

有许多超越的途径和方式：这，你去看吧！但是，只有一个小丑在想："人类也能够被跳越而过。"②

便在邻人之间，你也要超越自己：这是一种你能够为自己掠夺而来的权利，但你不应该由他人给予你！

你之所为，没有人能为你重新为之。看，并不存在什么报答。

不能命令自己的人，就应该服从。有些人能够命令自己，但是，要他服从自己，尚有许多欠缺！③

5

灵魂高贵的一类人意欲如是：他们不意欲不付代价

（接上页注）他们要作我的子民，我要作他们的神。"

心的"石化"与激情的"石化"是所有廊下派的基本原则。参《快乐的科学》，第13节。

[译注]参《以西结书》36：26："我也要赐给你们一颗新心，将新灵放在你们里面，又从你们的肉体中除掉石心，赐给你们肉心。"扎拉图斯特拉也试图创造新的肉心。对比《哥林多后书》3：3；写在心板上而非石板上。

① [译注]参卷一"论爱邻人"："未来者和最遥远者应是你今天的缘由：在你的朋友身上，你应该将超人作为你的缘由去爱。我的弟兄们，我不会劝诫你们爱邻人：我劝你们爱最远的人。"爱邻人当然是一种尼采反对的基督教诲德，但这里最主要的含义还是近与远的差异，爱遥远者就应超越邻人。

② [译注]参前言第六节。

③ [法文版注]参见第欧根尼·拉尔修《名哲言行录》，"梭伦传"，梭伦教导说："只有当你知道服从时，你才能指挥。"

(umsonst)而有所得,至少是生活。

群氓之中的人,则意欲不付代价而生活;但是,我们其他人,生活自身已经交予我们——我们总在思考,我们最好可以给出什么作为回报!①

[162]真的,这是一种高贵的言说,它说:"生活许诺我们的东西,我们意欲——为了生活而持之守之!"

人不应当在不能给予享受的地方意欲享乐。而且——人不应当意欲享受!

因为享受和无辜是最羞耻的东西:二者皆不意欲被人追求。人应该拥有它们——,但是,人更应该追求罪和痛苦!② ——

6

哦,我的弟兄们,头生子③总是要作为牺牲。但现在,

---

① [KSA版注]卑鄙者最好是不付代价而生活,可是我们却想尽可能多地给予。参阅誊清稿。

② [KSA版注]参阅《尼采全集》十卷,17[51]:幸福不想被人寻找,而是想被人找到。18[30]:幸福和无辜是世间最可耻的事:二者都不愿被人寻找。人应拥有它们——人根本不应知道拥有它们了。见誊清稿。

③ [Pütz版注]头生子:不仅是《旧约》中的头生子,而且也指所有率先提出新思想、致力于新目标而受到旧事物之卫道士们杀害的人。

[译注]参《快乐的科学》第337节:"新一代高贵者的头生子,他把人类的一切,诸如最老、最新之物、损失、希望、征服、胜利等集于内心,压缩为一种情感,由此而产生人类前所未有的(转下页注)

我们就是头生子。①

我们所有人都在秘密的祭台上流血,我们所有人都为祭奠古老的偶像而焚燃炙烤。

我们中的菁华依旧年轻:这刺激起古老的味觉。我们是肉体鲜嫩,我们的表皮只是羔羊之皮——我们怎能不刺激古老的偶像教士!

这年迈的偶像教士,他仍旧居住于我们自己身上,他将我们中的菁华炙烤为他的佳肴。唉,我的弟兄们,头生子如何能不为祭品!

但是,我们这类人意欲如此:我所爱的人,他们不意欲保护自己。② 我以全部的爱爱那些沉落者:③因为他们在穿行。——

(接上页注)幸福,一种充满力与爱、泪与笑的神圣幸福。"参第343节,对比第23节。另参《善恶的彼岸》第214节(第七章"我们的道德"第一节),尼采以"头生子"比喻能够铭写新标牌的未来道德者。

① [KSA版注]参阅《出埃及记》23:19。

[KSA版注]参阅草稿:我们是头生子——在头生子这个贵族阶层里,其隐藏的苦难和突然生发的傲慢何其多,而晚生贵族阶层对此浑然不知! 我们是头生子,哦,所有的开端者都不会有良心,这个东西我们是全部学懂了。

[法文版注]《出埃及记》1:15—16:"有希伯来的两位收生婆……。埃及王对她们说:'你们为希伯来女人收生,看她们临盆的时候,若是男孩,就把他杀了;若是女孩,就留她存活。'"

② [KSA版注]参阅《马太福音》16:25。

③ [法文版注]本书第一卷,"论创造者的道路"。

7

少数人能够——成为真实！能够做到的人，却不意欲为之！但是，最不能够的，是那些好人。

哦，这些好人！——好人从来不说真理；对于精神，这样的好是一种疾病。①

他们屈服、委身，他们的心人云亦云，根本上是服从的：但是，服从的人，却从不服从自己！

一切好人称之为恶的东西必须汇聚，以便产生一种真理：哦，我的弟兄们，你们是否足够恶，以便产生这种真理？

鲁莽的冒险、长期的怀疑、残酷的否定、厌烦、切伤活生生之物——②这些，汇聚起来是何其罕见！但是，从这样的种子里——产生了真理！

[163]迄今，一切知识皆生长于坏良心的旁边！③ 你们这些求知者，打碎吧，为我打碎这些古老的标牌！

8

倘若水中有梁，④倘若便桥和栏杆跃于河流之上：真

---

① ［施注］好人是那些接受了标牌一半内容的人，好人将这一半的内容当作是正当的。这种好人要求对人之处境的盲目，在这一意义上好人从不言说真理。

② ［译注］参见卷二"论著名的智慧者"："精神是生活，是切伤自己生活的生活。"另参卷四"水蛭"一章。

③ ［法文版注］参见《善恶的彼岸》，第291节。

④ ［译注］"水中无梁"（Wasser hat keine Balken）是德语成语，意为容易淹死。

的,这时就不会有人相信这么说的人:"一切皆在河流之中。"①

相反,愚人也会反驳他。"什么?"愚人说,"一切皆在河流之中?便桥和栏杆不是在河流之上吗?"

"河流之上一切都是固定的,一切事物的价值,桥梁、概念,一切'善'与'恶':这一切都是固定的!"——

当严酷的冬季,这河流的驯服者来临,即便最机智的人也学会怀疑;真的,不仅仅是愚人如此说:"一切不都应该——静止吗?"

"根本上,一切皆为静止"——这是一种恰当的冬季教诲,一种贫瘠时候的好东西,是冬眠者和围炉烤火者的一种好安慰。

"根本上,一切皆为静止"——:煦风的传道却与之相反!②

煦风,一头公牛,却非耕作的公牛——一头狂怒的公牛,一个破坏者,以愤怒的牛角破冰!但冰又——冲毁便桥!③

哦,我的弟兄们,现在岂不是一切皆在河流之中?一

---

① [译注]本节关于河流的比喻,意指人类之河,民众之河,参卷二"论自我超越"一章。

② [译注]参《快乐的科学》卷五第377节"无家可归者"中的春风比喻。

③ [译注]关于公牛,参卷二"论高尚者",公牛具有一种对大地的热爱;这里就意味着以大地、生活的爱冲垮各种古旧的哲学与道德标牌。关于这种大地的田园之感,参《人性的,太人性的》"漫游者和他的影子",第295节"我也到过阿卡迪亚"。

切栏杆与便桥皆落入水中了么？谁还坚持"善"与"恶"？

"我们苦啊！我们幸福啊！而煦风飘摇！①"哦，我的弟兄们，为我在一切巷道如是传道！②

9

有一种古老的妄想，名为善与恶。迄今为止，在卜卦者和占星家四周旋转着这个妄想之轮。

此前，人们相信卜卦者和占星家：所以，人们相信"一切皆是命运：你应该，因为你必须！"

后来，人们又怀疑一切卜卦者和占星家：所以，人们相信"一切皆自由：你能够，因为你意欲！"

哦，我的弟兄们，关于星辰和未来，迄今只是妄想，而非知晓：所以，关于善与恶，迄今为止，也只是妄想，而非知晓！③

10

[164]"你不应当抢劫！你不应当杀戮！"——人们曾

---

① [KSA版注]参阅誊清稿：煦风飘摇，愤怒的公牛出发了！

② [法文版注]《路加福音》，10：10—11："无论进哪一城，人若不接待你们，你们就到街上去，说：'就是你们城里的尘土粘在我们的脚上，我们也当着你们擦去。虽然如此，你们该知道神的国临近了。'"

③ [KSA版注]参阅草稿：哦，弟兄们，关于善与恶，迄今只是人们的妄想，而非知晓。你们为我打碎那些古老的标牌！

[法文版注]此处可参照莱布尼茨在《神正论》"前言"中关于未来或命运的诠释。

称这类言辞为神圣；人们在它面前屈膝俯首、脱鞋。

但是，我问你们：在这个世界上，还有过比这类神圣言辞更厉害的强盗和杀人犯吗？①

在所有生活本身中，不就有——抢劫和杀戮么？由于这样的言辞被称为神圣，真理本身不就因此——而被杀戮了吗？

或者，否定、劝阻一切生活的东西，都被称为神圣，这是一种死亡的传道吗？——哦，我的弟兄们，打碎吧，为我打碎这些古老的标牌！②

11

我对一切消逝者的同情在于，我看见：消逝者被转交——

---

① ［KSA版注］参阅誊清稿：你不应撒谎，你不应杀人——这类话听起来很神圣，人们在这类话前屈膝臣服。可我要问你们（这类话本身就是欺骗和扼杀真理的最好之物，不会再有比它更好的谎言了），世间哪里有比这类神圣语言更好的骗子和杀手呢！

② ［施注］尼采不是说我们应该抢劫和杀戮，他思考的是：对抢劫和杀戮的简单禁止，是否与对生活的本性和对人类生活本性的禁止是一致的？比如马基雅维利和他的某些后继者。在这个世界中，不首先毁灭他人，自我保存是否就不可能？在洛克和卢梭那里，自我保存要求他人的存在，因为我们的生命更受到其他民族的威胁，因为和平状态就是自我保存的要求。但洛克如此限制和平状态：只有与我们自身的自我保存没有冲突时，和平状态才是可欲的。卢梭与之类似。在所有人无法保存自身的极端匮乏的处境中，无条件禁止抢劫和杀戮有何后果？尼采会说，这样的禁令会导致人的堕落。人身上一切英勇的品质都会消失。

——转交给每一代后裔的悲悯、精神和疯狂,而过去的一切都曲解为他们的桥梁!

一个强大的暴力统治者、一个圆滑的怪物够能会出现,他以他的悲悯和嫌弃强逼、迫使过去的一切:直到变为他的桥梁、征兆、先驱和鸡鸣。

但是,这是另一种危险,我的另一种同情:来自群氓的人,他的记忆只能溯至祖父——只到祖父一辈,时代就停止了。①

过去的一切便如是转交:因为或有一日,群氓可能成为主宰,而一切时代都将溺亡于浅水。

哦,我的弟兄们,因此需要一种新的贵族,②他是所有群氓和暴力统治者的仇敌,并在新标牌上新写"高贵"一词。③

这就需要许多高贵者,各种各样的高贵者,以便形成贵族!或者,如我曾经在比喻中所言:"有诸神,却无上

---

① [译注]参《快乐的科学》第348节"学者的出身",关于学者的"祖辈",两处都指向了现代社会的民主问题:民主的精神终结了一切古典的美德。

② [法文版注]此种新贵族完全基于新的原则,不同于传统的基于约定或者血统的贵族。参见本书第四卷"与两位国王的对话"。

[译注]本节和下一节的主题都是新贵族,而更加论述式的表达,参《善恶的彼岸》第九章,也是最后一章"何为高贵"。

③ [施注]有两种危险,一种是僭主,另一种是群氓统治。对尼采来说,群氓统治和民主制之间的差异毫不重要。因此,就需要一种新贵族。……这种对新贵族的说法似乎是关于尼采的政治期望最清晰的表达。但这究竟是否意指一种政治道路,尚有疑问。

帝,这才是神圣之道!"①

12

哦,我的弟兄们,我授权、指引你们为新贵族:你们应该为我而成为未来的创造者、栽培者和播种者——

——真的,你们不要成为如贩夫一般能以贩夫的黄金购买的贵族:[165]一切有其价格之物都鲜有价值。

成就你们今后荣誉的,不是你们从何而来,而是你们去往何处! 你们的意志和你们的双脚,意欲超越自我——这成就你们新的荣誉!

真的,并非你们曾侍奉某位君王——君王又算什么! 亦非你们成为现存者的堡垒,令其站立更加稳固!

不是你们这一代人在宫廷(Hof)里变得华贵(höfisch),学会如彩色的红鹳一般,久立于浅池。②

---

① [译注]语出本卷"论背叛者"第二节结尾,不过那里的句子是一个修辞性的疑问句。另参《敌基督者》第36节:"谁若是想表明有一种反讽的神圣之道在幕后操纵着重大的世界游戏,那么他一定可以在名为基督教的巨大问号中找到证据。"

② [KSA版注]参阅《尼采全集》卷九,15[61]。
[译注]参笔记(1881,15[61])。尼采用红鹳(Flamingo)意象,或许为了追求与"浅"(flach)的叠韵效果,但主要还是取其站立于浅池的比喻:站立意味着启蒙运动的人性塑造,但摆脱传统的站立只不过站立于现代浅池之中。而在第四卷"与国王们的谈话"一章,尼采将逊位的国王比喻为红鹳,则暗示了启蒙思想已经深入到传统思想和政治秩序的最深层。关于宫廷及其导致的乞丐民众道德,参本卷"论离开"一章。

——因为对廷臣(Höfling)而言,能够站立是一种功绩;所有廷臣都相信,属于死后的福佑是——允许坐下!——

也不是由于一个被命名为神圣的精神,把你们的祖先引向[上帝]应许而我并不礼赞的土地:因为那里生长着一切树木中最恶劣者,即十字架,——这块土地无可礼赞!——

——真的,无论这种"神圣精神"把它的骑士们引向何方,这个队列中总是以山羊、鹅、脑子错综怪异的人(Kreuz- und Querköpfe)为前导!① ——

哦,我的弟兄们,你们作为贵族不应后顾,只可向前!你们应该是所有的祖国和祖先土地中的放逐者!

你们应当爱你们的孩子们的土地:让这种爱成为你们新的高贵——它仍旧隐藏于最遥远的海洋!我吩咐你们扬帆去追寻、追寻它!

因为你们是你们父辈的孩子,所以你们应当在你们孩子身上加以补救:你们应当如此拯救一切消逝者!我把这新的标牌悬于你们之上!②

---

① [KSA版注]参阅《尼采全集》卷十,17[16]:山羊、鹅和十字架,受神圣的精神引领。

[法文版注]关于神圣的精神,参见《朝霞》,第68节。

② [KSA版注]参阅本书第二卷,"论教育之地"。

[KSA版注]参阅《出埃及记》20:15,反其意而用之。

13

"为何生活?一切皆空!生活——是打麦秆,①生活——是燃烧自己而不得温暖。"——

这种古代的胡言向来被视为"智慧";但是,由于它古老又霉味刺鼻,因此更受敬重。甚至腐朽也变得高贵。——

孩子们可以如此说:他们畏火,因为火曾烧灼他们!在智慧的古老典籍里,有许多孩童之举。

总是"打麦秆"的人,如何会愿意诽谤打麦的行为!人们必须封禁这种傻子的口!②

[166]这些人坐在桌边,什么都不带上,③甚至没有好的饥饿——他们却咒骂"一切皆空!"④

但是,哦,我的弟兄们,吃好喝好诚非空虚的技艺!打碎吧,为我打碎这些永不快乐之人的标牌!

14

"对于纯洁者,一切皆纯洁。"——民众如此说。但

---

① [译注]"打麦秆"(Stroh dreschen)如果再加一个形容词,"打空麦秆"(leeres Stroh dreschen)就是德语成语,比喻劳而无功,或者无益之空言。此处不是完整的成语,故而直译,尽采其实已隐含此意。

② [KSA版注]参阅《申命记》25:4。

③ [译注]参《路加福音》10:1—10。

④ [KSA版注]此行之后删去:这些永远吃饱的人!参阅誊清稿和草稿。

是,我告诉你们:对于猪,一切皆是猪!①

所以,幻想者和其心向下低垂的垂头丧气者如是传道:"世界本身就是个肮脏的怪物。"②

因为这些人皆是不洁的精神;但尤其是那些不得安宁和休息的人,除非他们从背后(hinten)观看世界——这些信仰彼岸世界的人(die Hinterweltler)。③

我要当面对这些人说,尽管听来很不入耳:世界如同世界中的人类,也有屁股(Hintern)——这的确是真的!

世界上有许多粪便:这的确是真的!但是,世界本身因此而不是肮脏的怪物!

世界上有许多东西气味难闻,但此中也有智慧:嫌恶本身创造出翅膀和预知泉水的力量!④

菁华者身上也有某些令人嫌恶之处;菁华者也某种必须被超越的东西!——

哦,我的弟兄们,世间的粪便很多,此中也有许多智慧!——

---

① [法文版注]《提多书》1:15:"在洁净的人,凡物都洁净;在污秽不信的人,什么都不洁净,连天地和天良也都污秽了。"
② [译注]肮脏和纯净的关系,参前言第三节。
③ [译注]本节以更加赤裸、激进的讽刺强化了卷一"论信仰彼岸世界的人"的内容。
④ [译注]参卷二"论痞徒":"我的嫌恶本身为我创造了翅膀吗?为我创造了预知泉水的力量吗?真的,我必须飞至最高处,这样,我才能重觅欢乐的源泉!"

15

我听见,虔诚的信仰彼岸世界者向其良心说过这般格言;真的,没有恶劣和虚伪——尽管这个世界上没有比这更虚伪和更恶劣的事。

"让这个世界就是这样的世界吧!不要伸出一根手指反对它!"

"谁意欲窒息、刺杀、切伤和剥杀人们,就让他去吧:不要伸出一根手指反对他!由此他们就学会弃绝这个世界。"

"而你自己的理性——你当自己困厄之、窒息之;因为它是来自这个世界的一种理性,——由此你自己学会弃绝这个世界。"①

打碎吧,哦,我的弟兄们,为我打碎这块虔诚者的古老标牌!为我打碎诽谤世界者②的格言!

16

[167]"过度学习的人,就会遗落一切强烈的渴求。"——今天,人们在所有昏暗的巷道窃窃耳语。

"智慧使人厌倦,没有——值得之事;你不应渴

---

① [译注]尼采此处"理性"所指,并不是思维意义上的理性,而是"身体",参卷一"论身体的轻蔑者":"身体是一种伟大的理性,是只有一种意义的一个多。"

② [KSA版注]信仰彼岸世界的人。见誊清稿。

求！"——我发现敞开的市场上悬挂这块新的标牌。

为我打碎它,哦,我的弟兄们,为我打碎这块新的标牌!是厌倦世界者、死亡传道者和狱卒①悬挂起这块标牌:且看啊,这也是奴性的传道!——

他们学得糟糕,学不到最好的东西,一切又学得太早,一切都过于机敏:因为他们糟糕地饮食,便损坏了胃,——

——他们的精神便也是一个损坏的胃:它劝人死亡!真的,我的弟兄们,精神便是一个胃!②

生活是欢乐的一处源泉:但是,损坏的胃,这哀伤之父,③以它说话的人以为,所有泉水皆有毒害。

求知:对于具有狮子意志的人,这是快乐! 但是,觉得厌倦的人,他自己只是"被意欲",一切波浪与之游戏。

弱者一类人向来如此:他们在自己的道路上遗失了自己。而最终,他们的厌倦还问道:"我们为何任何时候都在道路之中行走? 一切皆同!"

对这些人,这种传道很是悦耳:"什么都不值得! 你们应当没有意欲!"但是,这是一种奴性的传道。

哦,我的弟兄们,扎拉图斯特拉如一阵生机勃勃的咆

---

① [译注]尼采在笔记里将狱卒(Stockmeister)与"长期的监狱逃亡者"(ein Entlaufener, der lange im Gefängniß saß)做对比,逃亡者一直在狱卒警棍(Stock)阴影下恐惧颤栗。参笔记1887,11[42];1888,20[70]。因此,对世界的囚禁,对生活本身的囚禁,最好的应对就不是逃亡,而是打碎囚禁本身。

② [法文版注]这一比喻,也见于《善恶的彼岸》,第230节。

③ [KSA版注]参阅本书第一卷,"论道德讲席"。

哮之风,吹过一切厌倦行走的人;他还要让许多鼻子打起喷嚏!

我的自由呼吸能吹透墙垣,吹进囹圄和囚禁的精神!

意愿使人自由:因为意志即创造:我如此教导。你们应当只为创造而学习!

你们应该首先要向我学习学习之道,即好的学习!——有耳可听的,就应当听!

17

一叶扁舟在此停泊——也许,它要驶入对面伟大的虚无之中。——但是,谁意欲登上这种"也许"?

你们之中,无人意欲登上这艘死亡扁舟!你们如何意欲为厌倦世界者!

厌倦世界者!你们不曾为脱离大地者![168]我发现你们一直还是贪恋大地,深爱自己在大地上的疲倦!

你们的嘴唇并没有突然下垂——其上依旧停留一种微小的大地愿望!而眼中——那里不是飘浮着一朵不曾遗忘大地之乐的云彩?

大地上有许多好发明,或有益,或舒适:因为这个缘故,应当爱大地。

那里有如此纷呈的好发明,如女人的乳房:有益而且舒适。

但你们这些厌倦世界者!你们这些大地上的懒惰者!人们应该用荆条抽打你们!人们应该以鞭笞令你们

的双腿重新轻快!

因为:倘若你们不是令大地厌倦的病人和萎靡的小东西,你们便是狡猾的懒惰动物,或是贪求甜食的、藏匿的欲望之猫。倘若你们不再意欲快乐奔跑,你们就应该——离开!

人不应意欲为无可救药者的医生:扎拉图斯特拉如是教诲——所以你们应该离开!

但是,作一种结束,比作一首新诗更需要勇气:此为所有医生与诗人所尽知。——

18

哦,我的弟兄们,有些标牌由疲倦创造而成,有些标牌由腐败的懒惰所致:它们所说固然相同,却意欲有不同的聆听。——

看此处这个忍受煎熬的人! 他距离他的目标只有一寸之遥,但因为倦乏而固执地栖身尘土:这勇敢的人(Tapfere)![1]

由于疲倦,他对道路、大地、目标和自己打呵欠:他不再意欲向前一步,——这勇敢的人!

---

[1] [译注]关于勇敢,参本卷"论背叛者"中的背叛者,"清晨以勇敢的双脚向外奔跑:但是,他们知识的双脚已经疲倦。"这意味着这里的勇敢是书中屡次强调的"求知者"的勇敢。在尼采的语言里,勇敢者还是启蒙的自由精神:"他们是勇敢的伙伴和幽灵。"(《人性的,太人性的》,前言第二节)

现在，太阳炙烤着他，狗舔着他的汗水；但是，他依旧固执地躺着，甘受煎熬：①——

——他的目标只有一寸之遥却受煎熬！真的，你们将不得不拉拽他的头发升至他的天空——这位英雄！

你们最好还是任他躺在他自己躺着的地方，让睡眠这安慰者以清凉潺湲的雨滴降临于他：

任他躺着，直至他自己清醒——直至他自己消除一切疲倦，以及疲倦给予他的教诲！

[169]我的弟兄们，你们只要驱走他身前的狗，这些懒惰的潜行者，驱走所有麇集的害虫：——

"有教养者"的一切麇集的害虫，都在享用——英雄的汗水！——②

19③

我在我的四周规定范围和神圣的边界，山峰愈高，与

---

① [KSA版注]狗舔……煎熬：参阅草稿：狗在舔他身上的汗珠了，并在他身上嗅闻着，但他不愿再走一步，宁愿受煎熬。另参阅《路加福音》16：21。

② [译注]本节内容可以对参卷二，"论伟大者"。

③ [KSA版注]参阅《尼采全集》十卷，22[1]：你用称许和指责为自己筑一道篱笆。参阅誊清稿：这是一切存在物中最卑微的族类，它们依赖最优者为生，最优者伟大，心怀宽阔，他怎能不成为许多寄生虫的食物呢！谁总是远离我，觉得我那广袤无垠的禁猎区也很怪异呢？如下之人是过寄生生活的：无爱的能力却想以爱为生者/在强者软弱之处，在高尚者受伤之处营巢者/在伟大者内心营造可恶巢穴者——即便至伟之人也有小处疾患。

我攀登的人愈少：我以愈加神圣的群峰建造了一座山脉。① ——

但是，哦，我的弟兄们，无论你们愿意与我攀登何处：留意啊，不要有一条寄生虫②与你们共同攀登！

寄生虫：这是一种蛆虫，蜿蜒爬行，意欲以你们患病受伤的角落而肥。

这是它的艺术，它能够猜透攀登的灵魂在何处感觉倦怠：在你们的忧愁、愤懑中，在你们敏感的羞耻中，它营筑令人嫌恶的巢穴。

在强者虚弱、高贵者过于柔软的地方——它在其中营造它那令人嫌恶的巢穴：寄生虫寄居于在伟大者微小的伤口角落。

所有存在者中，最高的一类是什么？最低微的是什么？寄生虫就是最低微的一类；但是，最高的一类却喂养了绝大多数的寄生虫。

因为拥有最长梯级而能下至最深沉处的灵魂：绝大

---

① ［法文版注］在《瞧，这个人》，"扎拉图斯特拉如是说"第6节转述了这一段。

［译按］尼采在《瞧，这个人》中提到这一段之前，有一段自夸，宣称自己的作品比之前所有诗人的作品都更加优秀，因为"它们没有距离感，没有清净的距离感，而这正是这本著作的生命所在"。

② ［译注］本卷"论沉重的精神"对寄生虫的定义是："我发现了人类之中最令人厌恶的动物，并命名为寄生虫：它不意欲爱，却在爱中生活。"寄生虫的比喻虽然很明显，此处仍需注意《快乐的科学》第366节"面对一本渊博之书"，对精神的寄生虫——寄生于学者的作家的极其尖锐的讽刺。

多数寄生虫如何能不意欲寄生其中?①

——最不可测度的灵魂,能在自身中奔跑、迷路或漫游至最遥远之域;最必需的灵魂,出于快乐而突然跃入偶然之中:②——

——已经存在的灵魂,浸没于生成之中;已经拥有的[灵魂],意欲进入意愿和期盼之中:——

——逃出自己的[灵魂],又在最遥远的范围内追赶自己;最智慧的灵魂,愚蠢最甜蜜地向它劝言:——

——最爱自己的[灵魂],一切事物在其中皆有顺流或逆流,涨潮或落潮:——哦,最高的灵魂怎能没有最坏的寄生虫?

20

哦,我的弟兄们,我竟然残酷吗? 但我却说:凡坠落者,人们应该再推一把!

今天,一切都——坠落了,衰败了:谁意欲维持! 但是,我——我还意欲推它一把!

[170]你们了解石头滚入陡峭深渊的快感么? ——今天的人类:看他们如何滚入我的深渊!

---

① [译注]参《瞧,这个人》,"扎拉图斯特拉如是说"第6节;"[扎拉图斯特拉]上下的梯子无限长;他比任何人都看得远,想得深,懂得多。"

② [KSA版注]参阅草稿:最不可测度的快乐,向上和向下的最大梯子。参《创世记》28:12。

哦，我的弟兄们，我是更优秀表演者（Spieler）的前奏（Vorspiel）！一个榜样（Beispiel）！依照我的榜样去做吧！①

你们不教其飞翔的人，我要你们教他——更快地坠落！——

21

我爱勇敢的人：但他还不足以称为勇士，——人们还必须知道对谁挥剑观看！②

其中也常有更多的勇敢，即一个人能够自持，并且离开：③以便保存自己，为面对更有价值的敌人！④

你们只应有当去憎恨的敌人，而非要去轻蔑的敌人：你们必须为你们的敌人骄傲：我曾经如是教诲。⑤

---

① ［KSA版注］哦，我的弟兄们。你们当中有这样的人，他们善于消灭笑话和讥笑一个事物！真的，用笑杀人会杀得很顺畅！/我叫这样的人照我的榜样去做，我是他们的前奏。

［法文版注］《约翰福音》13：14—15：“［耶稣说：］我是你们的主，你们的夫子，尚且洗你们的脚，你们也当彼此洗脚。我给你们做了榜样，叫你们照着我向你们所作的去作。"

② ［译注］"挥剑观看"（Hau-schau），对应下文"在里面观看，在里面挥剑"（Dreinschaun, dreinhau），这是一种文字的修辞与游戏，但此处"观看"意味着一种评价，一种价值判定，近于挥剑斫杀。

③ ［译注］"离开"（vorübergeht），参"论离开"一章及其结尾，参该处译注。

④ ［KSA版注］参卷一"论朋友"。

⑤ ［译注］对比卷一"论战争和战士"以及"论朋友"两章的相应内容；另参本卷"论幻相和谜"第一节。

哦，我的朋友们，你们应当保存自己，为面对更有价值的敌人；因此，你们必须离开多数人。

——尤其是多数痞徒，他们在你们耳边就民众和各民族而喧哗不已。

让你们的眼睛在他们的赞成和反对前保持纯洁！那里有许多正义，许多非正义：留神观看那里的人，总会愤怒。

在里面观看，在里面挥剑——这在其中实为一事：所以，走进森林，让你们的剑安睡吧！

行走于你们的道路！让民众和各民族也行走于他们的道路！——真是黑暗的道路，路上没有一丝希望如闪电烁亮！

就让贩夫统治吧，那里一切依旧闪耀的，只是贩夫的——黄金！这不再是国王的时代：①凡今日自称民众的，就不该再有国王。

看，这些民族自身之所为，一如贩夫：他们从每个垃圾堆里拣取最小的利益！②

他们相互窥伺，他们相互攫取某些东西——他们称此为"美好的邻居关系"。哦，有福而久远的时代，那时，一个民族对自己说："我意欲为各民族的——统治者！"③

---

① [KSA版注]参荷尔德林《恩培多克勒》第一部："已不再是国王的时代。"

② [KSA版注]参阅草稿：他们是够卑鄙够渺小的——为了最小的利益，他们竟然拾取信仰的垃圾。/他们把最小的利益弄得很小，现在竟然在拾取美好的偶然事件的垃圾了。

③ [译注]参卷一"论一千零一个目标"开篇部分，关于民族的权力意志。

因为,我的弟兄们:最优秀者应当统治,最优秀者也意欲统治!① 哪里有不同的教诲在宣说,那里——就缺乏最优秀者。

22

如果他们——不付代价而得到面包,苦啊! 他们还会为了什么而呼喊呢! 他们的生计——便是他们恰当的娱乐;他们应该过得艰难!②

[171]这是些猛兽:在他们的"工作"中——也包括劫掠,而在他们的"酬劳"中——也包括欺骗! 因此,他们应该过得艰难!③

如是,他们应当成为更好的猛兽,更雅致,更聪明,更与人类相似:因为人类是最好的猛兽。④

人类已经从所有动物那里劫掠了它们的道德:所以,在所有动物中,人类过得最为艰难。

---

① [译注]这意味着哲人是最高的立法者,参《善恶的彼岸》第211节:"真正的哲人却是发令者和立法者:他们说应该如此,是他们确定人类走向何方,目的何在。"

② [KSA版注]参阅《尼采全集》卷十,22[5]:当这些人失去生计时,谁想给他们创造生计呢? /他们因为饥饿不得不同野兽博斗,否则他们的生计就成为我们身边某个野兽的生计了/他们的无聊就成为这儿抱窝的母鸡了。

③ [KSA版注]参阅誊清稿:一切"工作"中也包括抢掠;一切"酬劳"中也包括欺骗。我们是猛兽,我们本该过得艰难!

④ [译注]参卷一"论同情者"开篇。而本卷"论幻相和谜"的第一节中则说:"人类却是最勇敢的动物。"

只有鸟依然在他之上。倘若人学会了飞翔,苦啊!那么,他的掠夺欲将飞到——怎样的高处!

23

我意欲男人和女人如此:一者适合战争,一者适合生育,但是,二者皆适合以头和脚舞蹈。

一天之中,若不舞蹈一次,我们就以为这一日便是虚度了!任何一种带不来一阵大笑的真理,我们皆称之为虚假。①

24

你们婚姻的结合:留心啊,不要成为一种糟糕的结合!你们的结合过于匆忙:由此导致——婚姻破裂。②

婚姻破裂毕竟好于婚姻的扭曲和婚姻欺骗!——一位女子对我如此说:"我确实破裂了婚姻,但是,首先是婚姻令我——破裂!"

---

① [KSA版注] 参阅《快乐的科学》,第95节"论香福德(Chamfort)"。

[法文版注] 欢笑是"奥林匹斯的恶习",参见《善恶的彼岸》,第294节。

② [译注] "婚姻破裂"(Ehebrechen),原意为通奸,为十诫之一,参《申命记》5:18;参卷一"论道德讲席":"人们为了好的睡眠,必须具备一切道德。我会做假见证吗?我会通奸吗?"但此处和下文故意利用 brechen 的破裂之意,故此处直译为婚姻破裂。

我发现恶劣的配偶向来是最恶劣的有复仇欲之人：因为他们不再独自奔走，却让整个世界付出代价。

因此，我意欲诚实的人彼此说：①"我们相爱：让我们努力（zusehen）保持相互的爱！或者，我们的誓约应该是一种错误（Versehen）？②

"——给我们一个期限和一个小婚姻，且让我们看看（zusehen），我们是否适合伟大的婚姻！俩人相伴，这向来是大事！"③

我如是劝诫所有诚实的人；倘若我有另外的劝诫和说法，那么，我对超人、对一切应该到来者的爱又算什么！

不仅要让你们繁殖，更要向上［繁殖］——为此，哦，我的弟兄们，让婚姻的花园帮助你们！

25

谁因着古老的起源而变得智慧，看，他最终将寻求未来的源泉、寻求新的起源。——

［172］哦，我的弟兄们，不需要太久，就会出现新的民族，新的源泉将潺潺流向新的深渊。

---

① ［译注］关于"世界"和"诚实"，参卷一"论信仰彼岸世界的人"；这也暗示了此处"恶劣的配偶"其实成为了重新虔诚的"背叛者"，重新信仰彼岸世界。
② ［KSA版注］参阅草稿：我们的诺言不是一种错误！
③ ［KSA版注］此行之后删去的文字是：我所见的婚姻对我的未来起阻碍作用，所以，我宁愿拒绝。真的，做拒绝者比做……更可取。参阅草稿。

由于地震——壅塞了许多井泉,造成许多煎熬;这也将诸多内部力量和隐秘之物升举于日光之下。

地震显露了新的源泉。古老民族的地震中,开掘出新的源泉。①

谁在此呼喊:"看,这里有一眼为许多干渴者的井泉,一颗为许多渴望者的心,一种为许多工具的意志"——那么,他的周围聚成一个民族,即:许多尝试者。②

能够命令的人,就必须服从——这就是这里的尝试!③ 唉!何其漫长的寻求、猜谜、误测、学习和新的尝试!④

人类社会:它是一种尝试,我如此教诲——是一种漫

---

① [译注]地震比喻传统价值的倾覆,这一点不难理解。但尼采还有更具体的说法,直接指向基督教的崩塌:"像基督教这样一座历史悠久而精心构筑的大厦,这最后的罗马建筑,是不可能毁于一旦的,然而,地震的震撼、各种思想的咬啮、挖掘、凿击和湿润必然加速它的倾圮。"(《快乐的科学》,第358节)另参第370节,地震本身是由于某种更原初的力量,以及《人性的,太人性的》1886年版前言第三节,地震是自由精神的"大解脱"的比喻。地震的比喻也可能与柏拉图《王制》359d有关。

② [译注]这是对卷二"论一千零一个目标"中关于新民族的答案,或者 种尝试性的答案。

③ [KSA版注]"尝试"二字之后删去:(正如肉体由许多东西组成)(肉体不是自己存在,而是超越自己创造更高级的肉体)。一个意志变成众多意志,一个自我变成众多的自我——(这在此得到试验!)——这似乎已经成功了!参阅誊清稿。

④ [KSA版注]此行之后删去的文字是:这是巨大的痛苦,一种切割生活的生活。一个权力意志,它要事先求知。参阅誊清稿。

长的寻求:它寻求命令者!——

——一种尝试,哦,我的弟兄们!没有"契约"!打碎吧,为我打碎那些心软者和参半者的这种言辞!

26

哦,我的弟兄们!所有人类未来的最大危险存在于哪些人身上?不就在那些好人和正义者身上么?——

——这些人这么说,心中也这么感觉:"我们已经知道什么是好、什么是正义,我们也具备这些;却苦了依旧在此追寻的人!"

无论恶人可能酿成什么损害:好人所致的损害是最严重的损害。

无论诽谤世界者可能酿成什么损害:好人所致的损害是最严重的损害。

哦,我的弟兄们,曾经有一个人看透好人和正义者的心,他说:"这些人都是法利赛人。"但是,人们不理解他。①

好人和正义者本身就可能不理解他:他们的精神禁锢于他们的好良知。好人的愚蠢是深不可测的聪明。②

---

① [KSA版注]暗指耶稣。

[法文版注]《马太福音》23,处处提到"假冒为善的文士和法利赛人"。

[译注]参《论道德的谱系》第三章,第14节,法利赛人作为现代人的疾病象征;另参《快乐的科学》第368节,法利赛人作为平等民主价值的信奉者。

② [法文版注]参见本书第三卷,"返乡"。

但是，这是真理:好人必定是法利赛人①——他们没有选择！

好人必定把发明自己道德的人钉上十字架！这就是真理！

但是，还有第二个人发现了他们的土地，好人和正义者的土地、心和大地:正是他问道:"他们最恨的是谁？"

[173]他们最恨创造者:打碎标牌的人和古老价值的破坏者——他们称之为罪犯。②

因为好人——他们不能够创造:他们向来是终结的开始:——

——在新标牌上书写新价值的人，被他们钉上十字架，他们为了自己而牺牲了未来，——他们把所有的人类未来钉上十字架！

好人——他们向来是终结的开始。——

27③

哦，我的弟兄们，你们理解这话吗？我曾经就"最后

----

① [KSA版注]引自誊清稿:某人自感善良，属好人之列，此人必定是法利赛人。参阅《尼采全集》卷十，22[3]:存在着一种根深蒂固的虚伪，人们将其称为"好良心"。

② [KSA版注]此行之后删去的文字是:扎拉图斯特拉曾如是(教诲)问道。参阅誊清稿。

③ [KSA版注]26、27两节在最终誊清稿之前为:哦，我的弟兄们，你们对我所说的"最后的人"这个词大概已经(转下页注)

的人"所说的话？①——

所有人类未来的最大危险，存在于哪些人身上？不就在那些好人和正义者身上么？

打碎吧，为我打碎这些好人和正义之人！——哦，我的弟兄们，你们理解这话吗？

28

你们在逃避我吗？你们惊骇了吗？你们因这话而颤抖吗？

哦，我的弟兄们，当我吩咐你们打碎好人和好人的标牌时：这时，我才第一次把人类装载上船，航行于他们的高海（seine hohe See）上。

这时，人类才第一次遇见大惊骇、大视野、大疾病、大嫌恶、大晕船。②

(接上页注)懂了吧？也明白这种好人是自始至终一贯的好，哦，要一直是这样该多好！/请睁开双眼，看我们现在生活在何处？现在不是好人时代么？从未有过像我们这里这么多的正义和好。/睁开双眼，看我们现在生活在何处？存在对比我们现在身边存在的对人类未来构成危险的更大危险么？/这是好人时代，请睁开双眼！/自地球存在以来，从未有过如此多的好人/他们是向人们讲授服从的教师——/在好人那里，存在对人类未来最大的危险：因为他们憎恨创造者！哦，我的弟兄们，为我打碎这些好人和正义之人！

① [KSA版注]参本书前言，第5节。
② [译注]参《人性的，太人性的》上卷238节；尤参《善恶的彼岸》第一章"哲人的偏见"最后一节，即24节。

好人曾经教诲你们虚假的海岸线、虚假的稳靠;你们诞生于、并受庇护于好人的谎言。① 在根本上,一切皆受好人的彻底欺罔和歪曲。②

但是,发现"人类"这块土地的人,也发现了"人类未来"的土地。现在,你们应当为我的航海者(Seefahrer),勇敢而坚忍!

哦,我的弟兄们,是时候为我直立而行了,学会直立而行吧!海洋怒号:许多人意欲因你们而重新振作。

海洋怒号汹涌:一切皆在海中。好啊!起来吧!你们这些古老的海员(Seemann)之心!

什么祖国!我们的舵意欲转向那里,我们孩子的国度!向那里去,我们伟大渴望的怒号,风暴之激荡甚于海洋!③ ——

29

[174]"为何如此坚硬!"——厨房里的煤炭曾经对金刚石④

---

① [KSA版注]参阅《诗篇》51:7。
② [法文版注]参见《瞧,这个人》,"扎拉图斯特拉如是说",第4节。
③ [KSA版注]参阅本章第12节。
④ [Pütz版注]金刚石:纯碳,所以它与厨房里的煤是"近亲"。
[译注]《瞧,这个人》"为什么我如此智慧"第8节称《扎拉图斯特拉如是说》为"金刚石"。

说;"我们难道不是亲戚?"——①

为何如此柔软？哦，我的弟兄们，我如是向你们发问:你们难道不是——我的弟兄？

为何如此柔软，如此软弱、屈服？你们心中为何有如此多的否定和拒绝？你们的目光中的命运为何如此稀少？

倘若你们不意欲成为命运和不屈者:你们如何能与我一起——胜利？

倘若你们的坚硬不意欲闪耀、切割和剪碎:你们如何能有一天与我一起——创造？

因为创造者是坚硬的。你们把手压于千年之上，如在蜡上，这必定使你们觉得幸福(Seligkeit)，②——

——[是你们的]幸福，在千年的意志上书写，如在青铜之上，——比青铜还坚硬，比青铜还高贵。只有最高贵

---

① [KSA版注]参阅草稿:我处身在你们中间就好比金刚石埋在厨房的煤堆里。我每次讲,哦,弟兄们！我们本是近亲,可你们老是不信。也请参阅:哦,我的弟兄们！我的弟兄们都在哪里呢？我寻觅,我核查,我认为你们全都不够坚硬——在同一页纸上还写着:哦,我的弟兄们,你们为何这般柔软？我们不是近亲么？

[译注]《偶像的黄昏》全书最后一节"锤子说话"即是本节内容。该书法译本注释认为,"我们在《敌基督者》结尾处'反基督教之法'所作的注解指出,这篇文本最初是为《敌基督者》的结尾而准备。"

② [KSA版注]参阅《尼采全集》卷十,18[1]:他把手放在数千载的年华上。18[3]:飞翔者(是发现者,他把手按在数千载的年华上),相类似的文字还有:我把手按在真理上,在真理中写上我的意志,像用钢铁和金子。参阅草稿。

"七个印章"那一章的誊清稿里也有类似的表述。

者才彻底坚硬。

这新的标牌,哦,我的弟兄们,我悬挂于你们之上:变得坚硬吧!①

30

哦,你,我的意志!你,一切困境的转折!你,我的必然性!请免除我的一切小胜利!②

你,我灵魂的天意,我称你为命运!你在我之中!你在我之上!为了一个伟大的命运,请保护、存留我!

我的意志,为了你的终结,请存留你的伟大——使你在你的胜利之中依旧不屈!唉,谁不败服于自己的胜利!

唉,在沉醉的黄昏,谁的眼睛不黯然!唉,谁的双脚不蹒跚,并忘记在胜利中——站立!——

——但愿有一天,我会在伟大的正午做好准备,并且成熟:如灼热的青铜、孕育闪电的云、乳汁膨胀的乳房,③做好准备并且成熟,

——为我自己、为我最隐蔽的意志做好准备:弓贪求

---

① [法文版注]参见《瞧,这个人》,"扎拉图斯特拉如是说",第8节。
② [KSA版注]参阅本书卷三"论伟大的渴望"。
③ [译注]"乳房"(Euter)通常指动物的乳房,参《狄俄尼索斯颂歌》"论最富者的贫穷":"请用你们的乳房庇我于晦暗!/——我要挤你们的奶,/你们这些天上的奶牛!/我要让热如奶汁的智慧,爱的露珠/倾注于这片土地。"对比本书开篇面对太阳的演说,这自然是比喻扎拉图斯特拉的智慧。

它的箭矢,而箭矢贪求它的星辰:——

——一颗星辰,在它的正午做好准备,并且成熟,炽热且被射穿,因毁灭的太阳-箭矢而有福:——

——一个太阳本身,一种不屈的太阳意志,做好在胜利中毁灭的准备!

[175]哦,意志,一切困境的转折,你是我的必然性![1] 为了一场伟大的胜利,请存留我!——

扎拉图斯特拉如是说。

---

[1] [译注]必然性(Notwendigkeit),当然是一个非常哲学、非常形而上学的概念,参康德《纯粹理性批判》;另参黑格尔《小逻辑》1,177,191节。由于前缀Noth(或Not,即困境)是尼采对现代人基本处境的描绘,因此摆脱这种困境的转折就被他以"必然性"命名。尼采使用此词极为慎重,本书只三见。另参本章第二节。这种必然性就不再是某种普遍的必然性,而是一种意志自身的权力行为,即权力意志本身才是必然性,而这种必然性只有在意识到权力意志的意志当中才能显露,这就是卷一"论馈赠的道德"第一节结尾这句话的含义:"当你们以一个意志而意愿,而一切困境的的这一转折成为你们的必然性:这便是你们道德的发端。"我们甚至可以说,扎拉图斯特拉下山的使命之一就是要以权力意志的必然性取代道德形而上学,尤其是康德的道德形而上学。但这种必然性只属于某些个体,而不是普遍人性的必然。

病愈者①

1

扎拉图斯特拉返回洞穴不久,一日清晨,他从床榻跃

---

① [KSA版注]参阅草稿:我已经存在过几次,我还将存在几次。在死亡和再生之间存在一个空虚的年份——一切行进,一切消逝——一切复返——行进和逝去自动复返。这个"现在"已存在过——存在过无数次了。这个理论从未有人讲授过,是吗?这理论已经有人讲授过无数次了——扎拉图斯特拉讲授过无数次。

本章由两部分汇编而成:一篇是题为"誓言"的残稿(篇幅相当于从"起来,深渊般的思想"到第一小结末尾"我苦啊"),它本应作为本书第三卷的结尾;另一篇是题为"病愈者"的部分(篇幅相当于第二部分"哦,扎拉图斯特拉,它们说,现在,你如此躺了七天"到"因为你瞧,哦,扎拉图斯特拉,你的新歌需要新的古琴")。

参阅草稿第2稿:哦,我的动物们,扎拉图斯特拉回答并重新笑了,你们在那儿谈论我最近的何种快乐!!可是这快乐离我愚蠢的灵魂还很远,很远,很远。/我身上有一种甜美而奇怪的疾病,它叫痊愈。/病愈者的快乐愚蠢而真实,这快乐必定说(唱)朗语:这快乐还太幼嫩,哦,我的动物们!这样,你们这一阵子还得对我有耐心啊!——扎拉图斯特拉如是说。

起，仿佛一个疯子，呼喊之声可怖，其举止似乎表明床榻上还躺着一个不欲起身的人；扎拉图斯特拉的声音如是响动，他的动物惊恐而来，而与扎拉图斯特拉的洞穴临近的所有洞穴和隐匿处，一切动物匆遽奔逃——或飞、或振翅、或爬、或跳跃，依凭其生就的脚和翅膀的类型。① 扎拉图斯特拉却说出这番话：

起来，深渊般的思想，从我的深渊里起来！我是你的公鸡和晨曦，你这久困睡眠的蠕虫：起来！起来！我的声音应该唤醒你了！

打开你耳朵的锁链，听！因为我意欲聆听你！起来！起来！此处的雷霆足以使坟墓学会聆听！

擦去你眼睛上的睡意、一切愚笨和盲目！还要用你的眼睛来听：即便对生来眼盲的人，我的声音仍是一剂药品。②

如果你醒了，就应该永远为我保持清醒。把曾祖母们从睡中唤醒，然后我又叫她们——重新睡去，这不是我的方式！③

---

① ［施注］注意这里的象征意义。永恒复返学说是超人的条件，这意味着，永恒复返是超越次人、超越人的动物性的条件。

② ［法文版注］《马太福音》，12：22："当下，有人将一个被鬼附着，又瞎又哑的人，带到耶稣那里，耶稣就医治他，甚至那哑巴又能说话，又能看见。"

③ ［KSA版注］影射瓦格纳歌剧《西格弗里德》第一幕第三场埃尔达的誓言。参阅《瓦格纳事件》，《尼采全集》卷六，页33—34。

你活动了么？你伸展了么？你在发出呼噜声么？①起来！起来！不要呼噜作响——你应该与我说话！扎拉图斯特拉，这无神论者在呼唤你！

我，扎拉图斯特拉，生活的代言人，痛苦的代言人，循环的代言人——我呼唤你，我最深渊般的思想！

祝福我吧！你来了——我听见你了！我的深渊在说话，我把我的最后的深沉翻转于日光之下！

祝福我吧！过来！伸手　　哈！松开！哈哈！可恶，可恶，可恶——我苦啊！

2

[176]但是，扎拉图斯特拉刚刚说完这番话，便如死者一般仆倒，也如死者一般躺了许久。但当他清醒过来，他苍白颤抖，继续躺着，久久不欲饮食。这种情形在他身上持续了七天；他的动物们守护在侧，不舍昼夜，只有鹰飞出取食。它或拾取，或掠夺，所得皆置于扎拉图斯特拉的床榻；如是，扎拉图斯特拉最终躺在黄色和红色的浆果、葡萄、玫瑰色的苹果、芳香的草本植物和石松松果中间。他的脚边却铺陈了两只羔羊，是鹰不辞劳苦从它们的牧人那里掠夺而来的。

---

① 「KSA版注」此句之后删去的文字是："没有什么新鲜事了——于是你呼噜有声：让我睡觉！"这就是你："没有什么新鲜事了"——这就是你本人，深渊般的思想！我吃苦头！我也幸运！现在我拥有醒着的你了！参阅誊清稿。

终于，七天后，扎拉图斯特拉从他的床榻上正身坐起，拿起一只玫瑰色的苹果放在手上，闻了闻，发觉它气味芬芳。这时，他的动物们认为，与他谈话的时候到了。①

"哦，扎拉图斯特拉，"它们说，"现在，你如此躺了七天，而双眼沉重：你不意欲最终重又以你的双足站立吗？

"走出你的洞穴：世界如一座花园在等待你。② 风正与意欲飘向你的浓烈芳香嬉戏；所有小溪愿意随你奔流。

"在你孤独为伴的七天里，一切事物都渴望你，——走出你的洞穴吧！一切事物都意欲为你的医生！

"兴许你获得一种新知，辛酸而沉重的知识？你躺着，如发酵的面团，你的灵魂发酵、膨胀，超越了它的所有界限。——"

——哦，我的动物，扎拉图斯特拉答道，如是继续闲谈吧，让我听听！你们的闲谈恢复了我的精神：哪里有闲谈，哪里的世界对我而言，就像一座花园。

这里有言谈和语音，多么悦耳（lieblich）：言谈和语音不就是永远分隔者之间的彩虹和表象之桥？

---

① ［施注］扎拉图斯特拉的动物仅仅与他说话。在他和他的动物之间有一座桥梁。当然，这不是真正的桥梁，而是一个形象，一种比喻，暗示人和野兽之间不可能有桥梁，还暗示了人与人之间缺乏桥梁。

② ［译注］世界如一座花园，参考《快乐的科学》第45节，伊壁鸠鲁呈现的精神世界。

每一颗灵魂属于一个不同的世界；对每一颗灵魂来说，任何别的灵魂都是一个彼岸世界。

在最相似者之间，表象是最美好的行骗：因为最小的缝隙却最难架桥。①

至于我——如何有一种在我之外的存在（Außer-mir）？没有外在的存在（Außer）！[177]但是，我们与所有语音一起，却遗忘了这一点；我们的遗忘，是多么可爱！

事物不是都被赠予了名称和语音，以使人类因事物而得纾慰么？说话是一种美好的愚蠢：人类以此在一切事物之上舞蹈。②

一切言语，一切语音的欺骗，是多么可爱！我们的爱伴随着语音在彩虹上舞蹈。——

"哦，扎拉图斯特拉，"动物们继续说，"如我们一般的思考者认为，一切事物自己舞蹈：它们来了，伸手，且笑且逃——复又回来。

"一切离去，一切复归；存在之轮永恒运转。一切亡逝，一切复又盛开，存在之年永恒奔走。

"一切破碎，一切重新聚合；存在的同一屋宇永远自我构建。一切分离，一切复聚，存在之环永远持守自我。

"存在开始于每一个瞬间：'彼处'之球围绕每一个

---

① ［施注］灵魂与灵魂之间没有桥梁。没有一个我之外的我。所有最高级的知识，在任何情况下都不可交流。
② ［法文版注］语言是彼岸世界的产物，对这一说法的批评也是尼采思想的重要主题。见《偶像的黄昏》，"哲学中的'理性'"，第5节。

'此处'转动。中心遍于各处。永恒的蹊径蜿蜒曲折。"——①

——哦,你们这些花脸丑角(Schalks-Narren)和手风琴!扎拉图斯特拉又笑了,回答说,你们多么清楚地知道,这七天之内必须完成的事:——

——[多么清楚地知道]那个怪物如何爬进我的喉咙,令我窒息!但我咬下它的头,吐了出去,离我很远。②

你们——你们为此创作了一首古琴歌曲(Leier-Lied)吗?但我现在躺在这里,那一番咬和吐使我仍旧疲倦,自我拯救令我仍在病中。

---

① [施注]如此清晰的说法不是人说的,而是动物说的,这个事实非常重要。尼采所设想的与在一个世纪之前卢梭的"返回自然"(return to nature)有亲缘关系。

动物们在此处陈述了永恒复返学说。不存在未来,但对未来的渴望是人的本质要求,对尼采的超人思想来说也极其重要。某种程度上尼采暗示,对于人而言回到下面这种观点是必要的:动物们不具备言辞或理性能力,如果它们能够言说,它们会接受永恒复返。

永恒复返学说最彻底的形式是每一时刻都是虚无。中心无处不在,然而在历史的轨迹中,中心却并非无处不在:中心是正午,正午是终极真理的时刻,是权力意志的顶峰时刻,在这个时刻我们可以看到超人。从自然的视角出发,不同时刻的复返没有差异。尼采必须保持人的视角,这种视角对尼采来说是一种历史视角。但是,必须在终极意义上以一种超历史的视角来看待尼采的这种视角,这就是永恒复返的意蕴所在。所以,未来是存在的:存在向顶峰的运动,之后开始下降,然后永恒复返。这是确立历史和自然的统一的唯一方式。

② [译注]对比本卷"论幻相和谜"第二节,此处泛指的怪物在那里是沉重的黑蛇。

你们就观看这一切吗？哦，我的动物们，你们也很残忍吗？你们像人类那样，意欲观看我巨大的痛苦吗？因为人类是最残忍的动物。

悲剧，①斗牛和十字架酷刑，迄今仍是大地上最使他开心的事。当他发明了地狱，看，这就是他在大地上的天堂。②

当伟大的人叫喊之时——小人便飞奔而去；口中垂出淫荡的舌头。但他却称之为他的"同情"。

小人，尤其是诗人——他何其勤勉，以文辞控诉生活！注意倾听，但我以为，不要漏听了这一切控诉之中的快乐！

此等控诉生活的人：生活的一个眨眼便将其征服。"你爱我吗？"这放肆者说，"稍等些时候，我还没有时间给你。"

---

① [译注]此处原文是 Trauerspiel，而不是希腊肃剧对应的德文词 Tragödie，前者更多是指生活中遇到的悲惨境遇。本雅明在《论德国悲剧的起源》(*Der Ursprung des Deutschen Trauerspiels*)中，以悲剧(Trauerspiel)指巴洛克时代的"悲哀戏剧"，与古典"肃剧"(Tragödie)有别。叔本华在《作为意志和表象的世界》则屡屡使用 Trauerspiel 一词。参卷一"论阅读和写作"。

② [施注]尼采并不真的建议，人为了变得更文明，必须发明某些更精巧、更野蛮的折磨手段。这不是他的意思。此处的恶具有相对严格的意义："善和恶"首先指什么是习俗之物和什么是反习俗之物。"善和恶"首先要依照习俗来理解。因此，首要的恶是背离传统或祖先；好人首先是指那些知道什么是善恶的人，因为他们生活于传统或习俗中。因此，既然超人要求与所有之前的传统彻底决裂，超人在这种最严格意义上就必须是恶的，这是恶最极端的形式。

人类对待自己也是最残忍的动物；[178]一切自称"罪人"、"背负十字架者"和"忏悔者"的人，我以为，在他们身上你们不要漏听混杂于抱怨和控诉中的性欲！

而我自己——我意欲因此而成为人类的控诉者么？唉，我的动物们，我迄今为止只学会这一点：对于人类而言，他们的至恶是他们的至善所必需——

——一切至恶都是他的至善的力量，对于最高的创造者，则是最坚硬的岩石；人类因此必须变得更善，并且更恶：①——

不是因为我曾被钉在这根刑讯木柱上，我才知道：人类是恶的——而是因为我呼喊，仿佛从未有人呼喊：

"啊，他的至恶竟也如此渺小！啊，他的至善竟也如此渺小！"②

对人的巨大厌恶——这令我窒息，它爬进我的喉咙：正如卜卦者所预卜："一切皆同，没有值得之事，知识令人窒息。"③

一种漫长的薄暮跛行到我的面前，一种如死般疲倦

---

① ［KSA版注］参阅《善恶的彼岸》，第295节。
② ［译注］参本卷"论旧和新的标牌"第2节，同样的话用以形容古老教诲的传道者。
③ ［KSA版注］参阅本书卷二"卜卦者"。此行之后删去的文字是：我所厌倦的（小）人一再轮回，这（永恒轮回）是我长期、最长期的昏暗和忧伤。一切人性的、太人性的东西我都厌倦死啦，真的。参阅誊清稿。
［法文版注］《传道书》1:18："因为多有智慧，就多有愁烦；加增知识的，就加增忧伤。"

和如死般酣醉的悲伤,它打着呵欠说。

"它永恒复返,你厌倦的人类,亦即小人①。"——我的悲哀如此打着呵欠,拖着双腿,不能入睡。

我以为,人类的大地变为洞穴,它的胸膛塌陷,我以为,一切生活者都变成人类-腐物、骨骸和腐烂的过往。

我的叹息坐于一切人类坟墓之上,再难站立;我的叹息和疑问昼夜预言不详的未来,昼夜哽咽、咬啮和抱怨:

——"唉,人类永恒复返! 小人也永恒复返!"

我曾见过两种赤裸,最伟大的和最渺小的人:彼此太相似——最伟大的人也还是太人性了!②

最伟大的却太渺小! ——这是我对人类的厌恶! 最渺小的也永恒复返! ——这是我对一切此在(Dasein)的厌恶!

唉,嫌恶! 嫌恶! 嫌恶!③ ——扎拉图斯特拉如是说,叹息而且战栗;因为他回忆起自己的疾病。④ 但是,

---

① [KSA 版注]"小人"二字后删去的文字是:极其渺小的,最微不足道的,人性的、太人性的东西。参阅誊清稿。

② [译注]参卷二"论教士"结尾类似的表达。

③ [施注]尼采在此思考了两个主题:对超人的需求、对一种能超越人之伟大的人的渴求;至此为止,人以及一切事物都不可避免地与这种思想紧密相关,因此也渴求人之作为人的永恒复返。自相矛盾的是,这就是尼采思想的本质。

④ [译注]疾病的救治主要参卷二"论拯救"一章,比如:"一切'曾经如此'皆是一粒碎片、一则谜、一个可怕的偶然——直到创造意志补充说:'但我曾经欲它如此!'——直到创造意志说:'但我曾意欲它如此! 我将意欲它如此!'"

他的动物们这时让他不要再说。

"不要再说了,你这病愈者!"——[179]他的动物们如此回答他,"而是走出去,外面的世界如一座花园在等待你。

"出去走向玫瑰、蜜蜂和鸽群!但更要走向歌唱的鸟:你便可以向它们学会歌唱。①

"因为歌唱适于病愈者;②健康者才可以说话。即使健康者意欲歌曲,他意欲歌唱的,也是与病愈者不同的歌曲。"

——"哦,你们这些花脸丑角和手风琴,还是沉默吧!"扎拉图斯特拉回答,笑对他的动物们,"你们多么清楚地知道,我在这七天中为自己创造了怎样的安慰!

"我必须重新歌唱——我发现了这种安慰和这样的痊愈,你们意欲由此创作一首古琴歌曲吗?"

"不要再说了,"动物们又回答他说,"你这病愈者,最好是你自己先做好一把古琴,新的古琴!

"因为,看啊,哦,扎拉图斯特拉,你的新歌需要新的古琴。

---

① [译注]海德格尔将这种歌唱视为《扎拉图斯特拉如是说》本身:"最沉重的思想作为病愈者要战胜的思想,首先必须得到歌唱;这种歌唱,亦即《扎拉图斯特拉如是说》的诗歌创作,本身必须成为痊愈过程。"参海德格尔,《尼采》,孙周兴译,北京:商务印书馆,2004年,页305。

② [KSA版注]引自誊清稿:尤其要到一切渺小之物那里去,因为你必须再次友好地争取得到最渺小的东西!

"歌唱吧,汹涌吧,哦,扎拉图斯特拉,用你的新歌治疗你的灵魂:因为你承负伟大的命运,没有人曾经有过的命运!

"因为你的动物们非常明白,哦,扎拉图斯特拉,你是谁,你必将为谁:看,你是永恒复返的教师——,现在,这是你的命运!

"你必然是最早教授这一教诲的人——这一伟大的命运,怎么会不成为你最大的危险和疾病!

"看,我们知道你的教诲:一切事物皆永恒复返,包括我们在内,我们在此存在的次数已是永恒,与一切事物一起。

"你教诲说,有一个伟大的生成之年(ein großes Jahr des Werdens),一个伟大之年的怪兽:①它必然如沙漏一般,总是一再重新颠倒,以便重新漏下,漏完:——

"——甚至于这一切年份彼此相似,无论在最伟大之处还是在最渺小之处,——甚至于我们自身在每一个伟大之年也总是相似,无论在最伟大之处还是在最渺小之处。

"哦,扎拉图斯特拉,倘若你现在意欲死去:看,我们也知道你此时将如何向自己说话——但是,你的动物们

---

① [译注]"生成",参卷二"论自我-超越"一章中"生成的河流",以及本卷"论旧和新的标牌"中所言:"在那里一切生成(Werden)都是诸神的舞蹈",这些都暗示了生成与尼采对世界本质的看法有关,《论道德的谱系》第三章 11 节则说得非常清晰:"生活以及与此相关的自然、世界,即充满生成发展与非永恒性的整个领域。"

请求你,现在还不要死去!

[180]"你说话时将不再颤抖,甚至因幸福而舒怀:因为你将卸下一种巨大的沉重和压抑,你这最能忍耐的人!——

"'我现在就要死去,并且消逝,'你将会说,'我瞬间成为一种虚无。灵魂如肉体一般死去。

"但是,我被缠绕其中的原因的纽带,① 又将复返——它将重新创造我!我本身就属于永恒复返的诸种原因。

"我复返,与这个太阳、与这个大地、与这只鹰、与这条蛇——不是来到一种新的生活或更好的生活,或类似的生活:

"——我永远复返于这相似的、同一的生活,无论在最伟大之处还是最渺小之处,我又重新教授一切事物的永恒复返——②

---

① [译注]原因的纽带,在《论道德的谱系》第二章16节,被表达为"思考、推断、计算,对原因与结果进行联想",一种意识的活动。

② [施注]尼采用权力意志取代了理念和爱欲,权力意志自身创造理念。因此,在尼采那里没有纯粹的沉思,最类似于沉思的是创造性沉思。论证如下:在求知者和求知对象之间必须有一种和谐,如果求知对象、客体、现实就是权力意志,亦即创造性,那么只有求知者的创造性才能与其求知对象和谐一致。沉思必须是创造性的沉思。因此,尼采的权力意志学说同时也是创造和对事物之所是的沉思,这意味着不可能有确定性和证明,只有指向行为。因此,所有人类活动,所有的知识都是对权力意志的一种修正。权力意志意味着超越,最高阶段是自我超越。自我超越的最高阶段是全然接受,接受事物之所是,最高意义上的接受包含在对永恒复返的假想之中。如果你正在意欲永恒复返,那么你就能全然接受一切事物。柏拉图-亚里士多德意义上的精神感知的永恒要想存在,某种程度上要求神秘的幻相,要求永恒复返。这是尼采的教诲的顶峰。

"——以便我重说关于伟大的大地正午和人类正午的话语,以便我重新向人类宣扬超人。

"我说着我的言辞,我因我的言辞而破碎:我的永恒的命运意欲如此——,我作为宣扬者而沉落!

"现在,是时候了,沉落者祝福的时候。如是——扎拉图斯特拉的沉落结束了。'"—— ——

当动物们说完这些话,它们沉默并且等待,等着扎拉图斯特拉对它们有所言说:但是,扎拉图斯特拉并没有听见它们的沉默。相反,他静静躺着,双目阖闭,类似于一位安眠者,尽管他并未入睡:因为他正与自己的灵魂商谈。① 但蛇和鹰发觉他沉默如此,便尊重他周围巨大的宁静,小心翼翼,悄然退下。

---

① [KSA 版注]参阅下一章。

论伟大的渴望①

哦,我的灵魂,②如我教你说"曾经"和"从前"一般,我教你说"今天",还教你跳你的轮转舞,超越一切此地、彼地③和远处。④

---

① [KSA版注]此标题在誊清稿中为阿里阿德涅(Ariadne),旁注"七个印章",那一章的第三段本来有个标题:狄俄尼索斯。阿里阿德涅就等同扎拉图斯特拉的灵魂。参阅《尼采全集》卷十,13[1],433页16至18行:狄俄尼索斯骑在老虎身上;山羊的头颅;豹。阿里阿德涅在梦中:"离开了英雄,我便梦见了超英雄"。狄俄尼索斯根本不在话下!此外,本书卷二"论崇高者"写道:这是灵魂的秘密;当英雄离开了灵魂,超英雄——在梦中——才向灵魂靠近。也请参阅G·瑙曼《扎拉图斯特拉注疏》第二卷。

② [KSA版注]参阅《诗篇》中类似的呼唤(比如103:1—2)。

③ [KSA版注]此行之后删去的文字是:你可不要向我热切地要求永恒!参阅草稿。

④ [施注]扎拉图斯特拉的自我与生活的关系是什么?自我也可以用一个古老的词来说,就是灵魂。问题首先在于扎拉图斯特拉和他的灵魂,这是"论伟大的渴望"这篇演讲的主题。尼采谈论的伟大的渴望是对永恒复返的渴望。扎拉图斯特拉对他自己的灵魂讲话。

哦,我的灵魂,我从所有角落里拯救你,清扫你身上的尘土、蛛网和暗光。

哦,我的灵魂,我洗去你身上的小羞耻和拘囿一隅的道德,劝说你裸立于太阳的眼睛之前。①

[181]我以名为"精神"的风暴吹过你惊涛骇浪的海洋;我吹走所有乌云,我扼杀名为"罪"的扼杀者。

哦,我的灵魂,我赋予你权利,如风暴说"不"的权利、如辽远的天空说"是"般说"是"的权利:你静立如光,现在你行过否定的风暴。

哦,我的灵魂,我将超越创造之物和非创造物的自由归还予你②:谁能像你了解得那样,了解未来者的快感(Wollust)?

哦,我的灵魂,我教诲你轻蔑,它不像蠕虫的咬噬一般到来,而是一种伟大的、充满爱意的轻蔑,它最轻蔑的,亦是它的最爱。

哦,我的灵魂,我教诲你如此劝说,竟至于劝说了各种理由本身朝向了你:如同太阳,它劝说海洋朝向它的高处。

哦,我的灵魂,我拿去你身上的一切服从、屈膝和主

---

① [施注]"哦,我的灵魂"这个表达式贯穿了整篇演讲。扎拉图斯特拉是他灵魂的教师,是他灵魂的拯救者,这意味着他超越了他的灵魂、成为了他灵魂的主人、高于他的灵魂。然而,下一篇演讲论及扎拉图斯特拉与生活的关系时,这种情形反转了过来。扎拉图斯特拉跟随生活,也不是生活的主人。

② [法文版注]参见《权力意志》,VP2。

人之言（Herr-Sagen）；我为你本身取名"困境的转折"和"命运"。①

哦，我的命运，我给予你新的名称和彩色的玩具，称你为"命运"、"范围的范围"、"时间的脐带"和"蔚蓝的钟"。②

哦，我的灵魂，我给予你的土地一切可供饮用的智慧、一切新酿的葡萄酒，以及一切过于浓烈的智慧葡萄酒。

哦，我的灵魂，我把每缕阳光、每个夜晚、每一次沉默和每一种渴望，都浇灌到你的身上——于是你如葡萄树为我生长。

哦，我的灵魂，现在，你在那里过于丰盈而沉重地站立，一株葡萄树，乳房膨胀，挤满褐色的黄金葡萄，——

——被你的幸福挤压，因过于丰裕而等待，却又以你的等待为羞。

哦，我的灵魂，现在，哪里都没有一颗比你更充满有爱意、更包容、更广博的灵魂！③ 未来和过去的共在，哪

---

① ［译注］关于"困境的转折"，语出本卷"论旧和新的标牌"30 节。

② ［KSA 版注］从本章开头第一段起至此段止，每段后面都有重复的一句：而你却不会感谢我！ 参阅草稿。

［译注］"蔚蓝的钟"，语出本卷"论日出之前"。另外，在《瞧，这个人》《扎拉图斯特拉如是说》"第七节，尼采曾以"蔚蓝的孤独"形容《扎拉图斯特拉如是说》。

③ ［译注］"更包容、更广博"（umfangender und umfänglicher）是对之前的"范围的范围"（Umfang der Umfänge）的某种改写，词根都是动词 unfangen［包围、环绕］。

论伟大的渴望

里能比你这里更加紧密呢？

哦，我的灵魂，我给予你一切，因为你，我的双手变空了——现在！现在你微笑而又忧郁满怀，对我说，"我们当中谁应该感谢呢？——

"——给予者不该感谢接受者的接受么？馈赠不是一种必需么？接受不是——怜悯么？"

[182]哦，我的灵魂，我理解你忧郁的微笑：你过于丰盈（Über-Reichtum），这本身就伸出了渴望的双手！

你的丰富凝望咆哮的海洋，寻求并且期待；过于丰富（Über-Fülle）的渴望，从你微笑的明眸-天空（Augen-Himmel）向外观看！

真的，哦，我的灵魂！谁看见你的微笑不会消融于泪水之中？因为你过分善意（Über-Güte）的微笑，天使也会消融于泪水之中。①

你的善意和过分的善意，不意欲抱怨和哭泣：哦，我的灵魂，你的微笑却渴望眼泪，你颤抖的嘴渴望低哭。

"所有的哭泣不都是一种抱怨吗？所有的抱怨不都是一种控诉吗？"你如是自语，所以，哦，我的灵魂，你更意欲微笑，而不是倾出你的痛苦。

——不以潺潺的泪水倾出你的全部痛苦：因你的丰富而产生的痛苦，因葡萄藤迫切盼望葡萄农夫及其采摘之刀而生的全部痛苦！

---

① [KSA版注]参阅草稿：唉，我的忧郁呀！当我对此莞尔一笑——即便天使也将被泪水消融，当她看见这微笑时。

但是，倘若你不意欲哭泣，不以哭泣纾解你紫色的忧郁，你就必须歌唱，哦，我的灵魂！——看，我自己也微笑了，向你如此预言的我：①

——以汹涌的曲调歌唱，直到所有海洋安静，倾听你的渴望，——

——直到平静、渴望的海洋上漂浮着一叶扁舟，这金色的奇迹，在它的黄金周围，跃动着一切好的、坏的、令人惊奇之物：——

——以及许多大的或小的动物，还有一切有轻捷、惊奇之足的，故而能在紫罗兰色蹊径上奔跑，——

——朝向这个金色的奇迹，自由意志的扁舟，朝向它的主人：但他是葡萄农夫，手持金刚石质的采摘之刀正在等待，②——

——哦，我的灵魂，解救你的伟大而无名者——，只有未来的歌中才能发现名称！真的，你的呼吸已经散发未来之歌的香味，——

——你已经炽热，已经入梦，已经渴饮一切深沉的、清越的安慰之泉，你的忧郁已经在未来之歌的幸福中安歇！——

---

① ［KSA版注］参阅下一章。

② ［KSA版注］参阅草稿：这时，渴望在暴风雨般地增强——避免任何小小的满足——直到那位葡萄农夫/直到你的渴望开始山呼海啸般地歌唱，以至汪洋大海全都平静下来倾听你的声音/直到扁舟漂过平静的大海，那自由意志的金色扁舟载着他——葡萄农夫，葡萄的快乐为他而哭泣。

哦，我的灵魂，现在我给予你一切，包括我的最后之物，因为你，我的双手变空了：——我吩咐你歌唱，看，这就是我的最后之物！

我吩咐你唱歌，现在，说吧，说吧：现在，我们当中谁——应该感谢？[183]——但最好是：为我歌唱，唱吧，哦，我的灵魂！让我来感谢吧！——

扎拉图斯特拉如是说。

另一首舞蹈之歌①

1

"哦,生活,我最近凝视你的眼睛,我看见你的夜眼中闪烁着黄金,——我的心因为这种快感而安静:

"——我看见一驾金色轻舟闪烁夜波,这摇曳的金色轻舟下沉浸水,复又招手示意!

"你向我为舞狂热的脚投来一瞥,这摇曳的一瞥发笑询问,又令人融融:

"你只需以小手摇动拨浪鼓两次②——我为舞狂热的脚便会摇摆。——

"我的脚后跟跃起,我的脚趾在倾听,为了理解你:舞

---

① [KSA版注]此标题在誊清稿中为Vita femina[生活是女人]。参阅草稿:我最鄙夷生活,我也最热爱生活,这种说法并不矛盾。
[法文版注]参见卷二,"舞蹈之歌"。
② [KSA版注]誊清稿中"两次"二字后的文字是"咚咚"(鼓声)。

蹈者也把他的耳朵放置于——脚趾！①

"我向你跳跃：你因我的跳跃向后退避；你退避飞舞的头发之舌，却向我舔舐！

"我跳跃着离开你和你的蛇：这时你已然站立，身体半转，眼中充满了渴望。

"你以曲折的目光——向我教授曲折之路；在曲折的道路上，我的脚学会了——各种狡诈！

"我害怕你靠近，我喜欢你远离；你的逃避诱惑我，你的寻求却让我止步——我在受苦，但我怎会不乐于为你受苦！

"你的冷漠使人燃烧，你的仇恨产生诱惑，你的逃避产生系缚，你的嘲讽——搅动人心：

"——谁不憎恨你！你这伟大的女束缚者、女缠绕者、女诱惑者、女寻求者、女发现者！谁不爱你，你这无辜的、没有耐心的、疾风般的、孩子般眼神的女罪人！

"现在，你要把我引向何方，你这典范和狂放者！②现在你又逃避我，你这甜蜜的野孩子和不知感谢者！

---

① ［KSA版注］本书卷二"坟墓之歌"中有类似的表述。
［Pütz版注］"舞蹈者把自己的耳朵安在——脚趾上"，一种类似于超现实主义的象征手法，表现舞蹈（脚趾）和音乐（耳朵）的关系。

② ［译注］参《朝霞》496节"恶的原则"："哲学思想者如何在他生活的每一个社会中被视为一种无耻的典范（Ausbund），柏拉图对此有过出色的描述：作为他们的习俗的批评者，他必然是每一个善男信女的敌人，因此，除非他成功地变成了新道德的创立者，他在人们心目中永远都只能是'恶的原则'的化身。"

"我随你而舞蹈,我跟随你微渺的足迹。你在哪儿?把手给我!即便是一根手指!

"此处是洞穴与丛林:会令我们迷路!——停驻!站着别动!你没有看见猫头鹰和蝙蝠①呼啸飞过吗?

[184]"你这猫头鹰!你这蝙蝠!你意欲愚弄我吗?我们在哪儿?你已从狗那里学会了嗥叫和吠吼。②

"你可爱地对我龇起小白牙,你的恶眼透过卷曲的鬣毛袭(springen)向了我!

"这是一种重重障碍之上的舞蹈:我是猎手——你意欲成为我的猎犬,还是我的岩羚羊?③

"现在在我身边!快,你这凶险的女跳跃者!现在上去!越过去!——苦啊,我自己却在跳跃时摔倒!

"哦,你这狂肆者(Übermut),就看着我躺在地上乞求怜悯?我真喜欢同你一起——踏上一条更可爱的蹊径!

"——爱的蹊径,穿过安静的彩色灌木!或者沿着那

---

① [KSA版注]蝙蝠,誊清稿中为"蝴蝶"。

② [译注]参《快乐的科学》第311和312节,关于猫头鹰:"这儿是我的缺点、失误、幻想、厌倦、困惑、泪水、虚荣、矛盾,似猫头鹰一般的藏匿……"关于狗:"我给我的痛苦起了个名字,管它叫做狗。它与别的狗一样,忠诚、有趣、聪明、纠缠不休。"尼采以蝙蝠替代起初的蝴蝶,可能比喻一种对确定性真理的畏惧:"或者这只是对过强光线的恐惧,他们的灵魂就像喜暗怕亮的蝙蝠一样,不习惯,因而憎恨这种光线?"参《人性的,太人性的》"杂乱无章的观点和箴言"第七则格言。

③ [译注]重重障碍之上(über Stock und Stein),本意为克服障碍,参本卷"论沉重的精神"第一节。

边的湖:此间有金鱼游泳、舞蹈!

"你现在疲倦吗?对面是羊群和晚霞:在牧羊人吹笛时睡去,不是很美么?

"你非常疲倦吗?我背起你,你只需垂下手臂!你如果口渴,——我还有些东西,但你的口不欲饮用!——

"——哦,这该诅咒的灵敏之蛇和出洞的女巫!你要去哪儿?但是,由于你的手,我感到脸庞上有两块斑点和红色的痕迹!

"总是你的羊一般的牧羊人,我真的疲倦!你这女巫,我迄今为止都在为你歌唱,现在,你应该为我——呼喊!

"你应该随着我的鞭子的节拍,为我舞蹈、呼喊!我没有忘记鞭子吧?——没有!"——①

2

这时,生活如是答我,并掩住自己纤柔的耳朵:

"哦,扎拉图斯特拉!不要如此骇人地抽打你的鞭子!你也知道:喧哗会杀死思想②——刚刚,温柔的思想

---

① [KSA版注]据誊清稿:当我想同这个没有教养的小女人跳舞时,我没有忘记带鞭子。她该按我鞭子的节奏跳!

[译注]关于鞭子,参卷一"论老妪和年轻女子"的结尾,至此我们才大致理解那一章的鞭子的真实指向:扎拉图斯特拉本人对于生活的强烈意志。

② [KSA版注]参阅《尼采全集》卷十,22[5]:反对嗓音!它扼杀思想。叔本华在《补遗》第二卷"论嗓音和声响"中亦有类似的表述。

正向我而来。

"我们两人正是不为善,亦不为恶的人。在善恶的彼岸,我们发现了我们的岛屿和我们碧绿的草地——只有我们两人!所以,我们必须彼此为善!

"我们彼此并不彻底(von Grund aus)相爱——,即便人们没有彻底相爱,他们就必须互相怨恨么?

"你知道,我与你为善,又常常过于:原因(der Grund)在于,我嫉妒你的智慧。啊,智慧这个年老疯狂的愚妇!

[185]"如果你的智慧有朝一日离你逃去,啊!我的爱也就从你那里急急逃开。"

然后,生活深有所思,向身后与四周顾视,轻声说,"哦,扎拉图斯特拉,你对我不够忠诚!

"你不像你所说的那样爱我,已经很久了;我知道,你正在想,你意欲立刻离开我。

"有一口古老的、沉重的、沉重的洪钟:夜间,钟声会向上传到你的洞穴:——

"——当你在午夜听到这座钟报时,你便会在一响和十二响之间想到——

"——你想到的是,哦,扎拉图斯特拉,我知道,你正在想,你意欲立刻离开我!"

"是的,"我踌躇回答,"但是,你也知道这——"我在耳边略言几句,在她蓬乱愚蠢的黄发间的耳朵。

"你知道这个吗,哦,扎拉图斯特拉?没有人知道。——"

我们相互凝视,又俯瞰碧绿的草地,清凉的黄昏降临于草地之上,我们都哭了。——当时,我以为生活的可爱甚于我的一切智慧。——①

扎拉图斯特拉如是说。

3②

一!
哦,人类!留意!
二!

---

① [朗注]只有在"另一首舞蹈之歌"里,扎拉图斯特拉本人才跳起舞来,但这里既无观众,亦无其他舞者,因为他独自与生活起舞。……阿里阿德涅或者狄俄尼索斯的猎物,以生活本身的形象出现,而狄俄尼索斯,或者生活的猎手,则以扎拉图斯特拉的形象出现。在最后的终曲里,狄俄尼索斯和阿里阿德涅的盛大婚礼,呈现为扎拉图斯特拉和永恒之间的婚礼。

② [KSA版注]参阅《尼采全集》卷十,23[4]:一!子夜开始!你们的话语从远方飘来。从深沉的世界上来,在我这个隐士处寻找最后的宁静?/二!深沉世界的最后宁静——这宁静是隐士的高处?当它的声音穿过我耳、骨髓和大腿时,它还寻找并找到它的平静么?/三!参阅荷林拉克(Roger Hollirake),卢特(Manfred Ruter),"尼采诗体滑稽短剧'人类!留意!'草稿"(Nietzsche's Sketches for the Poem, Oh Mensch! Gieb Acht!),《尼采研究》(*Nietzsche-Studien*)第四期,1975,页279—283。

深沉的午夜在说什么?

三!

"我睡了,我睡了——

"四!

"我从深沉的梦中醒来:——

"五!

"世界深沉,

"六!

"深沉于白昼之所以为。

"七!

"它的痛苦深沉——

"八!

[186]"快乐——仍比心的痛苦深沉:

"九!

"痛苦说:流逝吧!

"十!

"一切欢乐还意欲永恒——

"十一!

"——意欲深沉的、深沉的永恒!"

十二!

七个印章①

（或者："是"和"阿门"之歌）

1

倘若我是一位卜卦者，②充满卜卦的精神，漫游于两片海洋之间的高粱，——

——如沉重的乌云漫游于过去与未来之间，——敌视闷热的低洼之地，还有一切不能死亦不能生的疲倦者：

在昏暗的胸膛里准备闪电和拯救的光束，孕育着说"是"、对"是"发笑的闪电，准备卜卦的闪电光束：——

——但是，如是的孕者有福了！真的，谁想有朝一日点燃未来的光，就必须长为沉重的暴风雨，周游于山峰之间！——

---

① [KSA版注]此标题在草稿中为"盖印章"。誊清稿中第一部分标题为"'是'和'阿门'"，第三部分标题为"狄俄尼索斯"，第四部分标题为"婚戒中之婚戒"。
[法文版注]这个标题借自《启示录》；在《瞧，这个人》"为何我写了这么多好书"第4节之中对此有所评说。
② [KSA版注]参阅《哥林多前书》13：2。

哦,对于永恒,对于圆环中的结婚指环——复返之环,我怎么会没有强烈的欲望!

我还没有发现我愿与她有孩子的女人,除了我爱的这个女人:因为我爱你,哦,永恒!①

因为我爱你,哦,永恒!②

2

当我的愤怒打碎坟墓,移动界碑,破碎的旧标牌滚入陡峭的深渊:

当我的嘲笑曾经吹散腐烂的词语,我像一把扫帚来到十字架蜘蛛面前,是清扫古老沉闷的墓穴的狂风:

当我曾经愉悦地坐于埋葬古代诸神的地方,为世界祝福,在古老的世界诽谤者的纪念碑旁,爱着世界:——

[187]——我也爱教堂和上帝的坟墓,倘若天空以纯洁的眼睛穿过它们破碎的屋顶俯瞰;我乐于如茵草和红

---

① [KSA版注]此行之后删去的文字是:是我决意把手按在数千年的年华上犹如按在蜡上吗?/这对我似乎很重要,但还不够,对我而言,对我对永恒的爱而言,这只是微不足道罢了,一滴水罢了——一滴自己受煎熬、而不是从煎熬中解脱的水。/是我突然产生了这样的俗望么:将星星融化在快乐之怀里,怀着敬重之心,把宇宙倾倒在永恒之毯上?/这很重要,但意犹未足,对我而言,对我对永恒的爱而言,这也只是微不足道罢了。参阅誊清稿。也请参阅"论旧和新的标牌",第29节。

② [KSA版注]《狄俄尼索斯颂歌》中的"声名与永恒"也如此结尾。

色的罂粟,坐于残破的教堂——

哦,对于永恒,对于圆环中的结婚指环——复返之环,我怎么会没有强烈的欲望!?①

我还没有发现我愿与她有孩子的女人,除了我爱的这个女人:因为我爱你,哦,永恒!

因为我爱你,哦,永恒!

3

来自天空的必然迫使种种偶然跳着星星的轮转舞,当如此必然和一种创造的气息,曾经向我吹拂一阵气息时:

创造性闪电的欢笑身后,恭顺地跟随着长久而轰隆的行动雷霆,当我曾经与这种欢笑共同欢笑时:

当我曾经在大地的神桌上与诸神掷骰游戏,使大地震动、破裂并喷出火流时:——

——因为大地是一面神桌,创造性的新词语和诸神

---

① [KSA版注]此行之后删去的文字是:我热切盼望那唯一的(女人),(极乐的、挥霍的)女人,她要把星星融化在其欢乐之怀里,欢笑地把宇宙倾倒在其变化之毯上/她夜里的眼中有黄金闪烁,那是夜中泽国里一只黄金小舟——载沉载浮、动荡不定的黄金小舟/她的微笑具有震慑力,她的憎愾具有诱惑力,她的极乐在谋杀,她的谋杀在解救,她的解救在牵制。参阅誊清稿。草稿中有后续类似的表述:我瞅见她的邪恶在焚毁、碳化的宇宙之灰烬下眨眼示意/我瞧见她那无辜的冰峰在炽热地发出红光/这位伟大的无辜者、古怪的庞然大物,焦躁者。

掷骰令它颤抖:——

哦,对于永恒,对于圆环中的结婚指环——复返之环,我怎么会没有强烈的欲望?

我还没有发现我愿与她有孩子的女人,除了我爱的这个女人:因为我爱你,哦,永恒!

因为我爱你,哦,永恒!

4

泛起泡沫的香料混合罐,将一切事物混合得宜:当我从罐中满饮一口:①

当我的手将最远者浇灌于最近者,将烈火浇灌于精神,把快乐浇灌于痛苦,把最坏者浇灌于最好者:

而拯救之盐令一切事物在混合罐中混合得宜,而当

---

① [KSA版注]誊清稿中为"喝上一滴"。此行之后删去的文字是:以至于最恶的东西仍发出幽香,心气平和地进行统治,与至善之物并肩一样崇高。参阅誊清稿。

[译注]混合罐(Mischkruge)的关键在于"把苦的东西稀释,并放入酒和糖",这样能够"把本来不美、不吸引人、不值得贪求之物变美,亦得吸引人,变得令人贪求",所以尼采这里反复强调好与坏、善与恶的关系;懂得这么做是医生的治疗方法,也是艺术家所擅长,参《快乐的科学》299节,"人们应该向艺术家学习什么"。但同时,混合罐还意味着一种文明的关系:"当亚历山大大帝让人从一个搅拌杯中痛饮亚洲和欧洲时,他在那一刻可曾看到过什么?"参《不合时宜的沉思》"瓦格纳在拜罗伊特"第一节。关于亚历山大大帝的和睦观念和西方的大一统政治理念,参拙编《亚历山大与西方的大一统》,北京:华夏出版社,2020年。

我自身亦是拯救之盐中的一粒①:——

——因为有一种盐联结善与恶;甚至最恶者也值得成为香料,成为最终的浮沫。

哦,对于永恒,对于圆环中的结婚指环——复返之环,我怎么会没有强烈的欲望?

我还没有发现我愿与她有孩子的女人,除了我爱的这个女人:因为我爱你,哦,永恒!

[188]因为我爱你,哦,永恒!

5

当我喜爱海洋以及一切海洋一类的事物,当它对我愤然否定,却成为我的最爱:

当我内中生起探究的快乐,扬帆探究尚未发现之物时,当我的快乐中还有一种航海者的快乐时:②

当我的愉悦曾经高呼:"海岸线消失了——现在,我最后的锁链掉落了,——

"——无涯无际者在我周围咆哮,空间和时间远远向我闪烁,好吧!来吧!古老的心!"③——

---

① [法文版注]《马太福音》5:13:"你们是世上的盐。盐若失了味,怎能叫它再咸呢?以后无用,不过丢在外面,被人践踏了。"

② [译注]航海者(Seefahrer),参《快乐的科学》302节"最幸运者的危险",描述了这种航海者的精神与危险。而在《扎拉图斯特拉如是说》卷一前言第九节里,扎拉图斯特拉称自己为航海者;至于对未来航海者的期待,参本卷"论旧和新的标牌"第28节。

③ [KSA版注]参阅《快乐的科学》,附录12,"驶向新的海洋"。

哦,对于永恒,对于圆环中的结婚指环——复返之环,我怎么会没有强烈的欲望?

我还没有发现我愿与她有孩子的女人,除了我爱的这个女人:因为我爱你,哦,永恒!

因为我爱你,哦,永恒!

6

当我的道德是一位舞蹈者的道德,而我的双脚常常在黄金-翡翠的迷醉中跳跃:

当我的恶意是一种带笑的恶意,在玫瑰斜坡和百合花丛中如在家乡:

——因为笑中并列着所有的恶,但它们却凭借自身的幸福而得到祝圣与赦免:①——

当我的开始和终结(A und O)②使一切沉重者轻盈,一切身体为舞蹈者,一切精神为飞鸟:真的,这就是我的开始和终结!③ ——

---

① [KSA版注]参阅草稿:因为在笑声里一切邪恶的欲望都变得神圣了,以至一切沉重都变得轻松。

② [译注]《启示录》22:13 的路德译本为:Ich bin das A und das O, der Anfang und das Ende, der Erste und der Letzte,中文和合本译作:"我是阿拉法,我是俄梅戛;我是首先的,我是末后的;我是初,我是终。"习语 das A und das O 表示"关键",而尼采这里明显列举了开始和终结的几种情形,或当是"关键"和"始终"两种含义并举。

③ [KSA版注]参阅《启示录》1:8 和"基督受难"。

哦,对于永恒,对于圆环中的结婚指环——复返之环,我怎么会没有强烈的欲望!

我还没有发现我愿与她有孩子的女人,除了我爱的这个女人;因为我爱你,哦,永恒!

因为我爱你,哦,永恒!

7

当我曾经在自己之上张开澄静的天空,以自己的羽翼在自己的天空翱翔:

当我在深沉的光明远域嬉戏般游泳,而我的自由得到飞鸟的智慧:——

——飞鸟的智慧却如此说:"看,无上亦无下! 把你抛向四周,出去,复返,你这轻盈者! 歌唱吧! 别再说话!"①

[189]"——所有言辞不都是为沉重之人而设吗? 在轻盈者看来,所有言辞岂不都是谎言! 歌唱吧! 别再说话!"

哦,对于永恒,对于圆环中的结婚指环——复返之环,我怎么会没有强烈的欲望!

我还没有发现我愿与她有孩子的女人,除了我爱的这个女人:因为我爱你,哦,永恒!

因为我爱你,哦,永恒!

---

① [KSA版注]参阅卷三"论沉重的精神",以及《尼采全集》卷九,15[60]。

第四卷①

[190]唉,在这个世界,与同情者相比,还有更大的愚

---

① [KSA版注]扎拉图斯特拉第四卷的写作计划可从《尼采全集》十一卷下列文稿中得到引证:"即兴笔记·扎拉图斯特拉写作提纲和残稿"9,29[8]:第四卷扎拉图斯特拉。"这是扎拉图斯特拉的诗歌,由他本人歌唱,以便忍受他最后的寂寞。"由于出版商把这一说明作为名言误用于《狄俄尼索斯颂歌》,故本书第四卷缺此说明。尼采首先似乎真想把第四卷构思成一部诗集。"即兴笔记"29[23]:扎拉图斯特拉内心深处的忍耐和自信,认为那个时代必将到来。/各位宾客:预言家传播黑色的悲观主义/温文尔雅地反对罪犯(比如法国革命的)/象征:燃烧的大城市/面对时代回撤的诱惑——因为同情的激动。/岛屿毁灭的消息/最后:我首先想打探,他们是否活着——派鹰出去——/宣告者对孤独者的呼唤/象征双重性/1.人类的衰败/2.个别伟人的存在/同你们在一起,我不可能成为主宰。29[26]:扎拉图斯特拉:我的幸福如此丰裕,但我没有值得托付的人,更没有值得感谢的人。于是就让我感谢你们吧,我的动物们。/1.1:扎拉图斯特拉感谢动物们并且要它们为客人们作准备。预言家的内心忍耐和对其友的深切希望。/2—9.2:客人们作为诱惑,即放弃孤寂的诱惑:我没有来帮助受苦者等等。/3:隐士神经的虔诚/10—14.4:扎拉图斯特拉派遣动物外出打探消息。他孑然一身,没有祈祷,——身边没有动物,紧张(转下页注)

(接上页注)到极点！/15.5："他们来啦！"鹰和蛇说话时狮子也掺和进来——狮子哭了！/16：永别洞穴(如堡垒一样的东西)，他和四只动物一直朝城市走去……在同一本笔记里，指明尼采放弃了一种"戏剧性"的写法，就像放弃最先"抒情"写法一样，29［32］：第一幕，扎拉图斯特拉愚蠢地对待动物，带来蜂蜜祭品，他自比为石松，对自己的不幸也表示感谢，取笑自己的白胡须／被预言家惊吓／极为厌倦的原因／受苦者的福音／平等／虚伪。29［63］：蜂蜜祭品／预言家／诗人／国王们／圣者／第七重孤独／在新来的动物们中／幸运者的使命／告别洞穴。更详尽的写作方案在有关扎拉图斯特拉的笔记Ⅱ中可以看到，8，31［2］：在扎拉图斯特拉第四卷中有必要说明，伟大正午的时代为何会到来，也就是要说明时代背景，通过客人们陈述，但最终需要扎拉图斯特拉的解释。／有必要说明，为何必须首先创造出"拣选的民族"——与失败者(以拜访的客人为特征)相反，这是成功的更高级的人，扎拉图斯特拉只对这样的人告知最后的各种问题，只期望他们为这一理论付诸实际行动(他们为此而足够强大、健康和坚韧，但首先是高贵！)。只把超越尘世的锤子交到他们手里／在扎拉图斯特拉的内心描写：／1.更高的人们的最大危险(扎拉图斯特拉回忆自己的首次出现／2.好人现在袒护更高的人了，这是最危险的转变／3.那些孤独者，未受教育者，错误解释自我者退化变质了，而这种退化变质被认为是反对他们存在的理由。／4.扎拉图斯特拉必须解释清楚，他建议外出到那些海岛上去，这时他都做了些什么，他为何要去那些海岛。(对于他最后的启示而言，他们还不成熟？)

第二个写作方案涉及永恒复返，31［4］：在扎拉图斯特拉第四卷里，那个伟大的观念是希腊神话中"美杜莎的头"：世界的一切特征无不僵化，与僵硬的死亡博斗。在第三种写作方案里描述了更高的人们在困境中的呼喊31［8］："哦，扎拉图斯特拉，这便是你的痛苦！你不要搞错呀！许多人的外貌把你弄得忧心忡忡，就因为他们谦恭和卑下么？可是孤独者的失败更惨。"——／扎拉图斯特拉陈述反对的理由／1.人们由同情重大错误做法而获得了所有弱者和痛苦者。／2.人们选择"人以群分"，所以隐士丢掉了良心。——被迫虚伪和爬行。／3.居统治地位的社会阶层(转下页注)

（接上页注）相信更高的人,但行为没有体现出来,甚至部分消除了这种信任。/4.由群氓统治的丑陋的阴森的王国,在那里,最高贵的人穿上破衣烂衫,欲将丑陋更加夸大。/5.对他们缺乏任何教育,他们为了自救,就不得不为自己装上甲壳和歪曲自己。/总而言之:是更高的人向扎拉图斯特拉发出困境中的呼喊,扎拉图斯特拉则劝导他们要忍耐,而对他自己也不寒而栗:"世间不存在不是自己经历过的任何东西!"以此安慰他的幸运者并且领悟到"现在到了最紧迫的时候"。出现烦闷情绪和对自己寄予幸福之人的希望的嘲笑,"你不想帮助我们吗?帮助我们大复仇一次吧!"你对不幸者真是铁石心肠!——撤退。/在扎拉图斯特拉那里留下怀疑和恐惧。他派遣动物出去。

本书第四卷还有另一种写作计划,见扎拉图斯特拉第二部分8,31[9]:/1.蜂蜜祭品/2.更高级者的呐喊。人群(大概50页)/3.扎拉图斯特拉在山峰上的同情,——但是很严酷;不放弃使命——"现在还不是时候"/4.扎拉图斯特拉的嘲讽。/5.派遣动物出去,满怀焦虑。/6.第七重孤独——最后"美杜莎头"(大约40页)/7.圣者战胜了他。危机。/8."致大自然",胜利之歌。/9.狮子和鸽群。动物们复返(知道一切征兆)。使命/10.最后告别洞穴(永恒复返的安慰首次出现在他脸上)。

写在接下来数页纸上的方案更接近于本书第四卷的最后稿本,31[11]:草案/蜂蜜祭品/痛苦呐喊/同国王们的谈话/那个善良的欧洲人——讲述海难情况/欧洲水蛭的脑袋/自由的乞丐/魔法师/丑陋的人(民族)/欢迎/晚餐/魔术师之歌/论科学/论更高级的人/玫瑰演讲/隐士讲述毁灭/论第七重孤独/冻僵者/誓言/最后造访洞府:快乐的使命。他睡在那里。早晨起床。笑狮/大变化和极度冷酷无情:只用寥寥数语。避免"我"字。在扎拉图斯特拉第二部分9上的写作方案是最接近本书第四卷的最终稿本的,32[16]:蜂蜜祭品/痛苦呐喊/同国王们的谈话/漫游者(＝影子)/自由乞丐/逊位的罗马教皇/精神的忏悔者(＝魔法师)/良知者(＝欧洲水蛭)/丑陋的人/午睡的人(＝正午)/欢迎/晚餐/论更高的人们/魔法师之歌(＝忧伤之歌)/论科学/饭后甜食——《诗篇》(＝在沙漠的女儿们中间)/复活者/午夜/狂野的猎手/笑狮。（转下页注）

蠢吗？

在这个世界，与同情者的愚蠢相较，

还有什么更能招致痛苦？所有的爱者皆觉伤痛，

(接上页注)各种人物目录常见于尼采的笔记本,29[24]:漫游者(求知者)/国王/预言家/山中的门徒/大城的傻子/圣者/一群小孩/诗人。

扎拉图斯特拉第二部分8里对这些人物的性格做了简短的描述,3[10]:1.生活动荡,无家可归,漫游者——他忘记了爱他的民族,因为他爱许多民族,好欧洲人。/2.民众之子,忧郁,沽名钓誉,畏葸,孤寂,对一切均有准备——当别人的工具/3.尊重现实的人,"欧洲水蛭的脑袋",极度居心不良。/4.诗人,内心渴求狂放的自由,选择寂寞和严肃的认识。/5.丑陋的人,必须装饰自己(历史意义上的),总是寻求新的服装,欲使自己的形象变得可以让人忍受。最终走进孤寂,以便不被人看到——他害羞。/6.新麻醉品的发明者,音乐家,魔术师,他们最终拜倒在爱心面前,说:别到我这儿来！我要带你们到那个人那里去！/7.富人,他把一切都交出去了,逢人便问:"你总有某个东西是很富裕的,给我一点吧！"他是乞丐。/8.国王们,拒绝统治:我们寻求更值得统治的人！/9.天才(易发疯狂),因缺少爱心而受冻:"我既非思想亦非神明"——伟大的柔情:"人们应更加爱他！"/10.幸福的演员/11.那两位反对"平等"的国王:缺少伟人,所以缺少敬畏/12.善良者/13.虔诚者/为己的人,圣者——他们幻想"为上帝",实则为自己。对无限信任、无神论和有神论的需要/忧郁的抉择/"美杜莎之头"。

第四卷最终稿本里,没有与2、8、10、13、14各段相对应的人物,相反,诗人(4,参阅"忧郁之歌"),魔法师(6)和天才(9)的形象综合成魔法师的形象。

［朗注］"扎拉图斯特拉的诱惑:幕间插曲(interlude)",尼采认为这个标题"更为贴切"、"叙述得更明晰","鉴于已经发生的和随后要发生的,这个标题可谓恰当"(致 Fuchs,1888年7月29日,"一个幕间插曲[entr'acte];致勃兰兑斯,1888年1月8日,"一个幕间插曲[Zwischenspiel]")。

他们尚无一个高处,可以超越他们的同情!

曾经,魔鬼对我如是说:

"上帝也有其地狱:这便是他对人类的爱。"

最近,我却听见他说了这番话:

"上帝死了;由于对人类的同情,上帝逝去。"

——《扎拉图斯特拉如是说》卷二,"论同情者"①

---

① [朗注]尼采第四卷的题词宣示了它最重要的主题就是同情。人的同情或者激情,曾经是扎拉图斯特拉早前许多演讲的主题(Ⅰ.9,Ⅱ.3;亦参Ⅲ.2,9),而且在他看穿了自己无法找到门徒、发现了自己的双重意志之后,他也已经承认,同情亦是他自己的诱惑(Ⅱ.21)。然而,第三卷里,他击溃了他的双重意志,上升到自己的救赎之中,第四卷里,这时已经得到拯救的他,面对同情的"最终考验",并最终通过考验。

蜂蜜祭品

——而岁月再度迁移流转,经过扎拉图斯特拉的灵魂,他竟未留意;但他的头发白了。一日,他坐于洞穴前的一块岩石,向远方寂然观看——,从那里越过蜿蜒的深渊,得以远眺大海,——这时,他的动物们在他的周围行走,陷于沉思,终于站在他的面前。

"哦,扎拉图斯特拉,"它们说,"你在期望你的幸福吧?"——"幸福算什么!"他回答,"我早已不追求幸福,①我追求我的事业。"——"哦,扎拉图斯特拉,"动物们又说,"说这话的你,是一位拥有太多美好的人。你不是躺在一面天蓝色的幸福之湖里吗?"——"你们这些弄臣呀,"扎拉图斯特拉回答,并且微笑,"你们选择的比喻何其美妙!但你们也知道,我的幸福沉重,不似流淌的水波:它催逼(drängt)我,不愿远离我,其行为如融化的不幸。"②

---

① [法文版注]参见前言,第5节。
② [译注]不幸(Pech),亦有沥青之意,但译为沥青与上下文的理解颇不协调。可参《快乐的科学》357节,提到"个人的不幸。"

于是,动物们重又在他的四周行走,陷于沉思,再次站在他的面前。"哦,扎拉图斯特拉,"它们说,"因为这个缘故,你才愈加萎黄黯淡,尽管你的头发意欲显示出白色与亚麻色?看啊,你正坐在不幸之中!"——"你们对此说些什么呢,我的动物们,"扎拉图斯特拉说道,同时笑了,"当我说起不幸,[191]我可真是在诽谤。我的情形,如同一切成熟的水果。我血管中的蜂蜜,使我的血变稠,使我的灵魂更加宁静。"——"将会如此罢,哦,扎拉图斯特拉,"动物们回答,拥挤(drängten)在他的身边,"但你今天不意欲攀登高山吗?空气清朗,今天观看这个世界,所见要多于往日。"——"是的,我的动物们,"他回答,"你们猜中了我的心:今天,我意欲登上一座高山!但是,你们辛劳一下吧,为我在那里备好蜂蜜,黄的、白的、好的、鲜若冷冰的蜂房金蜜。你们毕竟知道,我意欲在那里制作蜂蜜祭品。"①

但当扎拉图斯特拉来到高峰之上,便遣送引他上山的动物回家,他发觉自己从此又孤独一人——于是全心而笑,四顾茫茫,并如是说:

我说及祭品和蜂蜜祭品,只是我言辞的一种诡计,真的,一种有益的愚蠢!比起在隐士洞穴和隐士的家畜之

---

① [KSA版注]参阅《尼采全集》卷十一,28[36]:蜂蜜祭品/请你们给我送蜂蜜来,冰冷新鲜的蜂房原蜜!/我用蜂蜜献祭在那儿馈赠的一切/凡是给予的,善良的,均提升人们的心灵!

前,我在这上面言说更为自由。

什么献祭！我得到的馈赠,皆被我浪费,我这有千只手的浪费者:我怎能将此——称为献祭！

当我渴望蜂蜜,只是渴望诱饵、甜蜜的汁水和黏液,低吼的熊与奇异的抑郁凶鸟也会以舌舔舐:

——那最佳的诱饵,如同猎手和渔夫之所必需。因为,倘若世界如一座昏暗的动物森林,是一切野性猎人的乐园,那么,我更以为它仿佛一面深渊般丰盈的海洋。

——一面满是彩色鱼虾的海洋,连诸神也愿意渴求,成为海滨的渔夫和撒网者:世界以大大小小的令人惊奇之物而如此丰盈！

尤其人类的世界,人类的海洋——我向它甩出我的黄金钓竿,说道:敞开吧,你,人类的深渊！

敞开吧,向我抛掷你的鱼和闪光的虾蟹！今天,我用最佳诱饵诱惑最令人惊奇的人-鱼！

——我把我的幸福本身掷到一切迢遥、辽远之地,[192]从日出、正午到日落(zwischen Aufgang, Mittag und Niedergang),看是否有许多人-鱼学会拖曳我的幸福,学会因我的幸福而挣扎。

直到咬了我隐藏的尖锐钓钩,不得不升至我的高处,最多彩的深渊之鱼(Abgrund-Gründling),为最恶毒的捕人鱼者所获。

根本上,我生来就是这样的人,拉引、拉近、上拉、拉升,是一位拉引者、栽培者和栽培的大师,我当时对自己所言并非徒劳："成为你之所是！"①

从现在开始，人类要向上来至我的高处：因为我尚在等待显明我下降（Niedergange）②时刻的征兆；我还不能如我所必需的那样，沉落、沉落于人类之中。

故而我在此、在高山上狡猾而嘲讽地等待，③既非不可复耐者，亦非忍耐者，其实是一位已经遗忘忍耐的人——因为他不再"忍耐"。

我的命运为此而给予我时间：它忘了我吗？或者，它

---

① ［KSA版注］参阅《快乐的科学》，第270节以及《瞧，这个人》的副标题。

［法文版注］参品达，第二首《皮托凯歌》："你应该成为你所认识的你所是的样子。"参见《快乐的科学》，卷四，355节。

［译注］《瞧，这个人》的副标题是：一个人如何成其所是（Wie man wird, was man ist）。在正文"为什么我如此聪明"中，尼采进一步说："人之将为人之所以为人者，其前提在于，他对自己是何种人这一点上，还不至于过于隔膜。从这一点看，生命中的失败（Fehlgriffe）——侧径和歧途（Nebenwege und Abwege），因这一要务之外的诸种任务而浪费的延误、谦让和严肃——皆拥有它们自身的意义与价值。它们展现了一种伟大的聪明（Klugkeit），甚至是最卓越的聪明：当认识你自己（Nosce te ipsum）成为毁灭的理由时；自我-遗忘、自我-误解、自我-谦抑、自我-萎缩、自甘平庸，凡此种种，皆变为理性自身。"另参海德格尔《形而上学导论》第四章。

② ［译注］第一卷开始时使用的词语是"沉落"（untergehen），卷三"论旧和新的标牌"第一节似乎将两种下降当作同一种描述："我下降和沉落的时刻：因为我意欲再一次走到人类之中。"但第二卷第一章才以化用《圣经》的意象出现："我焦躁不安的爱在河流之上奔涌而下，升腾下降。"此处重用这一表达，除了"沉落"与"下降"的雷同，可能还暗示了某种区别："下降"是扎拉图斯特拉一次次返回人间的具体行为，而"沉落"则是一种统摄性的先行意志。

③ ［KSA版注］参阅《快乐的科学》，终章曲。

坐在巨石背后,在阴影中捕捉苍蝇?

真的,我在此善待我的永恒命运,因为它不追逐、不催逼我,给我时间戏闹、作恶:如是,我今天登上这座高山垂钓。

曾有一个人在高山钓鱼么?即便我在此之上的意愿与行为是一种愚行:终究胜过在下面因等待而庄严、而碧绿、而萎黄——

——一个因等待而做作的盛怒汹汹之人,一阵山间涌出的神圣的呼号烈风,一个不可复耐者,向山谷下呐喊:"听啊,否则我要以上帝之鞭答罚你们!"

我不会因此怨恨这类愤怒的人:对我来说,他们委实可笑!他们必定不可忍耐,这些巨大的噪音响鼓,他们要在今天出言,否则就永不[出言]!

但是,我和我的命运——我们不为"今天"言说,我们也不为"永不"言说:我们有言说的耐性、时间和过多的时间。因为它终有一日必然来临,不会离开。

谁必然来临而不会离开?我们伟大的"哈扎尔"①,这是我们伟大而遥远的人类王国,千年的扎拉图斯特拉王国②——

---

① [Pütz版注]哈扎尔(Hazar),意为"千年的扎拉图斯特拉王国"。波斯文 hazra 即一千。

[朗注]Hazar 是波斯语,意思是一千年,或者一千;《尼采全集》,第七卷,25[148]说,波斯人最早把历史当作一个整体思考,把历史理解为一种发展的次序,每一个阶段则由一个先知掌握,而这个先知的 hazar,或者 Reich,将持续千年。

② [KSA版注]参阅《启示录》20:1—10。

这种"遥远"到底多么遥远？这与我有何关系！[193]但是，我并不因此而更不能稳固——我的双脚沉稳地站立在这一根基之上，

——在永恒的根基之上，坚硬的原始岩石之上，在这最高、最坚硬的原始山脉上，迎四方之风，如气候的分割线，并问，何处？何来？何往？

在此处笑吧，我光明、健康地恶笑吧！从高山扔下你粼粼闪烁的讥讽哄笑！用你的粼粼之光为我引诱最美的人鱼！

一切海洋中属于我的，一切事物中我的自在自为（An und-für-mich）①——我要把它们钓出，把它们引向我：我，最恶毒的渔夫，正为此等待。②

向外，向外，我的钓竿！进去，下沉，我幸福的诱饵！

---

① [Pütz版注]"一切事物中我的自在自为"：这是打趣地模仿德国观念论哲学的中心概念，扎拉图斯特拉把万物同自己关联。
[译注]尼采此处说法更多指向黑格尔而非康德。参黑格尔《精神现象学》第二章"知觉，或物与错觉"："如果存在的直接性脱离了与对立面的统一，成为一个自在自为的存在，它就是一个单一体。"(als Eins aber ist sie, wie sie von dieser Einheit mit dem Gegenteil befreit, und *an und für sich* selbst ist.)参《精神现象学》，先刚译，北京：人民出版社，2013年，页73。

② [KSA版注]参阅《尼采全集》卷十一31，[54]："在高山上捕鱼"：现在我把我的金色钓竿远远地掷向这深沉的大海：钓钩呼呼地咬进大海的忧郁之腹。——我用钓饵引得奇怪的人鱼上了钩，我要对那些海底畸形物报以金褐色的哄笑。敞开吧，你，人类愚蠢的怀抱！你，深不可测的海洋，把你那些光怪陆离的怪物和闪光的虾蟹扔给我吧！也请参阅《马太福音》4:19："来跟从我，我要叫你们得人如得鱼一样。"

我心中的蜂蜜,滴落你最甜美的甘露!咬吧,我的钓竿,向着一切黑色忧郁的腹中(in den Bauch aller schwarzen Trübsal)!

向外,向外,我的眼睛!哦,萦绕在我周围的许多海洋何其浩瀚,人类的未来如在拂晓!我的上方——如此玫瑰红的宁静!如此云开彻晴的沉默!

困境中的呼喊①

次日,扎拉图斯特拉再次坐于洞穴前的岩石之上,而他的动物们在外面的世界四处徘徊,要将新的食物带回家中——还有新的蜂蜜:因为旧有的蜂蜜,甚至最后一滴也被扎拉图斯特拉挥霍殆尽。但他这么坐在那里,手持一根棍子,在大地上画自己身形的影子,并有所思,真的!不是关乎他和自己的影子——他大为惊骇,全身绷紧:因为他看见另有一个影子正在自己的影子旁边。他立刻环视四周,起身,看啊,那位卜卦者站在他的近旁,正是曾在他桌上吃喝的同一个人,巨大厌倦的宣扬者,他教导说:"一切皆同,没有值得之事,世界并无意

---

① [KSA版注]参阅《尼采全集》卷十一,26[289]:更高的人的困境中的呼喊?/是的,是那些失败者的。29[30]:卜卦者:我发现所有人的内心隐秘的厌倦,无信仰和不信仰——他们就这样得过且过,他们厌倦了。他们都不相信其价值。/你也是,扎拉图斯特拉!小小的闪电就足以把你粉碎!/好吧,就这样吧……

[法文版注]关于"困境中的呼喊"的含义,参本卷,"最丑陋的人"。

义,知识令人窒息。"①但这段时间以来,他的面孔已经改变;当扎拉图斯特拉看着此人的眼睛,他的心再次惊骇:太多恶的宣扬和灰沉的闪电在这张面相上浮现。

卜卦者感觉到到扎拉图斯特拉灵魂的活动,用手擦拭自己的面孔,仿佛意欲将其抹去,扎拉图斯特拉亦有同样的举动。两人如此镇定沉默一阵后,复现生气,[194]便彼此握手,表示意欲彼此重新认识。

"我欢迎你,"扎拉图斯特拉说,"你这宣扬巨大厌倦的卜卦者,你曾为我桌边饮食的朋友,这并非徒然。今天,也在我这里吃喝吧,请原谅一个快乐的老者将与你同桌!"——"一个快乐的老者?"卜卦者回答,并且摇头,"不论你是谁或者意欲成为谁,哦,扎拉图斯特拉,你在这上面终是太久——不久,你的轻舟就不会再停坐于干燥之地!"——"我坐在干燥之地吗?"——扎拉图斯特拉笑着问道。——"你的山峰周围的波浪涨溢",卜卦者回答,"这巨大困境(Not)与忧伤的波浪:马上就会推升你的轻舟,并载你而去。"——扎拉图斯特拉沉默,觉得惊奇。——"你还没有听见吗?"卜卦者继续说,"深渊里不是传来咆哮和汹涌么?"——扎拉图斯特拉复又沉默倾听:他听见一声长长的、长长的呼喊,而许多深渊将抛掷这一呼喊,交相传递,因为没有谁意欲留住它:它的声音如此邪恶。

"你这糟糕的宣扬者,"扎拉图斯特拉终于说,"这是一种困境中的呼喊,一个人的呼喊,可能来自一片黑色的

---

① [KSA版注]参阅本书第二卷"卜卦者"。

海洋。但是，人类的困境与我何干！我一直为自己保留着我的最后罪恶，你兴许知道它的名字吧？"

——"同情！"卜卦者发自汹涌的内心回答，高举双手——"哦，扎拉图斯特拉，我之前来，就是引诱你最后的罪！"——

这番话语甫一出口，呼喊又起，比此前更长，更令人恐惧，也越来越近。"你听见了？你听见了，哦，扎拉图斯特拉？"卜卦者呐喊，"这呼喊向你而来，它向你呐喊：来，来，来，是时候了，是最高的时刻了！"——

扎拉图斯特拉于此沉默，迷惘震撼；他终于问道，仿佛一个踌躇未决的人："他是谁，那向我呐喊我的人？"

"但你是知道的，"卜卦者激烈地回答，"你隐瞒什么呢？向你呼喊的，正是更高的人！"

"更高的人？"扎拉图斯特拉极为恐怖，呼喊道，"他意欲什么？他意欲什么？更高的人！他在这里意欲什么？"——他已汗水覆身。

但是，卜卦者没有回应扎拉图斯特拉的恐惧，[195]而是对深渊听而复听。当那里已长时静寂，他才转回目光，看见扎拉图斯特拉站在那里，颤抖不已。

"哦，扎拉图斯特拉，"他开始以悲伤的声调说，"你不要站在这里，仿佛因幸福而晕眩的人：我以为，你必须舞蹈，这样你才不致仆倒！"①

---

① [KSA版注]参阅《尼采全集》卷十一，31[34]："哦，我的动物们！我的巨大幸福令我晕眩！我得跳舞才不致仆倒！"

"但是,倘若你意欲在我面前舞蹈,即使你跳出所有的荒唐侧跃,也没有人会对我说:'瞧,这里是最后一个欢乐的人在舞蹈!'"①

"倘若有人到高处,来此寻找这样的人,只是徒然:他大约会发现洞穴和深隐的洞穴,隐匿者的隐匿处,但没有幸福的矿藏、宝库和新的幸福金脉。②

"幸福——在这类被深藏之物和隐士身边,人们如何能发现幸福!我必须在幸福岛、在被遗忘的远海之间寻觅我的最终幸福吗?

"但一切皆同,没有值得之事,任何寻觅皆属无益,幸福岛也不再存在!"——

卜卦者如是叹息;但在他最后的叹息中,扎拉图斯特拉重新变得明净而稳靠,仿佛从深沉的渊穴行至光明的人:"不!不!第三次还是不!"他厉声呐喊,抚摸胡须——"这,我更加明白!幸福岛依然存在!对此沉默吧,你这叹息的丧器!"③

---

① [KSA版注]参阅《尼采全集》卷十一,31[40]:"我们来此,就是为了一睹本世纪那位至乐之人的风采。"参阅歌德"献给本世纪至乐之人黑格纳亲王的安魂曲"。

② [KSA版注]此行之后删去的文字是:哦,扎拉图斯特拉,我把你叫做空洞、洞穴。满怀怒气和忧伤,长满夜的翅翼,四处歌唱,四处害怕,隐士的洞穴和隐秘的洞穴!/因为你的本性使然:你老是要挖掘新的藏身处和墓穴,更易受惊的、更深的、更隐蔽的藏身处和墓穴,你必定会更深地挖掘。参阅誊清稿。

③ [译注]丧器(Trauersack)是尼采生造之词。Trauer组成的复合词通常与丧葬有关,比如Trauerbrief、Trauera-(转下页注)

"不要再对此飞溅雨滴了,你这午前的雨云!我站在此处,岂不像落水的狗,被你的忧伤溅湿?

"现在,我应该摇动自己,避你而逃,让我重新变得干燥:你无需对此惊奇!你觉得我失礼(unhöflich)吗?但这可是我的领域(Hof)。

"但你所谓的更高的人:好!我立刻去那片森林中寻找,那里传来了他的呼喊。或许,某只恶兽逼迫着他。

"他在我的疆域之内:在此他不应受到伤害!真的,我身边有许多恶兽。"——

随着这番言辞,扎拉图斯特拉转身欲走。这时卜卦者说道:"哦,扎拉图斯特拉,你是一个无赖!

"我早已知道:你意欲摆脱我!你更愿跑进森林,追逐恶兽!

"但是,这于你何益?晚间,你又会重新拥有我;[196]我将安坐于你的洞穴,像一截木头一样忍耐而沉重地——等待你!"

"便如此罢!"扎拉图斯特拉离开时向回呐喊,"我洞穴中属于我的,皆属于你,我的宾客!

"但你在洞中应能发现蜂蜜,开始吧!把它舔食了吧,你这只低吼的熊,让你的灵魂甜蜜!因为晚间,我们二人皆意欲心情愉悦。

———————

(接上页注)nzeige[讣告]。Sack 是一般装各种杂物的袋子,或大或小,此处尝试译为"丧器",以做统泛的理解。而这个词语的使用,显然暗示了卜卦者之所宣扬,不过是最终的虚无——死亡。

"——心情愉悦,因为这个白日消逝而快乐!你自己应该伴着我的歌曲舞蹈,如我的舞蹈之熊。

"你不相信这吗?你在摇头?好吧!来——吧!老熊!但我也——是一位卜卦者。"

扎拉图斯特拉如是说。

与国王们的谈话①

1

扎拉图斯特拉在他的山峰和森林间行走,未及一个

---

① [KSA版注]尼采在1883年就写了《与一位国王的谈话》,参阅《尼采全集》卷十13[4]:本篇尼采未采用格言形式,参阅卷十一31[61]:哦,扎拉图斯特拉,在他们的头脑中,正义的意识比你小脚趾上的正义意识还要少/……你们瞧呀,这个东西过去是如何发生、必然发生的,人的后脑勺上得长眼睛才行!/极端不公正,因为他们想用同一尺度衡量所有的人/……他们紧抱法律不放,称法律为"坚实可靠的工地",因为他们厌倦危险,但从根本上说,他们要找一个伟人,一个舵手,在伟人和舵手面前,这些法律就退避三舍了/……他们当中有谁还老老实实地为他的明天讲好话呢?谁还能发誓言许宏愿呢?他们中谁还会在一幢房子里和一种见解里停留五年呢?/有良好意愿的人们,但不可信赖,他们渴求新的东西,这些鸟笼和狭隘的心胸,这些乌烟瘴气的、发出霉味的小房子——他们想要思想自由。他们按照贱民的肉体和心胸去感知,并且对此遮遮掩掩,而喜欢披上高贵的外衣。他们把这称之为教育,他们乐此不疲。/他们谈论大多数人的福祉,却牺牲他们的一切未来/他们有自己的美德,人们不是用任何价格都可以买到的。你们别出价太低,否则他们会说"不行!"然后气(转下页注)

小时，他突然看见一列奇怪的队伍。正在他意欲下行的路上，走来两位国王，以王冠和紫色腰带为饰，如彩色的红鹳鸟：①他们驱赶着身前一头荷重的驴子。"这些国王意欲在我的领地何为？"扎拉图斯特拉诧异地对自己的心说，立即隐匿于一株灌木丛后。但当国王们走近了他，他压低嗓音，像一位自言自语者说道："奇怪！奇怪！这如何协调一致呢？我看见两位国王——却只有一头驴子！"

两位国王于是停住，微笑，向传出声音的地方看去，然后看着彼此的面相。"我们当中有人也持此类想法，"右边的国王说，"但没人会说出来。"

但左边的国王耸了耸肩，答道：

"这兴许是个牧羊人。或者一位隐士，在山崖和树木

(接上页注)鼓鼓地走开，其美德又得到进一步强化了，说："我们是谁都贿赂不了的！"（参阅《狄俄尼索斯颂歌》"声名与永恒"）/这些一日之师和其他的丽蝇！/他们常常与那些无耻之徒毫无二致，那些家伙对自己最喜爱的东西必定强逼和强暴。/我觉得他们平和的阳光闷热而乏力，我宁愿坐在挥舞之剑的阴影里。/他们沐浴在公正和温情中，其愚昧乐不可支，人间的福祉原来是这般廉价。另一草稿中写道：与国王们的谈话/他们接着问，直通扎拉图斯特拉的洞穴的路在何处。被问的人继续伪装，没有立即答话，最后还是说话了："如果我告诉你们，你们给我什么呢？"誊清稿里有一个句子删除了：不管你是不是来自东方的智者，我们都认为你是最好的欧洲人（因为你嘲笑我们的民众，嘲笑为民众服务，还说要避开这般臭味！）。"论丧失名誉心的烦躁"。两位国王的出现也许与歌德有关，歌德《诗与真》第五部分（约瑟夫二世皇帝在法兰克福加冕）："……皇帝身穿富于浪漫气息的盛装，在他左边，稍许靠他身后是王子，着西班牙民族服装……"

① [KSA版注]参阅本书第三卷"论旧和新的标牌"，第12节。

之下生活太久。因为完全在社会之外会破坏好的礼俗。"

"好的礼俗?"另一位国王愠怒而辛辣地反驳,"我们在躲避谁呢? 不就是'好的礼俗'、我们的'好社会'①么?

"真的,宁可生活在隐士和牧羊人之间,[197]也不愿与我们那些镀金的、虚伪的、过度修饰的群氓共同生活——即便他们自名之曰'好社会',

"——即便他们自名为'贵族'。② 但那里一切皆虚伪、腐朽,尤其是血,多亏了古老邪恶的疾病以及更邪恶的治疗-艺术家。③

"我以为,如今还是一个健康的农夫最好,也最可爱,他粗野、狡猾、顽固、坚忍:今天,这是最高贵的种类。

"如今农夫是最好的人;农夫这一类人应当成为主人!④ 但是,这是群氓的王国——我不愿再让自己受骗。但群氓即谓杂烩。

---

① [法文版注]参见《道德的谱系》,第二章,第2节。
② [法文版注]参见卷三"论旧和新的标牌",第11、12节。
③ [译注]关于"治疗-艺术家"(Heil-Künstlern),参《不合时宜的沉思》"瓦格纳在拜罗伊特"第四和第十章,以及《尼采反瓦格纳》"我们对跖人"一节,后者的很多内容重复出现在《快乐的科学》第五卷370节:"每一种艺术和哲学都可能被视为治疗手段和辅助手段,为倾力奋斗的、变幻莫测的人生服务,它们无不以痛苦和受苦之人为前提。而受苦者又分为两类:一种是因生活过度丰裕而痛苦,这类人需要酒神艺术,同时也用悲观的观点审视生活;另一类是因生活的贫困而痛苦,他们需要借助艺术和知识以寻求安宁、休憩和自救,或者寻求迷醉、麻木、痉挛和疯狂。"但尼采承认,这是他年轻时候的某种误解。
④ [KSA版注]参阅《尼采全集》卷十一,25[268]。

"群氓-杂烩:其中一切混杂,有圣人、无赖、容克贵族、犹太人和挪亚方舟中的每一种牲畜。

"好的礼俗!我们身边一切都已虚伪、腐朽。无人再识尊敬:这恰是我们所要逃离的。这些甜腻、缠人的狗,给棕榈叶镀上一层黄金。

"这种嫌恶令我窒息,令我们这些国王本身也变得虚伪,悬挂古老泛黄的祖辈奢华为饰,成为最愚笨者和最狡猾者和如今一切以权力行交易者的纪念币!

"我们不是第一等人——却必定意味着[第一等人]:我们终于对这种欺骗觉得厌倦,并且嫌恶。

"我们躲避这些痞徒、①一切爱叫喊者、写作的苍蝇、贩夫的臭气、野心的躁动、污秽的气息——呸!在痞徒之中生活,

"——呸,意味着痞徒中的第一等人!唉,恶心!恶心!恶心!我们这些国王又算什么!"——

"你的旧疾又侵袭了你,"左边的国王这时说,"这嫌恶又侵袭了你,我可怜的兄弟。但是,你要知道,有人在听我们说话。"

扎拉图斯特拉立即从他的隐匿处起身,而方才他的耳目皆向这场谈话敞开,他向国王们走去,并开始说:

"你们这些国王,倾听你们、乐于倾听你们谈话的人,名叫扎拉图斯特拉。

---

① [译注]注意对比卷二"论痞徒"一章。

"我是扎拉图斯特拉,曾经说过'国王又算什么!'①请原谅我,当你们相互之间也说:'我们这些国王又算什么!'我颇为愉快。

"但是,这里是我的王国和我的统治:你们想在我的王国寻找什么?但你们或许在途中发现我要寻找的:即更高的人。"

[198]当国王们听了这些,捶胸而同声说:"我们被认出了!

"你用这番语言的剑,击碎我们心中最浓稠的黑暗。你揭穿了我们的困境,那就看吧!我们正在途中,要去寻找更高的人②——

"——那高于我们的人,尽管我们皆是国王。我们带领这头驴去他那里。因为最高的人,应该是在大地上最高的主宰。

"在所有的人类命运中,最严酷的不幸莫过于,大地上最有权力的人却并非第一等人。于是,一切尽皆虚伪、邪曲、阴森。

"倘若他们是最后的人,更是牲畜而非人类:群氓在价值上攀升复又攀升,终于群氓的道德竟然说:瞧,唯有我是道德!"——

---

① [译注]扎拉图斯特拉这里所言,很可能是卷三"论旧和新的标牌"第21节中所言."这不再是国王的时代。"同参上注,这一章和21节都集中讨论了国王与痞徒的问题。

② [KSA版注]参阅《尼采全集》卷十,15[18]、16[86]、22[1];卷十一 31[36、61]。

"我方才听见了什么？"扎拉图斯特拉回答，"国王的何等智慧！我心醉神迷，真的，我想就此作一首短诗：——

"即便不是一首适合所有人耳朵的短诗。我早已不记得顾虑窃听的耳朵了。好罢！好罢！

"（这时却发生了一件事，驴子发话了：但它说得清晰，带着邪恶的意志说出咿-啊。）

"从前——我想是公元元年——

"西比拉（Sibylle）①未饮葡萄酒便醉了，说道：

"'哎，现在邪曲的事发生了！

"衰落！衰落！世界从未如此深沉坠落！

"罗马坠落为妓女和妓院，②

"罗马的恺撒坠落为牲畜，③上帝自己成为犹太人！'"

2

国王们欣赏扎拉图斯特拉的短诗；右边的国王却说：

---

① ［译注］关于西比拉，尼采两次在描述赫拉克利特的时候都提到西比拉（《希腊肃剧时代的哲学》，第八节；遗稿《关于五本没有写成的书的五则前言》，一，"关于真理的激情"），两处表达几乎相同。西比拉成为赫拉克利特关于"认识你自己"的希腊哲学预言，这个预言可能在于，赫拉克利特"所看到的东西——关于生成中的规律和必然中的游戏的学说——从今以后必将被永远地看到。他揭开了这部最伟大的戏剧的帷幕。"（《希腊肃剧时代的哲学》，第八节）而在这里，西比拉显然预言了这部哲学戏剧因基督教而来的困境。

② ［KSA版注］参阅《以赛亚书》1：21，《启示录》17。

③ ［法文版注］可能暗指罗马暴君卡利古拉。

"哦,扎拉图斯特拉,我们外出见到你,真是好事!

"因为你的敌人曾在他们的镜子中向我们指示你的形象:你以一副魔鬼的假面具张望,并带嘲弄:如是,我们皆惧怕你。

"但又有何益!你总用自己的格言,一再刺激我们的耳朵和心。于是,我们最终说:他看起来怎样,又有什么要紧!

[199]"我们必听他的,他教诲说:'你们应该爱和平,以其为新战争的手段。短暂而非长久的和平!'

"从未有人说过如此富于战斗的言语:'什么是好的?变得无畏便是好的。好的战争便是令每一事物神圣。'①

"哦,扎拉图斯特拉,我们父辈的血因为这些言语,在我们的身体里涌动:仿佛春天向陈年葡萄酒桶言说。

"当剑与剑相连而击,如同身有红斑的群蛇,我们的先祖开始善待生活;他们以为,一切和平的阳光皆温软无力;长久的和平却让他们蒙羞。②

"我们的父辈会怎样叹息,倘若他们看见墙上悬着干燥的闪光之剑!剑和他们一样渴盼战争。因为剑意欲饮血,因渴望而闪烁。"——

——当国王们如此激越地谈起父辈的幸福,并唛喋不止,扎拉图斯特拉生起不小的念头,去嘲讽他们的激

---

① [译注]这两段引语来自卷一"论战争与战士",这意味着国王们非常熟悉扎拉图斯特拉的教诲。
② [KSA版注]参阅《尼采全集》卷十一,25[3]:"天堂存在于利剑的阴影中。"东方名言。

越:因为他看见自己的面前,其实是相当平和的国王,面相古老而优雅。但他克制了自己。"好吧!"他说,"这条路通往扎拉图斯特拉的洞穴;这一天应该有一个漫长的夜晚!但现在,一声困境中的呼喊正急切唤我离你们而去。

"如果国王们愿意在我的洞穴坐下等候,将令我的洞穴荣耀:不过,你们当然必须长久等待!

"罢了!那算什么!现在,除了宫廷之中,哪里还能学到更好的等待?国王残留的全部道德——现在岂不是名为:'能够等待'么?"

扎拉图斯特拉如是说。

水　蛭①

于是，扎拉图斯特拉沉思而行，愈远愈深，穿越森林

---

① ［KSA版注］本章标题在誊清稿中为"精神的良知者"（Gewissenhaft）：参阅《尼采全集》卷十一，32［9］："知识人和良知者"/今天的求知者问：人类是什么？上帝是动物吗？我想，上帝起先想变成动物（《善恶的彼岸》，第101节）——人们不愿相信冷酷之人的愚蠢，把他们的恶劣看成是恶劣的智慧（《善恶的彼岸》，第178节）——你们无缘无故就学会不相信这一点，那我怎能用各种理由来推翻你们这种信念？［参阅"论更高的人们"第9节］——称赞不是比指责更纠缠不清吗？我已忘记称赞，称赞之中毫无羞耻（《善恶的彼岸》，第170节）——这种知识人和良知者，他们用宽容体谅的手怎样在杀人！（《善恶的彼岸》，第69节）——他们的记忆在说"我做过这事"，他们的骄傲却说"你不能做这事"：这骄傲不会被说服，最后记忆让步了（《善恶的彼岸》，第68节）——这种骄傲有一双冷酷干枯的眼睛，在它面前，一切事物都失去活性和颜色，它患有撒谎晕厥症，并将称其为"求真意志！"它摇摇晃晃，四下环顾，用手摸摸脑袋，然后遭人责骂，骂它是一个求知者。可是狂热的自由还称不上是"知识"（参阅《论更高的人们》，第9节）——发烧的病人把所有事物视为魔鬼，而没有发烧的人视所有事物为空洞的幽影——然而，这两种人都需要相同的话语。/可是你，聪明的人，你怎能这样行事呢！这是蠢事。——"这（转下页注）

与沼泽之地；正如每位思索重大事物的人的情形，他不知不觉踩踏了一个人。看，这时突然有一声痛苦的呼喊、两种诅咒、二十种卑贱的谩骂，喷溅于他的脸孔：如是，他在惊骇中举起手杖，①击打被踩踏的人。但是，他旋即恢复了清醒；他的心取笑适才做出的愚行。

[200]"请原谅，"他对这位愤怒起身并坐下的被踩踏者说，"请原谅，但请你先听一则比喻。

"正如一位漫游者，正梦着遥远的事物，不知不觉间

(接上页注)对我也是够困难的。"（参阅《驴节》）今天，仅有精神还不够，还得把精神"据为己有"，这需要极大勇气。/现在有这样一些人，因为他们是教师，所以败坏了求知：只是为了学生才严肃对待各种事物，连同他们自己。（《善恶的彼岸》，第63节）/他们站在那里，这些笨重的花岗岩猫，这些远古时代的价值，哦，扎拉图斯特拉，你要推翻他们吗？/他们的意识是相反的意识，他们的机智（Witz）是机智与癫狂（Doch- und Aberwitz）。/那些忙忙碌碌、忠诚不二的人，每天每日就这样黄金般闪亮地从他们身边倏忽而逝/顽固不化的智者，文雅而小气/你让我猜猜：你的证明已厌倦了我思想的饥渴/你还从未感觉到你在做梦，噢，你离惊醒还远着哩！/你，满腹怀疑身上长满寂寞的苔藓，沉默不语，敌视一切渴求，/像你这样的人不是为了自己的信仰而被烧伤——由内向外，用一把小小的嫩绿柴火——而是为了至今尚未找到信仰的勇气而被烧伤。/像行尸走肉一般的无助，被掩埋，能藏匿：这样的人已无能站立，这蹲伏、期待的人啊，他何时能起死回生呢！（参阅《狄俄尼索斯颂歌》，"猛禽之间"）/你本想成为他们的光亮，可你把他们弄得头晕目眩。你的阳光刺伤了他们的眼睛。/他们俯卧着面对细小的事实，吻着脚下的尘土和垃圾，却喜不自胜："这里终于有真实性（Wirklichkeit）！"

① ［译注］这个手杖（Stock）可能是卷一结尾门徒们赠送给扎拉图斯特拉的手杖（Stab），虽然两处用词不同。

碰着一条狗,它在孤独的街道上熟睡,沐浴阳光:①

"——正如双方都惊跳而起,相互斥责,仿佛死敌,二者都惊吓欲死:我们的情形亦复如是。

"可是!可是——只差一点点,他们就可以相互抱慰,这条狗,这个孤独者!双方岂不都是——孤独者!"

——"无论你可能是谁,"依旧愤怒的被踩踏者说,"你非但用你的脚,还用你的比喻踩踏我!"

"可是,看,难道我是一条狗吗?"——坐着的人起身,从泥沼中拔出他赤裸的胳膊。因为他起初舒展四肢,在地面平躺,隐匿而不可辨识,如伏击泥沼野兽的人。

"但你在这里干什么!"扎拉图斯特拉惊骇呼喊,因为看见他赤裸的胳膊上血流淋漓——"你碰到了什么?你这个不幸的人,恶兽咬了你吗?"

流血者笑了,但依旧愤怒:"这与你何干!"他说,并意欲走开,"此处是我的家,是我的领域。想问的人可以问我:但我难以回答愚人。"

"你错了,"扎拉图斯特拉同情地说,紧紧抓住了他,"你错了:此处非你所有,而是我的王国,我不会让任何人在这里受到伤害。

"但无论你意欲如何称呼我——我是我所必须是的人。我自称扎拉图斯特拉。

"好啦!这条路通往扎拉图斯特拉的洞穴:它离此不

---

① [译注]此处是戏仿犬儒哲人第欧根尼,参《名哲言行录》6.38、6.46、6.65、6.60。

远,——你意欲到我那里治疗①伤口吗?

"你这不幸的人,你的生活过得委实糟糕:先是动物咬了你,复又——遭人踩踏!"——

但是,当被踩踏者听见扎拉图斯特拉的名字,就变了形态。"我发生了什么事!"他叫喊起来,"在我的生活中,还有谁还关心我,除了扎拉图斯特拉这个人,除了水蛭那个以血为生的动物?②

"为了水蛭,我躺在泥沼边缘,如同渔人,我伸出的手臂已被咬了十次,③一条更漂亮的刺猬④也要来吸我的

---

① [译注]"治疗"原文为 warten,该词兼有"等待"与"治疗"之意,上一章扎拉图斯特拉让国王等待即是此词。

② [译注]水蛭(Blutegel)是一个令人惊奇的意象,是尼采对科学精神最为生动的比喻形象。在1884年冬天的笔记里,有两次(31[10]、31[11])提到水蛭,这两处都是为本卷所作的提纲和某些思想准备。我们需要注意两次关于水蛭的描述,一是当初的标题是"水蛭之脑"(Das Hirn des Blutegels,或者 das Gehirn des Blutegels),即下文所谓"研究水蛭的大脑";这种类型的人是"事实的崇拜者"、"最优秀的知识良心",而在本章,他则自称"精神的良知者",注意尼采的描述与他自谓的细微差异。

③ [施注]在尼采看来,在科学这个术语的最高意义上,水蛭的形象意指追求科学的人。追求科学的人就是完全投身于真理和科学真理的人,他们完全出于真理自身的缘故追求真理,同时真理除了是真理、是丑陋的真理外,毫无吸引力和益处。追求真理的动力是理智的诚实。……他拥有一个知识的小岛,其周围是黑色的无知。但是,这周围的黑色无知必定会影响他在知识小岛上的生活。这意味着,在这种献身中包含追求真理这种伟大的英雄主义。

④ [译注]许多译本都把"刺猬"译为"水蛭"(包括剑桥本和早前的 Common 本),这固然更合文脉,但尼采确实使用的是 Igel(刺猬),不过水蛭原文为 Blutegel,拆开则为 Blut-egel,egel 也是水蛭之义,尼采做了次文字的游戏。

血,即扎拉图斯特拉本人!

[201]"哦,幸福! 哦,奇迹! 礼赞把我诱至这片沼泽的这个日子吧! 礼赞今天仍活着的最好、最活跃的吸血器吧! 礼赞伟大的良知-水蛭扎拉图斯特拉吧!"

被踩踏者如是说;扎拉图斯特拉喜欢他的话语这种文雅而虔敬的方式。"你是谁?"他问,并向他伸手,"我们之间还有许多东西需要澄清,需要变得愉悦:但我以为,这是清朗明亮的一天。"

"我是精神的良知者,"被问的人回答,"关于精神方面的种种事情,除了我从之学习的扎拉图斯特拉本人,不大容易有人比我更严厉、更狭窄、更冷酷。

"与其对许多事情知其一半,不如什么都不知道! 与其做一个他人判定的智慧者,不如做自我负责的傻瓜! 我——探寻根基:

"——这个根基大或者小,称它泥沼或是天堂,又有何干系? 一个手掌大的根基对我已经足够:只要是真正的根基和地面!

"——一个手掌大的根基:人就可以站立其上。真正的知识良知之间,并无大事小事之别。"

"那么,你大概是水蛭的行家?"扎拉图斯特拉问,"你对水蛭的探究已至最终的根基了吧,你这位良知者?"

"哦,扎拉图斯特拉,"被踩踏的人回答道,"这是非凡之事,我岂敢鲁莽为之!

"但是,探究水蛭的大脑,我是大师和行家,即:——这便是我的世界!

"这也是一个世界！但请原谅，这里流露出我的骄傲，这里没有与我相同的人。所以我说，'这里是我的家。'

"我研究它已颇为长久，即水蛭的大脑，于是，黏滑的真理不再从我这里滑过！这里是我的王国！①

"——故此，我抛弃其余一切，故此，其余一切对我皆是相同之物；我的知识旁边，是我那黑色的无知。②

"我的精神良知意欲我如此，即只知一事，而不知此外一切；我嫌恶一切精神的一半者，一切阴霾、飘渺、狂热之物。

"在我的诚实停止之处，我便盲然，并意欲如此盲然。但是，在我意欲求知之处，我意欲做诚实的人，③而且冷酷、严厉、狭隘、残忍、坚决。

[202]"哦，扎拉图斯特拉，你曾说过：'精神是生活，是切伤自己生活的生活。'④这引导并诱惑我朝向你的教诲（Lehre），真的，我以自己的血增长了自己的知识！"

——"正如亲见的情形所显示（lehrt）"，扎拉图斯特拉插话道；这位良知者赤裸的胳膊一直在流血。因为十

---

① [法文版注]对"科学知识"的批判，只是价值批判的一个模式。"真"和"假"只能根据"善"与"恶"的需要而制造出来，是人为产物，因此不过是一些后果，而远远不是原因。

② [KSA版注]参阅《尼采全集》卷十一，29[51]：认真执着者/紧靠水蛭的是我无知的开始：可是我忘了为此而羞愧。

③ [KSA版注]参阅《尼采全集》卷十，12[5]：在你们不再诚实的地方，你们就虽视若盲了。哦，我了解你们盲目的意志！

④ [KSA版注]参阅本书第二卷，"论著名的智慧者"。

条水蛭咬了同样的地方。

"哦,你这奇异的家伙,此刻亲见情形,也向我显示出很多东西!也许,我不该把一切都灌进你严谨的耳朵!

"好吧!我们就在这里分别!我还是乐于与你重逢。这条路向上通往我的洞穴:今晚你就应该是我的嘉宾!

"因为扎拉图斯特拉用脚踩踏了你,我乐于再对你的身体有所弥补:我会思索此事。但是,现在一声困境中的呼喊急切唤我离你而去。"

扎拉图斯特拉如是说。

魔法师①

1

但是,当扎拉图斯特拉转过一块岩石,在下面不远的

---

① [KSA版注]此标题在誊清稿中为"精神的忏悔者"。参阅《尼采全集》十一卷,30[8]:魔法师/我厌倦了,我寻找一个伟人,白白找了一辈子,可也不再有扎拉图斯特拉这个人了。/扎拉图斯特拉认真地说,我认出你来了,你就是所有人的魔法师,可是在我看来,你获得的仅仅是厌恶而已/你追求伟人,别人尊敬你;可是这也暴露你不伟大。/你是何人?他用惊诧的充满敌意的目光说道,谁敢这样同我说话?你的坏良心——扎拉图斯特拉回答,便背过身去,不理魔法师。草稿("扎拉图斯特拉"第二部分7):你就像群氓相信奇迹一样相信道德,在我看来,你正是因为这种相信而变为群氓了;你就像那些不纯洁的小女人和老女人相信纯洁的女人一样,最后躺倒在一个十字架前。/你像一切群氓一样,跪倒在道德和放弃者面前,尤其是跪倒在伟人的无辜面前,你在那里祈祷。/群氓无不信仰道德,一如信仰奇迹,就像肮脏的小女人和老女人信仰纯洁一样。/早就在介绍一位伟人,你这糟糕的魔法师:可是撒这个谎,你实在是力不能及。你为这谎言而头破血流,尽管你骗了许多人,可最终他们都对你厌恶/凡是你觉得陌生怪异的东西,你都说它们神圣;你总爱吃,爱闻一切不可能的东西,可(转下页注)

同一条路上,他看见一个人,如同甩动四肢的癫狂者,终于向下仆倒在地。"停下!"扎拉图斯特拉对自己的内心说,"他必定是更高的人,是他喊出了艰难的困境中的呼喊,——我想知道,是否可以有所帮助。"但是,当他跑到那人平躺的地方,发现一位颤抖的老人,目光凝滞;无论扎拉图斯特拉如何用力将他扶起,或让他双足再次站立,皆是徒然。这不幸者似乎也没有察觉身边有人;反而总伴随着激动的举止环顾四周,仿佛是整个世界的遗弃者和孤独者。但是,终于在不停的颤抖、抽搐、蜷曲之后,他开始如是哀鸣:①

谁温暖我,谁还会爱我?

(接上页注)这是群氓的口味。31[5]还涉及"诗人":你谈论你和我吗?不管你在披露我还是你,你都属于叛徒之列,你,诗人!你寡廉鲜耻地反对你生活经历的东西,把你的经历和你最爱的东西出卖给纠缠不清的双眼,把你的血液注入渴干的杯子里,你呀,最虚荣的人啊!参阅《善恶的彼岸》,161节,31[36]:你们这些诗人,慵懒的动物,没有什么要创造的人,他也就创造不出什么!31[33]:正像牧人眺望拥挤羊群的背部一样,我眺望那灰色微波密集的海面。——我咬牙切齿地击打着你们那平浅的海岸,犹如一个狂野的巨浪很不情愿地冲上沙滩。31[36]:魔法师——我也知道放上花罩布了。谁善于骑马,也就善于骑到马鞍上了。31[37]:魔法师——你们马上又要学习祈祷了。古老的精神假币制造者也铸造了你们精神的假币。

① [朗注]老魔法师自诩为"他的时代最伟大的人",他与扎拉图斯特拉之间的竞争,证明了诗与哲学之间古老的竞争。这里开始的,其实标志着,尼采对他与瓦格纳之间的竞争的看法,尼采之反瓦格纳,被艺术性地转换为扎拉图斯特拉之反老魔法师。

给我热烈的手!
给我心的火盆!
[203]僵卧战栗,
如半死之人,正有人温暖双足——
啊,摇撼,因未知的灼热,
因尖锐透寒的冰箭而颤抖,
又被你追猎,思想!
不可命名者! 遮掩者! 可怖者!
你这云层后的猎人!
被你的闪电击中,
你嘲讽的眼神,从黑暗中注视我:
——我如此躺下,
弯曲、蜷缩,
承受一切永恒的折磨,
被你射中,
最残忍的猎人
你这未识之——神!

射得更加深沉!
再射一次!
射穿、撕碎这颗心!
以钝牙之箭
造就的折磨想如何呢?
以幸灾乐祸的诸神--闪电-目光,
对人类的痛苦不感厌倦,

你还想看见什么?

你不意欲杀害,

只是折磨复折磨?

为什么——折磨我,

你这幸灾乐祸的、未识之神?① ——

哈哈,你悄然而至?

在这午夜,

你意欲何为? 说!

你催逼我,压迫我——

哈! 已经过于接近!

走开! 走开!

你听我在呼吸,

你窃听我的心,

你这嫉妒者——

却在嫉妒什么?

走开! 走开! 梯子何用?

你意欲进入

进入内心,

[204]登上,登上我最隐秘的

思想?

---

① [译注]参《使徒行传》17:23,保罗说曾在雅典看见雅典人敬拜"未识之神"(unbekannter Gott),他说这就是上帝。尼采反其道而用之。而如果歌者是阿里阿德涅,这个神就是狄俄尼索斯。

无耻之徒！未知的——窃贼！
你意欲偷盗什么？
你意欲窃听什么？
你意欲拷问什么？
你这拷问者！
你——刽子手-神！
或许,我应该像一条狗
在你面前打滚？
陶醉而欣悦忘我地
对你——摇尾乞爱？

徒劳！你继续刺吧,
最残忍的刺！不,
不是狗——我只是你的猎物,
最残忍的猎人！
你最骄傲的囚犯,
你这云层后的强盗！
最后,你说吧！
拦路者,你意欲从我这里得到什么？
你,被闪电遮掩的人！未知的人！说,
你意欲什么,未识之——神？——

什么？赎金？
你意欲多少赎金？
多多索要吧——我的骄傲如此劝诫！

言辞简短吧——我的另一种骄傲如此劝诫!

哈哈!
你意欲我——么?我?
我——完全的我?……

哈哈!
折磨我,你真是傻瓜,
折磨我的骄傲么?
给我爱吧——谁还会温暖我?
谁还爱我?——给我热烈的双手!
给心的火盆,
给我这最孤独的人,
给我冰!啊,七层寒冰,
教人渴求敌人自己,
[205]渴求敌人,
给吧,甚至给出你自己,
你这最残忍的敌人!
把你自己——给我!——

离开了!
他自己逃离了,
我最后的唯一伙伴,
我伟大的敌人,
我的未知者、

我的刽子手-神!——

——不!回来,
连同你所有的折磨!
回到所有孤独者中的最后一位身边,
哦,回来!
我所有的泪奔涌,
向你奔涌!
而我最后的心火——
为你燃烧!
哦,回来,
我未知的上帝!我的痛苦!我最后的——幸福!①

2

——但是,扎拉图斯特拉这时再也不能忍耐,拾起手杖,用尽的全部力量痛打那哀鸣者。"停住!"他向那人呼

---

① [KSA版注]"魔法师的哀鸣"最先是想把它写成准备于1884年秋发表的一首诗。在"扎拉图斯特拉"第二部分5中(参阅《尼采全集》十一卷,28[27])可看到题为"诗人——创造者的痛苦"的第一稿。在"扎拉图斯特拉"第二部分6中(第二稿)有两个标题:第一个是:(被删去)走出第七重孤独,第二个是:思想。在"扎拉图斯特拉"第二部分8中另有一个诗稿,它与本诗几乎没有什么差别,参阅《尼采全集》十一卷,31[32];1888年12月至1889年1月,"魔术师的哀鸣"成了《狄俄尼索斯颂歌》中的一首,标题为"阿里阿德涅的哀鸣"。决定把此诗放入本书第四卷,请参阅十一卷29[22]:"谁还爱我",一种令人冻僵的思想/一个癫痫病症状/一位诗人/一位国王。

喊，并带愤怒之笑，"停住，你这个表演者！你好个制造假币者！[①] 你这彻底的骗子！我对你甚为了解！

"我意欲使你立刻有温暖的腿，你这邪恶的魔法师（Zauberer）[②]，我很懂得训斥（einheizen）你这类人！"

——"停止吧，"老人说道，并从地面跃起，"别再打了，哦，扎拉图斯特拉！我如此行为，只是在表演！

"此类皆是我的艺术；当我给你这套预演（Probe），我意欲给你一场试探（Probe）！真的，你完全看穿了我！

"但是，你也——给了我的不小的试探：你可真狠，你，智慧的扎拉图斯特拉！你以你的'真理'狠狠打我，你的棍棒逼出了我的——这个真理！"

[206]——"不必阿谀奉承，"扎拉图斯特拉回答，仍然激动，目光阴沉，"你这个彻底的表演者！你虚伪啊：你还谈论什么——真理！

---

① ［译注］关于制造假币者（Falschmünzer），参本卷第八章"更高的人"。但这个说法在尼采后期作品中屡次出现，尤其是在《瞧，这个人》"瓦格纳事件"一章中称："德国人在认识论的历史上具有卓著而模棱两可的名声，他们总是产生'无意识'的制造假币者（unbewusste Falschmünzer）"，然后尼采列举了德国人引以为豪的哲人名录：费希特、谢林、叔本华、施莱尔马赫、黑格尔，当然还有康德和莱布尼茨。对比"瓦格纳事件"第十节，则直接称叔本华为"制造假币者"，而黑格尔、谢林与之并无差异；那么，很显然，制造假币者就是这种德国精神的观念论者，甚至可以说，是尼采对整个德国观念论传统的总体看法。但是伪币不止一种，《敌基督者》第42节，称保罗为"制造假币者"。《论道德的谱系》卷一第14节，尼采提出理念的产生问题，另参卷三第14节。

② ［译注］注意与制造假币者这一说法的关系，参《论道德的谱系》卷三，第10、15和20节。

"你是孔雀中的孔雀,虚荣的海洋,你在我面前表演什么,你这邪恶的魔法师,当你以这种形态悲诉,我该以为你是谁呢?"

"精神的忏悔者,①"老人说,"这——正是我的表演:你曾经自己发明了这个词——

"——诗人和魔法师,最终以自己的精神反对自己;变形者,他因自己邪恶的知识和坏良心而冻僵。

"你还是承认吧:哦,扎拉图斯特拉,过了很久,你才看穿我的艺术和欺骗!当你用双手捧着我的脑袋,你以为我处于困境之中,——

"——我听见你在哀鸣,'人们对他爱得太少,爱得太少!'我欺骗你到如此地步,我的邪恶对此暗自欢呼。"

"你也许欺骗过比我更加敏锐的人,"扎拉图斯特拉狠狠地说,"我不提防骗子,我必须没有戒心:我的命运意欲如此。②

"但是,你——必须欺骗:我看穿你了!你必须总有双重、三重、四重和五重的意思!至于你现在的供认,我早已觉得不够真实,也不够虚伪!

"你这邪恶的制造假币者,你还能是别的什么!即便裸体示于医生,你仍旧会伪饰你的疾病。③

---

① [法文版注]参见第二卷,"论诗人"。
② [法文版注]参见第二卷,"论人的聪明"。
③ [KSA版注]参阅《尼采全集》十一卷,31[33]:"这些诗人!他们就是把裸体呈现给医生看还要化妆!"(扎拉图斯特拉没有说"不",而是微笑,这时,你瞧,那诗人飞快奏着竖琴,张大嘴又要唱支新歌。31[24]:他们俩哈哈大笑,"我们诗人善于怎样妆扮自己和支撑自己!我指的是……")

"所以,当你适才说:'我如此行为,只是在表演',你以此在我面前伪饰你的谎言。其中也有严肃,在某些方面,你的确是精神忏悔者!

"我猜透了你:你已变成向所有人施魔法的人(Bezauberer),但是,对你自己,你却没有多余的谎言和诡计——你对自己再无魔法(entzaubert)!

"你收获了嫌恶心,作为你唯一的真理;你再也没有一个真实的词语,除了你的嘴:就是说,那嫌恶正粘在你的嘴上。"——

——"你究竟是谁!"老魔法师这时喊道,音调倔强,"对我,当今最伟大之人,谁可以这样说话?"——他的眼睛向扎拉图斯特拉射出一道绿色闪电。但是,他立刻又变了形态,悲哀地说:

"哦,扎拉图斯特拉,我厌倦了,我嫌恶我的艺术,[207]我并不伟大,我还伪装什么! 但是,你或许知道——我曾寻找伟大!

"我意欲伪装为一个伟大的人,劝服多数人:但是,这种谎言,在我的力量之外。我为此而破碎。

"哦,扎拉图斯特拉,我这里一切皆是谎言;但是,我破碎了——我的破碎是真实的啊!"

"这令你光荣,"扎拉图斯特拉黯然低语,并向旁侧低看,"你寻找伟大,这令你光荣,但这也敞露了你。你并不伟大。

"你这邪恶的老魔法师,你厌倦了自己,并且说出:'我并不伟大',这便是你最美、最诚实的东西,是我对你的敬重所在。

"在这一点上,我将你视作精神忏悔者而敬重:即使是顷刻的呼吸之间,在这个瞬间里的你是——真实的。

"但是,说吧,你在我的森林和岩石间寻找什么?你躺在我的道路上,你意欲试探我什么?——

"——你试探我什么呢?"

扎拉图斯特拉如是说,他的眼睛辉光明耀。老魔法师沉默了一会,说道:"我试探你?我——只是寻找。

"哦,扎拉图斯特拉,我寻找一位真实的人、正直的人、单纯的人;确凿①的人,一位全然诚实的人,一个智慧的器皿,②一位知识圣徒,一个伟大的人!

"哦,扎拉图斯特拉,难道你不知道?我寻找扎拉图斯特拉。"

——两人于此陷入长久的沉默;但是,扎拉图斯特拉深深陷入对自己的思索,并双目阖闭。但他随后返回他的交谈者,握住老魔法师的手,充满礼仪与奸诈地说:

"好吧!这条道路向上通往的地方,就是扎拉图斯特拉的洞穴。在里面,你可以找到你想要寻找的人。

"向我的动物们,我的鹰和蛇,征求建议:它们会帮你

---

① [译注]原文为 eindeutig,字面意思是"单一的意思",对应前面那句"你必须总有双重、三重、四重和五重的意思"。

② [译注]器皿(Gefäß),参《罗马书》9:19—24;参巴特《罗马书释义》,魏育青译,上海:华东师范大学出版社,2005年,页323—330。

寻找。但是，我的洞穴巨大。

"我自己当然——我尚未见过任何伟大的人。什么是伟大的人，今天最敏锐的眼睛对此也颇为迟钝。这是群氓的王国。

"我发现了一些伸展四肢、自我吹嘘的人，[208]而民众呼喊：'瞧，一个伟大的人！'但是，全部的风箱有什么用！最终，只引出了风。

"鼓气太久的青蛙最终破裂：只引出了风。① 刺戳膨胀者的肚子，我称之为真正的消遣。你们这些孩子，听着！

"今天属于群氓：谁还知道什么是伟大，什么是渺小！谁能幸福地找到伟大！只有傻子：傻子才会成功。

"你这令人惊奇的傻子，你在寻找伟大的人吗？谁教你的呢？如今是这样的时代吗？哦，你这邪恶的寻求者，为什么——你要试探我？"②——

扎拉图斯特拉如是说，心中宽慰，便笑着沿自己的路前行。

---

① ［译注］一则常见的希腊和罗马寓言，关于青蛙鼓噪破碎的故事，参《斐德罗寓言》1.24。

② ［施注］魔法师丧失了自己的天真，并希望成为一个宗教人。尼采在他的作品中就这个问题讨论过瓦格纳。

逊 位①

但是,扎拉图斯特拉摆脱魔法师不久,看见有人坐于他行经的道路,黑色的、修长的他,面容瘦削苍白:这个人令他分外恼怒。"唉,"他对自己的心说,"那里又坐着伪装的悲哀,我想他是教士类型的人,他们在我的王国意欲何为?

"什么!我刚刚从魔法师那儿逃脱:难道必须又有另一个巫师②挡住道路么,——

"——某个行按手礼的法师(Hexenmeister)、一个受上帝恩惠的黑暗的奇迹创造者、一个被涂圣油的世界诽

---

① [KSA 版注]此标题在誊清稿中为"罗马教皇逊位",在草稿中为"罗马教皇"(或者为"论虔诚者")。

② [译注]巫师(Schwarzkünstler),与卷二"论毒蜘蛛"一章有关,是毒蜘蛛的另一种表达形式。参 1883 年的笔记:"黑色和令人变黑是一切毒蜘蛛的艺术,所以我称其为精神的黑色艺术家(die Schwarzkünstler des Geistes),是教诲'最坏的世界'的人"(13[3,17]);"精神的黑色艺术家的悲观主义毒蜘蛛"(13[25])。所以本章开始,尼采以黑色来形容这个巫师。另参《论道德的谱系》卷一第 14 节,我们可以将《论道德的谱系》这一节视为此处两节的导论。

谤者，让魔鬼把他带走！

"但是，魔鬼总不在他应该在的地方：他总是来得过迟，这该死的侏儒和畸足！"——

"扎拉图斯特拉如是咒骂，心中难以忍耐，考虑如何避开视线，躲过这个黑色的人：但是，看，却是另一种情形。因为同时，坐着的人已经发现了他；并非不像一个撞上意外幸福的人，他跃起并向扎拉图斯特拉冲去。

"无论你是谁，你这漫游客，"他说，"请帮助一位迷路者、一位寻求者、一个在这里容易受到伤害的老人！

"我以为，这里的世界陌生而遥远，我还听见野性动物的嚎叫；[209]曾经能够为我提供庇护的人，本人也已不复存在。

"我寻找最后的虔诚之人、圣人和隐士，他独居于自己的森林，尚未听闻现在整个世界皆已知晓的东西。"

"现在整个世界皆已知晓的，是什么？"扎拉图斯特拉问，"或者是，整个世界曾经相信的老上帝，已经不再活着了？"①

"你说得对，"老人悲伤地回答。"我侍奉（diente）这位老上帝，直到他的最后一刻。

"但是，现在我逊位了（außer Dienst），没有了主人，却不自由，没有一刻快乐，除了在记忆之中。②

① ［KSA 版注］参前言，第二节。
② ［法文版注］"上帝之死"当然是一个纯粹的解放，但也构成了某个建筑的崩塌，这个建筑正是由不同层次的元素构成的。参见《快乐的科学》，卷四，第 343 节。

"所以,我登上这座山,让我最后为自己再行一个庆典,就像一个老教皇和教父应该做的:你也知道,我是最后的教皇!——一个充满虔诚的回忆和礼拜的庆典。

"但是,那个最虔诚的人现在也死了,那位林中圣人,他过去总以歌唱和呢喃礼赞他的上帝。

"当我找到他的茅庐,我已找不到他本人,——里面但有两匹狼,为他的死亡而嚎叫——因为所有的动物都爱他。① 于是,我跑开了。

"难道我便如此徒劳地来到这森林与山间?我的心这时决定寻找另外一位,在所有不信上帝的人当中,最虔诚的那位,——我要寻找扎拉图斯特拉!"

年迈的老人如是说,并注视眼前的人,目光锐利;扎拉图斯特拉却抓起老教皇的手,怀着钦佩端详良久。

"看,你这令人尊敬的人,"他于是说,"多么优美修长的手! 正是这只手,总是赐予祝福。现在,它却紧握你要寻找的人,我,扎拉图斯特拉。

"我是无神论者扎拉图斯特拉,我曾说:谁比我更是无神论者,令我乐于得到他的指示?"②

扎拉图斯特拉如是说,用他的目光逼视老教皇的思想和隐念。这人终于说道:

"最爱、最拥有他的人,如今对他的遗失却也

---

① [KSA版注]参前言第二节,林中圣人。
② [译注]引文出自卷三"论变小的道德"第三节。

最甚——：

"——看，我们两人中，我本人现在大概更是无神论者吧？但是，谁能为此高兴呢！"

——"你侍奉他直到最后，"扎拉图斯特拉于深沉的沉默之后，有所思索地问道，[210]"你知道他是怎么死的吗？这是真的么：有人说，是同情将他扼杀，

"——说他看见人类怎样被钉上十字架，而且他也不再能够忍受，他对人类的爱成了他的地狱，最终导致他的死亡？"——

老教皇却没有回答，目光畏怯，表情痛苦而阴郁，向旁侧看顾。

"让他去吧，"经过长时思考，扎拉图斯特拉终于说，同时，他始终直视老人的眼睛。

"让他去吧，他已经去了。尽管你累牍重述这个死者的好，颇令人尊敬，但你同我一样都很清楚，他是谁；他走过了一条令人惊奇的道路。"

"在三只眼睛下密谈吧，"①老教皇开心地说（因为他盲了一只眼），"在上帝的事情上，我比扎拉图斯特拉本人更加明了——也本该如此。

"我的爱侍奉他多年，我的意志追随他所有的意志。但是，一个好侍奉者知道一切，甚至一些他的主人对自己

---

① ［译注］unter vier Augen sprechen，直译"在四只眼睛下谈话"，意即没用旁人的情况下两人密谈。因为老教皇瞎了一只眼，故而改为三只眼睛。

隐匿的事情。

"他是一位满是隐秘的隐匿上帝。真的,他甚至用秘密的邪径得了一个儿子。他的信仰之门上树立着通奸。①

"谁把他称颂为一个爱的上帝,他对爱本身的思考,就高度不足。这个上帝不也意欲做法官吗? 但是,爱者之所爱,却在赏罚的彼岸。②

"当他年轻时,这上帝来自东方,强硬而好复仇,为了让他爱的人愉悦,他自己营造了地狱。

"但他终于老了、温和、虚弱,富于同情,更像祖父而非父亲,但最像颤巍巍的老祖母。

"干枯的他坐在他的火炉的角落,因为他衰弱的双脚而愁楚,厌倦世界,厌倦意志,某天终因过于浓烈的同情窒息而亡。"③——

"你这老教皇,"扎拉图斯特拉此时插话,"这是你亲眼目睹么? 可能是这样的情形:但也另有可能。诸神之死,总有许多种死亡的方式。

"但罢了! 这样也好,那样也好,总之——他已经去了! 他与我的眼睛和耳朵的品味相反,我不想背后议论他更糟糕的事了。

"我爱所有目光明亮、言语诚实的人。[211]但是,

---

① [法文版注]参见《敌基督者》,第34节。
② [法文版注]参见第三卷,"漫游者"。
③ [法文版注]神的坠落以及犹太基督在尼采的著作中一再重复。参见《敌基督者》,第16—18节。

他——你也知道,你这老教士,他多少也是你这种类型,就是教士的类型——他有多重的意思(vieldeutig)。

"他也意思含混(undeutlich)。他这怒气冲冲的人,因为我们理解不力而对我们愤怒!但是,他为什么不说得更加明晰?

"倘若原因在我们的耳朵,他为什么给我们听不懂他的耳朵?倘若我们的耳有污泥,①好罢!谁放进去的呢?

"这学徒期未满的窑匠,②他失败太多!他对自己的陶器和创造物复仇,因为它们在他手中没有成器——这是有违好品味的罪过。

"虔诚之中也有好品味,它终于说道:'让这样的上帝走开!宁可不要上帝,宁可依靠自己达成命运,宁可是傻瓜,宁可自己成为上帝!③'"

---

① [Pütz版注]"倘若我们的耳有污泥",理解这句话得先理解"上帝是陶瓷匠"这个比喻,上帝制造的坛坛罐罐(即上帝的造物)屡屡失败,因为他把潮湿的物料放在它们的耳朵里,致使它们对陶瓷匠的声音充耳不闻。

② [译注]窑匠本身当然暗示上帝造人的基督教古训(参《以赛亚书》64:8),但尼采可能着意讽刺《圣经》关于被制造者不可与窑匠争论的服从性教诲,参《以赛亚书》29:16:"你们把事物颠倒了,岂可看窑匠如泥吗?被制作的物,岂可论制作物的说,他没用制作我;或是被创造的物论造物的说,他没用聪明。"另参45:9。尤其是在早年的《荷马的竞争》前言里,尼采在强调希腊文明高贵的竞争品质时,引用了泡赛尼阿斯的说法:"窑匠与窑匠怄气,木匠与木匠怄气。"那么,窑匠就不是唯一的,而基督教上帝更是"学徒期未满的窑匠"。

③ [法文版注]关于"上帝之死"与疯狂的关系,参见"前言",第2节。

——"我听见了什么！"这时老教皇尖起耳朵说，"哦，扎拉图斯特拉，你比你所相信的还要虔诚，以这种不相信的方式！你心中的某个神，令你皈依你的无神论。

"不正是你的虔诚，才使你不再相信某个上帝吗？你那过于伟大的诚实，还将你引向善恶的彼岸！

"看，还为你保留了什么？你有眼睛、手与口，自永恒以来，它们就注定为祝福所用。人们不仅以手祝福。

"尽管你意欲成为最彻底的无神论者，但在你的近旁，我却嗅到一股隐秘的、来自长期祝福的庄严芳香：我因此愉悦而悲苦。

"哦，扎拉图斯特拉，让我做你的客人吧，只需一个夜晚！现在，大地上没有任何地方，会比与你一起更使我愉悦了！"

"阿门！就如此吧！"扎拉图斯特拉大为惊异，说道，"这条路向上通往扎拉图斯特拉的洞穴。

"本来我确实愿意亲自陪你上去，你这令人尊敬的人，因为我爱所有的虔诚者。但现在，一声困境中的呼喊急切唤我离你而去。

"在我的领地，我不会让任何人受到伤害；我的洞穴是座良港。① 我最爱帮助每个悲伤的人，让他们双足重又坚实，立于坚实的土地。

---

① ［译注］关于港口，参卷三"违背意志的幸福"，以及本卷"影子"一章。

"但是,谁能从肩头解除你的忧伤?对此,我过于虚弱。[212]真的,我们要长久等待,直到有人重新唤醒你的上帝。

"因为那个老上帝的确不再活着:他已彻底死了。"——

扎拉图斯特拉如是说。

最丑陋的人①

——扎拉图斯特拉的双脚重又在山峰与森林间奔跑,

---

① [KSA版注]参阅《尼采全集》卷十一,25[101]:希腊哲人在发现自身美的形式中寻找"幸福",也就是从自身塑造一尊雕像,其外型要给人以美感(而不是引起惶恐或厌恶)/"最丑陋的人"是作为否认人世的思维方式的典型。各种宗教也是那种追求美的欲望之结果(或忍受生活的欲望的结果)。最后的结果要理解人的那种极端的丑陋,即没有神明、没有理性等等的人生——或许是纯粹的佛教。越丑陋越好。/我寻找过这一否定人世的极端形式。"一切皆痛苦",凡看起来是"善"(幸福等等)的均为欺骗。我不说"一切皆痛苦",而说一切造成痛苦和杀害,即便在最佳之人的内心亦如此。/"一切皆伪",一切皆骗/"一切皆苦"——一切造成痛苦和杀害/消灭,非正义的人生/人生即"真"和"善"的反面——自我/肯定人生——即意味着肯定欺骗。——意味着人只能以极端非道德的思维方式生活。人由这种思维方式也能忍受道德和美化的企图。——可是谎言的无辜已经完了! 31[49]:没有神,没有善,没有思想——我们发明了这个所有人当中最丑陋的人。草稿("扎拉图斯特拉"第二部分9):最丑陋的人。/什么? 你想走开,你这个严酷者、圣者? 那好吧! 那就带着我最后一句最恶的话走开吧,这句话我早就为你准备好了。/哦,扎拉图斯特拉,你听着,你是我最佳的谜语和秘密:我就是、我就是杀死上帝的人。/你知(转下页注)

他的眼睛寻找复又寻找,但伟大的困境中人和困境中的呼喊,他虽意欲发现,却依旧无处寻觅。但在整条道路上,他内心快乐,并生感激之情。"这一天,"他说,"馈赠给我多么美好的事物,这补偿了糟糕的开端!我发现了多么奇特的交谈者!

"现在,我意欲慢慢咀嚼他们的话语,如饱满的谷粒;我的牙齿当把它们磨碎、碾碎,直到它们如牛奶一般流淌

(接上页注)道,上帝窥见最丑陋的人的内心最深处的东西以及他那些被隐瞒的耻辱和丑陋,他潜入我最肮脏的角落/上帝必须死,这个好奇的过度纠缠的家伙——我要对这样的证人复仇——要么我也别活着!/上帝观察一切事物,也包括人类,这个上帝必须死去!人不能容忍这样一个证人活着!/最丑陋的人如是说,扎拉图斯特拉面无表情地听他说出的这些话,不置可否。当那个人发出呼噜和喘息声之后,扎拉图斯特拉又走自己的路了,却比此前更加深思起来:因为他自问又不易找到答案:什么?这人也许就是我听过其呼喊的更高的人么?我还没有发现过比他更深切轻蔑自己的人。/可这很了不起,我喜爱那些伟大的轻蔑者。因为人是必须被超越的东西。而这个最丑陋的人也许早就艰苦而得当地为自己的丑陋在作煞费苦心的准备了?也许他在一只丑陋的蛋中藏匿着一只漂亮小鸟的未来?人是多么可怜、丑陋、气喘吁吁、满心藏着羞耻!有人告诉我,人是爱自己的/而这个人却不自爱和自重。——迄今彻底轻蔑人的人,难道不正是最伟大的行善者么?/我爱那些伟大的蔑视者,因为他们是渴望和向往的箭矢,我爱那些沉落者,因为人有他们才能过渡。/扎拉图斯特拉如是说。32[4]:论"最丑陋的人"/哦,我的灵魂,不要对人类产生沮丧,你的眼睛最好看人身上恶的稀奇的和可怕的东西!/"人是恶的"——各个时代的最智慧者都对我这样说,这对我是个安慰。哦,当今时代在教我叹息:"什么!这还是真的吗?"/"什么?这种安慰已经破产了吧?我那小小的忧郁如是叹息。可那个最高的神一样的存在(Göttlichste)在安慰我。

进我的灵魂！"——

但当道路又绕过一块岩石，风景突然变了，扎拉图斯特拉踏进一个死亡的王国。此处向上耸立黑色与红色的危岩；草树皆无，没有鸟鸣。因为这个山谷令一切动物退避，猛兽亦然；只有一类丑陋肥硕的绿蛇，当其年老时来此寻死。因此，牧人称这座山谷为：死蛇之谷。

扎拉图斯特拉却沉迷于黑色的回忆，他似乎曾在这个峡谷停驻。许多沉重逼迫于他的意识之上：如是，他步伐缓慢，而且愈加迟缓，终于默然伫立。当他睁开眼睛，却发现某个东西坐于路旁，其形似人又非人，某个不可形容的东西。亲眼见到这样的东西，扎拉图斯特拉突然感到巨大的羞耻：脸一直红到白发，他转过目光，并抬起脚，他要离开这块恶土。但此刻，这死亡的荒凉之地发出声响：即从地下冒出的汩汩声和呼噜声，如夜间流水在堵塞的水管中发出汩汩声和呼噜声；最后又变成了人类的声音和人类的话语——它如是说道：

[213]"扎拉图斯特拉！扎拉图斯特拉！猜我的谜吧！说，说啊！什么是对见证人的报复？

"我诱你回来，此处有平滑的冰！当心，当心，不要让你的骄傲在此折断你的腿！

"你自以为智慧，你这骄傲的扎拉图斯特拉！那就猜谜吧，你这坚硬的核桃夹子——这个谜就是我！那便说吧：我是谁？"

——但当扎拉图斯特拉听了这番话——你们认为他的灵魂发生了什么变化呢？——同情袭击了他；他瞬间

倒下,仿佛一棵长久以来抗御太多伐木斧斤的橡树,——①沉重而且突然,令意欲它倒下的人也惊骇了。但是,他重新从地上站起,形容冷酷。

"我认出了你,"他朗声道,"你是杀死上帝的凶手!让我走吧。②

"你不能忍受看见过你的人——一直把你看得透而又透的人,你这最丑陋的人! 你报复这样的见证人!③"

扎拉图斯特拉如是说,意欲走开;但是这个不可形容的东西拉住他衣服的一角,又开始发出汩汩声,并寻找词句。"停住吧!"他终于说——

"——停住! 不要离开! 我猜出是哪一柄斧子把你砍倒在地:哦,扎拉图斯特拉,祝福你,你再次站立起来!

---

① [法文版注]"困境中的呼喊"与"最丑陋的人"是扎拉图斯特拉的最后试探。参见《瞧,这个人》,"我为何写得如此好书",第4节。

② [施注]最丑陋的人是上帝的谋杀者。最丑陋者不害怕惩罚,而是害怕同情和怜悯,这种对同情和怜悯的恐惧是他犯下可怕罪行的动机。

[译注]参《快乐的科学》,卷一,第125节"疯子";疯子说,"是我们把他[上帝]杀了! 是你们和我杀的! 咱们大伙儿全是凶手! 我们是怎么杀的呢? 我们怎能把海水喝干呢? 谁给我们海绵,把整个视界擦掉呢? 我们把地球从太阳的锁链下解放出来。"这里显然可以作一种历史主义的解释:杀死上帝的现代启蒙和科学精神。那么,为什么《快乐的科学》里的复数"我们"这里变为一个单数的"最丑陋的人"?

③ [法文版注]上帝之死不能轻易地被解释为一个"悲剧性自由"的行为,但是也应该显现为一种怨恨的效果,而这种怨恨正是上帝的观念所哺育出来的。关于复仇的精神,参见第二卷,"论拯救"。

"我知道得很清楚,你猜出了那个人的心绪,那谋杀他的人——谋杀上帝的凶手。停住!坐到我这里吧,这不会徒劳的。

"倘若不想走向你,我还意欲走向谁呢?停住,坐吧!但不要看着我,尊重——我的丑陋吧!①

"他们迫害我:现在,你是我最后的庇护所。不是以他们的仇恨,不是以他们的追捕者——哦,我要嘲笑这类迫害,并且骄傲而快乐!

"迄今为止,一切成功岂不都属于饱受迫害之人吗?善于迫害的人也容易学会跟随——毕竟他已落在——后面!但这是他们的同情②——

"——我逃避的,正是他们的同情,我逃向你。哦,扎拉图斯特拉,保护我吧,你是我最后的庇护所,你是唯一猜透我的人:

"——你猜出了那个人的心绪,那个谋杀他的人。停住!倘若你意欲前行,你这不可复耐者:不要踏上我过来的路。那条路坏了。

[214]"我对你结结巴巴絮叨良久,我还向你劝言,你对我愤怒了吧?但你知道,我是最丑陋的人,

"——有一双最沉重、最大的脚。凡我去过的地方,路都坏了。我踩死了一切道路,并令其蒙羞。

---

① [法文版注]参见《权力意志》,VP1 359;VP2 800。
② [KSA版注]参阅《尼采全集》卷十一,31[43]:他们迫害我?那也好,他们就学会跟从我了。迄今,饱受迫害的人都成功了。参阅《马太福音》5:10。

"但你从我身旁经过,寂然无声;我看得真切,你脸红了:因此,我认出你是扎拉图斯特拉。

"其他所有人都以目光和言辞向我抛掷他的施舍、他的同情。但是对此——我还不足以为乞丐,这,你已猜出了——

"——对此,我过于丰富,富有伟大之物、可怕之物、最丑陋之物和最不可形容之物!哦,扎拉图斯特拉,你的羞耻是对我的尊敬!

"我颇费周折(Not),才从同情的逼迫中走出——找到这个唯一的人,今天只有他教诲:'同情是种强迫'——就是你,哦,扎拉图斯特拉!

"——无论是一尊神明的、还是人类的同情:同情与羞耻逆向而行。不欲帮助较之于急于上前帮助,作为一种道德可能更加高尚。

"所有的小人皆称其为道德本身——但对于巨大的不幸、巨大的丑陋和巨大的失败,他们却毫无敬畏。

"我越过所有这些而远望,正如一只狗越过拥挤的羊群脊背而远望。他们是渺小的、毛顺的(wohlwollige)、好心的(wohlwillige)、灰色的人。

"正如一只苍鹭,仰起头颅,越过浅池远望:我也越过那些拥挤的、灰色的、微小的波浪、意志和灵魂而远望。

"长久以来,人们认为这些小人有理:于是,人们终于也给予他们权力——如今他们便教导说:'小人们称之为好的,才是好。'

"今日所谓的'真理',便是传道者的传道,他本人也

是他们中的一员,是小人们令人惊奇的圣人和辩护人,他自我证明说:'我——即真理。'①

"这种不谦逊的人长久以来已使小人们趾高气扬——当他教导'我即真理'时,他教授的不是小错误。

"一个不谦逊的人可曾得到了什么更有礼貌的回答?② ——而你,哦,扎拉图斯将拉,你从他身边经过并说:'不!不!第三次还是不!'③

"你对他的错误提出警告,你最早对同情提出警告——不是对所有人,不是对任何一个人,④而是对你自

---

① [法文版注]参见《约翰福音》14:6耶稣的话:"我就是道路、真理、生命。"

② [KSA版注]参阅《尼采全集》卷十一,25[338]:据说,基督教著名的创教者对彼拉多说:"我即真理";这位罗马人的回答与罗马的尊严相称,诚为所有时代最伟大的文雅和礼貌。

彼拉多的回答是:"真理是什么呢?"(《约翰福音》18:38),耶稣也未对他说"我就是真理",而是说:"我为此而生,也为此来到世间,特为给真理作见证;凡属真理的人,就听我的话。"(《约翰福音》18:37)《敌基督者》第46节引用了彼拉多的回答。

③ [译注]本卷"困境中的呼喊"一章,扎拉图斯特拉听完卜卦者的讲辞,曾作此叹息。一连串的否定,第三次的否定(Dreimal nein),意味着彻底的否定,是扎拉图斯特拉对现代精神——即便是现代精神中最卓越的人的否定。本卷"欢迎"一章,扎拉图斯特拉听完这些"绝望者"的说辞,也如此否定。"论更高的人"第六节也重复了这一表达。另参《肃剧的诞生》1886年前言第七节,也有类似表达。

④ [译注]原文nicht alle, nicht keinen,与书名副标题极其类似:für Alle und Keinen,一为肯定,一为否定。卷四的核心章节"论更高的人们"第一小节中,扎拉图斯特拉回顾过去,说道:Und als ich zu allen redete, redete ich zu keinem,即"当我对所有人讲话时,我却没有对任何人讲话。"这是书中直接提示副标题的仅有的两处。

己和你这一类人。

［215］"你因伟大受苦者之羞而羞；真的，当你说'从同情中产生了一大团乌云，留意啊，你们人类'之时，①

"——当你教导'一切创造者尽皆冷酷，一切伟大的爱皆高于他们的同情'时：哦，扎拉图斯特拉，我认为你多么懂得天气的标记！

"但你本人——也要警告你自己提防你的同情！因为许多人正在向你而来的途中，许多受苦者、怀疑者、绝望者、溺没者、受冻者——

"我也警告你提防我。你猜中我最好的、也最糟的谜，我自己以及我的所为。我认得砍倒你的斧子。

"但是他——必须死去：他用观看一切的眼睛观看——他观看人类的深渊和根基，人类一切隐藏的耻辱和丑陋。

"他的同情不知羞耻；②他潜入我最肮脏的角落。这个最好奇的、过于强迫的、过于同情的存在必须死去。

"他总是观看着我，我意欲报复这个见证人——否

---

① ［译注］参卷二"论同情者"："我以为，你们要警惕同情：那里会有一片浓云向人类而来！真的，我懂得这天气的标记！"此处将浓云改为"一大团乌云"。后面两句引文也都来自"论同情者"，文字也有细微的改动。注意这两章内容上的关联。

② ［法文版注］羞耻的主题或者羞耻的缺乏，尼采的这一主题，可谓相当精细，但并不是不能弄清楚。必须把这个主题与基督教道德的问题联系起来。参见《权力意志》，VP1 162；VP2 251。在好人的面孔之下，基督教道德是"法律的"，而且在严格意义上，是"实践的"或者"实效的"。

则,我自己便不再生活。

"上帝观看一切,包括人类:这个上帝必须死去!这样一个见证人活着,人类岂能忍受。"①

最丑陋的人如是说。但扎拉图斯特拉起身准备离去:因为他感到冷彻腹脏。

"你这不可形容之人,"他说,"你警告我提防你走过的道路。为表感谢,我向你赞美我的路。看,那里向上通往扎拉图斯特拉的洞穴。

"我的洞穴巨大而深沉,有许多角落;隐藏最深的人在其中也能发现隐匿之所。在它近旁,还有上百个豁口和秘道,均为爬行、飞翔和跳跃的小动物而备。

"你这被放逐者,被你自己放逐的人,你不再愿意栖身于人类和人类的同情之中吗?好罢,如我一般去做吧!你也要向我学习;只有行动者才可学习。②

"首先和最迫切的是,与我的动物交谈!最骄傲的动物和最聪明的动物——它们可以成为我们俩真正的建

---

① [施注]如果仅有一种完美的存在者,人必然就是不完美的,人在上帝面前赤裸裸地展现为不完美。人在上帝面前不可能骄傲。人这种存在不可能是内在的(inner)。这便是人反叛上帝的问题所在。这就是最丑陋之人的反叛行为,因为他的反叛是一种复仇行为,但是复仇贬低了他的反叛行为。而依据尼采的看法,扎拉图斯特拉不是最丑陋的人,因为上帝自身就是一种复仇精神的结果,最丑陋之人的行为是对复仇精神的复仇。因此,最丑陋之人是扎拉图斯特拉教诲的一种不完美形式。

② [KSA版注]参阅《尼采全集》卷十一,31[36]:如我一般去做吧,如我一样去学习,只有行动者才会学习。

议者!"——

扎拉图斯特拉如是说,便踏上自己的路,但思虑更深,脚步也比此前缓慢:因为他向自己提出许多问题,自知不易回答。

[216]"人类是何其贫乏!"他在自己的内心思考,"多么丑陋,多么呼噜有声,充满多少隐秘的耻辱!

"有人对我说,人类爱自己:唉,这种自爱必须要多么庞大! 它要有多少针对自身的轻视!

"即便这个人也爱自己,一如轻蔑自己——我以为,他是一位伟大的爱者,也是一位伟大的轻蔑者。

"我尚未发现更深切地轻蔑自己的人:这也是种高度。唉,我听见其呼喊的那个更高的人,也许就是他吧?

"我爱伟大的轻蔑者。但人类是某种必须被超越的东西。"①

---

① [译注]前言第三节,扎拉图斯特拉下山向人群做第一次演讲时,第一句话就是:"我向你们教授超人。人类是某种应该被超越的东西。"但这里"应该"被"必须"替代。另外,"前言"第四节中,在第二次诸多"我所爱的人"的排比中,只有这一句例外:"我爱伟大的轻蔑者,因为他们是伟大的崇敬者,是向往对岸的箭矢。"至于轻蔑者本身,参《论道德的谱系》第二卷第 25 节,这种自我轻蔑,被称为科学"独特的骄傲",是"人类最后的、最严肃的自尊"所要求并坚持的东西。

自愿的乞丐①

当扎拉图斯特拉离开最丑陋的人,他感到寒冷,也感

---

① [KSA版注]参阅《尼采全集》卷十一,29[51]:扎拉图斯特拉对自愿的乞丐说:"你肯定有某种丰裕之物,分一点给我吧!"/从这件事我就认出扎拉图斯特拉。/你想要分一点我过多的厌恶吗?/他们跳舞是为了穷人的利益,在不幸面前,任何的羞耻都没有了。31[50]:自愿行乞者——那些老派而狡猾的虔诚者说:"怜悯贫穷的,就是借给耶和华:你们做好心的庄家!"也请参阅《箴言》19:17([译按]"怜悯贫穷的,就是借给耶和华,他的善行,耶和华必偿还。");在32[10]中也有下列警句和比喻,某些部分被尼采删除,或在别处使用:自愿行乞者/我曾一度回归自然/他们很残酷:一个闪电若击入其饭食中,他们的嘴就学习吞火!我对自己已感厌倦:你瞧,我的幸福要在长期等我之后才会到我身边来/这些利爪猫,它们的爪子被东西绑着,现在不能用爪抓东西了,可是绿眼中已露出恶意/某些人已从高处跌落下来。对卑下者的同情委实蛊惑了他:现在肢体残破地躺在那儿了。/我如此作为有什么用呢!我倾听有什么反响,可听到的只有称赞(参阅《善恶的彼岸》,第99节)——用小偷的眼睛看,他们是否已很富有。我把他们中的某些人叫作拾垃圾和食腐尸的鸟类。/我观察他们如何从其父辈那里就学会习惯于偷盗/宁可做生意而不要做这类生意人!对于钱和兑换钱币的人,人们应该戴上手套才可触摸!/(转下页注)

到孤独:因为许多寒冷和孤独渗入他的知觉,如是,他的四肢更加冰冷。但他继续攀登,愈登愈远,时上时下,时而经过碧绿的牧场,时而越过荒芜碌砡的地带,这儿或曾流过一条没有耐心的小溪,以此为河床:这时,他又突然感到温暖真挚。

"我究竟怎么了?"他自问,"某种温暖的东西,某种有生气的东西令我振奋,它一定在我旁边。

"我的孤独感略衰减;无意识的同伴和兄弟们在我周围漫步,他们温暖的呼吸触动了我的灵魂。"

但当他探察四周、为他的孤独寻找安慰时:看,那是一群奶牛,共同站立在山丘上;它们的临近和散发的气息,温暖了他的心。但这群奶牛似乎热情地倾听某位演讲者,故而没有留意走近的人。但是,当扎拉图斯特拉完

(接上页注)小小的施善会激怒人们,而最大的施善又几乎不会宠坏他们。/当我审视我们的财富,我就为这财富而羞愧。我抛弃我所拥有的东西,还把自己扔到沙漠里去。我可贵的奇人,你滞留何方? 时下不是人人都在做唯利是图的买卖么? 他们甚至把自己也当作卖品,但不是任何价格都可出售的:你想买他们吗,价格不能太低,否则就增强他们的道德了。否则他们就说"不"! 接着气鼓鼓地走开,称自己是"不可贿赂者"(参阅《狄俄尼索斯颂歌》,"声名与永恒")——这些一日之教师和纸质的丽蝇! /狭隘的心胸,小贩的心胸:钱币进了钱箱,贩夫的灵魂也掉进钱箱。/"我从这件事上认出那位极其富裕的人,他感谢索取其财者"扎拉图斯特拉如是说。/他们为自己发明了最神圣的无聊和对瞎丁胡弄的口了的贪求。/并非出于那种古老而狡猾的虔诚,这虔诚说"怜悯贫穷的,就是借给耶和华:你们做好心的庄家!"你们爱利,那是你们兴趣的交通工具,可是那车轮的噪声你们受得了吗? 我爱无用之物(参阅《善恶的彼岸》,第174节)/我爱安静,而那些人爱喧哗,所以……

全靠近它们时,他听得真切,牛群中间有一个人类的声音在言说;显然,它们全都把脑袋转向说话的人。

扎拉图斯特拉热情地一跃而上,驱开这些动物,他担心有人在这里遭遇某种伤害,而奶牛的同情大概难以施救。但是,他在这点上判断错了:看,地上坐着一个人,似乎在对动物们说话,让它们不要怕他,原来是个平和的人,山间的传道者,①他的目光传播善本身之道。②"你在此处寻求什么呢?"扎拉图斯特拉深感诧异,呼喊道。

[217]"我在此地寻求什么?"他回答:"与你所寻相同的东西,你这捣乱的人!寻找大地上的幸福。

"但是,为此我要向奶牛学习。因为,你得要知道,我已经对它们说了半个上午,它们正意欲给我回复。你为何要扰乱它们?

"我们若不回转,变成奶牛的样式,断不得进入天国。因为我们应该向奶牛学习一事:反刍。③

"真的,即使人类赚得全世界,但未曾学会反刍这件

---

① [KSA 版注]像耶稣一样。

② [法文版注]此处影射《新约》中耶稣的山上宝训。

③ [KSA 版注]参阅《马太福音》18:3:"我实在告诉你们,你们若不回转,变成小孩了的样式,断不得进天国。"参阅草稿:反刍的幸福我是全都有了。你们变成最好的动物一样吧,变成母牛一样吧!你们不变成母牛,你们就进不了(天国)。

[译注]"反刍"的最初出现,参卷一"论道德讲席"。而在《论道德的谱系》前言结尾,尼采似乎反讽地说:"读懂我的书还需要时间——那就绝不能像'现代人'那样,而是必须像奶牛一样:学会反刍……"另参《快乐的科学》,第 128 节。

事:又有什么益处?① 他摆脱不了他的忧愁。

"——他的巨大忧愁:当今称之为叫做嫌恶。当今,谁的心、口和眼里不满是嫌恶?你也是!你也是!但看看这些奶牛!"——

——山间传道者如是说,并把自己的目光转向扎拉图斯特拉——此前他一直怀着爱意注视奶牛——:现在他却变了。"我在和谁说话?"他惊慌失措,呼喊道,从地面 跃而起。

"是个没有嫌恶的人,这是扎拉图斯特拉本人,克服了巨大嫌恶的人,这是扎拉图斯特拉本人的眼、口和心。"

他一面如是说,一面吻对话者的手,眼中噙泪,其举止完全是意外得到天降赠礼和珠宝的人。但奶牛观看这一切,感到惊奇。

"不必谈我,你这奇异的人!可爱的人!"扎拉图斯特拉说,并抑制自己的温情,"先向我谈谈你!你岂不是那个自愿的乞丐,曾经抛弃自己大笔财富,——

——因他的财富、因身为富人而羞耻,逃进最贫穷者中间,并向他们馈赠自己的丰富和心?——但是,他们没有接受你。"

"但是,他们没有接受我,"自愿的乞丐说,"你已经知道了。所以,我最终走向到动物,走向这些奶牛。"②

---

① [法文版注]《马太福音》16:26:"人若赚得全世界,赔上自己的生命,有什么益处?人还能拿什么换生命呢?"

② [施注]自愿的乞丐将母牛呈现为现代人的楷模。在"论道德讲席"那篇演讲开头,睡眠被展示为道德的目标,因(转下页注)

"那你已经学会了，"扎拉图斯特拉打断他的话，"正确的给予如何比正确的接受更难，学会了好的馈赠是一种艺术，是呈现善良的最终的、最狡猾的大师艺术。"

"尤其是当代，"自愿的乞丐回答，[218]"因为今天，一切卑贱者都在暴动(aufständisch)，并且羞怯，带有他们那类人才有的傲慢：群氓一类的人。①

"因为这个时代来了，你也知道，一个巨大、邪恶、漫长而迟钝的群氓和奴隶暴动的时代：在滋生蔓延！

"现在，一切善举和小的给予都会激怒卑贱者；过于丰富的人应当提防！

"今天，谁像大腹而瓶颈过于细窄的瓶子，涓涓滴水——这样的瓶子，人们就乐于敲碎瓶颈。

"无尽的贪婪、愤怒的嫉妒、苦恼的复仇、群氓的骄傲：这一切都扑向我的面孔。贫穷的人有福了，这已不再真实。② 但天国存在于奶牛之中。"

"天国为何不在富人中呢？"扎拉图斯特拉探问，一面阻止奶牛，它们正对这位平和的人温良地喘息。

"你试探我什么？"这人回答，"你比我知道得清楚。

(接上页注)此以一种隐晦的方式提及了母牛。"自愿的乞丐"这篇演讲是对扎拉图斯特拉返回自然的一种拙劣模仿，但对扎拉图斯特拉来说，母牛的位置被鹰和蛇取代了。

① ［译注］参《快乐的科学》卷五，第 358 节"精神的农民暴动"(Bauernaufstand)，并称路德的宗教改革为"精神的平民主义"，甚至称路德败坏了学者的精神。

② ［法文版注］《路加福音》6:20："耶稣举目看着门徒说，你们贫穷的人有福了，因为神的国是你们的。"

哦,扎拉图斯特拉,什么驱使我去到最穷的人中间?难道不是因为嫌恶我们那些最富有的人么?

"——这些财富的囚徒,①他们从每个垃圾堆上拾取他们的利益,他们目光冷漠、思想淫荡,这些臭气盈天的痞徒,

"——这些镀金的虚伪群氓,他们的父辈是扒手、食腐尸的鸟,或是拾破烂的人,群氓娶了顺从、好色、健忘的女人为妻——她们与妓女也无甚区别——

"上是群氓,下是群氓!今天还有什么'贫穷'和'富有'!其中差别我已尽忘——于是我逃走,再逃,一直逃,直至来到奶牛群中。"

平和的人如是说,说话时又自顾喘息,并且流汗:如是,奶牛们又感到惊奇了。但当他言语激烈(hart)时,扎拉图斯特拉一直微笑着注视他的脸孔,并沉默摇头。

"你这山间传道者呀,当你使用激烈的言辞,是在对自己施加暴力。你的口和眼并不适合这种激烈。

"而且,我以为你的胃也不适合:它不能承受所有这些愤怒、仇恨和激动。你的胃意欲更加柔和的东西:你不是屠夫。

"毋宁说,我以为你是个素食者,食根茎者。也许你嚼碎谷粒。但是,你肯定厌恶食肉的快乐,而喜爱蜂蜜。"

[219]"你猜透了我,"自愿的乞丐回答,其心释然,"我爱蜂蜜,也嚼碎谷粒,因为我寻找味道甘甜并令呼吸

---

① [KSA版注]参阅《尼采全集》卷十一,28[25]。

纯净的东西:

"——还有需要漫长时日的东西,而对闲散的懒人和偷闲者来说,只求一日的工夫和大开的嘴巴。①

"当然,这些奶牛做得最彻底:它们发明了反刍和沐浴阳光。它们克制一切膨胀其心的沉重思想。"

——"好吧!"扎拉图斯特拉说,"你也应看看我的动物,我的鹰和我的蛇——今天,大地上没有和它们类似的动物。

"看,那条路向上通往我的洞穴;你今晚就做我那里的客人。与我的动物们谈谈动物的幸福,——

"——直到我自己回家的时候。因为,现在有一声困境中的呼喊急切唤我离你而去。如果你在我那里找到新的蜂蜜,冰冷而新鲜的蜂房金蜜:那就吃吧!

"但现在立刻离开你的奶牛,你这奇异的人!可爱的人!尽管你难以做到。因为它们是你最温暖的朋友和教师!"——

"——除了我更爱的那一个,"自愿的乞丐回答,"你本人很好,比一头奶牛还好,哦,扎拉图斯特拉!"

"走开,你走开吧!你这讨厌的阿谀者!"扎拉图斯特拉带着恶意喊道,"你为何用这样的赞言和阿谀蜂蜜败坏我呢?"

---

① [译注]"一日的劳作和大开的嘴巴"原文系 ein Tag- und Maul-Werk。Tagwerk,又作 Tagewerk,来自古高地德语 tagawerch,本指一日的工作量,后转义为一天耕作的土地大小,成为丈量单位;Maulwerk 同 Mundwerk。

"走开,离开我!"他再次喊道,并对温和的乞丐挥动手杖;这人便迅速逃走了。

影 子①

但当自愿的乞丐刚刚跑开,扎拉图斯特拉重又孤独了,这时他听见身后有一个新的声音:它在呼喊,"停住!

---

① [KSA版注]漫游者和"影子"的形象在许多类似的文章里与"好欧洲人"的形象是一致的,参阅论"好欧洲人"相关著作的题目,比如《尼采全集》十一卷,26[320]:好欧洲人。/对培养新贵族的建议。关于"影子",参阅31[25]:毁灭自己的欲望:求助于剥夺一个人的所有支撑和力量的知识。

草稿(扎拉图斯特拉第二部分10):好欧洲人/……当扎拉图斯特拉凝视他时,扎氏的心被惊吓得缩成一团:他的后继者与他长相酷似,几乎以假乱真。不仅是服饰和胡须而且整个姿态全都雷同。/你是谁?扎拉图斯特拉激烈地问。要么这就是我自己了?你这个爱开玩笑的家伙究竟与我意欲何为?/请原谅我的假面,扎拉图斯特拉,这个相似者和影子说,倘若你想给我取个名字,就叫我好欧洲人吧。/至于我模仿你的服饰和姿态,这在欧洲很时兴。有时我也自称漫游者,/也常常自称为扎拉图斯特拉的影子。我紧跟在你身后,比你意识到和猜疑到的还要经常,跟得还要远。/你若硬要叫我是永远的犹太人,那我也不气恼。我就像犹太人老是在半途上,没有目标,没有家。——只不过我既非犹太人又非永恒。参阅《尼采全集》十一卷,32[8];本书第二卷"论伟大的事件",显然暗指《漫游者和他的影子》,1880年。

扎拉图斯特拉！且等等！是我啊,哦,扎拉图斯特拉,我,你的影子！"①但扎拉图斯特拉并未等候,因为一种突然的烦恼向他袭来,因为他的山间有太多突进与拥挤。"我的孤独去了哪里?

"对我来说,这种东西委实太多;这座山挤满了人,我的王国不属于这个世界,②我需要新的群山。

"我的影子向我呼喊?我的影子算什么！让它跟着我跑吧！我——要跑着离开它。"

[220]扎拉图斯特拉对自己心如是说,并且跑开。但是,他身后的那位紧跟着他:于是随即三者相续奔跑:前方是自愿的乞丐,然后是扎拉图斯特拉,第三个也是最后一个,是他的影子。这样奔跑未久,扎拉图斯特拉意识到自己的愚蠢,猛地一下摆脱了一切烦恼和厌恶。

"怎么！"他说,"最可笑的事情,不总是发生在我们这些老隐士和圣人身上么?

"真的,我的愚蠢在山间长高了！现在,我听见六条老愚人的腿相续踏踏作响！

"但扎拉图斯特拉会害怕一个影子吗?我终于认为,它的腿比我的更长。"

扎拉图斯特拉如是说,眼睛和内脏都笑了,他停住站立,迅速转身——看,他几乎把他的紧跟者和影子扔在地

---

① [施注]影子意指扎拉图斯特拉的影子,即虚无主义者。
② [法文版注]《约翰福音》18:36:耶稣回答说:"我的国不属于这世界;我的国若属这世界,我的臣仆必要争战,使我不至于被交给犹太人;只是我的国不属这世界。"

上：它紧紧跟随脚踵,却又如此虚弱。当他用眼睛检视它的时候,他大吃一惊,仿佛面前是一个突至的幽灵:看上去,这个跟随者那么枯瘦、黑暗、空洞、衰老。

"你是谁?"扎拉图斯特拉猝然问道,"你在这干什么?你为何自称为我的影子? 我不喜欢你。"

"原谅我,"影子回答,"正是我;哦,扎拉图斯特拉,如果你不喜欢我,好吧! 在这方面,我礼赞你和你的好品味。

"我是一个漫游者,跟随你的脚踵行走许久:总在途中,但没有目标,也没有家乡:那么,我与永恒的犹太人几无差别,尽管我并不永恒,也非犹太人。

"怎么? 我必须永在途中? 被每一种风袭卷,飘摇不定? 哦,大地,你对我来说真是太圆了!

"我曾栖坐于每一个浅薄之处,我倦如尘埃,在镜面和窗子玻璃入眠:一切皆有取于我,却无所给予,我于是清瘦——我近乎一片影子。

"哦,扎拉图斯特拉,但我紧跟你的身后飞翔,最为长久:尽管我向你隐藏,但我依旧是你最好的影子:凡你坐下的地方,我都曾坐过。

"我与你绕行于最遥远、最寒冷的世界,仿佛一个幽灵,自愿在冬季屋顶和白雪上奔跑。

"我竭力与你进入每个禁地、最遥远之地和最恶劣之地:[221]倘若我身上还有可称之为道德的东西,便是我不畏任何禁令。

"我与你打碎了我内心的尊敬,推倒了一切界碑和形象,我跟随最危险的愿望——真的,我曾跨越每种罪恶。

"我与你忘却了对语言、价值和伟大名称的信仰。当魔鬼蜕了皮,它的名称不也就剥落了吗?因为名称也是一张皮。魔鬼本身或许也是——一张皮。

"'什么都不真实,一切皆可':①我如此对自己言说。我把我的头和心投入最冰冷的水。唉,我如何常常裸立,仿佛一只赤蟹!②

"唉,我的一切善、一切羞耻和一切对好人的信仰,都去了何处!唉,我曾经拥有的种种欺骗的无辜、好人及其高贵谎言的无辜,都在何处!

"真的,我太频繁地紧跟真理之脚:这时,它就会蹬踏我的头。③ 我时常想要说谎,看! 这时我才遇见真理!

"我明白了太多东西:现在,没有什么与我相关了。我爱的东西不复存活——我如何还会意欲爱我自己?

"'若合乎我的兴致,那就生活,否则根本不是生活。'我意欲如此,最神圣者也意欲如此。但是,唉,我怎么还会有——兴致呢?

---

① [KSA版注]参阅《论道德的谱系》第三章,第24节。
② [译注]关于蟹(Krebs),对比《偶像的黄昏》"格言与箭"一章第23节:"为了追寻起源,人们成了螃蟹。历史学家朝后看;最终他也相信朝后。""一个不合时宜者的漫游"第43节:"但是没人有当螃蟹的自由。无济于事:人们必须前进,也就是说在颓废中一步接着一步地继续向前(——这就是我对现代"进步"的定义……)。"
③ [KSA版注]参阅《尼采全集》卷十一,25[5]:"跟随真理太紧,就会出现这样的危险:他的脑袋就会折断。"英国谚语。

"我还有——一个目标吗?还有一座我的帆船驶向的港口吗?

"[还有]一阵好风吗?唉,只有知道驶向何方的人,才知道什么风好,什么风是他的行驶之风。

"还有什么是为我保留的呢?一颗疲惫而放肆的心;一种不定的意志,翩翩其飞的羽翼;一列破裂的脊柱。

"寻找我的家乡:哦,扎拉图斯特拉,你或许知道,这种寻找是我的不幸(Heimsuchung),它吞噬了我。

"我的家乡——在哪儿?我对此询问,寻觅复寻觅,但一无所得。哦,永恒的任意之处,哦,永恒的无处,哦,永恒的——徒劳!"

影子如是说,扎拉图斯特拉听着他的话,拉长了脸。"你是我的影子!"他终于说,却很悲哀。

"你的危险不小,你这自由的精神和漫游者!你度过了一个糟糕的白昼:留意啊,你不要再遇上更糟糕的夜晚!

"像你这类不定之人,终究会以为有座监牢便是有福了。[222]你曾见过囚犯如何睡觉吗?他们平静入睡,享受着他们新的安全。

"你且留心,不要让一种逼仄的信仰,一种冷酷坚硬的幻想,最终捕获了你!因为从现在开始,任何一种逼仄、稳固的东西都在诱惑你、试探你。

"你已经失去了目标:唉,你将如何摆脱、克服这一损失呢?因此——你也就失去了道路!

"你这贫乏的漫游者、浪荡者,你这疲倦的蝴蝶!今晚,你意欲休憩、有一个家乡(Heimstätte)吗?那向上走到我的洞穴吧!

"这条路通往我的洞穴。现在,我意欲迅速奔跑离你而去。有个影子一样的东西附着在我身上了。

"我意欲孤单奔跑,让我的周围重又光明。为此,我还必须长久而快乐地奔忙。但今晚我那里——将有舞蹈!"

扎拉图斯特拉如是说。

正　午①

——扎拉图斯特拉奔跑不休，没有发现任何人，孑然

---

① [KSA版注]参阅《尼采全集》卷十一，30[9]：在生活中死掉，埋进幸福里——谁是这样……那个人多少次要起死回生！/哦，幸福，我经由恨与爱到达你的表层了：我悬于恨与爱的沉闷空气里太久太久，这沉闷的空气推动着我宛如推动一只皮球。/我就像一个预先享受死亡的人一样欢悦。(参阅《狄俄尼索斯颂歌》，"太阳沉落了")世间不正好一片安静么？这安静用神秘的枝叶将我缠绕，/哦，我的灵魂，你想唱歌吗？可这一时刻没有牧人吹笛。正午在走廊里睡眠。/众人金色的悲哀尝过太多的佳肴。我酣睡多久了？我还要多久才醒？31[36]：——世间不正好一片安静么？这安静像用一些可怕的东西缠绕我！31[43]：你压根儿就没有感觉到你梦见的东西：哦，你离惊醒还远！

草稿("扎拉图斯特拉"第二部分9)：午睡者/幸福　　幸福是多么容易满足！一些人具备怎样的智慧便自以为聪明。对这事，我的灵魂知道得更清楚。/最少、最小声、最轻的东西，一声气息，一刹那，一瞬间——这些东西才创造最好的幸福。/我之所以骂过我的朋友，就因为他们给我创造过短时的幸福，可接着便是我的常态复萌——哦，扎拉图斯特拉当时咒骂他的至友是多么愚蠢！他们创造幸福才使我幸福。我的常态想短时维持，我把这称之为突然的永恒！哦，别人赠予我的东西总是少之又少！哦，(转下页注)

独立,发现的总是自己,享受并啜饮他的孤独,思考美好之事,——有数小时之久。但当正午的时刻,在扎拉图斯特拉的头顶,太阳当空而立,他走过一棵弯曲虬节的古树,因葡萄藤富有爱意的拥抱,这棵树反而隐藏了自己:其上悬满黄色的葡萄,正对着这位漫游者。他想摘下一串葡萄,以慰解一丝焦渴;但当他伸手,又更想另一种东西:即躺在树边,在完美的正午时刻睡去。①

扎拉图斯特拉这么做了;他刚刚躺在地上,浸于彩色草地的寂静和神秘(Heimlichkeit),他便忘记了他那一丝焦渴,入睡了。正如扎拉图斯特拉的格言所说:一事比另一事更不可少。② 只是他的眼睛仍然睁着——因为它们不倦地注视、礼赞古树和葡萄藤的爱。在睡眠中,扎拉图斯特拉却对他的心如是说:

[223]"安静!安静!这世界不是正完美吗?③ 我怎么了?

(接上页注)我啜饮过那些古老的被人遗忘的幸福之水滴和上帝之酒滴!/这些水滴和酒滴放在昏暗的杯子里,周围是可怖的蜘蛛网,我走过黑暗的地窖,穿越更黑暗的灾祸——这些水滴酒滴正好余下来给我准备着,保留看!/现在我睡足了——睡多久了?很久很久!好吧,来吧,我这颗衰老的心!你在久睡之后还要多久才彻底醒来!/还远远落后于白天,我在寻找这白天,但还未找到。那好吧!起来吧!你们这老迈的双腿!还给你们留着好一段漫游的路程!

① [施注]"影子"和"正午"是卷四的核心部分。"正午"这篇演讲紧跟着论虚无主义的部分,所以,对正午的讨论某种程度上也是在描述解决虚无主义的办法。

② [KSA版注]《路加福音》10:42:"不可少的只有一件。"

③ [KSA版注]参阅尼采1866年4月7日致卡(转下页注)

"如一阵纤柔的风,①无所行迹,在平坦的海面舞蹈,轻盈,翩如轻鸿:如此——睡眠在我身上舞蹈。

"它没有阖上我的眼睛,却令我的灵魂清醒。它轻盈啊,真的!翩若惊鸿。

"它劝诫我,我却不知为何如此?它用谄媚的手轻拂我的内里,它强迫我。是的,它强迫我,令我的灵魂伸展:——

"——我令人惊奇的灵魂,在我看来,它变得如此绵长、困倦!一轮第七天的夜晚恰恰在正午向它走来吗?②在好的事物和成熟的事物之间,它的漫游已经太久了,太有福了?

"它伸长四肢,伸长——更长!它安静躺着,我令人

(接上页注)尔·冯·格斯多夫的信:宛如那么美丽的夏日,它们舒展而安逸地躺在山丘上歇息,一如爱默生对其做过高超的描述:如此,大自然就变得完美无缺了……

① [译注]zierlich,本意为纤柔、娇柔,多形容某种精美小巧的器物,或者形容女性之柔美。这里用以形容风,并不常见。这个词的阴柔特征与女性,与舞蹈皆有关联。最主要的地方则是上一卷"另一首舞蹈之歌"第二节,用以形容生活:"生活于是如此答我,并揜住自己纤柔的耳朵。"之后是生活对扎拉图斯特拉的教海。和"舞蹈"这个意象密切相关之处,就在于"纤柔"展示了一种对形而上学思考形态的克服形式。卷三"论三种恶"第一节,以及《快乐的科学》所附"诗人的志业"一诗皆与此处场景类似:树下的休息,然后以纤柔形容某种事物。另参《善恶的彼岸》第295节关于"心的天才"的描述。

② [KSA版注]参阅《尼采全集》卷十一,31[40]:既欢悦又疲惫,犹如每个创造者在第七天。

[法文版注]《创世记》,2:3:"神赐福给第七日,定为圣日,因为在这日神歇了他一切创造的工,就安息了。"

惊奇的灵魂。它品味过太多好东西,而这黄金的悲哀压抑着它,它撇着嘴。

"——如同一艘船驶进最安静的海湾——现在它靠近大地,倦于漫长的旅程和不确定的海洋。大地不是更忠诚么?①

"正如这样一艘船靠近陆地,依偎陆地——这时,一只蜘蛛从陆地向它吐出蛛丝,便已足够。无需更结实的缆绳。

"正如这样一艘疲惫的船,停泊在最安静的海湾:我现在也紧贴大地休息,忠诚、信赖、等待,以最纤柔的丝线与之牵系。

"哦,幸福!哦,幸福!哦,我的灵魂,你或许意欲唱歌吧?你躺在青草之中。但这是神秘而庄严的时刻,此时没有牧人吹奏他的笛子。

"你要有所顾忌!炎热的正午在田野上安睡。别唱!安静!世界正完美!

"别唱,你这草上的家禽,哦,我的灵魂!且勿呢喃!看——安静!古老的正午正在安睡,它张开口:它不正啜饮一滴幸福吗——

"——一滴古老褐色的黄金幸福和黄金葡萄酒吗?有什么东西在它面前倏然掠过,它的幸福在笑。如

---

① [译注]古希腊七贤之一的匹塔科斯(Pittakos)曾有格言:"大地可靠,大海不可靠。"参《凯若斯》(上),刘小枫编,上海:华东师范大学出版社,2005年,页53。

此——一个神也在笑。安静！——

"——'为了幸福，一点点便已足够幸福！'我曾如此说，并自诩聪明。但这是一种亵渎：这，我现在学会了。聪明的傻瓜说得更好。

"恰是最微小的、最轻微的、最轻柔的东西，一种蜥蜴的窸窣之声、一丝气息、一次轻拂、一个瞬间——微小的却产生了那一类最好的幸福。安静！

"——我怎么了：听！时间飞逝了吗？我不是坠落了吗？我不是坠入——听！坠入永恒之井吗？

[224]"——我怎么了？安静！它刺入我的——苦啊——心吗？刺入内心！哦，破碎吧，破碎吧，心啊，在这样的幸福之后，在这样的刺痛之后！

"——什么？世界不正变得完美吗？不是圆满的、成熟的吗？啊，金色而圆满的成熟——它飞向哪里？我要随它奔跑！立刻！

"安静——"（这时，扎拉图斯特拉舒展身体，发觉自己正在睡中。）

"起来！"他对自己说，"你这沉睡者！你这昼寝者！好了，起来吧，你们这老迈的双腿！① 是时候了，甚至过了时候，还有好几段路在等着你们——

"现在，你们睡饱了，多久呢？半个永恒！好吧，现在来吧，我这颗衰老的心！这般睡眠之后，你多久才可

---

① ［KSA版注］参阅《尼采全集》卷十一，31［49］，白天的铃响了。到时候了，超时间了，我们该上路了。

以——醒来呢?"

（但这时他又入睡了,他的灵魂反驳他、抵抗他,但再度躺下）——"不要管我！安静！世界不正完美吗？啊,这黄金的圆球啊！"

"起来！"扎拉图斯特拉说,"你这小窃贼,偷闲者！怎么？还总是舒展身体,打哈欠,叹息,坠入深井？

"你究竟是谁！哦,我的灵魂！"（这时,他突然惊醒,因为一线阳光从天而降,洒在他的脸孔上。）

"哦,我上方的天空,"他叹息道,并端直坐起,"你凝视着我吗？你在倾听我令人惊奇的灵魂吗？

"你何时啜饮滴落在一切大地之物上的露珠——你何时啜饮这令人惊奇的灵魂——

"——何时呢,永恒之井！你,明朗而恐怖的正午深渊！你何时吸入我的灵魂,让它回到你呢？"

扎拉图斯特拉如是说,从树边他身下的地方站立,仿佛离开怪异的酣醉状态：看,太阳仍旧在他的头顶,当空而立。由此却可以正确推断,扎拉图斯特拉当时入睡并不长久。

欢　迎①

[225]扎拉图斯特拉经过长久徒劳的寻觅和漫游,才

---

① [KSA版注]参阅草稿("扎拉图斯特拉"第二部分8):"生活并不值得"——许多厌倦的灵魂如是呼喊。"活着的目的是什么？是什么？"他们都这样问:"徒劳！徒劳！"所有的山丘都发出如是的回声。/人变渺小了,只有喧哗变大了。群氓说:"我的时代到来了。"——这时,最优秀的人们则厌倦了自己的工作。/恰恰是对他们,所有的井泉枯竭了,伟大的心灵都躺倒,蒙尘,郁闷。市场上臭气熏天——于是,希望奔你而来,哦,扎拉图斯特拉！/什么！扎拉图斯特拉不是活着吗？许多人如是自问,并且将目光投向你的山中/他为何没有来？许多人日夜如是问道。他为何像被吞食在鲸鱼之腹内？要么,我们该上他那儿去？

参阅《尼采全集》卷十一,31[62]:晚餐/国王如是说道,所有的人都向扎拉图斯特拉走去,再次向他表示敬意;扎拉图斯特拉摇头,举手拒绝。/"欢迎光临,他对客人们说,我再次欢迎你们,满怀对你们的敬畏！它们从未见过如此高贵的客人！/然而你们对我而言并非是小危险"——我的动物们对我如是喃喃而语,"当心这些绝望者！"我胸口上的蛇这样说;——请诸位原谅它们因爱我而怯生生地叫我当心！我的蛇偷偷地对我讲过被溺毙者的话,它说大海把这些人拉向深处——他们很想抱住一个强壮有力的游泳者/行将溺毙的人真的会盲目而粗野地、手脚并用地死(转下页注)

重新回家,回到他的洞穴,这时午后已经过去很久。但当他距离洞穴不到二十步之遥的时候,发生了一件他此时绝难意料的事情:他重新听到那巨大的困境中的呼喊。而且,奇特啊!这次来自他自己的洞穴。一种悠长的、各异的、奇怪的呼喊,扎拉图斯特拉真确辨明,它由多种声音构成:尽管从远处听来,仿佛一张唯一的口中发出的呼喊。

扎拉图斯特拉便向他的洞穴奔跑,看!在这样的声

(接上页注)死抓住救命者和好心人,这样他们拽住最强有力者一同沉入深渊。诸位——是这样的溺水者吗?/我已把小指伸给你们了。苦啊!你们还想把我这儿的什么往身上拽——/扎拉图斯特拉如是说,既满怀恶意又充满爱心,一面用手抚摸鹰的脖子,鹰就立在他身边,竖起羽毛,似乎面对这些客人要保护扎拉图斯特拉。接着扎拉图斯特拉就适时地向那位国王伸过手去,国王吻手并重新说话,比此前更热情……

参阅草稿:你们抱怨,你们还需经受更多的苦难才行,要坚定地挺立于此。/也许会有曲折,可是……/我对你们的轻蔑和离开、而不学习看风使舵十分敬佩,更令我敬佩的是你们在你们轻蔑的地方懂得爱。/这显示了一个更高的族类:爱者必须轻蔑,因为爱者要创造,尤其是那些要超越自身去创造的人。/你们征服了许多东西,但还不够,即便在健康的日子你们也要久病不愈。

参阅《尼采全集》卷十一,32[2]:他为我们所有的人说话,你把我们从厌恶中解放出来——这是我们这个最恶劣的时代最恶劣的疾病之一:你们把什么样的礼物送给我——你们自己不可能知道,你们赠给我什么!

在"扎拉图斯特拉"第二部分10中,有另外一个篇幅很长的"欢迎"稿本,后续几章的许多主题都在此出现,但内容不相似。尼采在提供初版使用的手稿中才把"欢迎"和"晚餐"两章分开,此前一直是作为一章,标题是"晚餐"。

音表演之后,怎样的戏剧表演在等着他!因为,白天从他身边离开的,全部并排坐在这里:左边的国王和右边的国王、老魔法师、教皇、自愿的乞丐、影子、精神的良知者,悲伤的卜卦者和驴子;但最丑陋的人戴一顶王冠,束两条紫色腰带——因为与所有丑陋的人一样,他喜爱装扮、美化自己。但是,扎拉图斯特拉的鹰站立在这个忧伤的群体中间,羽毛张立,焦虑不安,因为它要回答太多它的骄傲从不回答的问题;那条聪明的蛇环绕于鹰的脖颈。

扎拉图斯特拉注视这一切,大为惊奇;但他随即以和易的好奇之心审视每一位客人,察看他们的灵魂,还是感觉惊奇。这些聚集者都从他们的座位上起身,怀着敬畏等待扎拉图斯特拉说话。扎拉图斯特拉却如是说:

"你们这些绝望者!你们这些令人惊奇的人!我如是所听,皆是你们的困境中的呼喊?现在我知道了,我今天徒然寻找的人,应该在哪里寻找:那些更高的人:

"——他坐于我自己的洞穴,那些更高的人!但我何必惊奇!不是我用蜂蜜祭品,用我的幸福的诱禽呼声,把他引诱到我这里的么?

"我以为,即便你们这里坐于一处,但你们不适合在群体之中,你们彼此的心也不能亲近,是吗,你们这些困境中的呼喊者?首先必须要有某人到来——

"——某个使你们重绽笑颜的人,一个优秀的快乐丑角,①[226]一个舞蹈者,一阵风,一个野孩子,或任何一个老傻瓜:——你们以为如何?

"原谅我,你们这些绝望者,我在你们面前言此卑论,不得体啊,真的,在这样的客人面前!但你们没有猜到,是什么使我蓄意如此:

"——是你们自己和你们的形象,请原谅我!因为,每一个看到某位绝望者的人,都会变得勇敢。对绝望者言说——每个人都自以为对此足够强大。

"你们给予我这种力量——一种好赠品,我的高客们!一种真正的客人馈赠!好吧,现在我也向你们提供我的物什,你们不要发怒。

"此处是我的王国,属我的统治:但凡属于我的,今晚、今夜皆当属于你们。我的动物当会侍奉你们:我的洞穴就是你们的栖息之所!

"在我的家宅,任何人就不应绝望,在我的林区,我保护每个人不为他的野性动物所伤。这就是我首先向你们提供的:安全!

"但第二则是:我的小指。你们先有了它,就可以拿

---

① [译注]此处丑角原文是 Hanswurst,在 17—18 世纪德国戏剧表演中,严肃的段落之后,会有丑角为娱乐观众而出场。本卷"论更高的人"一节第 19 小节亦用此词,此外,其他各处使用的小丑皆是 Possenreißer 一词。另外尼采还将 Schalksnarren 一词拆开为 Schalks-Narren,亦为供人欢笑的小丑(不过 Narr 本身亦有愚蠢之意),本书译为"花脸小丑",以区别于前两词。Schalks-Narren 出现凡四处:卷二"初愈者"两处,卷四"蜂蜜祭品"一处,"驴节"第二小节一处。尼采曾以 Hanswurst 来形容苏格拉底,参《偶像的黄昏》,"苏格拉底问题"第 5 节。

去我的整张手,好吧!还有这颗心!欢迎来到这里,欢迎,我的宾朋!"

扎拉图斯特拉如是说,怀着爱和恶意而笑。这般欢迎之后,他的客人再次鞠躬,敬畏无声;右边的国王却以他们的名义回答:

"如此,哦,扎拉图斯特拉,你向我们伸手,致以问候,我们认出你即扎拉图斯特拉。你在我们面前自居卑下;你几乎损害了我们对你的敬畏:

"——但谁能像你一样,以这种骄傲而自居卑下?这宽慰了我们,是我们的眼和心的一种清醒剂。

"仅仅为了看到这一点,我们就愿攀登比此山更为崇高的山。因为我们作为好奇者而来,意欲看见使我们暗淡的眼睛明亮的东西。

"看,我们不再发出困境中的呼喊了。我们的感觉和内心已经升腾敞开,并且陶醉。只差一点:我们的勇敢就会成为放肆。

"哦,扎拉图斯特拉,大地上生长的东西,还有什么比高而强劲的意志更令人欢愉:这是大地上最美的植物。一个整体的风景因这样一棵树而恢复精神。

"哦,扎拉图斯特拉,如你一般成长的人,我将其喻为石松:①修长、沉默、坚硬、孤独、最柔韧的树木,壮丽、

---

① [译注]石松(Pinie)可能是一种象征,暗示了尼采本人对现代精神的克服,按照他自己的说法,即现代性疾病的痊愈,而这种痊愈最重要的展现就是《扎拉图斯特拉如是说》这本书,参《瞧,这个人》"《扎拉图斯特拉如是说》"第一节。对比本书第三卷"病愈者"第二节,以及《朝霞》第 468 节。

[227]"——最终将强劲的绿枝伸向它的统治,面对风、暴雨和总是以高处为家者,提出种种强劲的问题。

"——更强劲地回答,一位命令者,一位胜利者:哦,谁不意欲攀登高峰,观看这样的植物呢?

"哦,扎拉图斯特拉,忧郁者、失败者也在你的树这里恢复精神,只要看到你的形象,不定者变得稳定,并疗慰其心。

"真的,今天许多眼睛朝向你的山峰和树;一种大渴望已经生出。许多人学着发问:谁是扎拉图斯特拉?

"你曾把你的歌和蜂蜜滴落谁的耳朵:所有隐藏者、隐士和双潜的隐士突然对自己的内心说:

"'扎拉图斯特拉还活着吗? 生活不再值得,一切皆同,一切皆是枉然:或者——我们必须与扎拉图斯特拉共同生活!'

"'他为何尚未到来,很久之前他就宣告了啊?'许多人如是问;'孤独吞食了他?① 或者,我们应该去他那里?'

"现在的情形是,这孤独本身脆弱了,破裂了,仿佛一座坟墓,破裂了,再也难容它的死者。人们随处可见复活的人。②

---

① [KSA版注]参阅本书卷三"论背叛者"。
② [法文版注]模仿耶稣死时的情形,参《马太福音》27:50—52:"耶稣大声喊叫,气就断了。忽然,殿里的幔子从上到下裂为两半,地也震动,磐石也崩裂,坟墓也开了,已睡圣徒的身体,多有起来的。"

"哦,扎拉图斯特拉,现在波涛在你的山峰四周高涨,复又高涨。无论你的高处如何之高,许多人也必将上到你处;你的扁舟不会在干燥之地搁浅太久。

"如今,我们这些绝望者来到你的洞穴,便不再绝望:这只是一个标志和预兆,意味着一些更好的人在前往你的途中,——

"——因他本身在前往你的途中,人类之中上帝的最后残余:所有大渴望的人、大嫌恶的人、大烦倦的人,

"——所有不再意欲生活的人;或者,他们学会重振希望——或者,他们向你学习大希望,①哦,扎拉图斯特拉!"

右边的国王如是说,并抓起扎拉图斯特拉的手,想要亲吻;但扎拉图斯特拉拒绝了他的敬慕,惊恐后退,沉默,仿佛突然逃向迢遥的远方。但片刻之后,他重新回到他的客人中间,以明亮、审视的眼神望着他们,说道:

"我的客人们!更高的人们!我意欲以德语(deutsch)明确(deutlich)告诉你们:②我在此山并非等待你们。"

[228]("以德语明确地?上帝保佑!"这时左边的国王在一边说;"人们会注意到,他不懂得可爱的德国人,这

---

① [法文版注]参见《敌基督者》,第 23 节;《朝霞》,卷一,第 38 节。

② [KSA 版注]参阅瓦格纳,"什么是德语?",《拜洛伊特期刊》,1878 年 2 月第二期,页 30:"'德语'这个词在当代流行词'解释'(deuten)中又找回了自己,它是源于我们清楚的东西……"

位来自东方的智者!

"但他的意思是'以德语粗鲁地'——好吧!这在当今还不是最糟糕的品味!")

"你们也许真的全是更高的人,"扎拉图斯特拉继续说,"但对我而言——你们还不够高,不够强。

"对我而言,这就是:对我身上那种沉默却不会永远沉默的顽强而言。即便你们都从属于我,也不能做我的右手。

"因为像你们这样,以病弱的双腿站立的人,无论自己知道,还是佯作不知,但总首先意欲:受到爱护。

"我的手和我的腿,我却都不爱护,我也不爱护自己的战士:你们怎能有益于我的战争?①

"与你们一起,只会败坏我的每一次胜利。你们当中的某些人,一听到我的坎坎鼓声,就吓倒在地了。

"我还以为你们不够美,出身也不够高贵。为了我的教诲,我需要纯粹、光滑的镜子;但在你们的表面上,我自己的形象也要扭曲。

"你们的肩上压着一些重负,一些回忆;一些邪恶的侏儒蹲伏于你们的角落。你们内里还有隐藏的群氓。

"尽管你们是高的、更高的一类人;但你们有许多扭曲而畸形的东西。在这个世界上,没有一个铁匠为我将你们锤炼为正直的、恰当的。

---

① [法文版注]这种战士所从事的战争,是尼采的"大政治"的工具。参见 CM XIV 25。

"你们只是桥梁:但愿更高的人阔步迈过你们!你们意味着阶梯:那些超越你们并登上他的高处的人,不要对他们发怒!

"你们的种子未来会为我生出一个真正的儿子和完美的继承人:但这还很遥远。你们本身并不属于我的遗产和姓氏。

"我在这些山峰之间所等待的,并非你们,我也不能与你们一起最后一次下降。你们向我而来只是一种预兆,意味着更高的人正在向我而来的途中,——

"——不是大渴望、大嫌恶和大烦倦的人,也不是你们所谓的上帝的残余。

"——不!不!第三次还是不!我在这些山峰之间等待另外的人,若非他们,我不会意欲抬脚离开此处。

[229]"——等待更高、更强劲、更坚信胜利、更怀信心、身体和灵魂皆端正匀称之人:笑狮必将到来!

"哦,我的宾朋们,你们这些令人惊奇的人——你们还没有听闻我的孩子们吗?不知他们正在向我而来的途中吗?

"与我谈说我的花园,我的幸福岛,我的新的美好种类!——你们为何不与我谈说这些呢?

"从你们的爱中,我为自己向你们恳求的赠礼,便是与我谈说我的孩子们。我因此而富有,我曾因此而贫穷:我还有什么不曾奉献,

"——我有什么不愿奉献,只要我能拥有一样:这些孩子们,这些活生生的植物,这些来自我的意志和我最高

希望的生活之树！"①

扎拉图斯特拉如是说，但他的言语突然停止：因为他的渴望袭击了他，他因内心的激动而闭上眼睛和口。他所有的客人也都沉默静立，并且惊愕：只有那位老卜卦者用手和表情给出某种征兆。

---

① ［KSA版注］参阅本书卷三，"论违背意志的幸福"。

晚　餐①

在这个节点上,卜卦者打断了扎拉图斯特拉及其客人之间的欢迎:像一个不曾耽搁时间的人,他挤上前去抓住扎拉图斯特拉的手,呼喊道:"但是,扎拉图斯特拉!

"一事比另一事更不可少(nothwendiger),你自己如此说:好吧,我以为现在有一事比其他一切事情都更不可少。②

"有一句及时的话:你不是邀请我们进餐么?这里有许多人经长途跋涉而来。你不会意欲以话语款待我们吧?

"在我看来,你们全都过于考虑冻死、溺死、窒息而死以及其他身体困境;但没有人考虑我的困境,即饿死的危险——"

(卜卦者如是说;但扎拉图斯特拉的动物一听到这

---

①　[KSA版注]显然在影射耶稣最后的晚餐。
②　[译注]对比本卷"正午"开篇场景。

话,便惊骇奔逃。因为它们看出,它们白天带回家的东西,还不够塞满这一个卜卦者。)

"还包括渴死的危险,"卜卦者继续说,"虽则我听到此处流水潺湲,如同智慧之言,丰富而不倦:但我——意欲葡萄酒!

"并非每个人都像扎拉图斯特拉,生来是饮水者①;[230]对于疲倦和枯萎之人,水不堪用:我们要葡萄酒——它才会令人突然康复,立刻健康!"

就在卜卦者渴求葡萄酒的时刻,左边的国王,这个沉默者也开始发言。"至于葡萄酒,"他说,"我们已经备好,我和我的兄弟,右边的国王:我们有足够的葡萄酒——这头驴驮满了酒。因此缺的无非是面包。"

"面包?"扎拉图斯特拉回答,并且笑了,"隐士恰好只是没有面包。但是,人活着,不是单靠面包,更是靠好羊肉,我正有两只:②

"——我们应立刻杀了它们,用鼠尾草香料烹制:我爱这种吃法。也不缺乏根茎和水果,即使是讲究美食和品味美食的人,也算足够了;还有尚待敲开的核桃和其他谜语。

"如是,我们很快就会有一顿盛餐。但是,意欲一起饮食的,就必须动手,国王亦然。因为在扎拉图斯特拉这

---

① [译注]饮水者与饮酒者的对比,参《人性的,太人性的》下卷,"杂乱无章的观点与箴言",347节。
② [法文版注]影射基督,参见《马太福音》4:4:耶稣却回答说:"经上记着说:人活着,不是单靠食物,乃是靠神口里所出的一切话。"

里,国王也可以为厨师。"①

这个建议说中了所有人的心:唯独自愿的乞丐拒绝肉、葡萄酒和香料。

"我以为,你们且听这位美食家扎拉图斯特拉[的话]!"他说得戏谑,"我们来到这个洞穴和高山,就为了做这样一餐?

"现在我当然理解他从前给我们的教诲:'小的贫穷应受礼赞!'②以及他为何意欲取缔乞丐。"③

"愉快起来吧,"扎拉图斯特拉回答他:"如我一般。保留你的礼俗,你这位卓越之士!嚼碎你的谷粒、饮你的水、礼赞你的食物:只要它们令你快乐!

"我,只是我这一类人的律法,我不是所有人的律法。④ 但谁若属于我,就必须有强壮的骨骼,轻盈的双足,——

---

① [KSA版注]参阅《尼采全集》十一卷,30[7],"谁想一起吃,谁就得动手;这儿有羊要宰,还要生火/像森林中的野人/诗人应为我们吟唱。"

② [法文版注]参见卷一,"论新偶像"。

③ [译注]参卷二"论同情者":"但是,乞丐却应完全取缔!真的,对他们施舍令人气愤,不予施舍,也令人气愤。"

④ [译注]这可能是最能透露《扎拉图斯特拉如是说》写作意图的一句,比较本副标题。在"为所有人"和"不为任何人"之间,是"我这一类人"(die Meinen),是一种柏拉图式的反启蒙的人性论。另参卷三"论背叛者"第二节:"但是,祈祷是一种耻辱!不是对所有人,而是对你和我,以及头脑中存有良知的人。"至于"律法",则更与权力意志相关,参卷一"论一千零一个目标"中民族的律法以及卷二"论拯救"中时间的律法;《善恶的彼岸》,卷一第22节。

"——以战斗和庆典为乐,不做忧伤的人,不为梦幻的凡夫(Traum-Hans),为最艰难之事而准备,如准备他的庆典,是健康而完整的人。

"最好的事属于我这一类人和我,倘若人们不给我们,我们便去取来:最好的食物、最明净的天宇、最强烈的思想、最美的女人!"①——

扎拉图斯特拉如是说;右边的国王却反驳道:"罕见!谁曾听过一个智慧者口中说出这样的聪明事呢?

[231]"真的,如果一个智慧者对这一切都还那么聪明,而且不是驴子,那这就是他身上最罕见的事情。"②

右边的国王如是说,并觉得奇怪;那头驴子却对他的话报以凶恶的"咿啊"声。这却是当时漫长餐宴的开始,史书称其为"晚餐"。所论话题无他,只有更高的人。

---

① [施注]扎拉图斯特拉不仅爱自己,而且爱他的同类。不过,他并不爱所有人。这一点应该与《扎拉图斯特拉如是说》这部作品的副标题联系起来思考:一本为所有人又不为任何人所写之书。

② [KSA版注]参阅《尼采全集》卷十一,31[40]:智者身上让我最感到奇怪的,就是他某次变聪明了。

论更高的人们①

1

当我最初来到人类之中,所为是一种隐士的愚蠢,巨

---

① [KSA版注]参阅《尼采全集》卷十一,一篇计划写作关于"更高的人"的作品(在本书第四卷之前)中有下列草拟标题:26[270]:致更高的人/隐士的先行者式的呼唤;26[318]:更高的人/论哲学家/论畜群的领袖/论虔诚者/论道德家/论艺术家/对更高的人的批判。

"更高的人"这个概念,请参阅《尼采全集》十一卷,29[8]:计划。我寻觅和呼唤这样的人,我可以把这一观念(永恒复返)告诉他们,他们也不因此走向毁灭。/更高的人的概念:因为人而不因为自己而痛苦者;只会从自身创造"人"的人/面对一切甘愿走开,崇拜神秘主义者/反对那些"被安排好的人"/我们这些失败者!最高的类型!拯救我们就是拯救"人类"本身:这就是我们的"个人本位主义"!

参阅《尼采全集》卷十一,32[2]:你教人培养新贵族/你教人建立殖民地并教人蔑视"国家-贩夫-政治"/你关注人类的命运/你运用的道德超越道德本身(超越人,不仅是"善"与"恶",原罪感)/扎拉图斯特拉论更高的人/你们必须找出这个恶劣时代的优点。

大的愚蠢：①我置身市场。

当我对所有人讲话，我却没有对任何人讲话。夜晚，索上舞者是我的同伴，还有尸体；我自己也近乎一具尸体。②

新的清晨，一种新的真理却向我而来：我当时学会说，"市场、群氓、群氓的喧哗和群氓的长耳与我有何干系！"

你们这些更高的人，从我这里学会吧：市场上没有人相信更高的人。你们意欲在那里讲话，好吧！群氓却眨动眼睛，"我们全都一样。"③

"你们这些更高的人"——群氓如此眨动眼睛——"不存在更高的人，我们全都一样，人类就是人类，在上帝面前——我们全都一样！"

在上帝面前！——但是，现在这个上帝已死。在群氓面前，我们可不愿都是一样。你们这些更高的人，远离市场吧！

---

① ［译注］"愚蠢"是扎拉图斯特拉一下山就明确意识到的问题，参前言第一节和最后一节。
［朗注］扎拉图斯特拉对他们讲述了四十岁时犯下的错误，把他的启示带到市场。扎拉图斯特拉联系到前言里的事情，重复了所有的重要主题，不过，他似乎是在重复前言里的错误，再次对错误的人演说。

② ［法文版注］参见"前言"，第6节。

③ ［译注］参前言第五节，扎拉图斯特拉虚拟了"最后的人"的说话表情，也是同样的眨动眼睛。类似动作参《快乐的科学》第三节"高贵与卑贱"，卑贱者对高贵者不能理解，并伴随眨眼动作。这些自然是尼采的神来之笔，但也可能暗示了卑贱者言辞之机械，只能像眨眼一样重复别人的话语，却没有理解更高可能的能力。

2

在上帝面前！——但是，现在这个上帝已死！你们这些更高的人，这个上帝曾是你们最大的危险。

自从他躺进坟墓，你们方才重新复活。现在，伟大的正午已至，更高的人们成为主人！

哦，我的弟兄们，你们懂得这话吗？你们惊恐了：你们的内心晕眩吗？此处，深渊向你们敞开裂隙了（Klafft）吗？此处，地狱之犬向你们狂吠了（Kläfft）吗？

好吧！来吧！你们这些更高的人！[232]现在，人类未来的山峰开始阵痛。上帝死了：我们现在意欲——超人在生活。①

3

今天，最为烦忧的人们问道："人类如何得以保存？"扎拉图斯特拉却作为唯一和第一个人发问："人类如何才能被超越？"

超人位于我的内心，他是我的首要者和唯一者——而非人类：不是邻人，不是最贫穷的人、不是最痛苦的人，不是最好的人。——

---

① ［KSA版注］参阅本书卷一"论馈赠的道德"。

哦,我的弟兄们,这才是在人类身上我能够爱的东西,因为它是一种过渡和坠落。你们身上也有许多东西,让我去爱和希望。①

你们这些更高的人,正是你们的蔑视,使我有了希望。伟大的蔑视者是伟大的尊敬者。

你们的绝望,亦颇值尊敬。因为你们没有学会如何降身屈从,也没有学会小聪明。

今天,小人们却成了主人:他们对人们传道,一切屈服、谦卑、聪明、勤奋、体贴和大量诸如此类的小道德。

凡来自女子气的东西,凡来自奴性的东西,尤其是来自群氓混杂的东西:现在这却要成为所有人类命运的主人——哦,恶心!恶心!恶心!

这问了又问,不知厌倦:"人类怎样才能最好、最久和最舒适地保存自己?②"于是——他们是今天的主人。

哦,我的弟兄们,为我超越今天的这种主人吧——这些小人:他们是超人最大的危险!

你们这些更高的人,为我超越那些小道德、小聪明、细沙般体贴、蚂蚁般的烦扰琐碎、可怜的舒适以及"大多数人的幸福"吧——!

你们宁可绝望,也不要降身屈从。真的,你们这些更高的人,你们不知今天如何生活,我因此而爱你们!你们这样生活才是——最好!

---

① [KSA版注]参阅本书卷一,前言,第4节。
② [法文版注]参见《快乐的科学》,卷一,第1节。

4

哦,我的弟兄们,你们有勇气吗?你们有决心吗?不是面对见证人的勇气,而是上帝也不再奢求的隐士的勇气和鹰的勇气,你们有吗?

我以为,冷酷的灵魂、骡子、盲人、醉汉,皆无决心。[233]当有这样的心,他知晓恐惧而强迫恐惧;他看见深渊却高傲以对。

以鹰眼注视深渊的人,——以鹰爪攫紧悬崖的人;便有勇气。——

5

"人类邪恶。"最智慧的人皆如是说,以给我安慰。唉,但愿它今天仍旧真实!因为恶是人类最好的力量。①

"人必须变得更善、更恶。"——我如此教导。至恶为超人的至善所必需。②

小人们的传道者受苦并承担人类的罪恶,③这对他们应是好事。但是,我把巨大的罪恶安享为我巨大的安慰。——

---

① [KSA 版注]参阅本书卷二"论人类的聪明"。
② [KSA 版注]参阅《善恶的彼岸》,第 295 节。
③ [KSA 版注]参阅《马太福音》8:17。

这些话却非为长耳而说。并不是任何话皆能出自任一嘴巴。这是优雅而遥远者:非羊蹄所能攫取!①

6

你们这些更高的人,你们以为我所以在此,只为补救你们糟糕的所为么?

或者,我意欲你们这些受苦的人得到更好的安置?或者,给你们这些不安者、迷途者和登山迷失者指示新的轻捷之径?

不! 不! 第三次还是不! 你们这类人中会有更多更好的人走向坠落——因为你们的情形会愈发糟糕、愈发艰难。唯有如此——

——唯有如此,人类才能长入那个高处,长入闪电击中并撕碎他的地方:足够闪电的高度!②

我的意义和我的渴望朝向稀少的事物、漫长的事物、遥远的事物:你们微小、纷纭而短暂的困苦,与我何干!③

在我看来,你们受苦尚且不够! 因为你们为自己受

---

① [KSA版注]参阅草稿:我的真理优雅,只供雅致的手指索取,而不可伸羊蹄索取。并不是每个字眼都适合于每张嘴的。

② [KSA版注]参阅本书卷一"论山中之树","闪电的高度",引自"超人",为闪电长到足够的高度。

③ [KSA版注]参阅草稿:尽管我的意识和渴望旨在达到少数和漫长遥远的事物,但今天我对那些微小而短暂的美绝不小觑。也请参阅《尼采全集》十一卷,31[51]:诗人——我的意识和渴望旨在达到少数和漫长遥远的事物,我是多么鄙视你们那些微小而短暂的美!

苦,而未曾为了人类受苦。你们如果说了不同的东西,就会是谎言!你们全都不曾受过我受过的苦。① ——

7

闪电倘若不再破坏,这对我便不足够。我无意将它引开:它应学会为我——劳作。

我的智慧积聚已久,如一片乌云,[234]它将愈加寂静、愈加黑暗。最终要生育闪电的每一种智慧,尽皆如此。

对于今日的人类,我没有意欲成为光,或称为光。他们——我意欲他们目眩神迷。我的智慧的闪电!刺戳他们的眼睛!②

8

不要意欲超乎你们能力之上的东西:意欲超出自己能力的人,虚伪非常。

尤其是他们意欲伟大事物的时候!因为这些优雅的

---

① [法文版注]此处应将尼采的话与"受苦"的主题联系起来,尼采借此来反对基督教。参见《善恶的彼岸》,第225节;《权力意志》,VP1 483;VP2 1052。

② [KSA版注]参阅《尼采全集》卷十一,31[38]:你想成为他们的光,可你把他们照得头昏目眩。你的阳光把他们的眼睛戳瞎了。

[译注]对比柏拉图《王制》卷七太阳喻中的说法,步出洞穴的人如果观看光本身,眼睛会被灼伤(516e)。

伪币制造者和表演者引起了对伟大事物的怀疑:——

——直到他们终于在自己面前也虚伪起来,斜着眼睛,粉饰蠕虫的吞噬,以强硬的言辞、道德告示、闪光的虚伪工作为掩饰。

你们这些更高的人,要对此留心啊!在我看来,今日没有什么比诚实更珍贵、更罕见。①

今日不是属于群氓么?群氓却不知道,什么是伟大,什么是渺小,什么是正直和诚实:他们无辜地歪曲,总是说谎。

9

今天,保持一种好的怀疑吧,你们这些更高的人,你们这些宽宏者!你们这些坦诚者!秘密坚持你们的理由!因为今日属于群氓。

过去,群氓学会了没有理由的信仰,谁又能依据理由将其——推翻呢?

市场上,人以举止表情使人信服。理由却使群氓怀疑。

倘若真理曾在那里取胜,你们就应以好的怀疑自问:"哪一种强烈的错误为真理而战呢?"

你们也要当心学者!他们憎恨你们:因为他们不能生产!他们的眼睛冰冷干枯,在这样的眼睛面前,每只鸟

---

① [法文版注]参见《善恶的彼岸》,第227节。

都褪尽羽毛。

这些人自我矜夸,以为从不撒谎;可是,无力撒谎远非热爱真理。你们留心啊!

远离狂热绝非知识!我不相信完全冷却的精神。那不会撒谎的人,就不知道何为真理。

10

[235]倘若你们意欲向高处行走,要使用自己的腿!不要让你们被抬着向上,你们不要坐在他人的背上和头上!

但你骑马吗?现在,你向上朝着你的目标飞奔吗?好吧,我的朋友!但你的跛足也骑在马上!

当你到达你的目标,当你从你的马背跃下:恰在你的高处,你这更高的人啊——你将踉跄失足!

11

你们这些创造者,你们这些更高的人!人只是孕育自己的孩子。

你们不要被游说、被劝服!谁是你们的邻人?即使你们为"邻人"而行事——但你们并非为他们而创造!

你们这些创造者,为我忘记这个"为"吧:你们的道德所意欲的,正是你们不要因着"为"、"由于"和"因为"去做任何事情。对于这些虚伪的小词语,你们当闭上你们的耳朵。

所谓"为邻人",不过是小人的道德:此谓"人以类聚"(gleich und gleich)、"礼尚往来"(Hand wäscht Hand)——至于你们的自私,他们既无权利又无力量。

你们这些创造者,你们的自私之中,有受孕者的谨慎和天命(Vorsehung)!还不曾有人以双眼看这果实:它庇佑、关爱并抚养你们全部的爱。①

你们全部的爱,皆系于你们的孩子,你们全部的道德亦然!你们的工作,你们的意志便是你们的"邻人":你们不要被什么虚伪的价值劝服。

12

你们这些创造者,你们这些更高的人!必须生育的人,就是病人;但生育了的人,又不再纯洁。②

问问女人吧:人之生育不是为了快乐。痛苦使母鸡和诗人咯咯而啼。

你们这些创造者,你们身上不纯洁的东西太多。那是因为你们曾必须是母亲。

一个新生的孩子:哦,多少新的污秽也来到世界!到

---

① [KSA版注]参阅《尼采全集》卷十一,31[37]:你的道德乃受孕者的谨慎,你庇佑和爱惜你那神圣的胎儿和未来。

② [KSA版注]参阅《尼采全集》卷十一,26[265]:关于分娩者因不洁而叫喊。给伟大的精神定一个清洁节日是必要的!

[法文版注]《利未记》12:1—2:耶和华对摩西说:"你晓谕以色列人说:若有妇人怀孕生男孩,她就不洁净七天,像在月经污秽的日子不洁净一样。"

一边去！生育过的人，就应洗净他的灵魂！

13

[236]不要超越你们的力量而讲求道德！你们不要意欲违背可能性的事情！

沿着你们父辈的道德足迹而行！倘若你们父辈的意志不与你们同登，你们如何能够登高？

但是，意欲成为头生子的人，留心呵，不要成了末生子！你们父辈的不洁之处，你们不应意欲在此成为圣人！

倘若其人的父辈钟爱女人、烈酒和野猪：他却意欲自身的纯洁，那会如何？

那是一桩蠢事！真的，我以为，一个男人若是有一个、两个或三个女人，就过于昏昧。

倘若他建起修道院，并在大门上写下："进入至圣所的路"①——我便会说：目的何在！这是桩新的蠢事！

他为自己建成一座监狱和逃避之所：或许有用罢！但我对此并不相信！

孤独中也生长着人们带进孤独的东西：内里的牲畜。如此，不宜向多数人宣讲孤独。

迄今，大地上还有什么比荒漠圣人更加污秽？在他们周围，不独魔鬼喧闹——还有猪。

---

① [译按]参《希伯来书》9:8："圣灵用此指明，头一层帐幕仍存的时候，进入至圣所的路（der Weg zum Heiligen）还未显明。"

14

胆怯、羞愧、笨拙,如腾跃失败的老虎:你们这些更高的人,我经常看见你们如是而悄悄潜行一侧。一次投掷就令你们失败。①

但是,你们这些掷骰的赌徒(Würfelspieler),这算什么!你们没有学会游戏和嘲弄,正如一个人必须游戏和嘲弄!我们岂不是永坐于一张巨大的游戏和嘲弄之桌旁边吗?②

倘若你们的大事失败了,你们本人也因此——失败了吗?倘若你们本人失败了,人类也因此——失败了吗?但若人类也失败了:好啊!甚好!③

15

一件事情,其品性愈高,则成功愈难。你们这些更高的人,你们不是全都——失败了吗?

鼓起勇气吧,又有何干!可能之事依旧很多!学会

---

① [KSA版注]参阅《尼采全集》卷十一,27[52]:一只老虎笨拙地 跃,因而自感羞愧。

② [法文版注]此处的笔调明显是在模仿法国思想家帕斯卡尔(Blaise Pascal)。参见《快乐的科学》,卷二,第42节;本书卷四,"蜂蜜祭品"。

③ [KSA版注]参阅《尼采全集》卷十一,31[13]:倘若我有某事失败了,我也因此失败了吗?我就是失败了,哪些东西怪我呢?人也因此失败了吗?/这是患病和发烧。

嘲笑你们自己吧,正如人必须笑一般!

你们失败一半,或是成功一半,何奇之有呢,你们这些半破碎者![237]人类的未来——不是在你们之中撞击且激荡么?①

人类最遥远、最深沉的东西、星辰般最高的东西,以及人类伟岸的力量:这一切不都在你们的罐中彼此激越么?

有些罐子破碎了,这何奇之有!学会嘲笑你们吧,正如人必须笑一般!你们这些更高的人,哦,可能之事依旧很多!

真的,很多事情已经成功!这大地上小而美好而完满的事物多么丰富,发育良好的事物何其丰富!

你们这些更高的人,把小而美好而完满的事物置于自己周围吧!它们金色的成熟疗救内心。完满之物教授希望。

16

迄今为止,什么是大地上最大的罪?难道不是这人的话语么?那曾经说"在此笑的人有祸了"的人?②

---

① [法文版注]《善恶的彼岸》,第203节。

② [KSA版注]参阅《尼采全集》卷十一,25[150]:《路加福音》6:25。

[译注]《路加福音》6:25:"你们饱足的人有祸了,因为你们将要饥饿;你们喜笑的人有祸了,因为你们将要哀恸哭泣。"后文"在荒漠的女儿们中间"第二小节的歌谣开始时,那句"心藏荒漠的是有祸的"与此句句式同。路德《圣经》中,"是有祸的"这种表达极其常见。

他自己在大地上没有找到笑的理由吗？那只是他寻找得太糟糕。一个孩子在此都能找到理由。

他——爱得不够：否则他就会爱我们这些笑的人！但他恨我们，讥讽我们，他预言我们哀哭切齿。①

人若不爱，就必须立刻诅咒么？这——我以为似乎是一种糟糕的品味。但这就是他的作为，这个绝对者。他来自群氓之中。

他自己只是爱得不够：否则，别人不爱他，他就会少些愤怒。一切伟大之爱并不意欲爱——而是意欲更多。

远离所有这些绝对者！这是一种可怜患病的种类，群氓之一种：他们邪恶地注视生活，以恶劣的目光看待这大地。

远离所有这些绝对者！他们双脚沉重，内心骚闷——他们不懂得舞蹈。对于他们，大地如何可能轻盈！

17

一切好的事物，皆曲折而向它们的目标。如同猫儿拱起脊背，并自在呼噜，因为它们接近了幸福——一切好的事物都在大笑。

---

① ［法文版注］《马太福音》8：10—12："耶稣听见就希奇，对跟从的人说：'我实在告诉你们……惟有本国的子民，竟被赶到外边黑暗里去，在那里必要时哀哭切齿了。'"

步伐显露了一个人是否行走于自己的轨道:且看我的行走! 接近目标的人,就会舞蹈。

而且真的,我没有成为雕像,[238]我不会兀立于此,僵硬迟钝如一根柱子;我爱疾速奔跑。

纵然大地上有沼泽和浓厚的哀愁:但双脚轻盈的人,就能越过泥沼而奔跑,如在清洁的冰上舞蹈。

我的弟兄们,高扬你们的心,高些,再高些! 也不要忘记你们的双足! 你们这些善舞者,高扬你们的双足,更好的是:你们以头而立吧!

18

这笑者之冠,这玫瑰花环之冠:我自戴这顶王冠,我自己宣说我的笑为神圣。至于此事,今天我尚未发现足够坚强的人。①

舞者扎拉图斯特拉,轻盈者(Leichte)扎拉图斯特拉,他凭羽翼挥手,一个待飞者,向所有的鸟儿招手,准备就绪(fertig),一种有福的轻盈(Leichtfertiger):——

卜卦者扎拉图斯特拉,真正的笑者扎拉图斯特拉,不焦躁者、不绝对者,一个喜欢跳跃和越界的人;我自戴这

---

① [KSA版注]尼采此处想起拿破仑自己加冕之事,可以在《尼采全集》十卷,22[5]得到证实:这样的人总会给自己加冕——他嫌教士太怯懦。H.魏歇尔特(H. Weichelt)认为,扎拉图斯特拉的玫瑰花环是耶稣所戴荆冠(《马太福音》27:29)的对立物。《尼采全集》卷十一,31[64]包含了本书第四卷最后几章的主题。

顶王冠。①

19

我的弟兄们,高扬你们的心,高些,再高些!也不要忘记你们的双足!你们这些善舞者,高扬你们的双足,更好的是:你们以头而立吧!

幸福之中也有沉重的动物,有生来笨拙的脚。它们的竭力奋求颇为怪异,如同一头大象,竭力以头而立。

因幸福而愚蠢,好过因不幸而愚蠢,笨拙地舞蹈好过跛行。那就从我这里学习我的智慧吧:即使最糟糕的事物也有两种好的反面,——

——即使最糟糕的事物也有好的舞蹈之足:那么,你们这些更高的人,且从我这里学会立足于自己正确的腿上!

那么,为我遗忘那些愁闷和所有的群氓忧伤!哦,我以为,今天的群氓丑角何其可悲!但今日却属于群氓。

20

为我而像一阵风吧,当它从洞穴骤然涌出:它意欲随

---

① [译注]1886年,尼采为《肃剧的诞生》撰写前言时以上一节最后一段和这一节结尾。在向年轻读者宣扬让形而上学"见鬼去"的同时,尼采以扎拉图斯特拉为方向,并称扎拉图斯特拉为"叫作扎拉图斯特拉的酒神恶魔"。

自己的管笛而舞蹈,海洋在它的足迹之下战栗跳跃。

它给驴子以翅膀,为母狮挤奶,[239]赞美这美好而狂肆的精神,对于所有的今天和一切群氓而言,它如一阵狂飙袭来,——

它敌视蓟草和混乱的头脑、所有萎叶与野草:礼赞这野性、美好而自由的狂飙精神吧,它在沼泽和哀愁之上如在草地舞蹈!

它仇恨群氓瘦犬和所有失败阴沉的孽子:礼赞这所有自由精神中的精神、笑的狂飙吧,它将尘埃卷入一切悲观者和溃疡病者的眼中!

你们这些更高的人,你们最糟糕的地方在于:你们都不学习舞蹈,一如人必须舞蹈——超越你们自己而舞蹈!你们失败了,又有何干!

可能之事依旧很多!学会嘲笑你们自己吧!高扬你们的心,你们这些善舞者,高些,再高些!为了我,不要忘记倩兮巧笑!

笑者的王冠,玫瑰花环之冠;你们,我的弟兄们,我把这顶王冠掷向你们!我宣说这笑为神圣;你们这些更高的人,为我而学会——笑吧!

忧郁之歌①

1

当扎拉图斯特拉说这番话时,他站在洞穴入口附近;末了几句话之后,他便从他的客人身边脱身,逃到露天处逗留片刻。②

"哦,我周围纯洁的气息,"他大声呼喊,"哦,我周围有福的宁静!但是,我的动物们在哪儿?我的鹰和我的蛇,过来,过来!

我的动物们,告诉我:这些更高的人全都——不大好

---

① [KSA版注]参阅草稿:时值下午,当晚餐用毕,扎拉图斯特拉起立对其宾客说:朋友们,让我出去一会儿,我要把一包玫瑰拿进来;但我不能对你们泄露,玫瑰从何而来/扎拉图斯特拉一离开用餐的朋友,老魔法师就朝四周狡黠地看了看,接着要过来他的竖琴,出去了,他说道……

② [施注]"忧郁之歌"、"论科学"、"在荒漠的女儿们中间"三篇演讲构成了一个整体,"论科学"是核心。从某种程度上说,科学是核心问题,是扎拉图斯特拉的问题。

闻吧？哦，我周围纯洁的气息！现在我才知道、感觉到，我的动物们，我多么爱你们。"

——扎拉图斯特拉再次说道："我的动物们，我爱你们！"但当他说这些话时，鹰和蛇挤在他的身边，向他仰视。他们三者如此安静共处，共同闻着、畅吸着好空气。因为这外边的空气好于那些更高的人身边的空气。

2

[240]但是，扎拉图斯特拉刚刚离开他的洞穴，这时，老魔法师便起身，狡黠四顾，并且说：①"他出去了！

"那么，你们这些更高的人——我像他一样，用这一礼赞和奉承的名称刺激你们——我邪恶欺诈的魔法精神、我忧郁的魔鬼已侵袭了我，

"——它从根本上是扎拉图斯特拉的仇敌（Widersacher）；②原谅它吧！现在，它意欲在你们面前施展魔法，正逢其时；我与这邪恶的精神搏斗，但只是徒然。

"你们所有人，无论你们以言辞冠以自己何种尊荣，无论你们将自己命名为'自由精神'或'真诚者'，③或'精

---

① [朗注]本书中所有事件，所有演讲中唯——次完全的缺席——老魔法师重谈与扎拉图斯特拉的竞争。
② [KSA版注]《圣经》中对魔鬼的称谓，《彼得前书》5：8。
③ [译注]此处的自由与真诚，参卷二"论著名的智慧者"。

神的忏悔者',或'被解放者',①或'伟大的渴望者'——

"——你们所有人,和我一样因极大的嫌恶而痛苦,对你们来说,老上帝已死,还没有新的上帝躺在摇篮和襁褓之中,——我的邪恶精神和魔法魔鬼喜欢(hold)你们所有人。

"我认识你们,你们这些更高的人,我也认识他——我认识这个恶魔(Unhold),我违背意志而爱的人,这位扎拉图斯特拉:我常常以为,他像一面漂亮的圣徒面具,

"——像一面新的、令人惊奇的舞会面具,为我邪恶的精神、忧郁的魔鬼所喜欢——我常常以为,我爱扎拉图斯特拉,是由于我邪恶的精神。——

"但是,它已经侵袭、逼迫我,这忧郁的精神、这黄昏的魔鬼:真的,你们这些更高的人,它渴求——

"——但睁开眼睛!——它渴求裸体而来,它是男是女,我尚未知晓:但它来了,它逼迫我,苦啊!敞开你们的感观!

---

① [译注]"被解放的"通常用于普罗米修斯,"被解放的普罗米修斯"(《肃剧的诞生》,"献给瓦格纳的前言"),但这里的用意可能与《历史学对于生活的利与弊》更相关:"不是上帝,不是人,只是他们自己的青年:给青年解除枷锁吧,你们将与青年一起解放生活。因为生活只是隐匿着,处在牢狱里,它还没有枯萎和死亡——问你们自己吧!但它却有病,这个被解放的生活(dieses entfesselte Leben),它必须得到治疗。它因许多灾祸而病弱,它患病,并不仅仅由于对他的枷锁的回忆——它患的是这里与我们有特殊关系的历史病。"(第十节)

"白昼消退,现在,一切事物都沉入黄昏,最美好的事物亦然;你们这些更高的人,现在听吧,看吧,这究竟是怎样的魔鬼,是男是女,这黄昏忧郁的精神!"

老魔法师如是说,狡黠四顾,抓起他的竖琴。

3①

当天空渐暗,②
当安慰的露珠
浸临大地,
[241]无声无形——

---

① [KSA版注]《忧郁之歌》是尼采于1884年秋写就的一首诗。在"扎拉图斯特拉"第二部分草稿中发现两个残篇,其中之一题为"太阳之恶"(《尼采全集》,卷十一,28[3]),篇幅大致相当于下文第一和第二节诗,另一篇为"羊"(28[143]),篇幅相当于下文第四节。在草稿("扎拉图斯特拉"第二部分6)中也有类似的标题:阳光之恶//只有诗人!只有傻瓜!

② [英译本注]"当天空渐暗"(Bei abgehellter Luft)的字面意思是天空变得明亮澄澈。尼采借用了德国诗人弗莱明(Paul Fleming,1609—1640)的十四行诗"Auf Mons Jakob Schevens seinen Geburtstag"(*Gedichte von Paul Fleming*, ed. JuliusTittmann, Leipzig:F. A. Brockhaus,1870,p. 235). 格林兄弟权威的《德语词典》在abhellen词条下引用了弗莱明和尼采。但是,这里的语境中是变暗之意。

[译注]由于abgehellter词根是hell,大多数译本均译为"澄明"或类似词语,但由于这是黄昏时刻,而前缀ab意为离开、去除,同时,老魔法师一再强调自己的精神是以黄昏的暗淡取代白昼,故而此处译为"渐暗"更符合他的旨趣。

因为安慰者的露珠如所有温柔的安慰者,
踏着软履——:
那时,你想起了吗,热烈的心,
你曾经多么渴求上天垂下的泪珠和露滴,
焦枯疲倦地渴求,
当时,在枯黄的草地蹊径
黄昏邪恶的光线,
穿过你周围黑暗的森林奔跑,太阳耀眼炙热的光芒,
以你的痛苦为乐,你想起这些了吗?

"你? 真理的追求者吗?"——他们如此讽嘲——
不! 只是个诗人!
一头动物,一个狡猾的、掠夺的、潜行的[动物],
它必须说谎,
必须自知自愿地说谎:
贪求猎物,
戴着彩色的面具,
是自己的面具,
是自己的猎物——
这——就是真理的追求者?
不! 只是个傻子! 只是个诗人!
只有彩色的言辞,
在傻子面具后发出彩色的呼喊,
在说谎的语言之桥上四处行走,
在彩虹之上,

在虚假的天空
和虚假的大地之间,四处游荡,四处飘流——
只是个傻子!只是个诗人!

这——就是真理的追求者?
不安静、僵硬、光滑、清冷,
变为雕像,
变为上帝的柱子,
而不是一位上帝的门卫
立于庙宇之前:
不!仇视这种真理的雕像,
任何荒野都比庙宇更有家乡之感,
充满猫的恶意,
[242]瞬间跃过每扇
窗户!跃入每一种偶然,
嗅着每一座原始森林,
渴望地嗅着,乃至成癖,
于是,你在原始森林里
在有彩色斑点的动物中间
有罪而健康、彩色而美丽地奔跑,
以贪婪之唇,
有福而嘲讽、有福而如在地狱、有福而嗜血,
掠夺、伪善、窥探地奔跑。

或如同鹰,长久地,

长久僵硬地凝视深渊,

它的深渊:——

哦,深渊在这里如何向下,

向着底部,深入,

向越发深沉的深渊回旋!——

随后,

突然,笔直地

振动羽翅,

袭向那些羔羊,①

突然俯冲,饥馁不堪,

贪求那些羔羊,

怨恨所有羔羊的灵魂,

狂怒地怨恨看似如此的一切:

绵羊一般、有绵羊之眼的、毛发鬈曲的、

灰色的、具有羔羊和绵羊的善意!

如是

诗人的诸多渴望

像鹰和豹子一般,

是千层面具下你的渴望,

你这个傻子! 你这个诗人!

你在人类身上所见,

---

① [KSA版注]参阅《尼采全集》卷十一,25[4]:"鹰径直俯冲"。

是上帝,亦是绵羊——:
撕碎人类中的上帝,
如人类中的绵羊,
撕碎时复又大笑——

[243]这,这便是你的福佑!
一种豹子和鹰的福佑!
一种诗人和傻子的福佑!

当天空渐暗,
当月的镰刀
已在紫红色之间
带着绿意嫉妒地潜行:
——敌视白昼,
每一脚步都隐秘地
用镰刀削割玫瑰吊床,①
直到它们下落,
在夜中向下苍白沉降:——

我也曾如此沉降,
从我的真理幻想中,

---

① [译注]原文系 Rosen-Hängematten,另外,在卷二"舞蹈之歌"和卷三最后一节"七个印章"第六小节中,提到的"玫瑰斜坡"原文为 Rosenhänge,除了文字游戏之外,这几处也有义理的关联。

从我的白昼渴望中，
倦于白昼，因光明而致病，
——向下沉降，向黄昏，向影子：
被一种真理
灼烧焦渴：
——你想起了吗，你想起了吗，热烈的心？
你曾经多么渴求？——
但愿我遭放逐，
离开所有的真理
只是个傻子！
只是个诗人！

论科学①

魔法师如是歌唱;所有聚集者仿佛飞鸟,不知不觉落入他狡猾、忧郁的快感(Wollust)之网。唯有精神的良知者未被俘获:②他即刻取走魔法师的竖琴,并且呼喊:"空气!让好空气进来!让扎拉图斯特拉进来!你这低劣的老魔法师,你令这个洞穴闷热有毒!

"你这个虚伪者、优雅者,你诱骗人们走向未知的欲望和荒原。苦啊,倘若你这一类人大肆宣扬真理!

"苦啊,所有不警惕这种魔法师的自由精神![244]他们的自由完了:你教诲并诱惑他们复归囹圄,——

"你这忧郁的老魔鬼,在你的抱怨中,诱惑的哨音激扬,③你与此类人相似:以对贞洁的礼赞隐秘地引向性欲

---

① [法文版注]参见《快乐的科学》,卷四,第373节。
② [施注]精神的良知者是唯一一位完全没有被魔法师的歌唱感动的人,也就是说,没有被瓦格纳的歌唱感动的人。
③ [KSA版注]摘自交付首版印刷的手稿:你有二、三、四、五层意思。

（Wollüsten）！"

这位良知者如是说；但是，老魔法师环顾四周，享受他的胜利，吞下良知者对他的恼怒。"且安静！"他以谦逊的声调说，"好歌意欲好的回音；好歌之后，人们应当长久沉默。

"这些更高的人皆如此行为。但你大概对我的歌曲理解甚少吧？你那里缺少一种魔法精神。"

良知者反驳道："你自与我作了区分，真是礼赞我了，甚好！但是，你们其他人呢，我看见了什么？你们全部坐在这里，目光贪婪——

"你们这些自由的灵魂，你们的自由哪里去了！我以为，你们与此类人相似——长久观看低劣的裸体少女舞蹈：你们的灵魂自身舞蹈起来！

"你们这些更高的人，魔法师所谓的邪恶魔法和欺骗精神，你们内中必定还有更多。——我们必有大不同。

"真的，在扎拉图斯特拉回家来到他的洞穴之前，我们共同谈论、思考得过于充分，我甚至没有明白：我们是不同的。

"你们和我，我们在这高处寻求不同的东西。我为寻求更多的安稳，因此来到扎拉图斯特拉身边。因为他依然是最坚固的塔楼和意志——①

"——而今天，一切都摇摇欲坠，整个大地都在震颤。但是你们，我一看你们的眼睛，便几乎以为，你们寻求更

---

① ［译注］关于塔楼，参前言第六节相关的注释。

多的不安稳。

"——更多颤栗、更多危险,更多地震。你们这些更高的人,我几乎以为,请原谅我的妄念,你们渴求——

"——你们渴求的最低劣、最危险的生活,却最令我恐惧,你们渴求动物的生活,渴求森林、洞穴、陡峭的山峰和使人迷途的深谷。

"你们最喜爱的人,不是出离险境的向导,而是把你们从一切道路引开的引诱者。但是,即使你们真有这些渴求,我仍然认为并不可能。

[245]"因为恐惧——是人类继承的基本情感,所以,从恐惧出发,可以解释一切,原初的罪恶和原初的道德。① 恐惧中也生出我的道德,这便称作:科学。

"因为对野性动物的恐惧——人类对这种恐惧的培植最为久远,其中包括对人类隐藏于自身并且畏惧的动物——扎拉图斯特拉称之为'内里的牲畜'。②

"这种古老、长久的恐惧,最后变得雅致,变为宗教性的(geistlich)、精神性的(geistig)——我以为,今天它被称为:科学。"——③

---

① [法文版注]因为"恐惧"是一切道德变革和权威的原因,释放了各种价值的位置。参见《朝霞》,卷二,第107节。

② [译注]关于"内里的牲畜",参本卷"论更高的人们",第13节:"孤独中也生长着人们带进孤独的东西:内里的牲畜。如此,不宜向多数人宣讲孤独。"至于另一种意义上的"牲畜",参本卷"与国王们的谈话",第一节。

③ [译注]这段关于恐惧而形成的人类道德、宗教和科学的历史,《论道德的谱系》第二章第3节有更为明朗的叙述。恐惧被称为一种引起疼痛的记忆,一种记忆术,这是"最古老、最长久的心理学定律"。

良知者如是说；但扎拉图斯特拉这时刚刚返回洞穴，听到最后的演讲，猜透了其中的含义，便向良知者扔去一束玫瑰，并取笑他的"真理"。"什么！"他呼喊道，"我刚刚听见了什么？真的，我以为你是个傻子，要不我本人就是：我要立刻颠转你的'真理'。

"因为恐惧——是我们的例外。① 但是，勇气、冒险以及对不确定之物、对未曾尝试之物的兴致——我以为，勇气才是人类的整个史前史。②

"对于最野性、最勇敢的动物，他嫉妒并掠走它们所

---

① ［译注］这一节看起来似乎是对霍布斯的重要概念的驳斥，同时也指向了霍布斯的基督教基础，尤参《快乐的科学》，第345节。

② ［法文版注］参见第三卷，"论幻相和谜"。

［译注］所谓"史前史"（Vorgeschichte），可以视为尼采的一个基本概念，具有某种谱系学的框架。《快乐的科学》中有几处比较清晰的说法：348节"论学者的出身"："发现这位学者的'史前史'，即他的家庭及其职业。"335节："'这是对的'——你的这一判断的来历，都有一种你的本性、好恶、经验和非经验的史前史。"361节"演员问题"："首先是戏谑者、说谎者、傻子、小丑、类似吉尔·布拉斯的经典仆役，因为这类角色是艺术家甚至是'天才'的先驱"。综合这几处，我们不难理解，史前史不是历史学概念，而是某个个体或某种精神类型在形成过程中，各种谱系性复杂因素的统称。在《论道德的谱系》第二章第3节，尼采将史前史一说应用于人类良知形成之前起作用的因素。之所以采取这一概念，是因为这个概念含有一种关键时刻的理念判断，在这个时刻之前的，都是史前史。比如在《敌基督者》第42节，尼采认为基督教教会将"人类历史伪造为基督教的史前史"。但这种时刻和理念判断，从永恒复返的视野出发，都极为可疑。至于与另一个"史前"（prähistorisch）用法的区别，参《善恶的彼岸》，第32节。

有的道德：如此他才能变为——人类。

"这种勇气最后变得雅致，变为宗教性的、精神性的，这种人类勇气具有鹰的翅膀和蛇的聪明：我以为，今天称其为——"

"扎拉图斯特拉！"①聚集者共同呼喊，如出自同一张嘴，并且爆发一阵大笑；但在他们之中似乎升起一团乌云。魔法师也笑了，并聪明地说："好吧！我邪恶的精神已经逃走！

"当我说它是一个骗子，是说谎的精神和欺骗的精神时，我不是已经告诫你们要提防它么？

"尤其是它赤裸呈现之时。对于它的欺骗，我有什么办法！岂是我创造了它和这个世界？

"好吧！让我们重新和好，高兴起来！尽管扎拉图斯特拉恶眼相向——看他！他对我生气了：——

"——夜晚来临之前，他又重新学会爱我、礼赞我；倘若不做这样的蠢事，他就不能活得长久。

"这人——爱他的敌人：②我见过的所有人中，他最擅长这种艺术。但是，为此他却向自己的朋友们——复仇！③"

---

① ［施注］扎拉图斯特拉取代了科学的位置。这意味着什么？科学是非个人性的。科学意在实现对所有人都有效的真理，意在实现普遍有效的真理。然而扎拉图斯特拉是一个个体。科学意在实现对所有人都有效的真理，意在实现普遍有效的真理。然而扎拉图斯特拉是一个个体。

② ［KSA版注］根据耶稣的诫命。

③ ［法文版注］参《善恶的彼岸》，第216节。

老魔法师如是说,那些更高的人们向他鼓掌欢呼;于是,扎拉图斯特拉来回行走,兼具恶意与爱,同他的朋友们握手——仿佛是要对所有人有所补偿并请求原谅的人。[246]——但是,当他来到洞穴的门口,看,他重又渴求外面的好空气和他的动物——他意欲溜走。

在荒漠的女儿们中间

1

"不要走开!"自称扎拉图斯特拉影子的漫游者说道,"留在我们这里,①否则,古老低沉的悲伤又要侵袭我们。②

"老魔法师给了我们一切,从他最坏的到最好的东西,看,好心而虔诚的教皇已泪眼盈盈,又完全驶入忧郁之海。

"国王们在我们面前尚能自持良好的容仪:因为,今天在我们所有人中,他们对这一点学得最好。但是,倘若他

---

① [法文版注]参见《路加福音》24:29:他们[以马忤斯的弟子]却强留他[耶稣]说:"时候晚了,日头已经平西了,请你同我们住下吧!"耶稣就进去,要同他们住下。

② [施注]扎拉图斯特拉想要再次离开山洞,但扎拉图斯特拉的影子,即虚无主义的化身——漫游者让他留了下来。在魔法师歌唱他的忧郁之歌之时,扎拉图斯特拉在洞穴外。精神的良知者演说时,扎拉图斯特拉在演说结尾回到山洞。在这篇虚无主义者的演说中,扎拉图斯特拉全程在场。这暗示了这三类人与扎拉图斯特拉的亲疏关系。

们没有见证者,我打赌,他们又会开始邪恶的游戏——①

"——移动的云团、潮湿的忧郁、翳蔽的天空、被盗的太阳、哀嚎的秋风,皆为邪恶的游戏!

"——邪恶的游戏,还有我们的哀嚎和困境中的呼喊:留在我们这里,哦,扎拉图斯特拉!此处有许多隐藏的愁苦意欲说话,还有许多夜晚、许多云团,许多低沉的空气!

"你以强烈的男子食品和有力的箴言养育我们:不要让软弱的妇人精神作为餐后甜食侵袭我们!

"只有你令自己周围的空气强烈而清朗!在这个大地上,我何曾发现过如你的洞穴中、你这里一样好的空气?

"我见过许多土地,我的鼻子学会了检测和评价各种不同的空气:但在你这里,我的鼻翼品味到最大的快乐!

"除非,——除非,——哦,原谅一份古老的回忆!原谅我这首餐后甜食之歌吧,那是我过去在荒漠的女儿们中间所作:——②

"——因为她们那里也有同样明亮的东方好空气;那里,我距离多云、潮湿而忧郁的古老欧洲最为遥远!③

---

① [KSA版注]参阅本书第三卷,"日出之前"。

② [译注]以荒漠作为西方、作为欧洲的对比,尼采的另一种表达是"超越欧洲的音乐",这种音乐超越了善恶的界限,参《善恶的彼岸》,第255节。

③ [法文版注]在此,欧洲不是一个地理概念,而是一种生活、穿着、劳动的方式。在尼采看来,欧洲是在一种双重比较中得以定义的。一是与亚洲的对比,参见《人性的,太人性的》,第265节,第215节。另一方面则是,欧洲文明的产物却是不文明的继承者:"娱乐与不工作",参见《快乐的科学》,卷四,第329节。

"当时我爱这样的东方少女和另一种蓝色天国,[247]其上既无云团亦无思想张悬。

"你们不会相信,当她们停下舞蹈时,多么乖巧地端坐那里,深沉,但没有思想,仿佛微小的秘密,仿佛有饰带的谜,仿佛餐后甜食中的核桃——

"确实为彩色的,却又陌生!但无云朵:是待人猜解的谜:为了对少女们的这种爱,当时我制作了一首餐后甜食的赞诗(Psalm)。"

漫游者和影子如是说;在有人回答他之前,他便抓起老魔法师的竖琴,盘起双腿,泰然而智慧地四顾:——他张开鼻翼,缓慢而疑惑地吸入空气,仿佛某人初入异域,品尝陌生的空气。然后,他用一种吼叫的方式开始歌唱。

2①

荒漠在生长:心藏荒漠的人是有祸的!②

---

① [KSA版注]"漫游者和他的影子"的"餐后甜食赞诗"也是尼采写于1884年秋的一首独立的诗。在"扎拉图斯特拉"第二部分6中,此诗副标题为"颂诗"——被划掉——然后改为"前言"。尼采很可能是想把此诗当作一部拟写的诗集的前言;请参阅十一卷中诗歌残篇的评论。"在沙漠的女儿们中间"这首诗——末尾做了修改——成为《狄俄尼索斯颂歌》中的一首。

② [施注]荒漠的生长意味虚无主义的生长,是绝望的生长,这种生长伴随着某种幻想。人的毁灭正在逐渐生长,但这只对那些严肃对待自己的人来说才是可怕的,对那些自满的人而言则不可怕。

——哈!庄严!

真是庄严!

一个相称的开端!

非洲式的庄严!

与一头狮子相称①

或一只道德的吼叫之猴——

——但与你们无关,

你们,最可爱的女友们,

我,一个欧洲人

首次

被允许坐在你们脚畔、

在棕榈树下。② 细拉。③

真令人惊奇!

现在,我坐于此处,

邻近荒漠,又已经

再次远离荒漠,

甚至远离虚无中的荒芜:

因为这最小的绿洲

张口吞没——:

---

① [KSA版注]参阅莎士比亚《仲夏夜之梦》,5.1。
② [法文版注]参见《快乐的科学》,卷一,第42节。
③ [Pütz版注]"细拉"(Sela),是以色列和犹太教徒的宗教歌曲赞美诗(Psalm)中的音乐术语,大概是要求教徒在演唱时作间歇性的欢呼。

——它正打着呵欠,张

开它可爱的嘴,

[248]所有小嘴中最芳香的一瓣,

我落入其中,

落下,穿行——到你们中间,

你们,最可爱的女友们!细拉。

祝福,祝福这条鲸鱼,

倘若它如是善待

它的客人!——你们懂得

我带有教诲的(gelehrt)暗示么?①

祝福它的腹部,

倘若它是

如此可爱的绿洲之腹

与此相像:我却生疑,

——因为我来自欧洲,②

它比所有年老的婚后妇人③

疑心更重。

但愿上帝改善这一点!

---

① [KSA版注]暗示《约拿书》2:1。

② [朗注]他被绿洲所吞没,但他把自己比作被白鲸吞没的约拿(Jonah),他甚至想知道,白鲸之于约拿,是否是一种快乐,正如他自己的避难所之于他本人——但是,他心生怀疑,因为他是一个欧洲人,而欧洲人本来就是怀疑论者。

③ [译注]《狄俄尼索斯颂诗》中没有"年老的"这个形容词修饰。下一处亦如此。

在荒漠的女儿们中间

阿门!

现在,我坐在
这最小的绿洲中,
如一枚椰枣
棕黄、甘甜、金汁流溢,渴求
少女的圆润之唇,
但更渴求少女
清凉、雪白、锋利的
牙齿:因为它们是所有热切椰枣的内心渴望。细拉。

我躺在这里,
类似、太类似
所谓的南方水果,小
飞虫
四处舞蹈、环绕游戏,
同样,也有更小
更愚蠢和更有罪恶的
愿望和念头,——
也被你们环绕,
被你们缄默而噩兆的
少女猫
都都和苏莱卡,①

---

① [译注]都都(Dudu),是拜伦诗剧《唐璜》中的(转下页注)

——如斯芬克斯一般环绕,让我在一个词中
[249]塞进许多情感:
(上帝,原谅
我这一语言之罪!)
——我坐在这里,呼吸最好的空气,
真是天堂的空气,
明亮轻柔的空气,金光粼粼。
这样的好空气只能
降自明月——
是出自偶然
或出于纵肆?
如古代诗人的叙述。
我这个怀疑者却对此生
疑,但因我来
自欧洲,
它比所有年老的婚后妇人
疑心更重。
但愿上帝改善这一点!
阿门!

啜饮这最美的空气,

(接上页注)美女,仿佛"熟睡的维纳斯",有"修长、出类拔萃而慵懒的美"。苏莱卡(Suleika),歌德《西东合集》(*West-östlichen Divan*)中有一卷"苏莱卡篇",共八首诗。参歌德,《抒情诗·西东合集》,杨武能译,合肥:安徽文艺出版社,1998年,页342—380。

而鼓鼻仿佛酒樽，
没有未来，没有回忆，
我如此坐在这里，你们，
最可爱的女友们，
看那棵棕榈树，
如何像一位舞女
婀娜低眉，腰肢摇曳，
——人若看得久了，也会随之而动！
我觉得，如同一位舞女，
从来、从来只用一只腿站立，是否
太久，太危险地长久了？
——我觉得，它是否因此忘记了
另一条腿？
我至少徒然地
寻觅那遗失的
孪生珠宝
——另一条腿——
在她那最可爱、最娇柔的
扇形飘闪的裙子
[250]神圣的近旁。
是的，你们，美丽的女友们，倘若你们
意欲完全相信我：
她遗失了它！
它已经消失！
永远消失了！

那另一条腿!
哦,遗憾啊,可爱的另一条腿!
它可能在哪里——逗留,孤独而哀伤,
那条孤独的腿?
也许是恐惧一头
盛怒的黄色鬈毛
狮子-猛兽?或者已被
咬噬殆尽——
可怜,苦啊!苦啊!被咬噬!细拉。

哦,你们别为我哭泣,
柔弱的心!
你们别哭,
椰枣之心!充满乳汁的乳房!
你们的甘草之心
的小袋囊!
别哭,
苍白的都都!
像个男儿,苏莱卡!勇敢!勇敢!
——或者,这里应有
某种令精力强健之物、
强心之物?
一句受祝圣的箴言?
一种庄严的激励?

哈!起来,尊严!

道德的尊严!欧洲人的尊严!

鼓吹,继续鼓吹,

道德的风箱!

哈!

再次怒吼,

道德地怒吼!

作为道德的狮子

在荒漠的女儿们面前怒吼!

——因为道德的嚎叫,

[251]你们,最可爱的少女们,

甚过一切

欧洲人的热情和欧洲人的馋涎!

而我已经站于此地,

作为欧洲人,

我无能为力,只求上帝助我!

阿门!①

---

① [施注]欧洲是一块充斥着怀疑和道德义愤的大陆。演讲中这位失望的欧洲人置身于非洲的荒漠,这块大陆没有怀疑、没有道德主义者。这篇演讲的要点是,荒漠中有两位少女,这两位少女没有道德义愤和怀疑。这两位少女穿着扇形的裙子,因此尼采描述了这两位少女的腿,但是更切近的观察表明那条腿之所以消失,是因为她居住在荒漠中,一头狮子将其吞噬了。换言之,这种能远离欧洲的疾病和欧洲的绝望的慰藉,仅仅由于一头狮子造成的不幸,也被取消了。这位虚无主义者以一种绝望的精神呈现了他的绝望……荒漠的这两位女儿是对欧洲的讽刺,要想治(转下页注)

荒漠在生长：心藏荒漠的人是有祸的！①

（接上页注）愈欧洲的这些疾病，只能凭靠超人。

① ［KSA版注］参阅《尼采全集》卷十一，28[4]。
　［译注］《狄俄尼索斯颂诗》中添加了以下几行：

　　　　石磨于石上，荒漠在咀嚼吞咽，
　　　　巨大的死亡，凝视热烈的棕色
　　　　并且咀嚼——它的生活本身就是咀嚼……

　　　　人类啊，不要忘记性欲带来的灭亡：
　　　　你——就是石头，是荒漠，是死亡。

觉　醒

1

漫游者和影子的歌唱之后,洞穴里立刻充满喧哗与笑声;聚集的客人们全部共同言谈,甚至那头驴子,也因这种气氛而不再沉默,所以扎拉图斯特拉对他的客人略起反感,并觉得讽刺:尽管他同样对他们的快乐感到愉悦。因为他以为,这是一种病愈的征兆。于是,他又溜出到露天之处,对他的动物们说话。①

"他们的困境哪里去了?"他说,他从小厌恶中长舒一口气,"我以为,在我这里,他们忘记了困境中的呼喊!

"——尽管可惜的是,还在呼喊。"于是,扎拉图斯特拉遮住自己的耳朵,因为,驴子的"咿-啊"叫唤,恰好与那

---

① [KSA版注]参阅《尼采全集》卷十一,29[61]:他觉得这些更高的人的快乐犹如暖风:他的严酷消融了,他的心震颤不已。

些更高的人们的欢呼喧哗,奇妙地混杂相呈。①

"他们很欢乐,"他重又开口,"谁知道呢? 也许是因为他们主人的花费;他们向我学习笑,但他们所学,并不是我的笑。

"但有何干系呢! 这是些老人,以他们的方式恢复健康,以他们的方式笑;更恶劣的,我的耳朵都忍受过,也就不会气恼。

"这个日子是一场胜利:沉重的精神,我的宿敌,它软化了,它逃走了! 这一天以如此糟糕和沉重开始,它意欲多么美好地结束!

"它意欲结束。夜已降临:它骑着海洋而来,这好骑手! 这有福者,这位返乡者,在紫色的马鞍上如何颠摇!

天空清朗地凝视,世界深沉铺展:[252]哦,你们所有这些来我这里的令人惊奇者,和我生活是值得的!"

扎拉图斯特拉如是说。洞穴里再次传出更高的人们的喧嚷与哄笑:这时,他重新开始了。

"他们吞饵了,我的诱饵生效了,他们的敌人,沉重的精神,也离开了他们。他们已经学会笑他们自己:我听得对吧?

"我男子气的食物、我充沛强健的箴言生效了:真的,

---

① [施注]驴的叫声在不同的语言中略有差异,在德语中是y-ah,可以读成Ja,意思是"是的"。所以,这头驴作为说"是"的动物,是对永恒复返"肯定"万物的一种喜剧式象征。

我不以胀胃的蔬菜喂养他们!而是以战士的食物,征服者的食物:①我唤醒了新的欲望。

"他们的手和腿都有了新的希望,他们的心舒展了。他们发现了新的词语,很快,他们的精神将恣意呼吸。

"当然,这类饮食不适合孩子们,也不适合充满渴望的老妪和年轻女子。人们用别的东西劝服她们的内脏;而我不是她们的医生和教师。

"嫌恶也离开了这些更高的人:那好!这是我的胜利。他们在我的王国变得安稳,一切愚蠢的羞耻都遁去了,他们吐露了自己。

"他们吐露了自己的心,美好的时刻复返他们身边,他们重新庆贺、反刍——他们变得充满感激了。

"在我,这是最好的征兆:他们变得充满感激了。不久,他们就构想节庆,并为他们往日的欢乐树立纪念碑。

"这是些病愈者!"扎拉图斯特拉如是高兴地对自己的心说,并向外观看;动物们拥挤到他的身边,尊敬他的幸福和沉默。

2②

但是,扎拉图斯特拉的耳朵突然感到惊骇:因为一直

---

① [译注]关于战士和征服者,除了本书卷一"论战士和战争"一章,《快乐的科学》第283节"准备着的人们"中也有相当清晰的说明。

② [KSA版注]关于驴子的连祷。正如瑙曼的正(转下页注)

以来充满喧哗与哄笑的洞穴,瞬间变得死寂;——他的鼻子闻到一阵芬芳的烟气和薰香,似乎来自燃烧的松球。

"发生了什么?他们在干什么?"他自问,悄悄来到入口,以便观察他的客人而不被发觉。奇事中的奇事!他亲眼所见的竟是如此!

"他们全都重新变得虔诚了,他们在祈祷,他们疯狂了!"——他说,对这些人极为惊奇。真的!所有这些更高的人,两位国王、逊位的教皇、邪恶的魔法师、自愿的乞丐、漫游者和影子、年老的卜卦者、精神的良知者[253]和最丑陋的人:他们全都像孩子和虔信的老妪一样屈膝跪下,膜拜那头驴子。这时,最丑陋的人开始在喉间咕噜有声,清理鼻息,似乎想说某些不可形容之事;但是,当他确实付诸言辞时,看,竟是一篇虔诚而罕见的连祷文,①礼赞被膜拜、被烟熏的驴子。听起来,连祷文如是:

阿门!颂赞、荣耀、智慧、感谢、尊贵和大力都归与我们的上帝,直到永永远远!②

——驴子却对此"咿-啊"叫喊。

(接上页注)确评注(前揭),尼采有关中世纪驴节的资料来源之一是 W. E. H. 莱克(W. E. H. Lecky)所著《欧洲启蒙运动的起源和影响史述》,H. 约洛维兹(H. Jolowics)德译,1873 年,莱比锡-海德堡;尼采在这本书上做了许多旁批,包括有关驴节的文段,页224—225;另参阅《善恶的彼岸》第 8 节及其注释。

① [译注]参《善恶的彼岸》,第 216 节,对连祷文的讽刺。

② [法文版注]《启示录》7:12:阿门!颂赞、荣耀、智慧、感谢、尊贵、权柄、大力都归与我们的神,直到永永远远。阿门!

他承负我们的重荷,他接受仆役的形象,发自内心地忍耐,从不言"否";爱自己的上帝的人,会惩罚上帝。①

——驴子却对此"咿-啊"叫喊。

他不说话:除了始终对他创造的世界说"是":他如是赞美他的世界。② 不说话,就是他的狡猾:这样他很少有不对的地方。

——驴子却对此"咿-啊"叫喊。

他穿行于这个世界,但不引人注目。他身体的颜色是灰色,而这种颜色包裹着他的道德。倘若他有精神,却也将其隐匿;但是,每一个人都信仰他的长耳。

——驴子却对此"咿-啊"叫喊。

他载一副长耳,只说"是"而永不言"否",这是何等隐藏的智慧!他不是根据自己的形象、③即尽可能愚蠢地创造了这个世界么?

——驴子却对此"咿-啊"叫喊。

你行直路,或曲路;至于我们人类以为的直或曲,你几乎不关心。善恶的彼岸是你的王国。你不知何为无

---

① [KSA版注]参阅《诗篇》68:19;《腓利比书》2:78;《民数记》14:18;《希伯来书》12:6。

[法文版注]《希伯来书》12:5—6:"我儿,你不可轻看主的管教,被他责备的时候,也不可灰心。因为主所爱的,他必管教,又鞭打凡所收纳的儿子。"

② [法文版注]《创世记》1:31:"神看着一切所造的都甚好。有晚上,有早晨,是第六日。"

③ [法文版注]《创世记》1:27:"神就照着自己的形象造人,乃是照着他的形象造男造女。"

辜,这正是你的无辜。

——驴子却对此"咿-啊"叫喊。

看呀,你从不碰撞你面前的任何人,乞丐如此,国王亦如此。你任由孩子向你走来,倘若恶童引诱你,①你只是简单地说"咿-啊"。

——驴子却对此"咿-啊"叫喊。

你爱母驴和新鲜的无花果,你不是轻蔑食物的人。倘若你正饥饿,一根蓟草也会刺激你的心。② 此中有一种上帝的智慧。

——驴子却对此"咿-啊"叫喊。

---

① ［KSA版注］参《马太福音》19:14;《箴言》1:10。
［法文版注］《箴言》1:10:"我儿,恶人若引诱你,你不可随从。"
② ［译注］参《创世记》3:18,和合本将蓟草译为"蒺藜"。

驴　节①

1

[254]但是,连祷文到这里时,扎拉图斯特拉再不能抑制自己,他本人也呼喊起"咿-啊",比驴子更加响亮,并跃入那些已经疯狂的客人中间。"你们在这里做什么,你们这些世人?"②他呼喊着,同时从地上拉拽这些祈祷者,"倘若有扎拉图斯特拉之外的人看见你们如此,可悲啊,

---

① [KSA版注]此标题在交付首版用的手稿中为"新老信仰",戏仿大卫·施特劳斯的一部作品的标题,尼采曾在《不合时宜的沉思》中有过抨击。

② [译注]世人(Menschenkinder)在路德《圣经》的,《诗篇》中,出现的频率最高,比如"[耶和华]的慧眼察看世人"(11:4);"耶和华从天上垂看世人"(14:2);"耶和华从天上观看,他看见一切的世人"(33:13);"神啊……世人投靠在你翅膀的荫下"(36:7);"神从天上垂看世人"(53:2)等等,此处所引并非全部,言世人之处常常有一种神在观看的视角,这里一方面是对他们重新虔诚的讽刺,但同时也是扎拉图斯特拉试图取消神的视野的某种尝试。

"每个人都会判断,由于你们新的信仰,你们成了最恶劣的亵渎上帝者,或者最愚蠢的老妪!

"而你自己,你这老教皇,你竟然这样把这里的一头驴子当作上帝崇拜,这怎能与你自身相符呢?"——

"哦,扎拉图斯特拉,"教皇回答,"原谅我,但关于上帝的事情,我还是比你更加明白。这是廉价的替代。

"宁可以这种形象崇拜上帝,也甚于没有形象!我高贵的朋友:深思一下这则箴言,你会迅速猜透这则格言中隐藏的智慧:

"'上帝是一种精神',①这么说的人——在迄今的大地上,他向无信仰迈出最大的一步和一跃:这话在大地上是不再容易弥补了!

"我年老的心为此而跳动蹦跃,因为大地上仍有某种东西可以崇拜。哦,扎拉图斯特拉,原谅一颗年老而虔诚的教皇之心吧!"

——"而你,"扎拉图斯特拉对漫游者和影子说,"你不是自称并自以为是自由的精神么?你怎么在这里做偶像崇拜和教士弥撒?

"真的,你这邪恶的新信徒,你在这里所为,比在你邪恶的棕色女孩那里还要邪恶!"

"够邪恶,"漫游者和影子回答,"你说得对:但我有什

---

① [译注]《约翰福音》4:24:"上帝是个灵(Gott ist ein Geist),所以拜他的,必须用心灵和诚实拜他。"说这话的人,自然就是这一卷福音书的作者约翰。

么办法！老上帝又活了，哦，扎拉图斯特拉，你愿意说什么就说吧。

"全部的罪责都在最丑陋的人身上，是他重新唤醒了①他。假如他说，从前是他杀死了他；②那么，在诸神那里，死亡只是一种先入之见。"

——"而你，"扎拉图斯特拉说，"你这邪恶的老魔法师，你做了些什么！倘若你相信这种蠢驴神教，那么，在这自由的时代，今后谁还会相信你？

"你之所为，是一桩蠢事；你这个聪明人，你怎么会干出一桩这样的蠢事？"

[255]"哦，扎拉图斯特拉，"聪明的魔法师回答，"你说得对，这是一桩蠢事——这对我也变得足够沉重了。"③

---

① [译注]唤醒（auferweckt）无疑是一种讽刺，针对上一章扎拉图斯特拉所以为的这些人的觉醒（Die Erweckung）。这意味着，扎拉图斯特拉以为这些更高的人是病愈者的判断，显然是一种柔软的错误。

② [译注]唤醒的"他"指上帝，杀死的"他"也指上帝。关于上帝死亡之后的阴影，参《快乐的科学》108节"新的战斗"："上帝死了。依照人的本性，人们也会构筑许多洞穴来展示上帝的阴影的，说不定要绵延数千年。"

③ [KSA版注]这段文字首次记载在尼采笔记9中（1882年夏秋之交）。《尼采全集》卷十12[41]：你怎能这样行事呢？一个朋友对另一个很聪明的人说——这是一桩蠢事。聪明人答道："这事把我的心情已经搞得够沉重的了。"这段笔记和许多笔记一样，从1882年秋天起以相类似的改写形式出现，直到尼采将其用在这一章节中。参阅《尼采全集》十一卷，3[52]：蛇说道，扎拉图斯特拉，你，聪明人，怎么会这样行事呢！这是一桩蠢事！——"这事把我的心情已经搞得够沉重的了。"（类似的表述参阅32[9]）

——"而你，"扎拉图斯特拉对精神的良知者说，"彻底想想，把手指放在你的鼻尖！这里没有什么违背你的良知吗？对于这种祈祷和这种祈祷者的烟雾，你的精神不是太纯洁了么？"

"有些东西，"精神的良知者回答，并把手指放在鼻尖，"这个表演当中有些东西，甚至使我的良知感到舒适。

"也许我不该信仰上帝：但是当然，我以为，这个形象的上帝最值得信仰。

"根据最虔诚者的证词，上帝应当永恒：有太多时间的人，就享用他的时间。尽可能缓慢，尽可能愚蠢：借此，这样的人就能前途广阔。

"精神过于丰富的人，就能因蠢和呆令自己变愚。深思你自己吧，哦，扎拉图斯特拉！

"你自己——真的！你也可能因丰富和智慧而变为一头驴子。

"完满的智慧者不是乐于在最曲折的道路上行走？哦，扎拉图斯特拉，这是外在表象所教诲——你的外在表象！"①

——"最后是你自己了，"扎拉图斯特拉说，转而面对最丑陋的人，他还一直躺在地上，向驴子高举手臂（因为他正供葡萄酒让它饮用），"你这不可形容的人，你在此做了什么！

"我以为你变形了，你的眼睛灼热，崇高者的外衣掩避了你的丑陋：你做了什么？

---

① ［KSA 版注］参阅本书第四卷"水蛭"。

"那些人说你重新唤醒了他,这是真的吗?为什么呢?不是有理由杀死他、无视①他吗?

"我看你自己也是被人唤醒:你干了些什么?你为何改变?你为何改宗?说吧,你这不可形容的人!"②

"哦,扎拉图斯特拉,"最丑陋的人答道,"你,是一个无赖!

"他是否活着,或是复活了,或是彻底死了——我们两人当中,谁最清楚呢?我问你。

"但我清楚一点——从前,我向你本人学到,哦,扎拉图斯特拉:意欲彻底杀戮的人,他就要笑。

"'不应以愤怒,而应以笑杀戮。'③——你曾如此说。

---

① [译注]"他"当然指上帝。尼采这里谈到上帝的死亡和某种复活,都称"他",以表示某种轻蔑。这也可见于"无视"一词。"无视"(abtun),通常汉译和英译本都译为"杀死",但它更普通的含义是认为不重要而搁置之,含有轻蔑的意味,"杀死"是地区方言的义项。尼采用此词,通常是这种含义,兹举两例:"论逐渐变小的道德"第三节有"我是无神论者扎拉图斯特拉:我在哪里能够发现同类?一切给予自己意志、并无视一切顺从的人,皆为我的同类";另外《善恶的彼岸》第43节有"人必须无视其人云亦云的恶劣品味"。另参《朝霞》,第133节,"无视我们的痛苦"。

② [译注]不可形容(unaussprechlich)是尼采对最丑陋的人的最主要修饰语,参本卷"最丑陋的人"一章。另参《人性的,太人性的》,"漫游者和他的影子",第167节"音乐在何处找到归宿",一种没有"集体"的民族,只有"许多个人有孤独的倾向、朦胧思维的倾向以及对一切无法形容之物的崇拜"。尼采使用这个词语,可能是由于《罗马书》的缘故:"只有圣灵亲自用说不出来的叹息(mit unaussprechlichem Seufzen)替我们祷告"(8:26)。

③ [KSA版注]参卷一,"论阅读和写作"。

哦,扎拉图斯特拉,你这个隐藏者,你这个无怒的毁灭者,你这个危险的圣人,——你是一个无赖!"

2

[256]但在这时,扎拉图斯特拉对这种纯粹的无赖回答感觉惊异,便跳回他的洞穴门口,转向他所有的客人,厉声呼喊:

"哦,你们这些花脸丑角,小丑!你们在我面前伪装、隐藏什么!

"你们每个人的心都因快乐和恶意而坐立不安,于是,你们再次变得如孩子一般,此即虔诚——

"——你们之所为,终于如孩子之举了,此即祈祷,双手合十,说'亲爱的上帝'!①

"但现在,请离开这座孩子教育所,我自己的洞穴,今天它是一切幼稚行为之家。到露天之地冷却你们炽热的孩子放肆和内心的喧哗!

"当然:你们若不变成小孩子的样式,断不得进这个天国。"②(扎拉图斯特拉双手向上指着。)

"但是,我们根本不意欲进入天国:我们已成为男子,——所以,我们意欲大地上的王国。"

---

① [KSA版注]参阅本书卷三"背叛者"。
② [译注]《马太福音》18:3:"你们若不回转,变成小孩子的样式,断不得进天国(ins Himmelreich)。"尼采省略了"回转"(umkehret),并且强调了那个天国(in *das* Himmelreich)。

3

扎拉图斯特拉再次开始说话。"哦,我的新朋友们,"他说,——"你们这些令人惊奇的人,你们这些更高的人,现在,我多么喜欢你们——

"——自从你们重又变得快乐!你们真的全部盛开了:我以为,像你们这样的花,有必要办一个新的节庆,

"——一种勇敢的小荒谬,任何一种礼拜和驴节,任何一位年老快乐的扎拉图斯特拉式的傻子,一阵吹亮你们灵魂的狂风。

"不要忘记这个夜晚和这个驴节,你们这些更高的人!这,是你们在我这里的发明,我视之为好的征兆——这只有病愈者才能发明!

"倘若你们再次庆祝这个驴节,为了使你们高兴而为,也为了使我高兴而为吧!也为了纪念我!①"

扎拉图斯特拉如是说。

---

① [法文版注]《哥林多前书》11:23—24:我当日传给你们的,原是从主领受的,就是主耶稣被卖的那一夜,拿起饼来,祝谢了,就擘开,说:"这是我的身体,为你们舍的。你们应当如此行,为的是纪念我。"

夜游者之歌①

1

[257]但其间客人们渐次走出,来到露天处,来到清凉而引人沉思的夜中;而扎拉图斯特拉本人却拉着最丑陋的人的手,向他指示自己的夜晚世界、巨大的圆月和他洞穴边的银色瀑布;他们最终在那里并排静立,都完全是老人了,却有一颗得到慰藉的勇敢之心,惊奇于他们在大地上感觉如此舒适;而夜的神秘距离他们的心越来越近。扎拉图斯特拉又暗自思忖:"哦,这些更高的人们,现在,我是多么喜欢他们!"——但他未尝开口,因为他尊重和珍惜他们的幸福和他们安静的沉默。——

但是,在这个惊人的长日里,这时发生了最惊人的事情:最丑陋的人又一次也是最后一次咕噜有声,清理鼻息,

---

① [KSA版注]此标题在《尼采全集》十九卷本(1894,莱比锡)中为"醉歌"(Das trunkne)。参阅《尼采全集》卷十一,29[31]:……说一切"再来一次"(像美杜莎的头一般复返)。

当他终于说出话来,看,一个问题完整清晰地从他口中跃出,一个深沉而明晰的好问题,所有听者的心都深受触动。

"我全部的朋友们,"最丑陋的人说,"你们以为如何?因为今日的缘故——我第一次感到满足,对我生活过的整个生活。

"我尽管证之凿凿,但我仍以为不够。在大地上生活是值得的:与扎拉图斯特拉一起的一个日子、一个节庆,教诲我要爱大地。

"'这是——生活么?'我要对死亡说,'好吧!再来一次!'

"朋友们,你们以为如何?你们愿不愿意像我一样对死亡说:这是——生活么?因扎拉图斯特拉的缘故,好吧!再来一次!"①

最丑陋的人如是说;但不久就是午夜。你们以为当时还发生了什么?更高的人们一听到他的问题,就立刻意识到他们的变形和病愈,也知道这些是谁的给予:于是他们急忙挤向扎拉图斯特拉,感谢、尊敬、爱抚、吻他的手,以其各自的方式:如是,或笑或哭。但是,老卜卦者因愉快而舞蹈;尽管他如某些叙述者所言,当时满饮了甜葡萄酒,②但

---

① [译注]"这是生活么?好吧!再来一次!"第三卷"论幻相和谜"第一节的结尾,扎拉图斯特拉借人身上可贵的勇气说了这句话。另参本章,第12节。

② [法文版注]《使徒行传》2:1—13:五旬节到了,门徒们都聚集在一处。……他们就都被圣灵充满,按着圣灵所赐的口才说起别国的话来。……还有人讥诮说:"他们无非是新酒灌满了。"

他肯定更为甜蜜的生活所充满,[258]并弃绝了一切厌倦。甚至有一些人叙述,当时驴子也舞蹈了:因为最丑陋的人此前喂它饮葡萄酒并非徒劳。① 这可能是发生的情形,或是另外的情形;倘若那晚驴子确实没有舞蹈,当时就会发生比驴子舞蹈更重大更罕见的奇迹。总之,正如扎拉图斯特拉的格言曰:"又有何干!"

2

当这件事情在最丑陋的人身上发生时,扎拉图斯特拉却如醉人站立:他的目光熄灭,他的舌头僵硬,他的双足踉跄。谁能猜透,他的灵魂中是什么在奔跑呢?但很显然,他的精神退却了,逃向迢迢的远方了,如经上所记,②"于两片海洋之间的高梁,——

"——如沉重的云漫游于过去与未来之间。"但渐渐地,当那些更高的人挽住他的手臂时,他略微返回自身,用手回绝这些敬仰者和关心者的拥挤;却不言语。但他突然迅速转头,因为他似乎听见什么:他把手指贴在唇间,说:"来了!"

---

① [法文版注]作为新的神,驴子的隐喻有着双重喻意:一,作为酒神狄奥尼修斯;二,作为复活的基督。参见《马太福音》26:29。

② [法文版注]参见第三卷,"七个印章"。
[译注]"如经上所记",是《圣经》中常见的表达,比如《哥林多前书》2:9。但《罗马书》中出现得更为集中。

随即,周围变得安静,神秘;从深渊缓缓传来钟声。扎拉图斯特拉听着,如更高的人们一般;然后,他再次把手贴在唇间,又说:"来了!来了!午夜已近!"——他的声音变化了。但是,他仍在原地,没有动作:此刻变得更加安静、更加神秘,一切都在聆听,包括驴子、扎拉图斯特拉高贵的动物,鹰和蛇,同样还扎拉图斯特拉的洞穴、清凉的圆月以及夜晚本身。但是,扎拉图斯特拉第三次把手贴在唇间,说:

"来了!来了!来了!现在,让我们漫游!是时候了:让我们在夜间漫游!"

3

你们这些更高的人,午夜已近:我意欲向你们的耳朵说一些事情,正如古老的钟对我的耳朵所说,——

[259]——正如那口经历比人类丰富的午夜之钟对我所说,如此神秘,如此骇人,如此发自内心:

——它早已清点过你们父辈痛苦的心跳——唉!唉!它如何叹息!它如何在梦中发笑!这古老、深沉而深沉的午夜!

安静!安静!某些白昼不可出声的东西,此刻得以听闻;但是现在,在清凉的空气中,在你们心中的一切喧哗安静的时候,——

——现在,它说话了,现在,它听自己说话,现在,它悄然潜入夜间过于清醒的灵魂:啊!啊!它如何叹息!

它如何在梦中发笑!

——你没有听见,这古老、深沉而深沉的午夜,如何神秘、骇人而发自内心地对你说话?

哦,人类,留心啊!

4

我痛苦啊!时间去了哪里?我不是坠于深沉的井么?世界正入睡——

唉!唉!犬吠而月明。我宁愿死去,死去,也不对你们说出,我的午夜之心正在思考什么。

现在,我已经死了,消逝了。蜘蛛,你为何在我周围结网?你意欲鲜血么?唉!唉!露珠已降,是时候了——

——这时,我冷冻结冰,这个时刻问了又问:"谁的心是充分的?

"——谁应是大地的主宰?谁意欲说:你们这些大河与小河,应当如此奔流!"

——这个时刻近了:哦,人类,你们这些更高的人,留心啊!这话只说给灵敏的耳朵,你的耳朵——深沉的午夜说了什么?

5

它牵引我而去,我的灵魂在舞蹈。一日的工夫(Tagewerk)!一日的工夫!谁应当是大地的主宰?

月清而风止。唉！唉！你们飞得够高了吗？你们舞蹈:但是一条腿并非羽翼。

你们这些善舞者,现在一切欢乐都消逝了:葡萄酒只成酵母,每一盏杯子都已破碎,坟墓言辞结巴。

你们飞得不够高:现在坟墓结巴着说:"拯救亡者！夜晚为何如此漫长？月亮不是令我们沉醉吗？"

[260]你们这些更高的人,拯救坟墓,唤醒尸体！唉！蠕虫在挖掘什么？这个时刻近了,近了,——

——钟声低鸣,心则哒哒有声,木中蛀虫和心里的蛀虫还在挖掘。唉！唉！世界深沉！

6

悦耳的古琴！悦耳的古琴！我爱你的乐音,你沉醉而不祥的乐音！你的乐音何其漫长、何其遥远地向我而来,迢遥而来,从爱的渊池！

你这古老的钟,你这悦耳的古琴！每一种痛苦都撕裂你的心,父亲的痛苦,前人的痛苦、祖先的痛苦;你的话语成熟了,——

——成熟如金色的秋天和午后,如我的隐士之心——现在你说:世界本身成熟了,葡萄已呈棕色。

——现在,它意欲死去,因幸福而死去。你们这些更高的人,你们没有闻到吗？一股气息神秘地上涌,

——一股永恒的芬芳气息,一种来自古老幸福的棕色黄金葡萄酒的芳香,如玫瑰般极乐。

——[这种芳香]来自沉醉午夜的死亡幸福,而这幸福在歌唱:世界深沉,比白昼以为的更加深沉!

7

任我自处吧!任我自处吧!对于你,我过于纯洁。不要挨近我!① 我的世界不是刚刚完满了吗?

对于你的双手,我的皮肤过于纯洁。任我自处吧,你这愚蠢、笨拙而又沉闷的白昼!午夜岂不更为明亮?

最纯洁者应当是大地的统治者,夜半最强力的灵魂最不为人知,却比每个白昼更加明亮、更加深沉。

哦,白昼,你在摸索我吗?你在触摸我的幸福吗?你以为我丰富而孤独,是一座宝库,一座金库吗?

哦,世界,你意欲我么?你认为我属于这个世界吗?你以为我信教吗?你以为我神圣吗?但是,白昼和世界,你们都过于愚拙,——

——要有更聪明的手,去抓住更深沉的幸福、更深沉的不幸,抓住任意某个神明,但不要抓我:

——我的不幸、我的幸福深沉,你这令人惊奇的白昼,但是,我不是上帝,也不是上帝的地狱:*它的痛苦*

---

① [译注]在《圣经》中,上帝和耶稣分别说过这句话。《以赛亚书》65:5:"且对人说:'你站开吧!不要挨近我(Rühre mich nicht an),因为我比你圣洁。'主说:'这些人是我鼻中的烟,是整天烧着的火。'"《约翰福音》20:17,复活的耶稣对抹大拉的玛丽亚说:"不要摸我(Rühre mich nicht an),因我还没有升上去见我的父。"

深沉。

8

[261]你这令人惊奇的世界,上帝的痛苦更加深沉!请抓住上帝的痛苦,但不要抓我!我是什么!是沉醉的甜蜜古琴,——

——一张午夜古琴,一只洪钟铃蟾,虽无人理解,但必须在聋者面前讲话,你们这些更高的人!因为你们不理解我!

消逝了!消逝了!哦,青春!哦,正午!哦,下午!现在,黄昏、夜晚和午夜来了——狗在嗥叫,而风:

——风不是一条狗么?它哀嚎,它吠叫,它嗥叫。唉!唉!午夜如何在叹息!她如何大笑,如何呼噜和喘息!

这沉醉的女诗人,她适才如何清醒地言说!她酗饮自己的沉醉了吗?她变得过于清醒吗?她反刍了吗?

——她在梦中反刍自己的痛苦,这古老而深沉的午夜,更反刍她的快乐。因为快乐,尽管痛苦深沉:快乐比心中的痛苦更加深沉。

9

你这葡萄藤!你为何赞美我!我切开了你!我是残酷的,你在流血——:你礼赞我沉醉的残酷,是意欲什么呢?

"完满之物,一切成熟者——都意欲死去!"你如此说。祝福吧,祝福葡萄农夫的采摘之刀!① 但是,一切未成熟者都意欲生活:痛苦啊!

痛苦说:"离开! 走开,你这痛苦!"但是,所有受苦者都意欲生活,为了变得成熟、快乐、渴望,

——渴望更遥远者、更高者、更明亮者。所有受苦者都说:"我意欲继承者,我意欲孩子,我不意欲自己。"

但是,快乐却不意欲继承者,不意欲孩子——快乐意欲自己,意欲永恒,意欲复返,意欲一切永远相同。

痛苦说:"心,破碎,流血吧! 腿,漫游吧! 翅膀,飞翔吧! 痛苦啊! 向前! 向上!"好吧! 来吧! 哦,我古老的心:痛苦说:"离开吧!"

10

你们这些更高的人,你们以为如何? 我是一个卜卦者? 一个梦幻者? 沉醉者? 释梦者? 一口午夜之钟?

一滴露珠? 一种来自永恒的烟雾和芬芳? 你们没有听见? [262]你们没有闻到? 我的世界适才变得完满,午夜即正午,——

痛苦亦是一种快乐,②诅咒亦是一种祝福,黑夜亦是

---

① [KSA版注]参阅本书卷三,"论伟大的渴望"。
② [法文版注]痛苦(Schmerz)和快乐(Lust)并不像快乐和不快(Unlust)那样互不相容。参见《权力意志》,VP1 304;VP2 699。

一种太阳——离开吧,否则你们就要学会:智慧者亦是一个傻子。

你们曾对一种快乐说"是"吗?哦,我的朋友们,如此,你们就说对一切痛苦说"是"。一切事物皆有关联、皆能连通,并且相爱,——

倘若你们曾经意欲发生一次的事情再次发生,倘若你们曾经说过"我喜欢你啊,幸福!刹那!瞬间啊!"如此,你们便意欲一切复返!

——一切新生,一切永恒,一切关联、连通、相爱,哦,你们如此爱这个世界,——

——你们这些永恒者,你们永恒、长久地爱它吧:你们还向痛苦说:离开吧,但别再回来!因为一切快乐意欲——永恒!

11

一切快乐意欲一切事物的永恒,意欲蜂蜜,意欲酵母,①意欲沉醉的午夜,意欲坟墓、意欲坟墓之泪的安慰,意欲镀金的晚霞——

——快乐有什么不意欲呢!它比所有痛苦都更焦渴、更真挚、更饥饿、更骇人、更神秘,它意欲自己,它咬啮

---

① [译注]参本章第五节;酵母的含义参卷三"论日出之前":"一点点理性,一颗智慧的种子,飘散于星辰和星辰之间——这种酵母混入一切事物之中。"

自己,圆环的意志在它身上扭斗,

——它意欲爱,意欲恨,它过于丰富,它馈赠、抛弃,乞求有人接受,感谢接受者,它愿意被人憎恨,——

——快乐如此丰富,竟至于渴望痛苦、渴望地狱、渴望憎恨、渴望耻辱、渴望残废,渴望世界,——哦,因为这是你们认识的世界!

你们这些更高的人,这不可抑制的、有福的快乐也在寻求你们,——寻求你们的痛苦,你们这些失败者!一切永恒的快乐都在寻求失败者。①

一切快乐都意欲它们自己,故而意欲心中的痛苦!哦,幸福,哦,痛苦!哦,破碎吧,心!你们这些更高的人,你们要学会:快乐意欲永恒,

——快乐意欲一切事物的永恒,意欲深沉的、深沉的永恒!

12

现在,你们学会了我的歌吗?猜透它意欲什么了吗?好吧!来吧!你们这些更高的人,现在,向我歌唱我的轮唱曲!

---

① [KSA版注]此行之后删去的文字是:最美的东西盼望最丑的东西,每个"善"盼望"最恶"的东西。谁创造最蠢的世界,谁一定是最智慧者:内心的兴趣说服他这么做。/内心的兴趣说服人做每件蠢事,它说服上帝世俗化,动物变人,快乐变痛苦。见誊清稿,在交付首版用的手稿中删除。

现在,你们自己为我唱这首歌,名为"再来一次",[263]含义是"在一切永恒之中"!——歌唱扎拉图斯特拉的轮唱曲,你们这些更高的人!

哦,人类!留意!
深沉的午夜在说什么?
"我睡了,我睡了——,
我从深沉的梦中醒来:——
世界深沉,
深沉于白昼之所以为,
它的痛苦深沉——,
快乐——仍比心的痛苦深沉:
痛苦说:离开!
一切快乐还意欲永恒——,
——意欲深沉的、深沉的永恒!"①

---

① [KSA版注]参阅本书卷三"另一首舞蹈之歌",第3节。

征　兆①

但是，这个夜晚之后的清晨，扎拉图斯特拉从他的床

---

① ［KSA版注］参阅《尼采全集》卷十一，31［57］：扎拉图斯特拉的头发变黑了（狮子和鸽群）；32［15］：征兆/翌日清晨，扎拉图斯特拉从他的床榻上跃起，束上腰，走出洞穴，他心绪炽热而欢悦，如一轮朝阳，出于幽暗的群峰。/他喊道："我醒了，可他们还在睡——他们不是我适宜的伙伴，这些更高的人。/比他们更高的人必定会来，气质更好的、更自由、更敏锐的人——笑狮必定会来到我身边，这些微不足道的、短暂而奇怪的痛苦与我何干！/我且期待着，期待着。"他一面说，一面就坐到洞穴前的石头上，若有所思。/谁应成为尘世的主宰？他又开腔说话，此间这些人肯定不行，我恨不得用我的锤子砸烂他们。我本人就是锤子。/当有人用尘世的快乐满足他们的欲望，热情地向他们许愿，他们就甘心忍受尘世的生活。不像话！活在世上只有——忍受？对这些话我为尘世感到羞愧。/我身边宁愿要猛兽而不要这类驯服的失败者；我又看到炽热的太阳孵出的奇迹了，我是多么快乐。/这些成熟的成功的动物，人世为它们而感到骄傲。你们人迄今失败了？那好，雄狮却成功了。/扎拉图斯特拉再次陷于对长远观念和遥远国度的思考，沉默不语，他的沉默甚至远离了他自己的心，并且没有见证。

榻跃起，束上腰，①步出他的洞穴，炽热而强烈，如一轮朝阳，出于幽暗的群峰。②

"你这伟大的星球，"他说，如曾经所说那般，"你这深沉的幸福之眼，那些你所照耀的，倘若并不为你拥有，你的全部幸福又算什么！③

"当他们还滞留在他们的房间，这时你已经清醒了，走来、馈赠并且给予，你高傲的羞耻对此何其愤怒！

"好吧！这些更高的人还在睡中，这时我已经清醒：他们不是我真正的同伴！我在山峰此处等待的，不是他们。

"我意欲做我的工作，我意欲我的白昼：但是，他们不理解我的清晨的征兆是什么，我的步履——不是唤醒他们的起床号角。

"他们还在我的洞穴安睡，他们的梦还在畅饮我的沉醉之歌。那听从我的耳朵，——顺从的耳朵，他们的身上仍旧缺乏。"

——当太阳升起，扎拉图斯特拉如是对自己的心说了这些：他疑惑地望向高处，因为他听见在他上方有鹰的厉号。"好啊！"他向上呼喊，"这令我甚为欢喜，并且适意。我的动物们醒了，因为我醒了。

---

① ［法文版注］这一动作意味着作好了出发的准备。

② ［KSA版注］参阅《尼采全集》卷十一，31［20］：扎拉图斯特拉起来，如一轮朝阳，出于幽暗的群峰：/他强健和炽热地迈步走向那伟大的正午，其意志渴求的正午，然后沉落。

［译注］《列王纪上》18：46："耶和华的灵（原文作'手'）降在以利亚身上，他就束上腰，奔在亚哈的前头，直到耶斯列的城门。"

③ ［KSA版注］参阅本书卷一，前言，第1节。

[264]"我的鹰醒了,它与我一样尊崇太阳。它以鹰爪攫取新的阳光。你们是我真正的动物;我爱你们。①

"但是,我还缺乏真正的人类!"——

扎拉图斯特拉如是说;但是,这时他突然听见,周围似乎有无数只鸟一起翩飞——而太多羽翼的扑棱之声和他头顶四周的喧嚷,声势滔天,他不由得闭上眼睛。真的,如一片云团袭向他的上方,如一片箭矢之云,向一位新的敌人倾泻。但是,看,这是一片爱的云朵,在一位新的朋友上方。

"我发生了什么?"扎拉图斯特拉在他惊异的心内思索,在他的洞穴出口附近一块巨石上缓缓坐下。但是,当他伸手在周围上下抓去、并阻止温柔的鸟群,看,这时发生了某种更罕见的事:他竟然不知不觉抓入一团浓密、温暖的蓬乱卷毛之中;同时,一声咆哮在他面前响起——一声轻柔、悠长的狮吼。②

---

① [施注]扎拉图斯特拉更亲近他的动物而不是人类,这意味着他的动物已经是永恒的,也就是说他的动物已经是人应该变成的对象。这也意味着人成为真实的自我,换言之,就是通过接受永恒复返学说和新的高贵而成为真实的自我。尼采学说的目的与卢梭学说的目的有一种类似。

② [KSA版注]参阅《尼采全集》卷十,19,[7]:每当狮子笑的时候,扎拉图斯特拉都感到从未有过的激动,以至于心被攫获:因为总要感受一块石头在他心里落下。《尼采全集》卷十一,31[14]:笑狮——两个月前我瞧见这一幕,心都翻转了;31[23]:狮子也可证明此事,但只能证明一半,因为它是有一只眼睛瞎了。

"征兆出现了。"扎拉图斯特拉说,他的心变形了。事实上,当他面前明亮起来,一只黄色的威猛动物躺在他的脚边,而脑袋偎依在他的膝上,因爱而不意欲离开他,行为如同一只重觅旧主的狗。而群鸽,它们的爱的热烈并不逊于狮子;每一次,当一只鸽子轻掠过狮子的鼻子,狮子便摇了摇头,惊奇一笑。

对于这一切,扎拉图斯特拉只说了一句话:"我的孩子们近了,我的孩子们。"——随后,他便陷入彻底的缄默。但他心舒缓了,眼中滴下泪珠,落在手上。他不再注意任何事物,坐在那里,静止,他也不复阻止那些动物。群鸽上下翩飞,不时落在他的肩上,抚摸他的白发,因柔情和快乐而不再感觉厌倦。强健的狮子却一直舔舐扎拉图斯特拉手中滴落的泪珠,腼腆地咆哮低吼。动物们如是动作。——①

这一切持续了一段漫长或短暂的时间:因为正确地说,对大地上诸如此类的事情而言,并不存在时间——。但在其间,扎拉图斯特拉洞穴中更高的人们醒了,相互整饬为一个队列,向扎拉图斯特拉迎面走来,与他问候晨安:[265]因为当他们醒来时,发现他已不在他们之间逗

---

① [KSA版注]参阅《尼采全集》卷十一,31[21]:狮子舔着滴落在扎拉图斯特拉手里的泪水,扎拉图斯特拉的心的最深处十分激动,但他一声不吭。有人说,鹰直视狮子的这一动作,心怀嫉妒,等等/扎拉图斯特拉终于从他久坐的石头上起身,如一轮朝阳,出于幽暗的群峰等等。

留。但是,当他们到达洞穴门口,先传出他们步履的嘈杂之声,这时,狮子受了巨大的惊吓,它立刻离开扎拉图斯特拉,狂肆咆哮,跃向洞穴;但是,更高的人们听见它的咆哮,全部呼叫起来,仿佛出自同一张口,向回逃跑,转眼间就消逝了。①

但是,扎拉图斯特拉自己却耳震欲聋,感觉异样,他从坐的地方站起,环顾四周,惊讶地站在那里,探问自己的心,孤独沉思。"我听见了什么?"他终于缓缓地说,"刚才我发生了什么事情?"

他立刻有了记忆,一转眼就理解了从昨天到今天发生的一切。"正是这块石头,"他说,并轻抚胡须,"昨天清晨,我就坐在它上面;在这里,卜卦者向我走来;在这里我最先听到我刚才听闻的呼喊,大声的困境中的呼喊。

"哦,你们这些更高的人,昨天早晨,那位老卜卦者向我卜告的,正是你们的困境,——

"——他意欲引诱我,诱惑我,朝向你们的困境:他对我说,哦,扎拉图斯特拉,我之前来,就是引诱你最后的罪。②

"犯下我最后的罪?"扎拉图斯特拉呼喊道,并愤怒嘲

---

① [译注]狮子的声音参卷三"论违背意志的幸福"。至于狮子本身的含义,当然要回到第一卷"论三种变形",尼采似乎在作一种首尾的呼应或者复返。但更重要的是,狮子就意味着孩子并没有到来,精神的形态仍旧尚待完成。至于狮子与鸽群的象征,参卷三,"论旧和新的标牌",第1节。

② [译注]参本卷"困境中的呼喊"开篇。

笑他自己的话:"还有什么保留下来作我最后的罪恶?"

——扎拉图斯特拉再度沉陷于自身,重新在巨石上坐下,并且深思。突然,他向上跃起,——

"同情!对更高的人们的同情!"他呼叫起来,他的面容变形为青铜。① "好吧!这——也有其时!②

"我的痛苦和我的同情——又算什么!我追求幸福吗?我追求我的工作!

"好吧!狮子来了,我的孩子们近了,扎拉图斯特拉变得成熟了,我的时刻来了:

"这是我的早晨,我的白昼开始了:现在,升起吧,升起吧,你这伟大的正午!"③

扎拉图斯特拉如是说,离开他的洞穴,炽热而强烈,如一轮朝阳,出于幽暗的群峰。

---

① [译注]青铜是本书最后一个关键意象,卷三"论旧和新的标牌"第29节被《偶像的黄昏》收为最后一章,其中对未来哲人的期许是:"[是你们的]至福,在千年的意志上书写,如在青铜之上,——比青铜还坚硬,比青铜还高贵。只有最高贵者才彻底坚硬。"青铜是对未来哲人的品质的期许,这种坚硬在此处意味着放弃对更高的人的同情。而《善恶的彼岸》第203节进而认为,人类的未来的希望就寄托在这种"新型哲人"身上,新型哲人之所以必须是强硬的,是因为必须重估一切价值。扎拉图斯特拉在全书结束的时候,成为了一个这种新型哲人的榜样。

② [译注]参《传道书》3:1—8,一系列"有其时"(hat seine Zeit)的表达。

③ [法文版注]参见第一卷,"论馈赠的道德"。

尼采年表

1844 年

10月15日,弗里特里希·尼采出生在一个教士家庭,父名卡尔·路特维希·尼采,祖父亦是教士。出生地是吕岑(普鲁士萨克森州,莱比锡西南)附近的洛肯。

1849 年

7月30日,父亡。

1850 年

全家迁至瑙姆堡。

1858 年

10月,尼采就读于瑙姆堡附近的舒尔普福塔高级文科中学,直到1864年。该校原为修道院,建立于12世纪上半叶,1543年由萨克森伯爵莫利兹改建成贵族学校,作为教育机构,长期享有盛名,学生中除尼采外,尚有克罗普施托克、费希特和朗克等人。

1864 年
10 月,尼采入波恩大学,攻读神学和古典哲学。

1865 年
10 月,尼采随哲学老师 F·W·里齐尔赴莱比锡继续学业,开始研读叔本华著作。

1866 年
与古典哲学家埃尔文·洛德开始友好交往。

1868 年
11 月 8 日,尼采在莱比锡与理夏德·瓦格纳结识。

1869 年
2 月,尼采受聘担任巴塞尔大学古典哲学副教授,这时他没有博士学衔,受聘得益于里齐尔的推荐,再则因为尼采发表了数篇精彩的论文。

5 月 17 日,尼采初谒瓦格纳,地点在卢策仁附近的特利普圣。

5 月 28 日,尼采就职后首次在巴塞尔大学开设·"荷尔蒙马与古典哲学"课程。开始与雅各布·布克哈特交往。开始撰写《肃剧的诞生》(发表于 1870 年 1 月)。

1870 年

3月,尼采受聘为正教授,6至10个学生听他讲关于索福克勒斯、赫西俄德、音律学等课程,翌年讲柏拉图对话录和拉丁文金石学。

8月,尼采作为志愿卫生员参加普法战争,患痢疾和白喉。

10月,尼采返巴塞尔,同神学家弗朗兹·奥维尔贝克订交。

1871 年

患病,暂时停职休假,辗转于卢加诺、特里普圣、伯尔尼高地、瑙姆堡、莱比锡和曼海姆等地。

1872 年

2月/3月,在巴塞尔作学术讲座:"论我们教育机构的未来"(从遗稿中选出发表)。

3月22日,拜洛伊特节日文艺会演剧院奠基;尼采居拜洛伊特。

1873 年

《不合时宜的沉思》第一部分:大卫·施特劳斯,信仰者兼作家。

《希腊肃剧时代的哲学》(从遗稿中选出发表)。

最迟始于本年度,尼采患偏头痛疾病,此病经常发作。

1874 年

《不合时宜的沉思》,第二部分:历史学对生活的利弊;第三部:作为教育家的叔本华。

1875 年

10月,尼采同音乐家佩特尔·加斯特(海因利希·科泽利茨)结识。

1876 年

《不合时宜的沉思》,第四部分:理夏德·瓦格纳在拜洛伊特。

8月,拜洛伊特首届艺术节,尼采参加本届艺术节。出现同瓦格纳疏远的迹象。

9月,尼采同心理学家保尔·雷结识。疾病加剧。

10月,巴塞尔大学为使尼采康复,让尼采临时停职休假。他与保尔·雷和马尔维达·封·麦森布克一起在索雷特度过1876年和1877年之交的冬季。

1876年10月,尼采同瓦格纳最后一次聚晤。

1878 年

《人性的,太人性的》第一部分。

1月,瓦格纳给尼采寄最后一封邮件——歌剧《帕齐伐尔》。

5月,尼采致瓦格纳最后一封信,同时寄去《人性的,太人性的》,与瓦格纳夫妇断交。

1879 年

疾病加剧,迫使尼采放弃在巴塞尔大学的教职。其后的 6 年他拿病休工资。

1880 年

《漫游者和他的影子》。《人性的,太人性的》第二部分。

3月至4月,尼采首次游威尼斯。

从 11 月始,度过在热内亚的第一个冬季。

1881 年

《朝霞》。

度过在西尔斯-马利亚的第一个夏季。

11 月,在热内亚首次聆听比才的歌剧《卡门》。

1882 年

《快乐的科学》。

3 月,西西里岛之旅。

4 月,结识洛·封·莎乐美,后来,她拒绝了尼采的求婚。

在拉帕罗过冬。

1883 年

《扎拉图斯特拉如是说》第一卷和第二卷。

2 月 13 日,瓦格纳逝世。

从 12 月始,度过在尼扎的第一个冬季。

1884 年

《扎拉图斯特拉如是说》第三卷。

1885 年

《扎拉图斯特拉如是说》第四卷(起初是私人印制出版)。

5月,尼采的妹妹与作家兼殖民者贝恩哈特·福尔斯特结婚。尼采与其妹闹翻与和解反复多年,这次又闹翻,她篡改了尼采寄给她和母亲的书信。

1886 年

《善恶的彼岸》。

《肃剧的诞生》和《人性的,太人性的》出新版。

1887 年

《论道德的谱系》。

《朝霞》、《快乐的科学》和《扎拉图斯特拉如是说》(第三卷)出新版。

1888 年

4月,尼采首次在都灵逗留。格奥尔格·布朗德斯在哥本哈根大学作关于尼采的学术讲座。

5月至8月,《瓦格纳事件》。《狄俄尼索斯颂歌》竣稿(发表于1891年)。

9月,《敌基督者》(发表于1894年)。

10月/11日,《瞧,这个人》(发表于1908年)。

12月,《尼采反瓦格纳》(发表于1895年)。

1889年

《偶像的黄昏》。

1月,尼采在都灵身体衰竭,被送往耶拿大学精神病院。

1890年

尼采的母亲将儿子接到身边,回瑙姆堡。

1897年

尼采的母亲辞世。尼采迁居魏玛,住在妹妹家。

1900年

8月25日,尼采逝世于魏玛。

1901年

从尼采上世纪80年代的遗稿中选出将近500篇残稿,由佩特尔·加斯特和伊丽莎白·福尔斯特-尼采篡改出版,书名为《权力意志》。1906年再次出版将近500篇残稿。

佩特尔·普茨

图书在版编目(CIP)数据

扎拉图斯特拉如是说/(德)尼采著;娄林译.
—上海:华东师范大学出版社,2021
(尼采全集:注疏版)
ISBN 978-7-5760-2121-9

Ⅰ.①扎… Ⅱ.①尼…②娄… Ⅲ.①尼采
(Nietzsche,Friedrich Wilhelm 1844—1900)—
哲学思想 Ⅳ.①B516.47

中国版本图书馆 CIP 数据核字(2021)第 180394 号

华东师范大学出版社六点分社
企划人　倪为国

本书著作权、版式和装帧设计受世界版权公约和中华人民共和国著作权法保护

尼采全集·注疏版

扎拉图斯特拉如是说

著　　者　[德]尼采
译　　者　娄　林
责任编辑　彭文曼
责任校对　王　旭
封面设计　卢晓红

出版发行　华东师范大学出版社
社　　址　上海市中山北路3663号　邮编　200062
网　　址　www.ecnupress.com.cn
电　　话　021－60821666　行政传真　021－62572105
客服电话　021－62865537　门市(邮购)电话　021－62869887
地　　址　上海市中山北路3663号华东师范大学校内先锋路口
网　　店　http://hdsdcbs.tmall.com

印刷者　上海盛隆印务有限公司
开　　本　890×1240　1/32
插　　页　2
印　　张　21.75
字　　数　340千字
版　　次　2022年1月第1版
印　　次　2022年1月第1次
书　　号　ISBN 978-7-5760-2121-9
定　　价　138.00元

出版人　王　焰

(如发现本版图书有印订质量问题,请寄回本社客服中心调换或电话021－62865537联系)